民國文化與文學_{研究}文叢

六　編

李　怡　主編

第23冊

文學成都
——晚清民國時期成都文學與文化

袁　昊　著

國家圖書館出版品預行編目資料

文學成都——晚清民國時期成都文學與文化／袁昊 著 -- 初版
-- 新北市：花木蘭文化出版社，2016〔民105〕
目 2+276 面；19×26 公分
（民國文化與文學研究文叢 六編；第 23 冊）
ISBN 978-986-404-697-3（精裝）
1. 中國文學 2. 文學評論
541.26208   105012798

ISBN-978-986-404-697-3

民國文化與文學研究文叢
六　編　第二三冊　　　　　　ISBN：978-986-404-697-3

文學成都
——晚清民國時期成都文學與文化

作　　者　袁昊
主　　編　李怡
企　　劃　四川大學現代中國文化與文學研究中心
　　　　　北京師範大學民國歷史文化與文學研究中心
總 編 輯　杜潔祥
副總編輯　楊嘉樂
編　　輯　許郁翎、王　筑　美術編輯　陳逸婷
出　　版　花木蘭文化出版社
社　　長　高小娟
聯絡地址　235 新北市中和區中安街七二號十三樓
　　　　　電話：02-2923-1455／傳真：02-2923-1452
網　　址　http://www.huamulan.tw 信箱 hml810518@gmail.com
印　　刷　普羅文化出版廣告事業
初　　版　2016 年 9 月
全書字數　256705 字
定　　價　六編 24 冊（精裝）新台幣 44,000 元

文學成都
——晚清民國時期成都文學與文化

袁昊　著

作者簡介

袁昊，男，1984 年出生於四川省廣元市。先後就讀於長春師範大學、四川師範大學、南京大學，
2015 年獲得文學博士學位，現爲四川大學文學與新聞學院博士後。研究方向爲中國現當代文學，
先後在《學術月刊》、《揚子江評論》、《文藝評論》等學術刊物發表論文多篇。

提　　要

　　本書梳理了晚清民國時期成都這座城市的文學與文化現象，並對這些現象加以闡釋，試圖
構架作爲「文學城市」的成都的文學與文化概貌，進而探尋其獨有的文學與文化特徵。有別於
慣常的研究模式，本書把晚清民國成都城市文學與文化現代化的源頭追溯到尊經書院的創辦，
從社會知識學的角度闡述尊經書院對成都現代化興起與發展的重要影響。並從「晚清民國時期
成都報刊文化空間」、「新文學在成都的發生與展開」、「民國成都學校文學空間」、「李劼人成都
書寫」等方面來結構文學城市成都的整體樣態。本書立足於材料的發掘與梳理，以史實爲基礎
來展示全新的成都文學與文化景象。對《娛閒錄》等文藝刊物的整理與分析，有利於拓展成都
的城市文化內涵，具有重要的文化價值，而對李劼人「大河三部曲」全新解讀，則闡發了李劼
人成都城市書寫的文學價值與意義。

四川大學中央高校基本科研業務費研究專項項目（skq201620）資助

作爲方法的「民國」
——第六輯引言

李 怡

　　「作爲方法」的命題首先來自日本著名漢學家竹內好，從竹內好 1961 年「作爲方法的亞洲」到溝口雄三 1989 年「作爲方法的中國」，其中展示的當然不僅僅是有關學術「方法」的技術性問題，重要的是學術思想的主體性追求。日本學人通過中國這樣一個「他者」的參照進行自我的反省和批判，實現從「西方」話語突圍，重新確立自己的主體性，這對同樣深陷「西方」話語圍困的中國學界而言也無疑具有特殊的刺激和啓發。1990 年代中期以後，中國（華人）學人如孫歌、李冬木、汪暉、陳光興、葛兆光等陸續介紹和評述了他們的學說，〔註1〕特別是最近 10 年的中國思想文化與文學批評界，可以說出現了一股竹內——溝口的「作爲方法」熱，「作爲方法的日本」、「作爲方法的竹內好」、「亞洲」作爲方法，〔註2〕以及「作爲方法的 80 年代」等等

〔註 1〕 如 Kuang-ming Wu and Chun-chieh Huang （吳光明、黃俊傑）：〈關於《方法としての中國》的英文書評〉（《清華學報》新 20 卷第 2 期，1990 年），溝口雄三、汪暉：〈沒有中國的中國學〉（《讀書》第 4 期，1994 年），孫歌：〈作爲方法的日本〉（《讀書》第 3 期，1995 年），李長莉：〈溝口雄三的中國思想史研究〉（《國外社會科學》第 1 期，1998 年），葛兆光：〈重評九十年代日本中國學的新觀念——讀溝口雄三《方法としての中國》〉（《二十一世紀》12 月號，2002 年），吳震：〈十六世紀中國儒學思想的近代意涵——以日本學者島田虔次、溝口雄三的相關討論爲中心〉（《東亞文明研究學刊》第 1 卷第 2 期，2004 年）等。

〔註 2〕 刊發於《臺灣社會研究季刊》12 月號，總第 56 期，2004 年。2005 年 6 月，陳光興參加了在華東師範大學舉行的「全球化與東亞現代性——中國現代文學的視角」暑期高級研討班，將論文〈「亞洲」作爲方法〉提交會議，引起了與會者的濃厚興趣。

在我們學術話語中流行開來，體現了一種難能可貴的自我反思、重建學術主體性的努力。竹內好借鏡中國的重要對象是文學家魯迅，近年來，對這一反思投入最多的也是從事中國現當代文學研究的學者，因此，對這一反思本身做出反思，進而探索眞正作爲中國現代文學的「方法」的可能，便顯得必不可少。

在「亞洲」、「中國」先後成爲確立中國學術主體性的話語選擇之後，我覺得，更能夠反映中國現代文學立場和問題意識的話語是「民國」。作爲方法的民國，具體貼切地揭示了中國現代文學的生存發展語境，較之於抽象的「亞洲」或者籠統的「中國」，更能體現我們返回中國文學歷史情境，探尋學術主體性的努力。

一

日本戰敗，促成了一批日本知識分子的自我反省，竹內好（1908～1977）就是其中之一。在他看來，「脫亞入歐」的日本「什麼也不是」，反倒是曾經不斷失敗的中國在抵抗中產生了非西方的、超越近代的「東洋」。通常我們是說魯迅等現代中國知識分子從「東洋」日本發現了現代文明的啓示，竹內好卻反過來從中國這個「東洋」發現了一條區別於西歐現代化的獨特之路：借助日本所沒有的社會革命完成了自我更新，如果說日本文化是「轉向型」的，那麼中國文化則可以被稱作是「迴心型」，而魯迅的姿態和精神氣質就是這一「迴心型」的極具創造價値的體現。「他不退讓，也不追從。首先讓自己和新時代對陣，以『掙扎』來滌蕩自己，滌蕩之後，再把自己從裏邊拉將出來。這種態度，給人留下一個強韌的生活者的印象。像魯迅那樣強韌的生活者，在日本恐怕是找不到的。」「在他身上沒有思想進步這種東西。他當初是作爲進化論宇宙觀的信奉者登場的，後來卻告白頓悟到了進化論的謬誤；他晚年反悔早期作品中的虛無傾向。這些都被人解釋爲魯迅的思想進步。但相對於他頑強地恪守自我來說，思想進步實在僅僅是第二義的。」〔註3〕就此，他認爲自己發現了與西方視角相區別的「作爲方法的亞洲」，這裡的「亞洲」主要指中國。溝口雄三（1932～2010）是當代中國思想史學家，他並不同意竹內好將日本的近代描述爲「什麼也不是」，試圖在一種更加平等而平和的文化觀

〔註3〕（日）竹內好：《近代的超克》，11、12 頁，李冬木、趙京華、孫歌譯，三聯書店，2005 年。

念中讀解中國近代的獨特性：「事實上，中國的近代既沒有超越歐洲，也沒有落後於歐洲，中國的近代從一開始走的就是一條和歐洲、日本不同的獨自的歷史道路，一直到今天。」〔註4〕作爲方法的中國，意味著對「中國學」現狀的深入的反省，這就是要根本改變那種「沒有中國的中國學」，「把世界作爲方法來研究中國，這是試圖向世界主張中國的地位所帶來的必然結果……這樣的『世界』歸根結底就是歐洲」。「以中國爲方法的世界，就是把中國作爲構成要素之一，把歐洲也作爲構成要素之一的多元的世界」。〔註5〕

　　海外漢學（中國學）長期生存於強勢的歐美文明的邊緣地帶，因而難以改變作爲歐美文化思想附庸的地位，這一局面在海外華人的中國研究中更加明顯。而日本知識分子的反省卻將近現代中國作爲了反觀自身的「他者」，第一次將中國問題與自我的重建、主體性的尋找緊密聯繫，強調一種與歐美文明相平等的文化意識，這無疑是「中國學」研究的重要破局，具有重要的學術啓示意義，同時，對中國自己的學術研究也產生了極大的衝擊效應。

　　在逐步走出傳統的感悟式文學批評，建立現代知識的理性框架的過程中，中國的學術研究顯然從西方獲益甚多，當然也受制甚多，甚至被後者裹挾了我們的基本思維與立場，於是質疑之聲繼之而起，對所謂「中國化」和保留「傳統」的訴求一直連綿不絕，至最近20餘年，更在國內清算「西化」的主流意識形態及西方後現代主義、西方馬克思主義的自我批判的雙重鼓勵下，進一步明確提出了諸如中國立場、中國問題、中國話語等系統性的要求。來自日本學者的這一類概括──在中國發現「亞洲」近代化的獨特性，回歸中國自己的方法──顯然對我們當下的學術訴求有明晰準確的描繪，予我們的「中國道路」莫大的鼓勵，我們難以確定這樣的判斷究竟會對海外的「中國學」研究產生多大的改變，但是它對中國學術界本身的啓示和作用卻早已經一目了然。

　　我高度評價中國學界「回歸中國」的努力與亞洲──中國「作爲方法」的啓示意義。但是，與此同時，我也想提醒大家注意一個重要的現實，所謂的「作爲方法」如果不經過嚴格的勘定和區分，其實並不容易明瞭其中的含義，而無論是「亞洲」還是「中國」，作爲一個區域的指稱原本也有不少的遊

〔註4〕 （日）溝口雄三：《作爲方法的中國》，12頁，孫軍悅譯，三聯書店，2011年。
〔註5〕 （日）溝口雄三：《作爲方法的中國》，130、131頁，孫軍悅譯，三聯書店，2011年。

移性與隨意性。比如竹內好將「亞洲」簡化爲「中國」，將「東洋」轉稱爲「中國」，臺灣學人陳光興也在這樣的「亞洲」論述中加入了印度與臺灣地區，這都與論述人自己的關注、興趣和理解相互聯繫，換句話說，僅僅有「作爲方法」的「亞洲」概念與「中國」概念遠遠不夠，甚至，有了竹內與溝口的充滿智慧的「以中國爲方法」的種種判斷也還不夠，因爲這究竟還是「中國之外」的「他者」從他們自己的需要出發提出的觀察，這裡的「中國」不過是「日本內部的中國」，而非「中國人的中國」，正如溝口雄三對竹內好評述的那樣：「這種憧憬的對象並不是客觀的中國，而是在自身內部主觀成像的『我們內部的中國』。」〔註6〕那麼，溝口雄三本人的「中國方法」又如何呢？另一位深受竹內好影響的日本學者子安宣邦認爲，溝口雄三「以中國爲方法，以世界爲目的」的「超越中國的中國學」與日本戰前「沒有中國的中國學」依然具有親近性，難以眞正展示自己的「作爲方法」的中國視點。〔註7〕所以葛兆光就提醒我們，對於這樣「超越中國的中國學」，我們也不能直接平移到中國自己的中國學之中，一切都應當三思而行。〔註8〕

問題是，中國學界在尋找「中國獨特性」的時候格外需要那麼一些支撐性的論述與證據，而來自域外的論述與證據就更顯珍貴了。在這個時候，域外學說的「方法」本身也就無暇追問和反思了。例如竹內好與溝口雄三都將近現代中國的獨特性描述爲社會革命：「中國的近代化走的是自下而上的反帝反封建社會革命、即人民共和主義的道路。」〔註9〕在他們看來，太平天國至社會主義中國的「革命史」呈現的就是中國自力更生的道路。這的確道出了現代中國的重要事實，因而得到許多中國現代文學研究者的認同，當然，一些中國學者對現代中國革命的重新認同還深刻地聯繫著西方後現代主義對西方文化的自我批判，聯繫著西方馬克思主義及其它左派對資本主義的嚴厲批判，在這裡，「西洋」的自我批判和「東洋」的自我尋找共同加強了中國學者對「中國現代史＝革命史」的認識，如下話語所表述的學術理念以及這一理念的形成過程無疑具有某種典型意義：

〔註6〕（日）溝口雄三：《作爲方法的中國》，6頁，孫軍悅譯，三聯書店，2011年。
〔註7〕 參看張崑將：〈關於東亞的思考「方法」：以竹內好、溝口雄三、子安宣邦爲中心〉，《臺灣東亞文明研究學刊》第1卷第2期，2004年。
〔註8〕 葛兆光：〈重評九十年代日本中國學的新觀念——讀溝口雄三《方法としての中國》〉，《二十一世紀》12月號，2002年。
〔註9〕（日）溝口雄三：《作爲方法的中國》，11頁，孫軍悅譯，三聯書店，2011年。

　　從 1993 年起，我逐步地對以往的研究做了兩點調整：第一是將自己的歷史研究放置在「反思現代性」的理論框架中進行綜合的分析和思考；第二是力圖將社會史的視野與思想史研究結合起來。在中國 1980 年代的文化運動和 1990 年代的思想潮流之中，對於近代革命和社會主義歷史的批判和拒絕經常被放置在對資本主義的全面的肯定之上；我試圖將近代革命和社會主義歷史的悲劇放置在對現代性的批判性反思的視野中，動機之一是爲了將這一過程與當代的現實進程一道納入批判性反思的範圍。……而溝口雄三教授對日本中國研究的批判性的看法和對明清思想的解釋都給我以啓發。也是在上述閱讀、交往和研究的過程中，我逐漸地形成了自己的一個研究視野，即將思想的内在視野與歷史社會學的方法有機地結合起來。〔註10〕

東洋與西洋的有機結合，鼓勵我們對現代性的西方傳統展開質疑和批判，同時對我們自身的現代價值加以發掘和肯定，在中國現代文學研究領域中，這些「我們的現代價值」常常也指向革命文學、左翼文學、延安文學與新中國建立至新時期以前的文學，有學者將之概括爲新左派的現代文學史觀。姑且不論「新左派」之說是否準確，但是其描述出來的學術事實卻是有目共睹的：「以現代性反思的名義將左翼文學納入現代性範疇，並稱之爲『反現代的現代主義文學』、『反現代的現代先鋒派文學』，高度肯定其歷史合理性，並認爲改革前的毛澤東時代可以定位爲『反現代的現代性』，其合法性來自於對西方資本主義現代性的批判。」〔註11〕爲了肯定這些中國現代文化追求的合理性，人們有意忽略其中的種種失誤，包括眾所周知的極左政治對現代文學發展的傷害和扭曲，甚至「文革」的思維也一再被美化。

　　理性而論，前述的「反思現代性」論述顯然問題重重：「那種忽略了具體歷史語境中強大的以封建專制主義文化意識爲主體的特殊性，忽略了那時文學作品巨大的政治社會屬性與人文精神被顛覆、現代化追求被阻斷的歷史内涵，而只把文本當作一個脱離了社會時空的、僅僅只有自然意義的單細胞來

〔註10〕 汪暉、張曦：〈在歷史中思考——汪暉教授訪談〉，《學術月刊》第 7 期，2005 年。

〔註11〕 鄭潤良：〈「反現代的現代性」：新左派文學史觀萌發的語境及其問題〉，《福建論壇》第 4 期，2010 年。

進行所謂審美解剖。這顯然不是歷史主義的客觀審美態度。」〔註12〕

　　值得注意的現實是，爲了急於標示中國也可以有自己的「現代性」，我們學界急切尋找著能夠支持自己的他人的結論和觀點，至於對方究竟把什麼「作爲方法」倒不是特別重要了。

　　「悖論」是中國學者對竹內好等學者處境與思維的理解，有意思的是，當我們不再追問「作爲方法」的緣由和形式之時，自己也可能最終陷入某種「悖論」。比如，在肯定我們自己的現代價值之際，誕生了一個影響甚大的觀點：反現代的現代性。中國革命史被稱作是「反現代的現代性」，中國的左翼文學史也被描述爲「反現代性的現代性」，姑且不問這種表述來源於西方現代性話語的繁複關係，使用者至少沒有推敲：「反」的思維其實還是以西方現代性爲「正方」的，也就是說，是以它的「現代」爲基本內容來決定我們「反」的目標和形式，這是真正的多元世界觀呢？還是繼續延續了我們所熟悉的「二元對立」的格局呢？這樣一種正／反模式與他們所要克服的思維中國／西方的二元模式如出一轍：把世界認定爲某兩種力量對立鬥爭的結果，肯定不是對真正的多元文化的認可，依舊屬於對歷史事實的簡化式的理解。

二

　　「中國作爲方法」不是學術研究大功告成之際的自得的總結，甚至也還不是理所當然的研究的開始，更準確地說，它可能還是學術思想調整的準備活動。在這個意義上，真正的「中國」問題在哪裏，「中國」視角是什麼，「中國」的方法有哪些，都亟待中國自己的學人在自己的歷史文化語境中開展新的探討。對於中國現代文學研究而言，我覺得，與其追隨「他者」的眼界，取法籠統的「中國」，還不如真正返回歷史的現場加以勘察，進入「民國」的視野。「作爲方法的中國」是來自他者的啓示，它提醒我們尋找學術主體性的必要，「作爲方法的民國」，則是我們重拾自我體驗的開始，是我們自我認識、自我表達的真正的需要。

　　海外中國學研究，在進入「作爲方法的中國」之後，無疑產生了不少啓發性的成果，即便如此，其結論也有別於自「民國」歷史走來的中國人，只有我們自己的「民國」感受能夠校正他者的異見，完成自我的表述。包括竹

〔註12〕董健、丁帆、王彬彬：〈我們應該怎樣重寫當代文學史〉，《江蘇行政學院學報》第 1 期，2003 年。

內好與溝口雄三這樣的智慧之論也是如此。對此，溝口雄三自己就有過真誠的反思，他說包括竹內好在內他們對中國的觀察都充滿了憧憬式的誤讀，包括對「文革」的禮贊等等。〔註13〕因為研究「所使用的基本範疇完全來自中國思想內部」，而且「對思想的研究不是純粹的觀念史的研究，而是考慮整個中國社會歷史」，溝口雄三的中國研究曾經為中國學者所認同，〔註14〕例如他借助中國思想傳統的內部資源解釋孫中山開始的現代革命，的確就令人耳目一新，跳出了西方現代性東移的固有解說：

> 實際上大同思想不僅影響了孫文，而且還構成了中國共和思想的核心。

> 就民權來看，中國的這種大同式近代的特徵也體現在民權所主張的與其說是個人權利，不如說國民、人民的全體權利這一點上。

> 大同式的近代不是通過「個」而是通過「共」把民生和民權聯結在一起，構成一個同心圓，所以從一開始便是中國獨特的、帶有社會主義性質的近代。〔註15〕

雖然這道出了中國現代歷史的重要事實，但卻只是一部分事實，很明顯，「民國」的共和與憲政理想本身是一個豐富而複雜的思想系統，而且還可以說是一個動態的有許多政治家、思想家和知識分子共同參與共同推進的系統。例如在五四新文化運動前夕，出於對民初政治的失望，《甲寅》的知識分子群體就展開了「國權」與「民權」的討論辨析，並且關注「民權」也從「公權」轉向「私權」，至《新青年》更是大張個人自由，個人情感與欲望，這才有了五四新文學運動，有了郁達夫的切身感受：「五四運動的最大成功，第一要算『個人』的發現。從前的人是為君而存在，為道而存在，為父母而存在的，現在的人才曉得為自我而存在了。」〔註16〕不僅是五四新文學思潮，後來的自由主義者也一直以「個人權利」、「個人自由」與左右兩種政治主張相抗衡，雖然這些「個人」與「自由」的內涵嚴格說來與西方文化有所區別，但也不

〔註13〕（日）溝口雄三：《作為方法的中國》，12頁，孫軍悅譯，三聯書店，2011年。
〔註14〕（日）溝口雄三、汪暉：〈沒有中國的中國學〉，《讀書》第4期，1994年。
〔註15〕（日）溝口雄三：《作為方法的中國》，12、16、18頁，孫軍悅譯，三聯書店，2011年。
〔註16〕郁達夫：《〈中國新文學大系·散文二集〉導言》，上海良友圖書印刷公司，1935年。

是「大同」理想與「社會主義性質」能夠涵蓋的，它們的發展在不同的歷史時期各有限制，但依然一路坎坷向前，並在 20 世紀 80 年代的海峽兩岸各有成效，成爲現代中國文化建設所不能忽略的一種重要元素，不回到民國重新梳理、重新談論，我們歷史的獨特性如何能夠呈現呢？

治中國社會歷史研究多年的秦暉曾經提出了一個耐人尋味的觀點：當前中國學術一方面在反對西方的所謂「文化殖民」，另外一方面卻又常常陷入到外來的「問題」圈套之中，形成有趣的「問題殖民」現象。〔註 17〕我理解，這裡的「問題殖民」就是脫離我們自己的歷史文化環境，將他者研討中國提出來的問題（包括某些讚賞中國「特殊價值」的問題）當作我們自己的問題，從而在竭力掙脫西方話語的過程中再一次落入到他者思維的窠臼。如何才能打破這種反反覆復、層層疊疊的他者的圈套呢？我以爲唯一的出路便是敢於拋開一些令人眼花繚亂的解釋框架，面對我們自己的歷史處境，感受我們自己的問題，對中國現代文學的研究而言，就是要在「民國」的社會歷史框架中醞釀和提煉我們的學術感覺，這當然不是說從此固步自封，拒絕外來的思想和方法，而是說所有的思想和方法都必須在民國歷史的事實中接受檢驗，只有最豐富地對應於民國歷史事實的理論和方法才足以成爲我們研究的路徑，才能最後爲我所用。在中國現代文學研究領域，並沒有異域學者所總結完成的「中國方法」，而只有在民國「作爲方法」取得成傚之後的具體的認知，也就是說，是「作爲方法的民國」真正保證了「作爲方法的中國」。下述幾個中國現代文學研究中影響較大、也爭論較大的理論框架，莫不如此。

例如，在描述中國歷史從封建帝國轉入現代國家的時候，人們常常使用「民族國家」這一概念，中國現代文學也因此被視作「現代民族國家文學」，不斷放大「民族國家」主題之於中國現代文學的意義：「在抗戰文學中，由於抗日民族統一戰線的建立，民族國家成爲了一個集中表達的核心的、甚至唯一的主題。」〔註 18〕甚至稱：「『五四』以來被稱之爲『現代文學』的東西其實是一種民族國家文學。」〔註 19〕這顯然都不符合中國現代文學在「民國」

〔註 17〕http://www.360doc.com/content/10/0626/01/875791_35273755.shtml

〔註 18〕曠新年：〈民族國家想像與中國現代文學〉，《文學評論》第 1 期，2003 年。

〔註 19〕劉禾：《文本、批評與民族國家文學——〈生死場〉的啓示》，1 頁，北京大學出版社，2007 年。對中國現代文學研究中民族國家理論的檢討，已有學者提出過重要的論述，如張中良《中國現代文學的「民族國家」問題》，臺灣花木蘭文化出版社，2012 年。

的歷史事實，不必說五四新文學運動恰恰質疑了無條件的「國家認同」，民國時期文學前十年「國家主題」並不占主導地位，出現了所謂「民族國家意識的延宕與缺席」現象，[註20] 第二個十年間的「民族主義」觀念也一再受到左翼文學陣營的抨擊，就是抗日戰爭時期的文學，也不像過去文學史所描繪的那麼主題單一，相反，多主題的出現，文學在豐富中走向成熟才是基本的事實。不充分重視「民國」的豐富意義就會用外來概念直接「認定」歷史的性質，從而形成對我們自身歷史的誤讀。

文學的「民國」不僅含義豐富，也不適合於被稱作是「想像的共同體」。近年來，美國著名學者本尼狄克特·安德森關於民族國家的概括——「想像的共同體」廣獲運用，借助於這一思路，我們描繪出了這樣一個國家認同的圖景：中國知識分子從晚清開始，利用報紙、雜誌、小說等媒體空間展開政治的文化的批判，通過這一空間，中國人展開了對「民族國家」的建構，使國民獲得了最初的民族國家認同。誠然，這道出了「帝國」式微，「民國」塑形過程之中，民眾與國家觀念形成的某些狀況，但卻既不是中華民族歷史演變的真相，[註21] 也不是現實意義的民國的主要的實情，當然更不是「文學民國」的重要事實。現實意義的民國，在一個相當長的時間裏，依然處於殘留的「帝國」意識與新生的「民國」意識的矛盾鬥爭之中，專制集權與民主自由此漲彼消，黨國觀念與公民社會相互博弈，也就是說，「國家與民族」經常成爲統治者鞏固自身權利的重要的意識形態選擇，與知識分子所要展開的公眾想像既相關又矛盾。在現實世界上，我們的國家民族觀念常常來自於政治強權的強勢推行，這也造成了

[註20] 李道新在剖析民國電影文化時指出：「南京國民政府成立以前，亦即從電影傳入中國至 1927 年之間，中國電影傳播主要訴諸道德與風化，基本無關民族與國家。民族國家意識的延宕與缺席，與落後保守的價值導向及混亂無序的官方介入結合在一起，使這一時期的中國電影幾乎處在一種特殊的無政府狀態，並導致中國電影從一開始就陷入目標／效果的錯位與傳者／受眾的分裂之境。」（李道新：〈民族國家意識的延宕與缺席：南京國民政府成立前中國電影的傳播制度及其空間拓展〉，《上海大學學報》第 3 期，2011 年。）這樣的觀察其實同樣可以啓發我們的文學研究。

[註21] 關於中華民族及統一國家的形成如何超越「想像」，進入「實踐」等情形，近來已有多位學者加以論證，如楊義、邵寧寧：〈描繪中國文學地圖——楊義訪談錄〉（《甘肅社會科學》第 5 期，2004 年）、郝慶軍：〈反思兩個熱門話題：「公共領域」與「想像的共同體」〉（《中國現代文學研究叢刊》第 5 期，2005 年）、吳曉東：〈「想像的共同體」理論與中國理論創新問題〉（《學術月刊》第 2 期，2007 年）等。

知識分子國家民族認同的諸多矛盾與尷尬，他們不時陷落於個人理想與政治強權的對立之中，既不能接受強權的思想干預，又無法完全另立門戶，總之，「想像」並不足以獨立自主，「共同體」的形成步履艱難，「文學的民國」對此表述生動。這裡既有胡適「只指望快快亡國」的情緒性決絕，〔註22〕有魯迅對於民族國家自我壓迫的理性認識：「用筆和舌，將淪爲異族的奴隸之苦告訴大家，自然是不錯的，但要十分小心，不可使大家得著這樣的結論：『那麼，到底還不如我們似的做自己人的奴隸好。』」〔註23〕也有聞一多輾轉反側，難以抉擇的苦痛：「我來了，我喊一聲，迸著血淚， ／『這不是我的中華，不對，不對！』」「我來了，不知道是一場空喜。 ／我會見的是噩夢，那裡是你？ ／那是恐怖，是噩夢掛著懸崖， ／那不是你，那不是我的心愛！」〔註24〕

　　總之，進入文學的民國，概念的迷信就土崩瓦解了。

　　也有學者試圖對外來概念進行改造式的使用，這顯然有別於那種不加選擇的盲目，不過，作爲「民國」實際的深入的檢驗工作也並沒有完成，例如近年來同樣在現代文學研究界流行的「公共空間」（「公共領域」）理論。在西歐歷史的近現代發展中，先後出現了貴族文藝沙龍、咖啡館、俱樂部一類公共聚落，然後推延至整個社會，最終形成了不隸屬於國家官僚機構的民間的新型公共社區，這對理解西方近代社會歷史與精神生產環境都是重要的視角。不過，眞正「公共空間」的形成必須有賴於比較堅實的市民社會的基礎，尚未形成眞正的市民社會的民國，當然也就沒有眞正的公共空間。〔註25〕可能正是考慮到了民國歷史的特殊性，李歐梵先生試圖對這一概念加以改造，他以「批判空間」替換之，試圖說明中國近現代知識分子也正在形成自己的「公共性」的輿論環境，他以《申報‧自由談》爲例，說明：「這個半公開的園地更屬開創的新空間，它

〔註22〕胡適〈你莫忘記〉有云：「你莫忘記： ／你老子臨死時只指望快快亡國： ／亡給『哥薩克』， ／亡給『普魯士』 ／都可以」。

〔註23〕魯迅：《且介亭雜文末編‧半夏小集》，《魯迅全集》6卷，617頁，人民文學出版社，2005年。

〔註24〕聞一多詩歌：〈發現〉。

〔註25〕對此，哈貝馬斯具有清醒的認識，他認爲，不能把「公共領域」這個概念與歐洲中世紀市民社會的特殊性隔離開，也不能隨意將其運用到其它具有相似形態的歷史語境中。（參見哈貝馬斯：《公共領域的結構轉型》初版序言，曹衛東譯，學林出版社，1999年。）中國學者關於「公共領域」理論在中國運用的反思可以參見張鴻聲：〈中國的「公共領域」及其它——兼論現代城市文學研究的本土化〉，《首都師範大學學報》第6期，2006年。

至少為社會提供了一塊可以用滑稽的形式發表言論的地方。」魯迅為《自由談》欄目所撰文稿也成為李歐梵先生考辨的對象，並有精彩的分析，然而，論者突然話鋒一轉：「因為當年的上海文壇上個人恩怨太多，而魯迅花在這方面的筆墨也太重，罵人有時也太過刻薄。問題是：罵完國民黨文人之後，是否能在其壓制下爭取到多一點言論的空間？就《偽自由書》中的文章而言，我覺得魯迅在這方面反而沒有太大的貢獻。如果從負面的角度而論，這些雜文顯得有些『小氣』。我從文中所見到的魯迅形象是一個心眼狹窄的老文人，他拿了一把剪刀，在報紙上找尋『作論』的材料，然後『以小窺大』，把拼湊以後的材料作為他立論的根據。事實上他並不珍惜──也不注意──報紙本身的社會文化功用和價值，而且對於言論自由這個問題，他認為根本不存在。」「《偽自由書》中沒有仔細論到自由的問題，對於國民黨政府的對日本妥協政策雖諸多非議，但又和新聞報導的失實連在一起。也許，他覺得真實也是道德上的真理，但是他從報屁股看到的真實，是否能夠足以負荷道德真理的真相？」〔註26〕其實，魯迅對「自由」的一些理論和他是否參與了現代中國「批判空間」的言論自由的開拓完全是兩碼事。實際的情況是，在民國時代的專制統治下，任何自由空間的開拓都不可能完全是「輿論」本身的功效，輿論的背後，是民國政治的高壓力量，魯迅的敏感，魯迅的多疑，魯迅雜文的曲筆和隱晦，乃至與現實人事的種種糾纏，莫不與對這高壓環境的見縫插針般的戳擊有關。當生存的不自由已經轉化成為「日常生活」的一部分（所謂「報屁股看到的真實」），成為各色人等的「無意識」，點滴行為的反抗可能比長篇大論的自由討論更具有「自由」的意味。這就是現代中國的基本現實，這就是民國輿論環境與文學空間所具有的歷史特徵。對比晚清和北洋軍閥時代，李歐梵先生認為，1930 年代雖然「在物質上較晚清民初發達，都市中的中產階級讀者可能也更多，咖啡館、戲院等公共場所也都具備」，但公共空間的言論自由卻反而更小了。原因何在呢？他認為在於像魯迅這樣的左翼「把語言不作為『中介』性的媒體而作為政治宣傳或個人攻擊的武器和工具，逐漸導致政治上的偏激文化（radicalization），而偏激之後也只有革命一途」。〔註27〕這裡涉及對左翼文化的反思，自有其準確深刻之處，但是，

〔註26〕李歐梵：〈「批評空間」的開創──從《申報》「自由談」談起〉，見《現代性的追求》，19、20 頁，三聯書店，2000 年。

〔註27〕李歐梵：〈「批評空間」的開創──從《申報》「自由談」談起〉，見《現代性的追求》，21 頁，三聯書店，2000 年。

就像現代中國社會的諸多「公共」從來都不是完全的民間力量所打造一樣，言論空間的存廢也與政府的強力介入直接關聯，左翼文化的鋒芒所指首先是專制政府，而對政府專制的攻擊，本身不也是一種擴大言論自由的有效方式？

作為方法的民國，意味著持續不斷地返回中國歷史的過程，意味著對我們自身問題和思維方式的永遠的反省和批判，只有這樣，我們的中國現代文學研究才是眞正屬於自己的。

三

「民國作為方法」既然是在自覺尋找中國現代文學研究「自己的方法」的意義上提出來的，那麼，它究竟如何才能成為一種與眾不同的「方法」呢？或者說，它對中國現代文學研究具體有哪些著力點與可能開拓之處呢？我認爲至少有這樣幾個方面的工作可以開展：

首先是爲「中國」的學術研究設立具體的「時間軸」。也就是說，所謂學術研究的「中國問題」不應該是籠統的，它必須置放在具體的時間維度中加以追問，是「民國」時期的中國問題還是「人民共和國」時期的中國問題？當然，我們曾經試圖以「現代化」、「現代性」這樣的概念來統一描述，但事實是，兩個不同的歷史階段有著相當多的差異性，特別是作爲精神現象的文學，在生產方式、傳播接受方式及作家的生存環境、寫作環境、文學制度等等方面都更適合分段討論。新時期文學曾經被類比爲五四新文學，這雖然一度喚起了人們的「新啓蒙」的熱情，但是新時期究竟不是「五四」，新時期的中國知識分子也不是「五四」一代的陳獨秀、胡適與周氏兄弟，到後來，人們質疑 1980 年代，質疑「新啓蒙」，連帶五四新文化運動一起質疑，問題是經過一系列風起雲湧的體制變革和社會演變，「五四」怎麼能夠爲新時期背書？就像民國不可能與人民共和國相提並論一樣；也有將「文革」追溯到「五四」的，這同樣是完全混淆了兩個根本不同的歷史文化情境。在我看來，今天的中國現當代文學研究，尚需要在已有的「新文學一體化」格局中（包括影響巨大的「20 世紀中國文學」）重新區隔，讓所謂的「現代」和「當代」各自歸位，回到自己的歷史情境中去，這不是要否認它們的歷史聯繫，而是要重新釐清究竟什麼才是它們眞正的歷史聯繫。研究中國現代文學，就必須首先回到民國歷史，將中國現代文學作爲民國時期的精神現象。晚清盡頭是民國，民國盡頭是人民共和國，各自的歷史場景講述著不同的文學故事。

其次是「中國」的學術研究也必須落實到具體的「空間場景」。「空間和時間是一切實在與之相關聯的架構。我們只有在空間和時間的條件下才能設想任何眞實的事物。」〔註28〕民國及其複雜的空間分佈恰恰爲我們重新認識中國問題的複雜性提供了基礎。在過去一個相當長的時期內，我們習慣將中國的問題置放在種種巨大的背景之上，諸如「文藝復興」、「啓蒙與救亡」、「中外文化衝撞與融合」、「中國傳統文化」、「現代化」、「走向世界文學」、「全球化」、「現代民族國家進程」等等，這固然確有其事，但來自同樣背景的衝擊，卻在不同的區域產生了並不相同的效果，甚至有些區域性的文學現象未必就與這些宏大主題相關。詩人何其芳在四川萬縣的偏遠山區成長，直到1930年代「還不知道五四運動，還不知道新文化，新文學，連白話文也還被視爲異端」。〔註29〕這對我們文學史上的五四敘述無疑是一大挑戰：中國的現代文化進程是不是同一個知識系統的不斷演繹？另外一個例證也可謂典型：我們一般都把白話新文學的產生歸結到外來文化深深的衝擊，歸結到一批留美留日學生的新式教育與人生體驗，所以「走異路，逃異地」的魯迅於1918年完成了〈狂人日記〉，留下了中國現代文學史上第一篇白話小說，但跳出這樣的中/西大敘事，我們卻可以發現，遠在內部腹地的成都作家李劼人早在尙未跨出國門的1915年就完成了多篇新式白話小說，這裡的文化資源又是什麼？

中國的學術問題並不產生自抽象籠統的大中國，它本身就來自各個具體的生活場景，具體的生存地域。有學者對民國文學研究不無疑慮，因爲民國不同於「一體化」的人民共和國，各個不同的政治派別、各個不同的區域差異比較明顯，更不要說如抗戰時期的巨大的政權分割（國統區、解放區及淪陷區）了，這樣一個「破碎的國家」能否方便於我們的研究呢？在我看來，破碎正是民國的特點，是這一歷史時期生存其間的中國人（包括中國知識分子）的體驗空間，只要我們不預設一些先驗的結論，那麼針對不同地域、不同生存環境的文學敘述加以考察，恰恰可以豐富我們的歷史認識。一個生存共同體，它的魅力並不是它對外來衝擊的傳播速度，而是內部範式的多樣性和豐富性，這就是我們所謂的「地方性知識」。民國時期的「山河破碎」，正好爲各種地方性知識的生長創造了條件，如果能夠充分尊重和發掘這些地方性知識視野中的精神活動與文學創造，那麼中國的現代文學研究也將再添不少新的話題、新的意趣。

〔註28〕（德）恩斯特‧卡西爾：《人論》，73頁，甘陽譯，西苑出版社，2003年。
〔註29〕方敬、何頻伽：《何其芳散記》，22頁，四川教育出版社，1990年。

　　「破碎」的民國給我們的進一步的啟發可能還在於：區域的破碎同時也表現為個人體驗的分離與精神趣味的多樣化。當代中國的大眾文化曾經出現了所謂的「民國熱」，在我看來，這種以時尚為誘導、以大眾消費為旨歸，充滿誇張和想像的「熱」需要我們深加警惕，絕不能與嚴肅的歷史探詢相混淆。其中唯一值得肯定的便是某種不滿於頹靡現狀，試圖在過去發掘精神資源的願望。今天的人們也或多或少地感佩於民國時代知識分子精神狀態的多樣性，如魯迅、陳獨秀、胡適一代新文化創造者般的不完全受縛於某種體制的壓力或公眾的流俗的精神風貌。〔註30〕的確，中國現代作家精神風貌的多姿多彩與文學作品意義的多樣化迄今堪稱典範，還包括新／舊、雅／俗文學的多元並存。對應於這樣的文學形態，我們也需要調整我們固有的思維模式，未來，如果可能完成一部新的文學發展史的話，其內容、關注點和敘述方式都可能與當今的文學史大為不同。

　　第三，「作為方法的民國」的研究並不同於過去一般的歷史文化與文學關係的研究，有著自己獨立的歷史觀與文學觀。中國現代文學研究不乏從歷史背景入手的學術傳統，包括傳統文學批評中所謂的「知人論世」，包括中國式馬克思主義的社會歷史批評，也包括新時期以後的文化視角的文學研究。應該說，這三種批評都是有前提的，也就是說，都有比較明確、清晰的對歷史性質的認定，而文學現象在某種意義上都必須經過這一歷史認識的篩選。「知人論世」往往轉化為某種形式的道德批評，倫理道德觀是它篩選歷史現象的工具；中國式馬克思主義的社會歷史批評在新中國建立後相當長的時間中表現為馬克思主義普遍原理的運用，有時難免以論帶史的弊端；文化視角的文學研究曾經為我們的研究打開了許多扇門與窗，但是這樣的文化研究常常是用文學現象來證明「文化」的特點，有時候是「犧牲」了文學的獨特性來遷就文化的整體屬性，有時候是忽略了作家的主觀複雜性來遷就社會文化的歷史客觀性——總之，在這個時候，作為歷史現象的文學本身往往並不是我們呈現的對象，我們的工作不過是借助文學說明其它「文化」理念，如通過不同地域的文學創作證明中國區域文化的特點，從現代作家的宗教情趣中展示各大宗教文化在中國的傳播，利用文學作品的政治傾向挖掘現代政治文化在文學中的深刻印記等等。

〔註30〕丁帆先生另有「民國文學風範」一說可以參考，他說：「我所指的『民國文學風範』就是五四新文學傳統，特指五四前後包括俗文學在內的『人的文學』內涵。」見丁帆：〈「民國文學風範」的再思考〉，《文藝爭鳴》第 7 期，2011 年。

　　「作爲方法的民國」就是要尊重民國歷史現象自身的完整性、豐富性、複雜性，提倡文學研究的歷史化態度。既往的中國現代文學研究充斥了一系列的預設性判斷，從最早的「中國新文學是反帝反封建的文學」、「五四新文學運動實施了對舊文學摧枯拉朽般的打擊」、「中國現代文學的發展與歷史的進步方向相一致」，到新時期以後「中國現代文學是走向世界的文學」、「中國現代文學是現代性的文學」、「20 世紀中國文學的總主題是改造民族靈魂，審美風格的核心是悲涼」等等。在特定的時代，這些判斷都實現過它們的學術價值，但是，對歷史細節的進一步追問卻讓我們的研究不能再停留於此，比如回到民國語境，我們就會發現，所謂「封建」一說根本就存在「名實不符」的巨大尷尬，文學批評界對「封建」的界定與歷史學界的「封建」含義大相徑庭，「反封建」在不同階段的眞實意義可能各各不同；已經習用多年的「進步作家」、「進步文學」究竟指的是什麼，越來越不清楚，在包括抗戰這樣的時期，左右作家是否涇渭分明？所謂「右翼文學」包括接近國民黨的知識分子的寫作是不是一切都以左翼爲敵，它有沒有自己獨立的文學理想？國民黨專制文化是否鐵板一塊，其內部（例如對文學的控制與管理）有無矛盾與裂痕？共產黨的革命文學是否就是爲反對國民黨和「舊社會」而存在，它和國民黨的文學觀念有無某些聯通之處？被新文學「橫掃」之後的舊派文學是不是一蹶不振，漸趨消歇？因爲，事實恰恰相反，它們在民國時代獲得了長足的發展，並演化出更爲豐富的形態，這是不是都告訴我們，我們先前設定的文學格局與文學道路都充滿了太多的主觀性，不回到民國歷史的語境，心平氣和地重新觀察，文學中國（文學民國）的實際狀況依然混沌。

　　這就是我們主張文學研究「歷史化」，反對觀念「預設」的意義。當然，反對「預設」理念並不等於我們自己不需要任何理論視角，而是強調新的研究應該比以往任何時候都尊重民國社會歷史本身的實際情形，研究必須以充分的歷史材料爲基礎，而不應當讓後來的歷史判斷（特別是極左年代的民國批判概念）先入爲主，同時，時刻保持一種自我反思、自我警醒的姿態。回到民國，我們的研究將繼續在歷史中關注文學，政治、經濟、法律、教育等等議題都應當再次提出，但是與既往的研究相比，新的研究不是對過去的拾遺補缺，不是如先前那樣將文學當作種種社會文化現象的例證，相反，是爲了呈現文學與文化的複雜糾葛，不再執著於概念轉而注重細節的挖掘與展示。例如「經濟」不是一般的政治經濟學原理，而是具體的經濟政策、經濟

模式與影響文學文化活動的經濟行為，如出版業的運作、經濟結算方式；「政治」也不僅僅是整體的政治氛圍概括，而是民國時期具體的政治形態與政治行為，憲政、政黨組織形式，官方的社會控制政策等等；在文學一方面，也不是抽取其中的例證附著於相應的文化現象，而是新的創作細節、文本細節的全新發現。回到文學民國的現場，不僅是重新理解了民國的文化現象，也是深入把握了文學的細節，這是一種「雙向互犁」的研究，而非比附性的論證說明。例如茅盾創作《子夜》，就絕非一個簡單的「中國道路」的文學說明，它是 1930 年代中國經濟危機、社會思想衝突與茅盾個人的複雜情懷的綜合結果。解析《子夜》決不能單憑小說中的理性表述與茅盾後來的自我說明，也不能套用新民主主義論的現成歷史判斷，而必須回到「民國歷史情境」。在這裡，國家的基本經濟狀況究竟如何，世界經濟危機與民國政府的應對措施，各種經濟形態（外資經濟、民營經濟、買辦經濟等）的真實運行情況是什麼，社會階層的生存狀況與關係究竟怎樣，中國現實與知識界思想討論的關係是什麼，文學家茅盾與思想界、政治界的交往，茅盾的深層心理有哪些，他的創作經歷了怎樣的複雜過程，接受了什麼外來信息和干預，而這些干預又在多大程度上改變了茅盾，茅盾是否完全接受這些干預，或者說在哪一個層次上接受了、又在哪一個層次上抵制了轉化了，作家的意識與無意識在文本中構成怎樣的關係等等，這樣的「矛盾綜合體」才是《子夜》，「回到民國歷史」才能完整呈現《子夜》的複雜意義。

民國作為方法，當然不會拒絕外來的其它文學理論與批評視角，但是，正如前文所說，這些新的理論與批評不能理所當然就進入中國現代文學研究之中，它必須能夠與文學中國——民國時期的文學狀況相適應，並不斷接受研究者的質疑和調整。例如，就我們闡述的歷史與文學互通、互證的方法而言，似乎與歐美的近半個世紀以來的「文化研究」頗多相近，因此不妨從中有所借鑒，但是，在另外一方面，我們必須認識到，歐美的「文化研究」的具體問題——如階級研究、亞文化研究、種族研究、性別研究、大眾傳媒研究等——都來自與中國不同的環境，自然不能簡單移用。對於我們而言，更重要的可能就是一種態度的啟示：打破了文學與各種社會文化之間的間隔，在社會文化關係版圖中把握文學的意義，文學的審美個性與其中的「文化意義」交相輝映。

作為方法的民國，昭示的是中國現代文學研究「學術自主」的新可能，

它不是漂亮的口號，而是迫切的學術願望，不是招搖的旗幟，而是治學的態度，不是排斥性的宣示，而是自我反思的眞誠邀請，一句話，還期待更多的研究者投入其中，以自己尊重歷史的精神。

目次

導　論 ………………………………………………………………… 1

　第一節　文學城市：一種可能的文學研究新範式 …… 1

　　一、何爲文學城市 ……………………………………… 1

　　二、文學城市研究諸模式 ……………………………… 4

　　三、文學城市研究的可能性及其限度 ……………… 10

　第二節　作爲文學城市的成都 ……………………… 16

　第三節　論文研究思路、方法和結構布局 ………… 23

第一章　地方感：時代變局中的地方回應 …………… 27

　第一節　晚清四川困局與地方士紳崛起 …………… 27

　第二節　張之洞入川與王闓運主掌尊經書院 ……… 38

　第三節　尊經書院與四川近代社會文化的轉變 …… 53

第二章　晚清民國成都報刊文化空間 ………………… 65

　第一節　晚清民初成都報刊與書業 ………………… 65

　第二節　晚清民初成都基督教報刊文化 …………… 77

　第三節　報刊作爲一種社會力量──從保路運動
　　　　　到五四運動的成都報刊文化空間 ………… 89

第三章　新文學在成都的發生與展開 …………… 103

第一節　舊詩詞中的新內容──時代更替中的
　　　　成都舊式文人與文學 …………… 103

第二節　《娛閒錄》：成都新文學的先聲 …………… 118

第三節　草堂文學社與成都文學新景象 …………… 133

第四章　民國成都學校文學空間 …………… 155

第一節　民國成都學校文學教育 …………… 156

第二節　民國成都校園文學活動 …………… 177

一、吳玉章與張瀾時期的校園活動 …………… 177

二、劉大杰與川大戲劇社 …………… 183

三、文學社團與期刊 …………… 190

第五章　城市印象與文學再現：李劼人的成都
　　　　書寫 …………… 207

第一節　成都面目：大河三部曲中的城市空間
　　　　結構 …………… 209

一、從成都的周邊開始──天回鎮 …………… 210

二、由東大街到青羊宮 …………… 214

三、古舊的革命廣場：皇城 …………… 219

四、高門大戶與尋常人家 …………… 223

第二節　城市空間中的人群與日常 …………… 229

一、兩個女人的成都夢 …………… 229

二、一群消消閒閒的青年人 …………… 239

三、客廳中的政治與社會 …………… 246

結　語 …………… 253

參考文獻 …………… 259

導　論

第一節　文學城市：一種可能的文學研究新範式

一、何爲文學城市

　　在中國學術界，城市作爲研究對象，尤其是作爲人文學科的研究對象，其歷史並不長。肇端於 20 世紀 80 年代的城市研究，卻在學術界掀起了一股研究的熱潮。〔註1〕在這一熱潮湧動下，文學、美術、音樂、影視等率先對城市進行關注與表現，一時間城市似乎成了人文領域炙手可熱的研究對象。

　　具體到文學領域，「城市文學」、「都市文學」等概念相繼提出，各種相關文學活動和研究文章也一一出現。1983 年北戴河首屆城市文學理論筆會可以看作是城市文學研究的初始，城市及城市文學受到研究界的重視。但對於何爲城市文學，學術界紛爭不止，無法達成一致。城市文學的概念還沒辨析清楚，「都市文學」作爲一個新概念又迅速出現，1994 年《特區文學》推出「新都市文學」，《上海文學》推出「新市民文學」專欄，此外還有各種討論會和評獎，「到 1994 年底『都市小說形勢旺盛，』一大批作家把現代都市作爲獨立的審美對象，『都市對文學的進入成爲 1995 年一個重要的文學現象』。」〔註2〕關於城市文學或都市文學的選本也開始出現，如陳曉明編選的《中國城

〔註1〕　陳曉蘭在其專著《文學中的巴黎與上海──以左拉和茅盾爲例》（廣西師範大學出版社，2006 年 3 月版）中，對人文學科的城市研究史進行了梳理，把具體演變過程詳細地呈現出來，本書不再進行復述，請參見陳著第 9～10 頁。
〔註2〕　陳曉蘭：《文學中的巴黎與上海──以左拉和茅盾爲例》，桂林：廣西師範大學出版社，2006 年 3 月，第 10 頁。

市小說精選》〔註3〕、徐劍藝編選的《新都市小說選》〔註4〕。同時城市文學／都市文學也被納入文學史的撰述對象。城市文學／都市文學已然成爲學術界的研究重點之一。

城市文學／都市文學研究熱潮興起的同時也引起關於其概念的紛爭。到底什麼樣的文學才算城市文學／都市文學，眾說紛紜。筆者試著清理這些論述〔註5〕，發現這些觀點大致可分爲兩類，「一類是依據慣常的題材標準對城市文學進行定義，另一類是突破題材的層面，從其它方面對城市文學的特質進行界定。」〔註6〕從題材上來定義，即把凡關於城市人、事、物的書寫都納入城市文學；打破題材的限制，則從現代性的特徵上來定義都市文學，即從審美、都市人身份、現代體驗和現代意識等層面來界定都市文學。按照前一種定義，其文學被稱爲城市文學；按照後一種定義，其文學則稱爲都市文學。標準就是看文學作品是否具有現代特徵，許多不具備現代特徵的文學作品就被排除在都市文學之外。這種界分雖然區分了城市文學與都市文學之間的差別，但實際上卻縮小了城市作爲文學表現的範圍，也無形中形成了城市文學研究的等級性，似乎具有現代特徵的都市文學就要比以題材定義的城市文學高一個等級。這成了城市文學概念釐定和使用無法統一的重要原因，也影響了學術研究的推進。

新世紀之後，城市研究日益成熟，各學科齊頭並進而又相互影響。城市文學與都市文學概念之間的分歧受到了衝擊。城市研究跨越了人文學科間的界限，社會學、建築學、政治學、經濟學、人類學等學科均對城市這一對象展開研究。人文學科，尤其是文學學科，對城市的研究不再單一限定在文學之內，也不再糾纏於城市文學與都市文學之間的差別，而是向廣義的文化研究轉向，城市文學只是研究城市的一個途徑。這樣城市文學就變成了文學城

〔註3〕 《中國城市小說選編》，陳曉明選編，蘭州：甘肅教育出版社，1994年9月。

〔註4〕 《新都市小說選》，徐劍藝編選，杭州：浙江文藝出版社，1993年2月。

〔註5〕 梳理城市文學和都市文學概念的文章眾多，如曾鎮南《「都市文學」瑣談》（《芳草》1987第12期）、雷達《關於城市與文學的獨白》（《天津文學》1986年第10期）、張韌《現代都市意識與城市文學》（《開拓》1988年第1期）、《激戰秦淮狀元樓──94中國城市文學國際學術討論會話題》（《貴州日報》1994年8月31日）、李潔非《城市文學之崛起：社會和文學背景》（《當代作家評論》1998年第3期）等等。

〔註6〕 蔣述卓、王斌：《論城市文學研究的動向》，《學術研究》2001年第3期，第99頁。

市（literary city）或者文字城市（word-city）〔註7〕的一部分。

　　由此可以看出，文學城市這一概念在中國語境中的演化過程，它是從城市文學／都市文學演變而來，同時又超越了城市文學／都市文學的界限。文學城市不限於文學領域，凡關於城市的文字記述，如文學作品、歷史傳說、風俗民情、政治經濟等等，通過文字記錄下來的內容，都作為文學城市研究的對象。

　　據筆者所瞭解，在中國學術界似乎還沒有研究者對「文學城市」這一概念加以明確的界定及使用。陳平原提出過「文學的城市」和「文學的都市」這兩個概念，但他更常用的是「文學的都市」，且特指北京。他說「談論『文學的都市』，乃是基於溝通時間與空間、物質與精神、口頭傳說與書面記載、歷史地理與文學想像，在某種程度上重現三百年、八百年乃至千年古城風韻的設想。」〔註8〕這種文學都市研究是典型的跨學科，或者說是文化研究之於城市研究的具體體現。陳這裡所使用的「文學」一詞，實際上已突破了通常意義上的文體範疇，具有了「文字」記錄的性質。

　　「文學」的這一定義與本書所使用的「文學城市」中的「文學」意義相同，即不僅指作為文體的文學，而且也指一切有關城市的文字記錄，這些記錄可以是歷史掌故、城市傳說、風俗民情等等。只要是關於城與人、物、事之間關係的文字記錄，都是文學城市研究的對象。這與吉爾茲所說的「本文」意義相類，吉爾茲認為「『本文』本身就是一個文化描寫的系統（system），它既可以是文字的，亦可以是行為學意義上的——『文化即本文』。」〔註9〕吉爾茲擴大了「本文」的內涵，把本文的實際背景（contexts）都作為闡釋文化的對象。「文學城市」之「文學」類似于吉爾茲的「本文」，兩者都是關於所研究對象的一切符號、文字及行為的文本總體。與吉爾茲注重從符號與實際背景中去闡釋當地文化持有者及文化所不同的是，「文學城市」中的「文學」更多限定在人文寫意方面，宗教信仰及符號等不作為其研究對象。

　　「文學城市」中的「城市」又是何意？這裡的「城市」並不僅指具體的

〔註7〕陳曉蘭：《西方城市文化視野中的文學研究述評》，《蘭州大學學報（社會科學版）》2012年11月，第7頁。

〔註8〕陳平原：《文學的都市與都市的文學——中國文學史有待彰顯的另一面相》，《社會科學論壇（學術評論卷）》2009年第3期，第33頁。

〔註9〕〔美〕吉爾茲（Greertz, C.）：《地方性知識：闡釋人類學論文集》，王海龍、張家瑄譯，北京：中央編譯出版社，2000年3月，第10頁。

作為實物而存在的城市，還包括文本中的城市。儘管關於城市是什麼有多種解釋，〔註10〕但我們所能把握與認識的似乎只有文本中的城市。也只有借助文本，我們才能夠填補斷垣殘壁和還原湮沒無跡的過往城市；也只有借助文本，我們才能對碩大無朋的現代城市有稍微的認識和把握。因為「那在時間和空間上遙遠的本真城市我們無法觸摸，那身處其境的真的城市沒有時間和空間的邊界，超出了我們的心理和生理範圍而無從把握，我們只有通過自己的感知和體驗把握城市之是城市的碎片和局部，我們只有通過地圖、語言、圖象、符號等認識城市。」〔註11〕這些「地圖、語言、圖象、符號」就是文本的城市，也就是本書「文學城市」中「城市」之所指。

由此，我們可以來試著界定「文學城市」這一概念。「文學城市」，是指以有關城市的文字記錄為研究對象的一種研究範式。它屬於城市研究，只不過是從人文的角度，來研究城市這一具體空間內人與城之間的關係。城市文學／都市文學是文學城市研究的重要組成部分，但不是全部，文學城市還包括關於城市的歷史、傳媒、學校教育、城市社會氛圍、民俗風景等等。

界定清楚「文學城市」這一概念後，我們需要進一步追問，文學城市作為一種文學研究範式，它有哪些可資借鑒的研究模式，以及這些研究模式是否具有論證的合理性。

二、文學城市研究諸模式

相較於國內文學城市研究的滯後，國外文學城市研究要成熟得多，19世紀後期國外已興起文學城市研究。只不過這時的文學城市研究僅是把文學納入城市研究範圍，其研究重點仍集中於「城市對於文學的影響，如作家的城市經驗、作家的地方感及其自我意識，文學作為城市歷史記憶的獨特形式，文學中有關城市的社會組織結構與日常生活的獨特再現，文學中的城市地形學價值，等等。」〔註12〕到了20世紀60時代，文化研究興起之後，文學城

〔註10〕 〔美〕斯皮羅·科斯托夫在其專著《城市的形成──歷史進程中的城市模式和城市意義》（單皓譯，中國建築工業出版社，2005年8月版）中，對城市給出了9種定義，本書採用了第6種，即「城市必須依靠文字記錄」。參見該書第37～40頁。

〔註11〕 陳曉蘭：《文學中的巴黎與上海──以左拉和茅盾為例》，桂林：廣西師範大學出版社，2006年3月，第9頁。

〔註12〕 陳曉蘭：《西方城市文化視野中的文學研究述評》，《蘭州大學學報（社會科學版）》2012年11月，第7頁。

市研究才成為一種重要的研究範式在西方學術界崛起。文學城市研究不再局限在文學領域，而是綜合各學科全面地研究城市。這時的「文學城市」之「文學」更接近「詞語城市」之「詞語」，打破了研究學科的限制。

其體落實到研究模式上，國外文學城市研究大致有以下幾種研究模式〔註13〕：

其一、文學的城市地形學與空間及環境研究。該模式偏重於對城市地形學和空間結構的研究，從地形和空間的文學書寫中來研究其社會和象徵意義。代表性的研究著作有：瓦爾特・戴克斯特（Walter Dexter）的《狄更斯的倫敦》（*The London of Dickens*，1923 年初版，1930 年再版）、伊麗莎白・庫格勒的（Elizabeth Kugler）《作為一種表演的散步：17 世紀巴黎文學與風景研究》（*The Promenade as Performance: A Study of the Landscape and Literature of the Seventeenth-Century Paris*, 1998）、瑪里琳・托馬斯・弗肯堡（Marilyn Thomas Faulkenburg）的《勃朗特、狄更斯、哈代、巴特爾小說中的教堂、城市與迷宮》。

其二、城市文學中的公共空間與私人空間研究。這類研究注重對城市作為社會空間的研究。如夏倫・馬庫斯（Sharon Marcus）的《公寓故事：19 世紀巴黎和倫敦的家與城市》（*Apartment Stories: City and Home in Nineteenth Century Paris and London*, 1999）。

其三、文學中的城市與鄉村觀念研究。這一研究模式是對城市現代化反省的一種反應，鄉村作為城市的反面映像，雙向對比，以批判現代城市發展的非人性。雷蒙・威廉斯（Raymond Williams）的《鄉村與城市》（*The Country and the City in Novel*, 1973）是典型代表。

其四、性別與城市研究。該類研究著眼於女性遭遇與城市處境之間的關係，女性在城市空間中遭受多重壓迫，揭示這些壓迫成為該研究模式的主要目的。托維・芬斯特（Tovi Fenster）的《性別與城市：不同歸屬的形成》（*Gender and the City: The Different Formations of Belonging*, 1999）對這一問題研究得比較充分。

其五、文學中的人群、大眾與階級形象研究。這屬於對城市人群的研究，這些人群包括流浪者、孤獨者等等。這類研究很多，已成為一種重要的研究

〔註13〕關於國外文學研究模式概況，轉引自陳曉蘭《西方城市文化視野中的文學研究述評》，《蘭州大學學報（社會科學版）》2012 年 11 月。

模式。如約翰‧普洛茨（John Plotz）的《人群：英國文學與公共政治》的（*The Crowd: British Literature and Public Politics*, 2000）、雷蒙德‧吉拉德（Raymond Giraud）的《司湯達、巴爾扎克和福樓拜小說中的非英雄的英雄》（*The Unheroic Hero in the Novels of Stendhal, Balzac and Flaubert*, 1957）等等。

以上幾種研究模式主要還是從文學的角度來研究城市，沒有超過文學與城市關係的基本思路。國外還有超出該思路的研究模式，比如瓦爾特‧本雅明對巴黎的研究，就不再是文學與城市的研究模式。本雅明的「拱廊研究計劃」試圖通過對巴黎的拱廊這一現代建築物的研究來揭示 19 世紀巴黎及資本主義盛世的文化。他不局限於文學藝術，而是涉及各個方面，建築、技術、政治、經濟、心理等等，只不過他是借文學藝術這個出口來展開他的論述，如借波德萊爾來展開對巴黎及資本主義的研究。只因本雅明過於卓越，這種研究模式後繼者並不多，未能受到足夠的重視與傚仿。但這絕非表示本雅明研究模式的不重要，相反該研究模式具有極強的闡釋力。

卡爾‧休斯克的《世紀末的維也納》似乎是對本雅明研究模式的有意繼承，其基本視角和研究思路與本雅明較為契合，即從一個具體空間去研究一座城市乃至一個時代的精神及思想狀況。本雅明選擇 19 世紀的巴黎，卡爾‧休斯克選擇 20 世紀末的維也納，他們同樣關注城市中的人群，考察人群的精神特徵，本雅明關注「閒逛者」，休斯克關注的是維也納的文化精英，休斯克認為「維也納的文化精英格外獨特，他們兼有地方風尚與世界情懷、傳統做派和現代品味，他們的社會階層界限明確，這些特點，為研究 20 世紀早期的思想發展，創造了比起其它大城市來更為連貫一致的背景。」〔註 14〕無論是 20 世紀末的維也納還是 19 世紀的巴黎，都是一段時期內的具體城市空間，對這一空間的社會文化狀況進行整體研究，綜合各學科之所長，盡量抓住現代都市中人與城之間的獨特關係，這是本雅明與卡爾‧休斯克研究模式的共同特徵。

相較於對國外文學城市研究的考察，我們更關心國內的研究狀況。仔細梳理相關研究文獻，可以發現自 20 世紀 80 年代以降，國內文學城市研究也大致形成了幾種研究模式。

其一是趙園研究模式。國內學術界開始研究城市，從文學角度來觀照城

〔註14〕〔美〕卡爾‧休斯克：《世紀末的維也納‧導言》，李鋒譯，南京：江蘇人民出版社，2007 年 5 月，第 11 頁。

市的研究者也不少。在眾多研究者中，趙園的文學城市研究獨樹一幟，與同時期的其它文學城市研究者形成了較大差別。她不再僅僅停留在城市文學單個作家作品的研究上，而是從文學角度關注「城與人」的關係。其專著《北京：城與人》便是這種研究模式的集中體現。在這本書中我們可以看出，作者不僅由文學作品來印證北京這座城市的某種物象或者某種文化現象，如「胡同」「京味」、「京味小說」、「北京人」等，而且從文學作品來解讀城市的文化性格，著眼的是城市中的人與城之間的關係，探尋的是北京這一城市中「城與人」、「城與文學」之間細密的關係特徵。正如趙園所說「我越來越期望借助於文學材料探究這城，這城的文化性格，以及這種性格在其居民中的具體體現。」「經由城市文化性格而探索人，經由人——那些久居其中的人們，和那些以特殊方式與城聯繫，即把城作為審美對象的人們——搜尋城，我更感興趣於其間的聯結，城與人的多種形式的精神聯繫和多種精神聯繫的形式。」〔註15〕能超越單一的文學視角而從城與人之間的關係來研究城市，這已經是一種難能，而趙園對作家作品的細緻解讀尤其讓人印象深刻。從這些細緻入微的文學解讀中切入北京這座城市，顯得非常熨帖，而不會覺得突兀。趙園的這種研究模式可以概括為文學性的城市研究，這一模式建立的前提是作者須具有較高的文學感受力和理解力，通常難以傚仿，因此顯示獨特的價值。

　　20世紀90年代，隨著現代化步伐的加快，研究者對城市的現代性特徵越來越重視，研究城市時，現代特徵、現代性似乎成了基本標準。在城市文學研究向都市文化研究轉換的中間出現了一種過渡，這就是吳福輝的《都市旋流中的海派小說》。該書作為嚴家炎主編的「二十世紀中國文學與區域文化叢書」之一，顯然其重心並不在建構上海的都市特徵，但是它卻從整體上「為海派文學正名」，〔註16〕提出了海派文化心理、行為方式、文化風貌等問題，使海派文學回到了研究的正常軌道。總體看來這本書在研究視野和方法上都無新意，也不是專注於文學與城市之關係研究，但是它卻讓塵封已久的海派文學及上海這座城市重新回到學術界，為之後大規模的上海研究導引了先聲。

〔註15〕趙園：《北京：城與人》，上海：上海人民出版社，1991年8月，第1頁。
〔註16〕吳福輝：《都市旋流中的海派文學》，長沙：湖南教育出版社，1995年8月，第1頁。

　　其二是李歐梵研究模式。引領上海都市文學與文化研究的無疑是李歐梵，其專著《上海摩登──一種新都市文化在中國（1930～1945）》更是成為開啓上海研究模式的代表作，其影響延續至今。這本書的研究視角、思路、篇章結構、語言敘述等都迥異於國內其它文學城市研究著作。論者是從都市現代性的角度切入上海文化和文學研究，認爲「從晚清到『五四』，從現代到當代，到處都是由現代性而引起的問題，……但我認爲現代性一部分顯然與都市文化有關。我又從另外幾本西方理論著作中得知西方現代文學的共通背景就是都市文化；沒有巴黎、柏林、倫敦、布拉格和紐約，就不可能有現代主義的作品產生。那麼，中國有哪個都市可以和這些現代大都市比擬？最明顯的答案當然是上海。」〔註 17〕有了這一觀念和思路後，這本書中所呈現的上海就現代性十足，各種現代物象都作爲研究對象，上海的建築、咖啡館、舞廳、電影院、公園、亭子間、印刷書刊等等，像萬花筒一樣齊齊展現在讀者眼前，讓人第一次感到，上海原來如此現代。

　　不難看出李歐梵的上海研究模式是借鑒了本雅明的巴黎研究模式，這一點作者本人也不避諱，「(《上海摩登》)在對一些具體問題的論述上，我也部分受到本雅明的啓發，有人說我的切入點很特別，其實我是學本雅明的。這一點我要公開申明。」〔註 18〕本雅明對巴黎的研究及其論述模式，並不在於「一些概念和範疇的演示，而是對一系列通常沒有被注意到但具有意味之社會文化現象的直接揭示。」〔註 19〕也就是說本雅明研究模式是基於他獨到的感受力和洞察力而不是抽象的形上之思，他的研究模式是與這一特色相輔相成的，脫離這一基本前提而單一模仿其研究模式有些緣木求魚。更爲重要的是本雅明並不是爲了復原一個充滿摩登氣息的現代都市巴黎，而是借對巴黎現代物質文化的研究以批判資本主義文明與文化，批判籠罩資本主義世界的歷史觀念，「即世界進程乃是一個由物質組成的無限系列。這種觀念所特有的沉澱就是所謂的『文明史』，即一點一點清點人類的生活方式和創造。」〔註 20〕

〔註 17〕〔美〕李歐梵：《上海摩登──一種新都市文化在中國（1930～1945）·中文版序》，毛尖譯，北京：北京大學出版社，2001 年 12 月，第 3 頁。

〔註 18〕李歐梵、季進：《現代性的中國面孔：李歐梵、季進對談錄》，北京：人民日報出版社，2011 年 8 月，第 8 頁。

〔註 19〕〔德〕瓦爾特·本雅明：《發達資本主義時代的抒情詩人·譯者前言》，王才勇譯，南京：江蘇人民出版社，2005 年 2 月，第 2 頁。

〔註 20〕〔德〕瓦爾特·本雅明：《巴黎，十九世紀的首都》，劉北成譯，上海：上海人民出版社，2006 年 5 月版，第 33 頁。

由此可見李歐梵上海研究與本雅明巴黎研究之間的差別。

　　儘管如此，這並不妨礙《上海摩登》成爲引領上海城市研究潮流的範本，後來諸多關於上海文化與文學研究的文章與著作都是對李歐梵研究模式的仿傚。〔註21〕李歐梵書中提到的諸種上海物象成爲後來者的研究對象，比如上海的報刊、亭子間、租界、電影院、公園等等。同時李著也引起了對上海的歷史懷舊，進而形成一股上海懷舊熱潮。

　　其三是陳平原研究模式。新世紀以來，學界對文學城市研究又有了新的突破，不再以《上海摩登》研究模式爲圭臬，出現了一些新研究模式。最爲典型的是陳平原倡導的「北京學」研究模式。陳平原首先指出城市研究的不平衡，上海研究過分發達，而對具有同等地位的北京卻關注與研究不足，「我曾多次提到，國內外學界以上海爲視角，探討中國現代化進程的努力，已經取得了很大成績。相對來說，作爲八百年古都，北京的現代化進程更爲艱難，從抵抗、掙扎到追隨、突破，其步履蹣跚，更具代表性，也更有研究價值。可惜的是，大有發展潛力的『北京學』，目前遠不及『上海學』輝煌。」〔註22〕同時指出北京研究於現代中國研究更加重要，「可對於中國的現代化進程來說，上海其實是個特例。相對來說，作爲古老中國的帝都，加上又是內陸城市，北京的轉型更爲痛苦，其發展的路徑也更加曲折，很難套用現成的理論。」〔註23〕既然北京完全不同於上海，其研究思路和模式就應有所不同。與上海研究注重都市現代性不同，陳平原的北京研究更注重歷史性及地方性知識。陳以爲，「關注『文學的城市』，必須兼及作家、作品、建築、歷史、世相、風物等，在文化史與文學史的雙重視野中展開論述。」〔註24〕通過鉤沉歷史進而對北京這座城市加以重塑，「乃是基於溝通時間與空間、物質與精神、口頭傳說與書面記載、歷史地理與文學想像，在某種程度上重現三

〔註21〕做仿李歐梵研究模式著作甚多，較有影響的有李永東《租借文化與30年代文學》（上海三聯書店，2006年）、李洪華《上海文化與現代派文學》（江西人民出版社，2010年）、張勇《摩登主義：1927～1937上海文化與文學研究》（臺灣人間出版社，2010年1月）等等。

〔註22〕《北京：都市想像與文化記憶・序一》，陳平原、王德威編，北京：北京大學出版社，2005年5月，第12頁。

〔註23〕陳平原：《「五方雜處」說北京》，《北京記憶與記憶北京》，北京：生活・讀書・新知三聯書店，2008年7月，第22頁。

〔註24〕陳平原：《文學的都市與都市的文學——中國文學史有待彰顯的另一面相》，《社會科學論壇（學術評論卷）》2009年第3期，第36頁。

百年、八百年乃至千年古城風韻的設想。」〔註25〕重現北京歷史面貌，是爲了「盡可能讓大家留住這個城市的身影。留住城與人之間剪不斷理還亂的複雜感情。」〔註26〕作者更大的抱負是通過對北京這座古城的研究，從文學城市的角度，「重構中國文學史的圖景」。

通觀陳平原關於北京研究的論述，其研究目的、方法都非常清楚，形成了一種文學城市研究的新模式。這一模式在陳平原研究團隊那裡體現得非常明顯。〔註27〕結合陳平原的論述和這些研究者的著作，基本可以看出此一研究模式注重從歷史史料中耙梳歷史事實，具體包括當地的報刊、大學、文學活動、文人團體等，通過對這些史料的整合進而對城市進行整體的社會文化把握。

梳理文學城市的諸種研究模式，是爲了對這些模式的研究合法性進行理論上的評析，進而論證本書所提出的新的「文學城市」研究模式的可行性。

三、文學城市研究的可能性及其限度

梳理文學城市研究的諸種模式，似乎已經說明了文學城市研究範式的合法性，爲什麼在這裡還要提出研究的可能性與限度問題呢。一方面是上文的文學城市諸種研究模式與本書所主張的文學城市研究有諸多不同，另一方面是上文這些研究模式或多或少都存在一些問題，包括理論上的缺陷和操作上的限制。因此接下來對文學城市研究的可能性及其限度進行詳細探討，以期把文學城市這一新的文學研究範式更加明晰化。

可能性，通常包含理論上的合法與方法上的可行。先來看文學城市研究理論上的合法性問題。文學城市研究運用了哪些理論？首先是有關城市的理論，其次是關於文化研究的理論，還有社會學、人類學、文學理論等。可以說文學城市研究融合了各種理論，是跨學科研究的產物。

〔註25〕陳平原：《文學的都市與都市的文學——中國文學史有待彰顯的另一面相》，《社會科學論壇（學術評論卷）》2009年第3期，第33頁。

〔註26〕同上，第32頁。

〔註27〕陳平原主編的「都市想像與文化記憶叢書」，如楊早《清末民初北京輿論環境與新文化的登場》（北京大學出版社，2008年8月）、凌雲嵐《五四前後湖南的文化氛圍與新文學》（北京大學出版社，2008年8月）、顏浩《北京的輿論環境與文人團體：1920～1928》（北京大學出版社，2008年8月）、葛飛《戲劇・革命與都市漩渦》（北京大學出版社，2008年8月）。

　　城市理論運用主要體現在對研究對象的確定上，即「文學城市」中的「城市」到底指的是什麼。按照傳統觀念，城市一般被認爲是由物質形體和社會結構組成，在不同的歷史時期城市表現爲不同的形態，摩歐・巴拉希就把城市分爲「古代城市」、「中世紀的『有機』城市」、「文藝復興時期的城市」和「現代城市」四種類型。〔註28〕城市的物質形體研究不屬於人文學研究範圍，那是建築學的研究對象，人文學關注的是城市社會，城市社會的結構、空間、文化、人群等。「文學城市」中的「城市」大體上是屬於城市社會的範疇，只不過是具體落實在關於城市社會的文字記錄上，即研究的是文本的城市，且限定在關於城市的文學書寫、歷史、傳媒、學校教育、城市社會氛圍、民俗風景等方面，因爲這些領域更能體現人文特色，更能體現人與城之間的多重互動關係。

　　研究對象確定後，該如何展開研究，這之中運用最多的是文化研究理論，比如李歐梵的《上海摩登》就是從文化角度進行城市研究的代表。這裡涉及一個文化研究的根本問題，即什麼是文化，是不是一切人類物質與精神產物都能稱作文化，如 E.B.泰勒和克萊德・克拉克洪式的方法，把一切社會中的存在都稱爲文化，這種方法被格爾茨稱爲文化概念的大雜燴（pot-au-feu）式的理論方法〔註29〕；或者如瓦爾德・古迪納夫所說的「文化（存在）於人的頭腦與心靈中」〔註30〕；還是像雷蒙・威廉斯主張的文化是「包括物質、智性、精神等各個層面的整體生活方式」〔註31〕。不難發現，上述諸論在對文化定義的時候陷入了兩種觀念性的錯誤，一是把文化實體化（reify），二是對文化進行還原。在錯誤的觀念影響下，無論提出多少種（有學者統計關於文化的概念達 150 種之多〔註32〕）文化概念，都不可避免地會遺漏一些文化現象。因此，轉變觀念，從另外的角度來看待文化或許能得到不一樣的效果。我們可以「將『文化』視爲一整套的思想觀念和價值觀念，他們使不同

〔註28〕摩歐・巴拉希：《城市的觀念》，《都市、帝國與先知》（都市文化研究・第二輯），孫遜、楊劍龍主編，上海：上海三聯書店，2006 年 8 月，第 28～42 頁。
〔註29〕〔美〕克利福德・格爾茨：《文化的闡釋》，韓莉譯，南京：譯林出版社，1999年 11 月，第 5 頁。
〔註30〕同上，第 14 頁。
〔註31〕〔英〕雷蒙・威廉斯：《文化與社會：1780～1950》，高曉玲譯，長春：吉林出版集團有限責任公司，2011 年 8 月，第 4 頁。
〔註32〕〔英〕邁克・克朗：《文化地理學》，楊淑華、宋慧敏譯，南京：南京大學出版社，2003 年 6 月，第 2 頁。

的生活方式產生了意義，生活中那些物質的形式和具有象徵的形式產生於這些思想觀念和價值觀念。」〔註33〕這樣就避免了孤立地去定義文化。而是把文化放到一定的社會空間中去，因為，只有在一定環境和空間中文化才能被賦予意義。城市文化只能在城市這一特定的空間中才能被發現與探明其意義，沒有絕對意義上的「通屬城市」（Generic City），也沒有具有通約性的所謂城市文化，只有注目於具體的城市如倫敦、巴黎、紐約、上海等，才能在該城市發現其特有的城市文化。這裡不是要強調特殊性，更不是要持保守性立場，而是要避免普遍化空洞論述的弊端，使具體城市及其文化避免被視為「一個環境和場所，或者更糟糕的是，只將其視為事件或社會進程發生的背景而已。」〔註34〕

從理論上解決了研究對象的合法性問題，我們再來看研究目的的合法性問題。國外文學城市研究的一個中心目的是探討「文學與城市」之間的關係，他們的一個核心觀念是文學與城市是相互影響的關係，尤其是現代城市，這種相互影響的關係更加強烈。基於歷史現實，國內文學城市研究並沒有過多強調文學與城市之間的相互影響及生成關係，而是有著不同的研究目的。趙園說「期望借助於文學材料探究這城，這城的文化性格」，「經由城市文化性格而探索人，經由人——那些久居其中的人們，和那些以特殊方式與城聯繫，即把城作為審美對象的人們——搜尋城，我更感興趣於其間的聯結，城與人的多種形式的精神聯繫和多種精神聯繫的形式。」〔註35〕城市中的人才是她研究的主要目的，研究文學與城市是為了研究那時那地的人。陳平原希望通過歷史考古打撈文本中的城市，「在某種程度上重現三百年、八百年乃至千年古城風韻的設想。不僅如此，關注無數文人雅士用文字壘起來的都市風情，在我，主要還是希望藉此重構中國文學史的圖景。」〔註36〕近的目的是重現北京歷史風貌，遠的目的是為了增加文學史的城市文學書寫維度，豐富與健全文學史。李歐梵上海研究的目的，是為了證明在中國具有現代性的

〔註33〕〔英〕邁克·克朗：《文化地理學》，楊淑華、宋慧敏譯，南京：南京大學出版社，2003年6月，第2頁。

〔註34〕馬丁·李：《重新定位地方：文化地理學、地方和城市習性的特徵》，《文化研究方法論》，吉姆·麥奎根編，李朝陽譯，北京：北京大學出版社，2011年5月，第135頁。

〔註35〕趙園：《北京：城與人》，上海：上海人民出版社，1991年8月，第1頁。

〔註36〕陳平原：《文學的都市與都市的文學——中國文學史有待彰顯的另一面相》，《社會科學論壇（學術評論卷）》2009年第3期，第33頁。

都市和都市文化。〔註 37〕所抱目的不同必然導致其研究路向與研究結果的不同。不是目的決定了結果，而是目的影響了研究的過程進而影響了結果的可能性。

研究目的不同這是正常的現象，但問題是對於文學城市這一具體的研究，研究目的的偏狹會造成對研究對象的游離與言不及義，一定程度上也影響了文學城市研究的合法性。

這裡我們有必要借鑒本雅明和休斯克的研究目的和研究視野。本雅明研究波德萊爾、研究巴黎文化藝術，「並不是孤立的藝術現象本身，而是由該現象折射的文化內涵，也就是說，他總是將藝術作為一種文化現象而放到其所處的社會中去考察的。」〔註 38〕甚至這種文化內涵和文化現象，乃至資本主義制度，都不是他最終的研究目的，他要探尋的是「歷史的本質」，目的是對一種錯誤的歷史觀念的批判，即批判「世界的進程乃是一個由物化事實組成的無線系列」的歷史觀。即是說文學城市研究必須有更高的研究目的和研究視野，僅僅局限於文學城市研究會滑向孤立的靜態描述，而缺乏相應的思想洞見和現實觀照。本雅明的這一研究視野在休斯克那裡得到了延續，但是在實踐層面上，休斯克進行了嚴格的限制，與本雅明宏大的「拱廊研究計劃」不同，休斯克選擇可具操作性的維也納，在時間和空間上都進行了嚴格限制，他認為「面對文化自身以及研究文化的學術方法都在變得愈加去歷史化和多元化，為了保持歷史的概括能力，就需要一個範圍明確的社會實體，大小適度，但要蘊含豐富的文化創造力。」〔註 39〕休斯克的觀點一定程度上也證明了文學城市研究的可操作性。

從理論上來講，文學城市可以作為一種研究範式。但其仍有諸多限制，尤其是方法論上的限制，制約著文學城市研究的進一步展開。

這些限制首先體現在研究對象駁雜，無法形成一種具有較強闡釋力的結構框架。文學城市的研究對象非常繁富，一切關於城市的文本都是需要勘察的對象，文學作品、報刊雜誌、媒體傳播、社會團體、城市氛圍、公共領域、

〔註 37〕〔美〕李歐梵：《上海摩登——一種新都市文化在中國（1930～1945）‧中文版序》，毛尖譯，北京：北京大學出版社，2001 年 12 月，第 3 頁。

〔註 38〕〔德〕瓦爾特‧本雅明：《發達資本主義時代的抒情詩人‧譯者前言》，王才勇譯，南京：江蘇人民出版社，2005 年 2 月，第 5 頁。

〔註 39〕〔美〕卡爾‧休斯克：《世紀末的維也納》，李鋒譯，南京：江蘇人民出版社，2007 年 5 月，第 9 頁。

校園文化、文化人物等等，這些內容都需要涉及。這樣就造成有批評者所說的「文學城市研究似乎成了一個籮筐，什麼東西都往裏面裝。」這也就是格爾茨所指出的對文化概念理解錯誤的方法論運用的結果，即文化概念的大雜燴（pot-au-feu）式理解的運用。關於這一點，不論是李歐梵的上海研究，還是陳平原團隊的北京研究都存在這個問題。李歐梵在《摩登上海》中就把上海各種現代物象彙集在一起，再加以現代性的闡釋，進而證明上海的現代性特徵。其基本思路是先預設一種具有通用性質的現代性標準，然後依此標準在上海尋找對應的物象，反過來又以這些物象論證上海的現代性。這就是休斯克指出的「在面對現代性這一問題的時候，就是預先假定一個抽象和絕對的通用標準，即黑格爾所說的『時代精神』和密爾所說的『時代特徵』。」〔註40〕李歐梵的研究模式忽視了上海的多樣態歷史事實，有論者就指出「從很大程度上說，上海或許是現代中國民族國家危機和現代性癡迷奇異交匯的最重要場所，『幾乎所有關於中國重要生活面向的嚴肅分析最終必須面對上海、面對上海在中國的特殊地位。』」〔註41〕用現代性來重繪上海都市形象，有刪繁就簡的策略考慮，但實際上於上海的研究推進補益並不大。

陳平原研究團隊的文學城市研究似乎有意對這種大雜燴式的研究方法有所超越，他們在盡量搜集原始歷史材料的基礎上，往往以一個中心概念來串聯這些散亂的史料，使之連綴成一個整體。比如楊早的《清末民初北京的輿論環境與新文化的登場》，就用「輿論環境」這一中心詞來總括報刊雜誌、文人群體、校園文化等等。與此相類似的還有顏浩的《北京的輿論環境與文人團體：1920～1928》、凌雲嵐的《五四前後湖南的文化氛圍與新文學》，他們的研究模式都比較接近。通過這樣的處理似乎避免了李歐梵式的研究缺陷，同時還增加了歷史厚度，某種程度上具有可行性。

實際上這種材料駁雜、論述架構力不明顯的根本原因是問題意識缺乏，與研究目的太過單一有關，如果能借鑒本雅明和休斯克的研究視野，這個問題基本上是能夠解決的。

其次文學城市研究還受到文本與城市經驗之間關係的限制。文學城市的研究對象是城市，是關於城市的文化、城市的人群、城市的經驗和情感，而

〔註40〕〔美〕卡爾・休斯克：《世紀末的維也納》，李鋒譯，南京：江蘇人民出版社，2007年5月，第6頁。

〔註41〕孫紹誼：《想像的城市——文學、電影和視覺上海（1927～1937）》，上海：復旦大學出版社，2009年1月，第3～4頁。

這些東西並不僅僅是通過有限的文本就能勾連清楚的。比如說李歐梵的上海研究就是借助大量的印刷文本來重新勾勒上海的樣態，他非常認同本尼迪克・安德森在《想像的共同體》中所強調的印刷媒體對民族構建的重要作用，因此他把報刊、小說等作為重繪上海面貌的主要材料。但事實是上海的歷史、城市經驗、情感結構遠不是那有限的印刷媒體就能概括的，關於上海歷史進程的大量文檔、歷史事件（記載下來的及其沒有記載下來的）實在太多，對上海歷史缺乏足夠的認識與瞭解，要想重繪上海面貌，那就只能如李歐梵所說的靠「想像」了。這個問題是目前所有涉及文學城市的研究者都需要面對的問題，即使用文本來闡釋城市樣態的有限性，也不是所有的問題都能通過文本就能解釋清楚的，比如陳平原團隊的北京研究，如果不把北洋政府與新文化的關係梳理清楚，僅從輿論的角度是很難對那段時期的北京有一個較為完整可靠的認識。

再次是文學城市研究靜態描述有餘動態研究不足的問題。這個問題似乎也是文學城市研究的通病。確定某一城市後，就孤立地對這座城市進行勾勒與闡釋，完全無法參與到整體的中國現代化研究的進程中來，專注於地方歷史與地方特性，因此給人以保守或者反潮流傾向的印象。馬丁・李關注這個問題，並探明其背後的哲學觀念和方法「都源自海德格爾的空間／地方作為存在的辯證法，因此是靜態的和固定的，有悖於正處在變化中的時間的前進性和動態特質。」〔註42〕針對這個問題，梅西給出了他的見解，「使地方具有特性的不是其悠久的內部歷史，而是這一事實，即它由一系列特定的關係組合構成，這些關係組合又同時在一個特殊的場合下得以表達……換言之，地方或當地的獨特性由多種特殊的相互關係、共時性的表達和社會關係構成，而社會進程、經驗和理解實際上則是在一個遠比我們剛好所界定的地方本身大得多的規模上構成的……與其認為地方是四周有著邊界的區域，倒不如把它想像為在社會關係和理解的網絡中所表達的時刻。」〔註43〕這裡的地方完全可以置換成城市，對解決城市研究問題同樣有效。廓清這一認識誤區，在

〔註42〕馬丁・李：《重新定位地方：文化地理學、地方和城市習性的特徵》，《文化研究方法論》，吉姆・麥奎恩編，李朝陽譯，北京：北京大學出版社，2011 年 5 月，第 137 頁。

〔註43〕轉引自馬丁・李：《重新定位地方：文化地理學、地方和城市習性的特徵》，《文化研究方法論》，吉姆・麥奎恩編，李朝陽譯，北京：北京大學出版社，2011 年 5 月，第 138 頁。

文學城市研究中我們就能夠避免畫地爲牢、自我設陷。

結合三個部分的論述，即何爲文學城市、文學城市的諸種研究模式以及文學城市研究的可能性及其限度，我們大致清楚了文學城市這一文學研究範式。

文學城市研究模式的出現及興起是基於文學研究自身突破使然，同時也是文學研究關注現實傳統的延續。城市在人類生活中扮演越來越重要的作用，以文學的角度來展開城市研究就是對我們賴以生存的現實的一種關注，這就是伯林所說的「現實感」。當然文學城市這一研究範式還有待進一步完善，以求闡釋的合理與合法。立足現實，從經驗與實踐的層面來展開包括文學城市研究在內的一切學術研究似乎已成爲必然，這既是一種態度也是一種認識論的律例，正如伯林所說「在設法獲得關於世界的知識的時候——不管是外部的還是內部的、物質的還是心靈的——我們必然只能注意和描述它的某些特徵，或者說那些『公開』的特徵，它們之所以被注意是因爲我們爲了某些特殊興趣而去研究它們，爲了我們的實踐需要或理論上的興趣：我們注意世界的只是它作爲人與人之間相互交流的根據的哪些方面；這些特徵可能遭誤解或被描述得不正確，但瞭解它們多少還是要緊的，就是說會影響我們的活動，不管是爲實用還是爲消遣的活動；它們是行動、思想、情感和研究有心或無心的對象。發現陌生的事實和關係使我們覺得增長了知識，尤其是當它們最後與我們的首要目的、生存及各種生存手段、我們的幸福或者各種各樣彼此衝突的需求的滿足相關時更是如此——人類的所作所爲以及他們之所以成爲現在的樣子，都是爲了成爲這些。」〔註44〕本書的研究旨趣正與伯林的觀點相同，文學城市研究正是以此爲鵠的。

第二節　作爲文學城市的成都

成都作爲一座城市有著悠久的歷史傳統和豐富的文化資源。搜索歷史文獻，我們可以查找到許多關於成都這座城市的記錄，在諸多的記錄中，有一個共同的評價，無論是在古代還是在現代，成都都顯示出其作爲歷史文化名城的事實與地位。

〔註44〕 〔英〕以賽亞·伯林：《現實感》，潘榮榮、林茂譯，南京：譯林出版社，2004年11月，第16頁。

　　中國有名的城市何其多，但不是每一座城市都能稱爲文學城市，也不是每一座城市都能作爲文學城市的研究對象。作爲文學城市，需具備像倫敦、巴黎這類城市一樣的基本條件。首先這座城市必須具有悠久的歷史，而且在建城之後，其城市歷史發展軌跡十分清晰完整，並且發展的階段性應較爲分明，內容較爲豐富；其次這座城市無論在歷史上還是在當代都應該是在國內外具有較大影響，有一定知名度；再次這座城市須具有相當數量的歷史文獻以及資料積累；最後這座城市還要有具備自身特色與氣質的城市特徵。〔註45〕

　　按照此標準來看成都，無疑它是符合這些要求的。歷史地看，成都在中國歷史上有著十分重要的地位。成都作爲城市其時間開始很早，在秦之前就已經初具規模，秦之後歷朝歷代，成都都處於全國城市前列，「漢代，成都就是中國的著名的六大都會之一。唐代，成都更是成爲僅次於長安的最繁華大城市。從唐代經五代到宋代的六百年間，中國著名的古都長安、洛陽、揚州、開封都相繼衰落，一蹶不振，與此相比，成都一直保持著高度的繁榮。元明清時期，成都雖然歷經數次大規模的人爲破壞和災難，甚至一度從繁華城市變爲荒無人煙的廢墟，但成都城市文明卻始終能夠在原址上再次復興。」〔註46〕即使到了晚清，成都依然具有中國大都市的氣概和風貌，有「西部的北京」之稱，初到成都的德國人這樣寫到：

　　　　（成都）是中國最大的城市之一，也是最秀麗雅致的城市之一……街道寬闊，大多筆直，相互交叉成直角……所有茶鋪、旅館、商店、私人住宅的牆上都畫有圖畫，其中許多幅的藝術筆觸令人聯想起日本的水墨畫和水彩畫。這種藝術情趣在周圍郊區隨處可見。而每一個小城鎮在這方面都好像是成都的再現。由紅砂石建成的牌坊在鄉間觸目皆是，所有的旅遊者無不爲其精湛的藝術而感到驚異。牌坊上布滿了以神話或日常生活爲題材的浮雕，大都具有一種幽默感，其中一些不愧是中國的藝術傑作。這種優美在人民文雅的態度和高尚的舉止上表現得尤爲明顯。成都府的居民在這方面遠遠超過其它各地。〔註47〕

〔註45〕　《成都學概論》，何一民編，成都：巴蜀書社，2010年4月，第9～11頁。
〔註46〕　《成都學概論》，何一民編，成都：巴蜀書社，2010年4月，第4頁。
〔註47〕　〔德〕李希霍芬：《李希霍芬男爵書簡，1870～1872》，上海刊行，1873年，

　　成都這種歷史地位得以形成與諸多因素有關，比如川西平原的自然物質
資源，優越的自然經濟條件是成都城市發展與繁榮的前提。有學者就列舉出
成都在歷史上能得以保持中國大都市地位的幾大條件。〔註48〕但更為重要是
成都作為城市的超強穩定性特徵。在秦之前開明王朝就在成都建立都城，迄
今已幾千年，城市地址一直未有變動，這保證了城市城址的穩定性，保存了
物質的城市，也延續了城市歷史。與成都城址的穩定相連的是，「成都」作為
城名也歷代相因，基本沒有更改。這種在中國城市史上極其罕見的穩定性和
連續性，保證了作為文學城市得以成立的最基本也是最重要的可能條件。

　　成都城市文化的形成和發達與成都城市這種穩定性以及優越的自然物質
條件有很大關係，因此其文化特徵不可避免地體現出地域性的特點，成都平
原文化和蜀文化在城市中得以體現和賡續。作為古典城市的成都，在其文化
特徵上顯示的是蜀文化的精華所在。具體體現就是文化上的漢賦發達、川劇
怪誕、道教玄異，以及市民文化的閒散娛樂，城市建設的川西「鄉村化」特
色，等等。

　　本書無意對作為古典城市的成都作過多的介紹與鋪陳，相反，本書的旨
意是對近現代成都城市文學文化的考察與分析，也就是晚清民國這段時間
內，成都文學與文化，這才是本書關注的重點所在。所以我們需要清楚這段
時期內，成都的文學城市指稱是否名實相副，研究對象是否具有合法性。

　　近代中國的基本特徵是國門的打開和社會政治經濟的轉型，西方力量的
進入成為推動轉變的決定性因素。以這種特徵來評析近代成都社會時，並不
是那麼貼合。無論是從經濟角度還是政治角度，西方力量對成都的決定性影
響並不是那麼明顯。以經濟影響為例，「直至 19 世紀末，成都受到洋貨的衝
擊還較小，土貨的交易仍居主要地位。」〔註49〕政治方面，儘管清廷統治地
位不斷受到削弱，但這並不是列強勢力進入使然，相反，這與本地社會矛盾

　　　　第 129 頁。轉引自《成都通史·卷六·清時期》，第 97 頁。

〔註48〕　《變革與發展：中國內陸城市成都現代化研究》，何一民主編，成都：四川大
　　　　學出版社，2002 年 4 月。在該書的 6～9 頁中，作者列舉了使成都成為大都市
　　　　的三個決定性條件：1、成都具有優越的自然地理條件。其中又包括八個小
　　　　點。2、成都的區域性政治中心地位是它能夠不斷再生的另一個原因。3、成
　　　　都具有廣闊的腹地，並處於經濟中心地位，也是成都城市能夠不斷再生的重
　　　　要原因。

〔註49〕　張莉紅、張學軍：《成都通史·卷六·清時期》，成都：四川人民出版社，2011
　　　　年 11 月，第 41 頁。

加劇有直接關係。成都的近代化是一個特例，不同於沿海城市，如上海，也不同於政治中心，如北京。它是一個典型的內陸近代轉型的城市，其轉型的模式是內部刺激性型，有別於外力衝擊模式。就是這樣一個內陸城市，其近現代所產生的文學與文化，反而構成蔚爲壯觀的文化景象，成爲文學城市的歷史事實。

　　具體來看，成都現代化經歷了兩個時段，一是十九世紀中段到二十世紀初的晚清時期，二是民國時期。這兩段時期成都這座城市所經歷的具有標誌性的事件有晚清新政改革、保路運動、辛亥革命、軍閥混戰（1917～1935 年防區制下的成都）、抗日戰爭和國共內戰。而這其中又以晚清新政、保路運動、抗戰三者對成都的影響爲最。

　　在鴉片戰爭之前，成都的城市文化風貌承襲了古典城市成都所具有的特色，鮮有變化。在這不變之中有一點值得一書，那就是清初以來移民文化的進入並改變原有的文化構成。眾所周知，明末清初四川遭受大難，城鄉悉數破壞，川西平原幾近荒蕪，人跡罕至。清統一全國後，針對四川的實際情況，從康熙二十年（1681 年）開始政策性移民，於是有了人所共知的「湖廣塡四川」的歷史現象。政策性的移民雖然在雍正五年（1727 年）已明令停止，但到乾隆年間仍有大量移民遷入。成都作爲四川政治經濟文化的中心，除了部分原籍居民返回外，大部分都是外遷到成都的移民，這種居民結構直到清末都仍然非常明顯，清末學者傅崇矩說：「現今之成都人，原籍皆外省也。」根據他的估計：各省原籍在成都居民中的比率是：湖廣籍佔 25%，河南、山東籍佔 5%，陝西籍佔 10%，雲南、貴州籍佔 15%，江西籍佔 15%，安徽籍佔 5%，江蘇、浙江籍佔 10%，廣東、廣西籍佔 10%，福建、山西、甘肅籍佔 5%。〔註 50〕這種大規模的移民，在成都居民的日常生活中表現在各個方面，如通婚融合，一首竹枝詞便能體現移民通婚相互錯雜的情況，「大姨嫁陝二姨蘇，大嫂江西二嫂湖。戚友初逢問原籍，現無十世老成都。」〔註 51〕

　　移民的大量遷入大大改變了成都的社會文化結構，最爲明顯的就是清以來成都這座城市出現大量會館，〔註 52〕這種會館在今天的成都依然存留不

〔註 50〕傅崇矩：《成都通覽》（上），成都：巴蜀書社，1987 年 4 月，第 109～110 頁。

〔註 51〕《成都竹枝詞》，成都：四川人民出版社，1982 年 9 月，第 39 頁。

〔註 52〕據藍勇《清代四川移民會館統計表》中統計顯示，清代四川全省會館達 1400餘座。轉引自：王雪梅、彭若木：《四川會館》，成都：巴蜀書社，2009 年 3 月，第 30～31 頁。

少，甚至在成都郊區的洛帶鎮還有連街連片的會館。會館建立的初衷是「聯絡鄉親、款敘鄉情」，隨著移民的地方化，這種功能在下降，但是大量會館的建立卻改變了成都的社會空間和社會結構，其功能也在不斷擴大，漸漸成為「祭奉先哲、議事會商、請親宴友、科舉考試借宿的地方。」在年節歲時或民俗慶典之際，均舉行戲劇演出活動，這也成為清代成都戲劇文化多姿多彩的重要原因。

這種移民文化對成都社會文化結構的改變是漸進的，潛移默化地重新塑型成都原有的文化形態。到清中期後，社會矛盾加劇，另一種文化力量正在崛起，並開啟了晚清及其之後的成都現代化進程。這就是晚清成都知識界的革新。

鴉片戰爭之前的成都知識界是「一潭幸福的死水」，學術及文學藝術乏善可陳，清廷的高壓和地方習氣的流弊，使成都士林毫無作為。「無論是外國侵略者大舉進攻，還是清朝統治者血腥屠殺人民，這些大大小小的士人都毫不在意，他們朝夕相望、夢寐以求的是入學、中舉、金榜題名。世界大勢的變化，國家的安危，民族的興衰，對他們來講，無關痛癢，什麼都不知道，也不需要知道。」〔註53〕科場更是舞弊橫流，以致時任四川學政的張之洞不無感慨，「考試作弊各省皆有，然未有如川省今日之甚者。弊竇日巧，盤結日深，幾並為一局，牢不可破，士子以舞弊為常談。」〔註54〕在這樣一種情況下，成都的社會文化怎能有所改進。面對如此情況，張之洞決定加以改觀，加之地方士紳如薛煥等的極力支持，成都乃至整個四川開始了現代教育的革新，揭開了成都的現代化序幕。

張之洞在成都的創舉就是創建了尊經書院。尊經書院的創建改變了成都整個知識界，為成都的近代化展開培育了大量人才。因此有研究者把四川近代的開端定為尊經書院的創建。尊經書院與成都現代化的關係在此不作過多的論述，在本書的第一章有詳細的論述。我們僅從結果來看，尊經書院從1875至1902年所培育的人才有楊銳、宋育仁、廖平、吳之英、駱成驤、吳虞、蒲殿俊、羅綸、張瀾、吳玉章、林思進、謝无量、傅增湘、劉咸榮、徐炯等等。這些人在成都、四川乃至全國現代化的變革中都發揮了重要作用，

〔註53〕《四川近代史稿》，隗瀛濤主編，成都：四川人民出版社，1990年4月，第263頁。

〔註54〕《張之洞奏議初編》，卷一。

正是他們推進了成都社會文化的轉變。延續尊經書院的教育傳統，在清廷新政以及辛亥革命後，成都的教育始終處於全國前列，這從根本上了改變了成都的人才結構和社會文化結構。在成都近現代史上，成都的學校教育及學校文化始終是成都文化極重要的一環，其功勞不能不追溯到張之洞所創建的尊經書院。

　　成都士林及知識界在張之洞所掀起的新風之變後，積極投入社會政治經濟建設，在立憲新政中，成都官紳響應最爲踊躍，四川商務總監督宋育仁，四川總督丁寶楨、岑春煊、錫良、王人文，四川勸工局總辦沈秉堃，先後擔任通省警察總局總辦、通省勸工總局總辦、通省勸業道的周善培，都是四川推行新政的重要人物。他們的改革反映在政治經濟文化社會生活各個方面，如在工商方面，丁寶楨創建的機器局，就是成都最早的工業標誌，它雖然是軍工企業，「修理機器、槍支」「生產火藥、子彈」，但它確實是成都工業初現的象徵。之後勸工局的設立及勸業場的建立又改變了成都的商業結構，上海等地工業產品成規模地出現在成都，使鄉村味十足的成都顯示出了「蘇氣」和「洋氣」，因此才有之後成都小說家秦澤創作的具有成都現代都市味的小說《都市循環舞》〔註55〕。

　　與工商現代物質層面的改革並進的是政治結構的變化，成都地方士紳開始登上歷史舞臺，他們積極參與地方政治活動，發揮著越來越大的作用。最爲明顯的就是四川諮議局的成立。諮議局本來是清廷立憲運動的產物，有不得不爲之的被動性。但是四川的士紳們卻積極響應，各州各府各縣，甚至各鄉鎮，紛紛選代表參與地方事務。保路運動的發生與這一背景有必然的關係。地方士紳帶動了整個四川的政治熱情，各行各業不論出身如何都積極參與到保路運動中來，具有全民動員的性質，這在中國歷史上是極其罕見的。儘管歷朝歷代農民暴動往往也能動員社會群眾，但是難以撼動整個社會結構，上下層的分界還是非常明顯。而保路運動卻能實現這種全民統一，從清廷官員，如代理總督王人文，到地方士紳，如蒲殿俊、羅綸、鄧孝可等，再到教師學

〔註55〕 秦澤：《都市循環舞》，連載於《華西日報》副刊1934年8月20日～24日。這一中篇小說主要描寫男女主人公在成都的都市體驗。雖然小說有模仿穆時英小說的痕跡，但可貴的是小說捕捉到了具有地方特色的社會物象和情感因素，是非常重要的一篇寫現代成都的小說。這篇小說在當年還引起成都文壇的論爭，爭論的焦點就是這樣具有「異國情調」的新題材是否能夠很好地表現作家的創作經驗。

生，商人，軍人，甚至下層苦力，社會各個階層皆被動員起來。看李劼人《大波》中各色人對保路運動所投入的巨大熱情，就足以證明成都及四川政治現代化之劇烈，完全顛覆了舊有的社會政治結構。

伴隨政治經濟變化的必然是近代傳媒的跟進，無論是成都的近代教育，還是保路運動、五四運動，以及整個抗戰時期，成都的報刊媒體都發揮著巨大的作用。從宋育仁 1897 年創辦《蜀報》以來，四川報刊發展迅速，尤其是成都的報刊業，發展之快數量之巨不可想像。據王綠萍的統計，從 1897 年至 1949 年四川（包括今天的重慶）共創辦報刊總數達 6700 餘種〔註 56〕。除了數量多之外，種類也比較豐富，從啓迪民智的《啓蒙通俗報》－《通俗日報》－《通俗報》－《通俗新報》〔註 57〕到娛樂大眾的《娛閒錄》〔註 58〕，到專業性極強的《蠶叢》－《農桑彙報》〔註 59〕，無所不包。更有持續時間二十多年的《新新新聞》〔註 60〕和《華西日報》〔註 61〕。報刊傳媒的發達及其空間的拓展，大大改變了成都的文化空間，一種新型的文化形式代替了舊有的文化格局。本書的第二章將詳細論述晚清民國成都的報刊傳媒空間。

在近現代成都文化結構中，還有一構成部分不容忽視，那就是基督教在

〔註 56〕 參見王綠萍：《四川報刊五十年集成（1897～1949）》，成都：四川大學出版社，2011 年 11 月。

〔註 57〕 《啓蒙通俗報》由傅崇矩 1901 年發起創辦，前後共出兩年，其目的是「用俗話開通蒙俗」，1906 年改名爲《通俗日報》，1910 年又改爲《通俗報》，1911 年再改爲《通俗日報》，目前能見到的最晚一期是 1911 年 9 月 3 日。該報前後持續十年，是成都早期較有影響的白話報紙。

〔註 58〕 《娛閒錄》1914 年 7 月 16 日創刊，是《四川公報》的特別增刊，每月兩冊，目前能看到最後一期是乙卯年二月（1915 年 2 月）發行的第 24 冊。王綠萍編著的《四川報刊五十年集成（1897～1949）》中說 1915 年 10 月 6 日《娛閒錄》不再單獨發行，而作爲由《四川公報》改名《四川群報》的副刊，但筆者未看到 1915 年 2 月後的《娛閒錄》雜誌。

〔註 59〕 《蠶叢》1910 年 12 月在成都創辦，月刊，其主要內容是宣傳種桑養蠶的科學方法，出至第 8 號停刊。1911 年 8 月改名爲《農桑彙報》。報紙實物現已不存。

〔註 60〕 《新新新聞》創刊於 1929 年 9 月 1 日，直到 1950 年 1 月 13 日被共產黨成都市軍管會新聞處接收，前後持續 20 多年，是成都持續時間最長的報紙，也是影響最大的報紙之一。該報有軍閥背景，財力雄厚。報紙內容廣泛豐富，尤其注重省內各地新聞。報紙開闢有多個特色欄目，銷量頗大。

〔註 61〕 《華西日報》創刊於 1934 年 3 月 15 日，1949 年 8 月終刊。該報是成都民國時期影響最大的兩家報紙之一，另一家是《新新新聞》。《華西日報》同樣有國民黨官方背景，除新聞辦的頗有特色外，更有價值的是其副刊欄目，引領整個成都文藝副刊界，是副刊中的翹楚。

成都的傳入並形成強大勢力。基督教進入四川始於明末清初，成蔚然之勢是在鴉片戰爭之後，到 1901 年〔註62〕，基督教已經成為一股與官、紳、民相比肩的重要力量，改變著成都社會力量的版圖。基督教在成都的主要活動，一是創辦報刊書局，如《華西教會新聞》、《基督教叢刊》等；二是創辦醫院，如仁濟醫院、華西協合大學醫院；三是開辦學校，小學、中學、大學在成都都有創辦，以創辦的華西協合大學最爲著名。這些活動有助於成都社會文化的現代轉型，推動了成都現代化的發展步伐。在看到基督教對成都影響有利一面的同時，我們也需注意它弊端的一面，那就是基督教勢力與地方勢力的頻繁衝突，導致教案頻發，這在李劼人的《死水微瀾》中就有較生動的描寫。教會切入成都社會的結構中，無形中構成成都社會文化的一部分，清理這些具體而微的影響也是全面認識成都晚清民國時段內文化的必須之舉。

　　構成成都作爲文學城市的文化與文學的史實還很多，比如晚清民國時期成都的新舊文學及其成績，大學文化空間，抗戰時期成都的文化氛圍，市民社會的地域特色等。在此就不再一一勾勒，這些都將在本書的主體部分會得到詳細的論述。

　　總體而言，成都作爲文學城市，存在歷史事實上的支撐，能作爲文學城市研究的對象。另外對晚清民國成都關注與研究，學術界也取得一定的研究成果，一些機構對其進行了專門的研究，如四川大學的成都科學發展研究院、四川大學城市研究所、西南交通大學成都學研究所。這些機構的相關研究，也進一步說明晚清民國成都研究的重要性與可行性。本書從文學文化的角度對該時段成都進行研究，並不是即興之舉，而是有著學術史背景和學理依據。

第三節　論文研究思路、方法和結構布局

　　本書立足於對晚清民國這段時期內成都文學及文化進行整體瞭解與把握，從文化氛圍和文學間空角度對其加以架構與闡釋，進而完整呈現該時期內作爲內陸中心城市的成都的文學文化概貌，凸顯其在整個中國現代文學文

〔註62〕據《四川近代史》（隗瀛濤等著，四川省社會科學院出版社，1985 年 11 月）載，截止 1899 年，基督教各差會在四川共有外國傳教士 142 人，中國神職人員 32 人，建立 29 個總堂，25 個分堂，發展教徒 859 人。而到 1901 年時教徒陸增至 7889 人，四川重要城鎮皆建有福音堂。

化中應有的歷史地位。

研究方法：以歷史研究爲主，盡可能地掌握原始資料，還原晚清民國成都文學與文化樣態，同時以結構主義的方法整體上來建構文學成都。具體研究中會運用到文學社會學、文化研究、空間理論，外部研究與內部研究，傳播學及文學地域研究等方法。

本書的研究重點在於從史料中整體性地呈現晚清民國這段時期內成都的文學與文化樣態，並建構整體性概貌。從大量的歷史史料中去鈎沉、理析成都文學與文化現象，歷史地勾勒文學成都的樣態，這是本書最基本的目的，也是本書的研究重點。

本書的難點在於如何以文化社會學與空間理論來展開分析，使文學成都能成爲一個有機地的整體，歷史的呈現是基礎，有機地架構和闡發才是更高的要求，這也是本書的難點所在。

本書的突破點在於，對晚清民國成都文學文化進行史的鈎沉和論的闡發，超越了之前關於四川現代文學的研究模式，從空間的角度切入四川現代文學研究，也是對之前時間性的研究視角的突破。

具體來講，本書的結構布局如下：

導論，從理論上來論證文學城市研究之於現代文學研究的可能性，文學城市研究在理論上作爲研究範式的合法性。同時用史實論證文學成都作爲研究對象是合法且成立的。

第一章「地方感：時代變局中的地方回應」。立足於歷史史料，考察成都在十九世紀中期後社會文化整體概貌，並以張之洞入川爲考察點，闡明在之後成都社會文化的新變。張之洞入川後的重要舉措是整頓四川知識界狀況，具體體現就是尊經書院的創立，王闓運主掌尊經書院，培養了大量人才，這些人才共同推進了四川及成都的現代化轉型。

第二章「晚清民國成都報刊文化空間」。考察成都的新變與近代報刊的關係。近代成都報刊文化空間的形成既是整個中國現代社會文化轉型的必然趨勢，同時又具有地方性特徵。成都報刊與地方社會政治變化緊密相連，正是報刊輿論的興起與配合，才促成保路運動的產生。之後的「五四」運動在成都的激烈反應，也是傳媒功效的施展。本章關注點是成都的報刊傳媒所構成的輿論環境是如何進入到成都現代化轉型的過程中去的，這種複雜的關係，是本書需要理析的重點。

　　第三章「新文學在成都的發生與展開」。新文學在成都的成績在今天依然沒有得到應有的發掘與評價，該章從具體原始材料中，重新清理晚清民國時期成都的文學活動和作家作品。並立足於成都這一地域與城市空間加以詮釋，使《娛閒錄》、早期話劇、文學社團等文學史實得以恢復其基本面貌和重新評估其文學史地位。

　　第四章「晚清民國成都學校文學空間」。自晚清新式學校教育興辦以來，學校就成為一個重要的社會空間，其內部的運行機制、人員構成、活動狀況等，都是極重要的研究對象。本章從文學活動的角度來掃描成都學校的文學情況，具體從學校文學教育、文學活動、文學社團、文學刊物、著名文學人物等方面加以考察。

　　第五章「城市印象與文學再現：李劼人的成都書寫」。這一章專門對李劼人的「大河三部曲」進行研究，李劼人的文學史地位從來都未能得到足夠的闡發，問題是對李劼人的獨特價值把握不夠，本章從他的成都書寫來分析他的獨特之處。只有把李劼人放在地域、城市、時代的大背景下來加以細部研究，或許才能發現其獨具的文學價值。

　　結語，對整篇論文的論述內容進行概括，並闡明觀點。

第一章　地方感：時代變局中的
　　　　　地方回應

第一節　晚清四川困局與地方士紳崛起

　　明末清初四川遭受嚴重災難，長期的戰爭使四川人口幾近殆盡，成都等地更是淪爲焦土，有史學家稱這段時期爲「四川歷史發展的第三次低潮」〔註1〕，儘管隨後的康雍乾三代不斷重建興革，四川又進入歷史發展的「第三次高潮」，但進入晚清後，四川整個社會矛盾重重，再次陷入困局。

　　這一困局，首先表現在人地矛盾所引起的階層衝突和農民戰爭。明末清初戰亂頻仍，四川人口銳減，順治十八年（1661年）四川總人口僅八萬左右，而到乾隆四十八年（1783年）全川人口已達814萬，到了嘉慶十七年（1812年），人口總數已攀升至2143萬，道光二十年（1840年）總人口竟達到3833萬，一躍爲全國第一人口大省。〔註2〕清代四川人口的劇烈增長，與清政府「湖廣塡四川」的移民政策有直接關係，同時也與四川自然氣候條件適宜人口繁衍有關。人口快速增長的直接後果，一方面加速了四川戰後的恢復和發展，出現了所謂的「四川歷史發展的第三次高潮」，另一方面也加劇了人地矛盾。尤其是後一方面更是導生了中晚清以來四川社會諸種矛盾。加之官吏的腐敗，社會貧富分層嚴重，民怨沸騰，官民衝突時有發生。在這種情況下，一

〔註1〕《古代四川歷史發展的高潮和低潮》，《巴蜀文化研究通訊》2005年第2期。
〔註2〕《四川通史・卷六・清・前言》，吳康零主編，成都：四川人民出版社，2010年3月，第3頁。

直潛伏的民間宗教和秘密教會紛紛抬頭，如嘉慶元年（1796 年）在川、楚、陝爆發的白蓮教反清大起義，歷時九年之久，影響之劇，被認為是「清王朝的封建統治從『盛世』走向『衰敗』的標誌。」〔註3〕隨後天平天國石達開部在四川與清軍的戰爭，李永和、藍朝鼎的反清起事，連年戰爭，持續破壞，使晚清四川社會發展幾近停滯。

政治經濟陷入困局，受其制約的社會文化當然難以談及發展。即使到了光緒初年四川的文化學術仍未得以恢復，「今休養生息將二百年，其滋生當不止十倍。然三省教匪之變，川東、西迭遭蹂躪，合今時各行省論之，版籍之凋敝，恐仍以四川為最。」〔註4〕僅以張之洞入川前的學術界為例，即可見四川文化事業之落後。「文襄（張之洞）未來時，蜀士除時文外，不知讀書，至畢生不見《史》、《漢》。所謂時文即應付科舉的八股文。自元以來，科試皆以朱（熹）著四書為準，因而，研討時文與朱熹為代表的宋學相沿成習。儘管至清代末期，由於四川僻偏，信息不通，所以，以吳皖為中心的乾嘉漢學雖已風靡全國，四川學術界還不知什麼是漢學，以至一生連《史記》、《漢書》未讀的也大有人在。清代阮元《皇清經解》收錄清代學者著述數百種，竟無一四川人的著作，由此可見清末四川學界的一斑。」〔註5〕而且四川本省的學者在明末清初戰亂間也紛紛逃離四川，如新繁縣的費氏祖孫父子（祖父費經虞，父費此度，孫費錫琮、費錫璜，均有詩文著述），全家遷往江南。遂寧呂大器之子呂潛（有著述）遷往河南。康熙年間著《潛書》的唐甄，也遷往山西。丹棱縣的彭遵泗，也是一位有名的學者，跑到雲南去了，繼起的學識比較豐富的人，只是墊江的李西漚和羅江的李調元等少數幾個。〔註6〕

值得注意的是，儘管有清以來四川文化學術發展緩慢，幾無傑出的學術人物出現，具有全國性的學術成果更是寥寥，但是四川的書院教育卻在全國位居前列。清一代四川書院共 552 所，其數量排名全國第二，鴉片戰爭前共

〔註3〕 《四川通史・卷六・清》，吳康零主編，成都：四川人民出版社，2010 年 3 月，第 118 頁。

〔註4〕 〔清〕陳康祺：《郎潛紀聞四筆》（卷五），北京：中華書局，1990 年 3 月，第 79 頁。

〔註5〕 黃開國：《廖平評傳》，南昌：百花洲文藝出版社，2010 年 3 月第 2 版，第 14 頁。

〔註6〕 《王壬秋先生軼事》，呂洪年口述、吳紹伯執筆，《龍門陣》1984 年第 6 期，成都：四川人民出版社，1984 年 9 月，第 16 頁。

建 263 所，鴉片戰爭後建有 146 所。〔註7〕如此眾多的書院，為什麼未能促進四川學術文化的發展？這與清代書院教育過於強調科舉應試有關，其教學內容，專取「四子書」（即「四書」）及「五經」命題科士。即使對其它學問有所涉獵，也無法深入，鮮能有所突破。但問題是，為什麼江浙一帶的書院教育卻能培育出宏博的學者呢？這其中的因素當然比較多，但有一點是與此相關的，那就是明末清初四川的大破壞，整個社會文化遭到徹底的毀滅，文化傳統的延續因之遭到破壞。所以儘管有清一代四川極力發展教育，大辦書院，文化學術水平仍然無法和江浙等地相比。

　　政治經濟的困局，社會文化的低迷，引起了地方士紳和部分官員的重視，他們漸漸有所警醒。加之甲午戰後，外來勢力對國朝的影響，地方士紳和官員的地方意識和地方感逐漸興起，隨之而來的地方自救行為也漸次展開。

　　按照人文地理學的觀點，人與地方之間基於一種生存需要，而構成一種依賴關係，進而形成地方依戀，甚至是地方認同，因之人既消除了自然加之於人的恐懼感，同時也獲得一種歸屬感，為生活賦予了意義。〔註8〕這一看法與中國傳統中的鄉土觀念的形成有一定的相似之處，只不過中國鄉土觀念除了有人地之間依戀這層意思外，而多了地方性的鄉邦意識，即所謂的地方意識，凸顯了其社會性的一面。

　　有清以來四川社會地方意識及地方感的形成，是其社會流動的結果，較之明代里甲制度對社會的控制，清以來四川社會流動性無疑大大增強，尤其是持續不斷的外來移民，極大地影響了四川既有的社會結構。因此其地方意識與地方感的產生及加強，與清代四川移民社會的過程是相互伴生的，在討論四川地方士紳的地方感時，需要對移民社會新秩序的形成，以及新秩序中地方精英地位與作用加以論述。

　　關於清代四川移民的研究已經非常成熟，研究者從各個角度對這一歷史事實進行研究，著述頗豐。〔註9〕翻檢這些著述，較多的還是從歷史文獻的角

〔註7〕　胡昭曦：《四川書院史》，成都：四川大學出版社，2006 年 4 月，第 206～207 頁。

〔註8〕　Williams D R, Patterson M E, Roggenbuck J W. *Beyond the commodity metaphor: Examining emotional and symbolic attachment to place* [J]. Leisure Science, 1992, (14): 29~46. 轉引自唐文躍：《地方感研究進展及研究框架》，《旅遊學刊》，2007 年第 11 期，第 71 頁。

〔註9〕　關於清代四川移民的研究著作，重要的有：胡昭曦：《張獻忠屠蜀考辨——兼析「湖廣填四川」》，成都：四川人民出版社，1980 年 3 月。張國雄：《明清時

度來廓清歷史事實。雖然角度不同，包含政治、經濟、文化、民俗、語言、建築、底層社會等各個方面，但是其共同的問題是缺乏相應的縱深意識，研究的基本特徵是注重文獻搜集，而這些文獻是已存的共識性的通用文獻，通過田野調查所獲取的新近材料卻並不多見。研究的基本思路是通過歷史文獻梳理來確認移民歷史事實，確定其歷史地位，再論證移民所帶來的功能性歷史影響。闡述其歷史影響的方法是舉例性事實論證，甚至運用統計學的定量分析，以此來論證移民之前後四川政治經濟文化等的異同。這樣的研究當然具有其學術價值與意義。但是也存在明顯的不足，那就是忽視了移民進入四川之後的變化過程，即動態研究缺乏。本書主旨不在移民問題上，論及四川地方精英的地方感，而不得不兼及四川清代移民社會這一大背景。換言之，論及清代四川移民社會的目的是討論移民在四川的地方化和精英化，及其對於晚清以降四川現代化進程的影響。

　　清以前的四川社會，是一個較爲封閉的社會區域，王笛直接稱其是「一個封閉的世界」〔註 10〕，而施堅雅則把以四川爲中心地帶的長江上游地區劃爲中國八大地區之一〔註 11〕，也是從其「事物的共同性」和「事物之間的相互聯繫」兩個角度來加以考量的，實則揭示了四川地區「地理的封閉和特定的生存環境」，具有「相對獨立的、區域性經濟和文化的特徵。」〔註 12〕四川這種區域性的封閉社會特點，在清代的移民潮中發生了變化，使人口流動增強，改變了舊有的社會秩序。

期的兩湖移民》，西安：陝西人民教育出版社，1995 年 7 月。劉正剛：《閩粵客家人在四川》，南寧：廣西教育出版社，1997 年 1 月。陳世松：《大遷徙：湖廣填四川歷史解讀》，成都：四川人民出版社，2005 年 9 月。陳世松主編：《四川客家》，桂林：廣西師範大學出版社，2005 年 9 月。孫曉芬編著：《清代前期的移民填四川》，成都：四川大學出版社，1997 年 2 月；《明清的江西湖廣人與四川》，成都：四川大學出版社，2005 年 10 月；孫曉芬編著：《四川的客家人與客家文化》，成都：四川大學出版社，2000 年 5 月。譚紅：《巴蜀移民史》，成都：巴蜀書社，2006 年 1 月。藍勇、黃權生：《「湖廣填四川」與清代四川社會》，重慶：西南師範大學出版社，2009 年 12 月。除了專著之外，還有數量眾多的單篇文章，不在此羅列。

〔註10〕 王笛：《跨出封閉的世界──長江上游區域社會研究 1644～1911‧導言》，北京：中華書局，1993 年 1 月，第 1 頁。

〔註11〕 〔美〕施堅雅：《十九世紀中國的地區城市化》，《中華帝國晚期的城市》，施堅雅主編，葉光庭等譯，北京：中華書局，2000 年 12 月，第 244～247 頁。

〔註12〕 王笛：《跨出封閉的世界──長江上游區域社會研究 1644～1911‧導言》，北京：中華書局，1993 年 1 月，第 1 頁。

舊的社會秩序在戰爭及移民潮中解體，同時又在移民定居之後逐漸形成新的社會秩序，按照山田賢的觀點，清代四川移民所產生的社會秩序變化經歷了一個可見的過程，這個過程被他命名爲「地域統合」，即「在移民締結的各種社會關係聚攏之後，作爲向某個中心整合的穩定而平衡的體系加以重組、實現『秩序』的過程」〔註13〕，他把這一過程分爲三個階段，移民初期的「同鄉聚居」階段，定居之後「宗族」形成階段，以及公權力和地方精英階段。〔註14〕這個過程一定程度上反映了移民社會的自然發展規律，與民間各集團的成長過程是表裏一體的。移民定居之後，漸漸從同鄉、宗族向更大的社會集團擴展，積極參與同本地人之間融合的活動中。融合過程的實現與完成，與客長制和保甲制相互作用有很大關係。〔註15〕最後通過「公局」這一制度性機構實現了地方精英的身份轉變。這些由本籍和客籍組成的地方精英，對地方事務發揮了重要作用，一方面地方精英需要穩固自身的地位，於是建立一些公館、宗祠之類的物質文化裝置，以宣示其地位；另一方面他們要向傳統價值靠攏，即趨向體制化，回歸到王朝國家的大秩序之中。地位與角色得以明確後，地方精英其作用也日漸明顯，即「作爲地域社會和公權利之間的媒介，是社會關係的連接點。」〔註16〕晚清作爲地方精英的「紳糧」，就充當了這樣的中介角色，實現其作用的機構則是他們爭取成立的「公局」。而「公局」擔當了「執行維持地域社會的秩序乃至福祉、教育、徵收附加稅等諸事務的機關」的角色。晚清四川「公局」的廣泛設置，開了地域精英制度化、經常化參與行政的先河。因此，地方精英在地方事務中的地位與作用更加凸顯，地方或地域成爲他們得以立足與發展的基礎，從依附關繫上講，精英們離不開地方，形成一種依戀關係，這種關係不同於純粹的人地生存關係，而是一種有著動態變化的社會關係。關注地方的興衰安危成爲精英們職責。因之而形成的地方感，具有極強的社會內涵，這有別於人文地理學意義上的純粹人地關係。

〔註13〕〔日〕山田賢：《移民的秩序——清代四川地域社會史研究》，曲建文譯，卿學民、劉景文審校，北京：中央編譯出版社，2011 年 4 月，第 309～310 頁。

〔註14〕同上，第 310～311 頁。

〔註15〕客長及客長製作爲一個概念，專指明末清初四川移民潮所出現的現象。詳細論述，參見：梁勇：《移民、國家與地方權勢——以清代巴縣爲例》第四章，北京：中華書局，2014 年 4 月，第 139～177 頁。

〔註16〕同上，第 14 頁。

　　這裡有必要區別一下地方精英與士紳的關係。按照費孝通的說法,「紳士是退任的官僚或是官僚的親親戚戚。他們在野,可是朝廷內有人。他們沒有政權,可是有勢力,勢力就是政治免疫性。」〔註17〕王先明則認為,「在近代社會,無論是舉貢生員還是鄉居縉紳(官職),凡獲得封建社會法律所認可的身份、功名、頂戴,『無論出仕未仕』,一概屬於紳士階層。」〔註18〕費孝通強調在官與否,王先明強調其身份,即是否有科舉功名。學界一般把這兩者統合起來,以此來界定紳士作為階層的屬性,如徐茂明在綜合分析歷時與共時的不同「紳士」定義後,認為用「士紳」這一概念要比用「紳士」要合理得多,提出「所謂『士紳』,主要是指在野的並享有一定政治和經濟特權的知識群體,它包括科舉功名之士和退居鄉里的官員。」〔註19〕並且他指出,「士紳」這一概念最重要的一點是對知識佔有,「『士紳』正是通過對知識的佔有以及與政治特權的結合,從而形成一個特殊的知識階層,在明清兩代充當社會權威、文化規範的角色,對於傳統社會秩序的穩定和延續發揮了重要的作用。」〔註20〕「士紳」這一階層其地位和作用與科舉制度休戚相關,科舉制廢除後的民國,作為一個階層漸漸解體,「在民國的政治秩序中,大地主和地方政客取代了舊式學校做政府與人民的中間人。替代舊士紳位置的新興統治群體,在意識形態的組成上的一致性較之前少得多,而且他們在社會地位的劃分上也沒有很好的界限。」〔註21〕由此可見「士紳」作為一個概念及一個階層其適用的範圍和時段。

　　而地方精英,根據孔飛力的說法,是具有影響力的人物,他根據精英影響力的範圍大小不同,把清代社會精英分為「全國性名流(精英)」、「省區名流(精英)」、「地方名流(精英)」三個級別〔註22〕。由此可以看出,地方精

〔註17〕吳晗、費孝通:《皇權與紳權》,天津:天津人民出版社,1988年10月,第8頁。

〔註18〕王先明:《近代紳士——一個封建階層的歷史命運》,天津:天津人民出版社,1997年12月,第6頁。

〔註19〕徐茂明:《江南士紳與江南社會(1368～1911年)》,北京:商務印書館,2004年12月,第23頁。

〔註20〕同上,第23頁。

〔註21〕周榮德:《中國社會的階層與流動——一個社區中士紳身份的研究》,上海:學林出版社,2000年12月,第5頁。

〔註22〕轉引自:袁海燕:《士紳、鄉紳與地方精英——關於精英群體研究的回顧》,《華南農業大學學報(社會科學版)》,2005年第2期,第128頁。

英相對於地方紳士來說，其詞義所指範圍要大，既包括士紳階層，也包括地主、地方性強力者，即孔飛力所說的有影響力的人物。而這兩者的一個共同特徵就是對地方的依賴，無論是士紳還是地方精英，「他們與家鄉的關聯是永久性的，從而造就了他們（對家鄉／地方）的情感歸附」，進而「捍衛和促進本地社區福利」〔註23〕，即地方感驅使下的地方作為。

在晚清四川社會陷入困局的情況下，地方士紳開始崛起，不論在野還是在朝，不論是作為「社會集團官僚階層的紳士」還是作為「社會階層地方特權的階層」〔註24〕，也不論是地方袍哥還是開明地主〔註25〕，危機促使他們開始求變求生存。

晚清四川社會變化，既體現在地方精英及士紳地方作為中，如組建大大小小的「公局」；也體現在地方大員的政策方針中，如總督、學政等紛紛推出適宜地區範圍內的施政措施。清代「公局」遍佈四川，種類繁多，如資議公局、三費局、學務局、書院局、育嬰局、賓興局、恤嫠局、棲流局、六政局等等，〔註26〕幾乎囊括了政治經濟文化各個方面。充當局士的往往是地方精英，〔註27〕地方的變遷發展常由這些精英所主宰，大小事情都由精英們定奪實施。正是地方精英與地方大員的雙向合力推進了晚清四川向近代的變革，

〔註23〕　瞿同祖：《清代地方政府》，范忠信、晏鋒譯，何鵬校，北京：法律出版社，2003年6月，第292～293頁。

〔註24〕　〔美〕魏斐德：《中華帝國的衰落》，鄧軍譯，合肥：黃山書社，2010年9月。在該書的第二章《紳士》中對「紳士」這個階層有詳細的論述，魏斐德把紳士分為「官僚階層」和「特防特權」兩個階層，強調其政府與地方之間的中介作用。

〔註25〕　山田賢認為四川哥老會是非精英階層相互扶助的組織，他們借助「反清復明」、「維護地方利益」等口號，試圖實現精英化，雖然其地位無法同士紳等相抗衡，但是其形成的現實勢力仍然對地方產生重要影響。因此把這些企圖精英化且作為一定貢獻的強力者，如維持地方勢力平衡等，也納入地方精英之內。參見：〔日〕山田賢：《移民的秩序——清代四川地域社會史研究》，曲建文譯，卿學民、劉景文審校，北京：中央編譯出版社，2011年4月，第12～15頁。

〔註26〕　〔日〕山田賢：《移民的秩序——清代四川地域社會史研究》，曲建文譯，卿學民、劉景文審校，北京：中央編譯出版社，2011年4月，第242～248頁。

〔註27〕　山田賢詳細列舉了成為各公局局士精英的具體身份、成為局士的過程、具備的條件、活動的基本內容以及他們的倫理和理念。參見：〔日〕山田賢：《局士的肖像——公局的繼承者們》，《移民的秩序——清代四川地域社會史研究》，曲建文譯，卿學民、劉景文審校，北京：中央編譯出版社，2011年4月，第246～270頁。

四川歷史發展至晚清也才有了實質性的新變。整體瞭解這一變化的背景，是為了對具體問題的進一步論述，本章所關注的重點是地方精英對困局的回應，具體以張之洞入川和尊經書院的創建為中心，來論述外來影響和地方回應的交錯和後果。

有清以來四川在移民化過程中形成了頗具規模的地方精英階層，這些精英基於地方感和時代困局而試圖有所作為，以求得地方與自身的發展，他們以大大小小的公局為活動平臺，參與地方事務，維持了地方的穩定。但是限於視野和能力，他們對整個四川的政治經濟文化事業並未作出特別突出的貢獻，與橫向的其它省區，如江浙等地相比，差距明顯。在此情況下，一些有出仕經歷且視野開闊的鄉居士紳開始謀求長遠發展。在眾多的士紳中，薛煥是最突出的一位，他以卓越的眼光和膽識，改變了四川歷史進程的步伐，起到開拓性的作用。

在四川近代史研究界，常常把張之洞的入川和尊經書院的創辦作為四川整個社會變革的起點，認為是此二者轉變了「四川士林風氣」，培育了四川近代早期知識分子，是四川近代化的開端。〔註 28〕張之洞與尊經書院創建的歷史作用，確實毋庸置疑，有大量的歷史事實可資證明。但是細緻考察該段時期及相關歷史細節，筆者發現研究者們忽視了一個重要人物，這就是薛煥，他的歷史地位與作用未能得到應有的評價。

眾多研究者在論及張之洞在川時的歷史功績和論述尊經書院時，往往會提及薛煥，但僅僅一筆帶過，只指出其是創辦尊經書院的發起人，如胡昭曦在《四川省尊經書院》中說到：「同治十三年（1874 年）四月，丁憂在籍（四川興文縣）的工部侍郎薛煥，聯絡官紳 15 人，上書川督吳棠及學政張之洞，以錦江書院主習制藝八股，不合時勢要求，請予再創書院一所，繼承文翁之教，以『通經學古課蜀士』，定名尊經書院。清廷批准薛煥等人的請求，即命其籌款購地。」〔註 29〕偶有進一步對加以論述，也只提到他還擔任過尊經書院的山長。〔註 30〕大部分研究者都未能對其進行詳細的史料梳理和歷史

〔註 28〕《四川近代史稿》，隗瀛濤主編，成都：四川人民出版社，1990 年 4 月，第269～270 頁。

〔註 29〕胡昭曦：《四川書院史》，成都：四川大學出版社，2006 年 4 月，第 349 頁。

〔註 30〕張莉紅、張學君：《成都通史·卷六·清時期》，成都：四川人民出版社，2011年 11 月。在該書第七章《清代成都教育》第四節《尊經書院的辦學特點及其對蜀學的創新》中，列舉尊經書院歷任山長時，提到薛煥任過山長，但未予

評價。

筆者對其進行梳理研究的緣由，是在研讀尊經書院歷史時，發現其問題，進而引起對薛煥的關注。論述尊經書院的著作，不論是史著還是專論，在敘述尊經書院的創辦經過時，往往只提及是由薛煥等人提出建議，總督吳棠和學政張之洞同意，然後上奏朝廷並予准奏，於是就開始籌建。這裡面忽略了一個細節，薛煥是何許人，他為什麼要提出創建一個新的書院？要知道四川當時的書院已是非常之多，他提議創建的書院有什麼不一樣的特色，能使總督與學政乃至朝廷同意創建。這些問題，之前的研究都沒有提及。事實是，經過筆者的查找梳理後，發現薛煥是晚清四川極其重要的士紳，對尊經書院的創建和四川近代化開展有不可磨滅的貢獻。

在研究尊經書院的相關文章及著作中，對薛煥的敘述如此至少，很難瞭解其全貌。〔註31〕檢視《興文縣志》、《清史稿·薛煥列傳》、郭嵩燾《誥授光祿大夫薛公墓誌銘》和尊經書院主講錢保塘的《誥授光祿大夫頭品頂戴工部右侍郎總理各國事務大臣薛公行狀》，我們能對薛煥整個人生經歷有個大致的瞭解。簡單歸納一下：薛煥於清嘉慶二十年（1815 年）出生於四川興文縣，二十四年（1844 年）中舉，二十九年（1849 年）任江蘇金山知縣。之後仕途之路起起伏伏，幾度升遷。概括其仕途有如下幾件比較突出的事，一、咸豐十年（1860 年）任江寧布政使時組建「晚清第一支洋槍隊，使中國軍隊逐步告別冷兵器時代」；二、同治三年（1864 年）任職於總理衙門的薛煥及時發現葡萄牙《和好貿易條約》的陰謀，阻止清廷簽署，保住了澳門不被葡萄牙「合法」侵佔；三、同治十三年（1874 年）丁憂在籍的薛煥聯合十五位士紳上述總督吳棠和學政張之洞，創建對四川歷史進程影響極大的尊經書院。〔註32〕

從薛煥的人生經歷來看，他與四川有關係的時間段有二，一是在 1849 年出任江蘇金山知縣以前，二是同治五年（1866 年）丁憂回籍至光緒六年（1880

進一步的歷史梳理及論述。

〔註31〕目前僅有龍晦的文章《論薛煥、王闓運創辦尊經書院》（《西華大學學報（哲學社會科學版）》2009 年 12 月）中，對薛煥生平有一些敘述，但仍不夠完整，無法形成對薛煥整體認識。

〔註32〕對薛煥生平經歷及重大歷史功績的概括，參考了《清史稿：薛煥列傳》和薛元敬：《洋務先驅：晚清重臣薛煥》，二文均出自薛煥專著《宦海沈戈》（成都：華文國際出版社，2014 年 1 月）的附錄一和附錄六。

－35－

年）這段時間。前一時段是在川成長讀書求功名時期，基本上在宜賓興文縣度過，與地方及四川幾無貢獻可言。薛煥眞正與四川歷史發生關係是在第二段時期內，即丁憂在家的這十四年。

在十四年中，薛煥有一半的時間丁憂在宜賓老家，先丁父憂再丁母憂，直到同治十二年（1873 年）才開始定居成都，也才與四川官場及地方事務發生關係。恭親王奕訢曾先後兩次想促成薛煥任四川總督，都未成，皆因丁憂所限。至薛煥定居成都後，四川總督已由吳棠補缺，薛煥眞正成了隱居養老的士紳。正是徹底斷絕了仕途之夢，薛煥才開始把注意力放到地方事務上，爲地方做貢獻的願望也就更加強烈。因此才有提議上書籌建新書院一事。

爲什麼薛煥想到要創建新的書院呢。〔註 33〕這與他的經歷有關。同時也與他丁憂期間對四川社會問題的觀察思考有關。〔註 34〕薛煥自出仕東南地區以來，由於身歷諸事，處理外國事務居多，漸漸形成其洋務觀念，因此才有組建清代第一支洋槍隊的創舉。後來到總理衙門任職，深得總辦洋務的恭親王奕訢的信任，輔助其興辦洋務。總體上看，薛煥是晚清一位重要的洋務官員，其觀念中有趨新振興國勢的願望，即使丁憂在家，這一觀念仍然在起作用。加之丁憂時期內，他又閱讀了大量中外著述，使他認識到：「中國積弱不振，其患在『貧』，要自強，就需從『貧根』上治起。即從治理教育入手，讓

〔註 33〕關於尊經書院爲什麼在同治末年創建二原因，學者李曉宇認爲與當時四川的政治和學術環境有關，一是以槐軒學派爲主的蜀學同清代主流漢學不相容，引起主政者的注意與改造；二是大量避太平天國禍亂入蜀的江浙士人的影響；三是滿漢之爭與政治變局，漢人取代滿人主掌地方事務。詳見李曉宇《尊經・疑古・趨新：四川省城尊經書院及其學術嬗變研究》，四川大學博士論文 2009 年，第 18～38 頁。本書主要從地方士紳與地方社會之間關係來考察其作用與影響，不再對社會政治因素作過多論述，以避免旁枝斜出、擾亂主線。

〔註 34〕薛煥爲什麼奏請四川總督與學政創建尊經書院，李曉宇由《近代名人小傳》中關於薛煥的記述「煥當官無令望，頗通賄遺，去官日富百萬，爲合肥李氏姻家。工鑒別，收藏之富，冠於全蜀。初以媚外不容於鄉評，乃資助張之洞起尊經書院，以開蜀學。而至今里閈仍無頌其賢者。」而推出薛煥與入蜀江浙士人關繫緊密而受其影響，「這些江浙幕僚與薛煥勾結，欲圖創辦漢學的書院，推行他們的學術品味，與蜀地固有的性理之學抗衡，並非沒有這個可能。」同時因聲名不好，想藉此創辦書院討好蜀人。見李曉宇《尊經・疑古・趨新：四川省城尊經書院及其學術嬗變研究》，四川大學博士論文 2009 年，第 40 頁。這一觀點顯然缺乏依據，僅憑《近代名人小傳》的記述就推出薛煥奏請創辦書院的原因，顯得單薄且難以服人。

朝廷在科舉上更新，讓學子在知識上更新。」其具體想法就是「想趁有生之年在四川創建一所新式書院，讓四川學子能解除八股文的禁忌，以得到『學以致用』的知識。」〔註35〕

要實現創建新書院的願望，遇到的第一個問題就是新任四川學政的張之洞。此時的張之洞還不是少壯清流，更不是後來大辦洋務主持清末新政的晚清重臣，而是剛剛獲得功名的得意少年，心氣高揚，正如時人評價的那樣，「大抵南皮之談經濟政治，在四川學政之後，前此固純乎詞臣也。」〔註36〕此時的他怎麼會輕易同意創建以洋務為宗旨的新書院呢。解決這個難題，一是時任總督的吳棠主動向薛煥提供支持，並獻計兩條，以助其博得張之洞的好感；二是薛煥所做的準備極其充分。吳棠的獻計，「一是由薛煥出面動員地方官紳捐助銀子」，這樣吳棠向朝廷奏請的時候就好說話，「二是讓年輕人出頭」，意即讓張之洞來出面辦理此事，把名聲留給張之洞。這兩點建議薛煥都採納了。同時薛煥自己也做足了功課，他「得知龍安知府王祖源與之洞交好，便拉來參與創建尊經書院。」同時薛煥做媒，把王的女兒，丹青才女王懿嫻說與鰥夫之身的張之洞，並請吳棠主婚，讓張之洞收穫愛情的喜悅。另外，薛煥捐資為興文縣購置二十個鄉試名額，使興文小縣與宜賓大縣額員相等，作為學政的張之洞自然十分高興。〔註37〕在愛情與事業雙豐收的情況下，薛煥再聯名十五位在成都有影響的士紳上書修建新書院，張之洞也不能不同意，而且創建書院的首功還歸在自己名下，更沒有理由反對了。這就是尊經書院得以創建的原因。

辦一個什麼樣的新書院，薛煥也有自己的想法，那就是以洋務為主，聘請洋人出任教習，廢除科考，辦一所全新書院。但薛煥的這一辦學宗旨受到阻礙，「格於朝廷定制，不能聘西人授課。」便只能請懂西學的華人來任教，於是薛煥向他在上海結識的老朋友數學家李善蘭、華蘅芳，化學家徐壽發出邀請，他們皆因別有他任無法受聘，導致在師資上無法實現西學的目的。其次，學生們反對廢除科考，他們仍想「讀書做官」，對以洋人為師，也抱牴觸態度。因之，薛煥不得不折中，改變其「中體西用」的辦學宗旨，只能在「通

〔註35〕薛元敬：《創建尊經書院》，《宦海沈戈》，成都：華文國際出版社，2014 年 1 月，第 329 頁。

〔註36〕黃濬：《花隨人聖庵摭憶》，上海：上海書店出版社，1998 年 1 月，第 303 頁。

〔註37〕薛元敬：《創建尊經書院》，《宦海沈戈》，成都：華文國際出版社，2014 年 1 月，第 391 頁。

經學古」的前提下逐步提高西學的比重。〔註 38〕為了提升辦學質量，薛煥先是邀請王闓運出任山長，王以寫《湘軍志》為由未能赴任，直到 1878 年底王闓運才來川任書院山長一職。薛煥還先後向俞樾、張文虎、李慈銘發出邀請，皆不就，最後薛煥不得不自任山長，為草創的尊經書院盡責盡力。由此可見，薛煥於尊經書院創辦的重要貢獻與歷史地位。

花如此多的筆墨論述薛煥於尊經書院創建的地位與作用，一方面是想廓清尊經書院研究中所忽視的研究盲點，另一方面是想證明地方士紳在四川困局中的積極實施地方行為，以使作為地方的四川能夠在危局中自存，甚至能夠有所發展。當然真正影響尊經書院發展，並進而影響到晚清近代四川社會文化發展走勢的無疑是張之洞與王闓運。

第二節　張之洞入川與王闓運主掌尊經書院

從張之洞整個生平行狀來看，三年四川學政只能算是其仕宦生涯的前奏，甚至不能算是開端。四川學政之後，回到京師，始得慈禧太后的賞識，才有「結主嚮用之始」，開啓了其後功名顯赫的政治生涯。〔註 39〕既然三年學政於張之洞的影響如此微小，僅僅作為學政任內事件之一的創建尊經書院，其影響就更加小之又小。從張之洞的角度來研究尊經書院，意義並不大，當然也有學者從「張之洞與近代教育」角度來展開研究，〔註 40〕尊經書院也就作為其論述內容的一部分。但是相較於廣雅書院和兩湖書院，對張之洞來說，尊經書院的地位就小得多。也就是說尊經書院於張之洞的作用並不大，相反尊經書院的創建及張之洞在四川的作為對四川士風、學術以及現代化的進程卻作用重大。只有從這個角度上來展開研究，方能凸現張之洞於四川的歷史作用。

〔註 38〕薛元敬：《創建尊經書院》，《宦海沈戈》，成都：華文國際出版社，2014 年 1 月，第 331～332 頁。

〔註 39〕李細珠：《張之洞與清末新政研究》，上海：上海書店出版社，2003 年 10 月，第 37～39 頁。

〔註 40〕關於張之洞與近代教育的著作，較早的有鄭鶴聲：《張之洞教育思想及其事業》（上下），《教育雜誌》1935 年第 25 卷第 2、3 期。較有影響的有：黃新憲：《張之洞與中國近代教育》（福建教育出版社，1991 年 12 月）、蔡振生：《張之洞教育思想研究》（遼寧教育出版社，1994 年 1 月），張之洞傳記中也有關於張之洞與近代教育的關係及其貢獻的論述，詳略不等，不在此羅列。

　　爲了說清張之洞任四川學政三年間的行狀及其歷史功績，下面分三個方面來論述，他做了什麼、怎麼做及所做事情有何貢獻與影響，以此來看張之洞於四川現代化進程的歷史作用。

　　張之洞同治十二年（1873 年）六月奉旨充四川鄉試副考官，光緒二年（1876 年）十一月任滿，光緒三年（1877 年）正月初六離開成都去西安，〔註41〕前後僅三年。在這僅有的三年時間內他都做了些什麼呢。從相關文獻來看，如《清史列傳》、《清史稿本傳》、《張之洞墓誌銘》、《近代名人傳》，關於尊經書院的記述內容並不多，也難以勾勒其全貌。對尊經書院記述內容較多是由「張之洞檔案」所整理出來的《張之洞全集》。《全集》中的奏疏、書信、文章等有不少關於其四川經歷及尊經書院的內容。再結合四川地方志，以及同時代相關人物的回憶文章等，我們大致能窺其全貌。

　　張之洞在四川三年學政間的政績，首先是主考、典試選人，及到四川各州縣主持考試。張之洞同治十二年（1873 年）奉旨入川主考鄉試，到達的當日即入闈，準備考試事宜。考試畢，認眞閱卷、選拔優秀人才，「及放榜，所拔皆學行超卓之士，如吳謙、吳德瀟諸人，以爲之倡士風始爲之一變」〔註42〕科舉考試雖然是科目及模式有明確的限定，但是主考官及評卷人的水平與眼力也極其重要，許多有能力的士子屢試不中，就因遇到的考官及閱卷者水平低下，沒有一雙發現才俊的眼睛。相反，如果考官水平高有眼力，那些有眞才實學的應考士子往往就能出頭命中。張之洞主川考試時，有一庠生考試答案太多試紙不夠，只寫了上比就交了卷，而張之洞「召某生至，命錄下比，竟以一等食餼。」〔註43〕廖平更是一個明顯的例子。正如有論者指出，「如果沒有張之洞的拔識，廖平這塊璞玉很可能埋沒在山鄉，永無出頭之日。」〔註44〕廖平從 18 歲開始一直參加院試，連年不中，直到 1874 年張之洞主考，因張的賞識才「意外」地獲得第一名的好結果。說其是「意外」一點都不誇張。廖平當時的考卷答題違反了八股格式的規則，在八股之首破題部分，本

〔註41〕《清張文襄公之洞年譜》，胡鈞編，臺北：商務印書館，中華民國六十七（1978）年五月，第 40～46 頁。
〔註42〕《趙爾豐奏摺》，《張文襄公全集·第一冊·卷首上·九》，北京：中國書店，1990 年 10 月，第 5 頁。該奏摺最初刊於《政治官報》1909 年第 803 期，第 171～173 頁。趙爾豐檔案中也存此奏摺。
〔註43〕周詢：《張文襄公》，《蜀海叢談》，臺北：文海出版社，1966 年，第 428 頁。
〔註44〕黃開國：《廖平評傳》，南昌：百花洲文藝出版社，2010 年 3 月第 2 版，第 6 頁。

應只寫兩句，而廖平卻寫了三句，犯了考試大忌，閱卷考官只看了看試卷答案開頭，就將試卷棄置一邊。主考官張之洞在檢查落卷時，發現廖平才華橫溢，破題新穎，與眾不同，從而將其從落選者中拔置第一。〔註45〕這怎能不是一個大大的「意外」呢。這一「意外」也充分說明張之洞過人的眼力與膽識。正是有張之洞的賞識與提拔，廖平才不致被埋沒鄉間，也才有後來成為近代經學大師的可能。然其首功不得不記在張之洞名下。

典試結束後，張之洞旋被任命為四川學政。在接到擔任四川學政的篆後，張之洞在報到任疏中寫道：「四川省分人文素優，惟棚場較他省為多，弊端亦較他省為甚。自軍興以還，學額日廣，品行實學尤須極力講求，臣惟有首勵以廉恥，次勉以讀有用之書。至於別弊摘奸，惟力是視。」〔註46〕可見張之洞是想有一番作為的，而且也抓住了四川省分的弊病，提出施政的具體步驟。就任後的張之洞馬不停蹄地到四川各州縣主持地方考試，其足跡遍及四川全省各個地方，同治十三年（1874年）「五月出省按試眉州」、「次試嘉定敘州瀘州敘永重慶各屬」、「十一月試酉陽州」、「十二月試忠州」，光緒元年（1875年）正月「按試石柱庭」、「次試夔州綏定順慶保寧潼川龍安各屬」、九月「試寧遠雅州邛州等處」，光緒二年（1876年）三月「按試眉州嘉定敘州瀘州敘永重慶順慶保寧潼川各屬」。〔註47〕可見在這三年學政任內，張之洞是非常全面地主持四川考試及瞭解各地教育情況。沒有這種深入地方的實地考察，他斷難在離任前寫出「奏陳川省試場積弊，籌整頓辦法八條」的疏狀，也不可能在其後對科舉考試制度的革新，及其對近代教育發展的開創性貢獻。

張之洞到四川各地主持考試，既瞭解到四川考場問題，也瞭解到四川社會民風問題，如在綏定遇到的民眾暴亂事件，這使張之洞愈發感到全面整頓

〔註45〕黃開國：《廖平評傳》，南昌：百花洲文藝出版社，2010年3月第2版，第6～7頁。另廖宗澤編《六譯先生年譜卷一》（《樂山文史資料第七輯・廖季平史料專輯》，中國人民政治協商會議樂山市委員會文史資料委員會編，1989年1月。）中有關於廖平此次考試及被點中的敘述，詳細記述是：「（一八七四）二月，先生補博士弟子員。初院試題為《子為大夫》。先生文破題為三句，已為閱卷者所棄。學政張之洞檢落卷，見其破題異之。因細加披閱，拔置第一。」（頁10）黃開國《廖平評傳》中的相關敘述當是參考了該年譜中的內容。

〔註46〕《張文襄公年譜》，許同莘編，上海：商務印書館，中華民國三十三年（1944年）五月重慶初版，中華民國三十五年（1946年）上海初版、三十六年（1947年）二月上海再版，第16頁。

〔註47〕《清張文襄公之洞年譜》，胡鈞編，臺北：商務印書館，中華民國六十七年（1978年）五月，第41～44頁。

四川社會民風的必要與迫切性。而其中的首要問題是從整肅學風士風開始。在這方面張之洞所做工作極多，其成效也較爲明顯。

這也是張之洞三年四川學政內的第二大政績。四川士子眾多，考場混亂，積弊叢生。「舊時成都考試，凡攻訐、冒籍、槍替及身家不清者，提調官輒不理。奸徒糾眾伺學使轅門外，待其覆試而擒之，且索重賄，名曰拉搕。其人亦雇數十健兒爲保護，鬥於學轅，動有殺傷。」〔註48〕四川省會成都考場尤是如此，各州縣的情況更加糟糕，甚至發生教官阻止士子進考的嚴重事件，「文武童生取進後，教官書鬥，多方勒索不遂，止意不送覆試，寒士苦之。」〔註49〕此類考場問題舉不勝舉。張之洞對這些問題的處理，一方面及時處理一些突發事件，如針對成都考場外惡意干擾考場秩序者，馬上給予處理辦法，「乃懸牌示眾，攻訐者當覿訊，拉搕者飭提調率兵拿辦，於覆試日放牌訊之，或扣除，或坐誣，或勸解。」對於惡意製造混亂者，立即逮捕交於有司處置，「如松潘武生蘭映太素行不法，官不能治，設策擒之，商督部飭所司永遠監禁。」〔註50〕另一方面從制度上進行長遠的改革，提出整頓四川省考場弊病的辦法八條，即「懲鬻販；禁訛詐；禁拉搕；拏包攬；責廩保；禁滋事；杜規避；防鄉試頂替。」這些辦法是基於張之洞對川省考場弊端的觀察和總結而提出的，他認爲「川省人心浮動，獄訟繁多，大凡戶業公局唆訟詐財之案，必有文生在內，燒香結盟、糾眾滋事之案，必有武生在內。」針對四川考場這些普遍性的問題，提出解決辦法。他也深知考場問題是四川整個社會問題的一個顯現，要治理四川諸問題，整治考場及士風是最重要的。「激揚之道，固不僅在考試一端，然童試乃士子進身之始，棚場爲萬眾薈萃之地，若此時即專以作奸犯科抗官滋事爲務，通省郡縣相習成風，則異日成名必蹈故轍，愚氓見慣，群思效尤，爲患匪淺。故欲治川省之民，必先治川省之士臣，多方整飭似漸廓清，特立法必要其久除惡，務絕其根，若暫就清肅而不立爲成法恐作奸犯科者，逾時復萌，仍無裨益。」〔註51〕經過張之洞整頓，及繼

〔註48〕吳劍傑編著：《張之洞年譜長編》（上），上海：上海交通大學出版社，2009年7月，第44頁。

〔註49〕《清張文襄公之洞年譜》，胡鈞編，臺北：商務印書館，中華民國六十七年（1978年）五月，第41頁。

〔註50〕吳劍傑編著：《張之洞年譜長編》（上），上海：上海交通大學出版社，2009年7月，第44頁。

〔註51〕《清張文襄公之洞年譜》，胡鈞編，臺北：商務印書館，中華民國六十七年（1978年）五月版，第43頁。

任其位的學政譚宗濬勤政，四川考風與士風得到了極大的改變。

張之洞做的第三件重要事情就是創建尊經書院。前文已論述過創建尊經書院的首功應是薛煥，但使書院蔚然壯大者無疑是張之洞。如果說薛煥是尊經書院創建的倡議者和實施者的話，那麼張之洞就是尊經書院發展的決策者和規劃師，倡議和實施固然必不可少，決策與規劃更能決定書院的前途和命運。張之洞也深知自己的角色和責任，他對尊經書院所花心血極大，在卸任四川學政回京師時，途經綿竹，不禁寫信給下任學政譚宗濬，「身雖去蜀，獨一尊經書院，惓惓不忘。此事建議造端，鄙人與焉。今日略有規模，未臻堅定；章程學規，且在精鑒；斟酌損益，端賴神力。他年院內生徒，各讀數百卷書，蜀中通經學古者，能得數百人，執事之賜也。」〔註52〕張之洞對尊經書院念念不忘，且寫信給下任表達這份心情，其意當然是希望下任多為尊經書院發展出力。那麼，張之洞為尊經書院做了哪些貢獻，致使他念念不忘。

張之洞與吳棠、薛煥共同決定創建這所新式書院，有尊經書院締造者之功。學政主管一省總學務，創辦這種官方性質的省會書院，當然得經過學政張之洞拍板同意。同意的前提是需要所辦書院合法與合理，更需要與學政辦學觀念相符。這實際上是有衝突的。吳棠作為總督，對辦學雖有最終話語權，但他樂意做和事佬。對書院建設及發展有主張的是薛煥和張之洞。儘管二人在辦學目的上比較接近，張之洞回答諸生所問為什麼辦書院時說：「誠欲諸生紹先哲，起蜀學。」基本辦法，「分府拔尤，各郡皆與視其學之大小、人多少以為等，延師購書，分業程課。」預期的效果是，「學成而歸，各以倡導其鄉里後進，展轉流衍再傳，而後全蜀皆通博之士、致用之材也。」〔註53〕薛煥也有改善書院教育為四川培育人才的想法。但是在具體辦學觀念和宗旨上卻有較大差異，薛煥是想把新書院建設成一所具有洋務性質的書院，因此他想延聘外國教師，開設實用的自然科學等課程。而張之洞此時對洋務是持批評態度，對奕訢、李鴻章等人多有訾議。〔註54〕他主張尊經致用，且以學習漢

〔註52〕 張之洞：《致譚叔裕書》，《張文襄公全集・卷二一四，書箚一》，臺灣商務印書館，一九六九年五月版，第24～25頁。

〔註53〕 張之洞：《創建尊經書院記》，《張之洞全集》（第十二冊），苑書義、孫華峰、李秉新主編，石家莊：河北人民出版社，1998年8月，第10074頁。

〔註54〕 薛元敬：《創建尊經書院》，《宦海沈戈》，成都：華文國際出版社，2014年1月，第329頁。

學爲主。「天下人材出於學，學不得不先求諸經。治經之方，不得不先求諸漢學，其勢然其序然也。」〔註55〕即從辦學宗旨上就區別了薛煥的洋務主張，並按他的要求與規劃進行整體教學。

　　既然明確尊經書院的宗旨是「尊經致用」，如此多的書目學生該如何擇要研讀。張之洞專門撰述《輶軒語》和《書目問答》〔註56〕，教師和學生都可按這兩本書爲指南進行教與學。在他離任之後即撰成《創建尊經書院記》，這篇記既是對創辦尊經書院的總結，同時也是對尊經書院治校辦學的總規劃，具有綱領性的作用。繼任的學政譚宗濬也是按照此記來治理書院的。正是有張之洞的規劃與領導，尊經書院才能持續發展幾十年，爲四川培育了大量人才。

　　對書院的一些具體問題，張之洞也是全力幫扶。鑒於四川地處西陲，不易買書，張之洞「捐俸置四部數千卷，起尊經閣庋之。」〔註57〕張之洞建議總督吳棠開書局，刊刻印刷書籍，他親自選擇經史子集好的版本，付與刊刻。同時，張之洞設法解決書院經費問題。雖然尊經書院屬於省屬官辦書院，總督吳棠撥有專款，但仍不敷用，張之洞「又自撰論說，勸紳富捐舍學田，優免新生卷費，以恤寒畯，至今（從 1874 年至 1909 年）州縣興學之資，多爲取給焉。」〔註58〕

　　張之洞爲尊經書院做的第四件事情，也是最爲重要的貢獻是獎掖後進，培育了不少人才。張之洞選「取人才不以帖括爲準，凡有一藝之長，一經所得，無不甄錄。」〔註59〕張之洞雖是學政，不能和書院學生每天見面交流，但他還是經常去書院，「時以暇日蒞院，爲諸生解說。」與有旨趣的學生時相切磋，把認爲卓犖的學生帶在身邊，陪同他到四川各州縣主持考試，讓學生

〔註55〕張之洞：《創建尊經書院記》，《張之洞全集》（第十二冊），苑書義、孫華峰、李秉新主編，石家莊：河北人民出版社，1998 年 8 月，第 10076 頁。

〔註56〕鄭鶴聲在《張之洞教育思想及其事業》（上）中注釋說張之洞的《書目問答》爲繆荃孫所代作。筆者對此未作考證，僅存錄。

〔註57〕吳劍傑編著：《張之洞年譜長編》（上），上海：上海交通大學出版社，2009 年 7 月，第 46 頁。

〔註58〕《趙爾豐奏摺》，《張文襄公全集·第一冊·卷首上·九》，北京：中國書店，1990 年 10 月，第 6 頁。

〔註59〕徐仁甫：《振興蜀學人才輩出的尊經書院》，《四川文史資料選輯》（三十五輯），中國人民政治協商會議四川省委員會文史資料研究委員會編，四川人民出版社，1985 年 9 月，第 4 頁。

們幫助評閱試卷，這其中就有綿竹楊銳、井研廖平、漢州張祥齡、宜賓彭毓嵩和仁壽毛翰豐五人，最為張之洞器重，「召之從行讀書，親與講學，使研經學。」〔註60〕張之洞離任後寫給譚宗濬的信中更是提及這「五少年」為蜀中之才。而五人中又以楊與張的關係最近，成為張之洞幕府的重要成員。1881年張之洞任職山西巡撫，楊銳被張聘至撫署掌管牘案，1884年張之洞任兩廣總督，召楊銳入幕府任奏牘文字，1889年楊銳考取內閣中書，後留京供職，楊銳在京期間實際上充當了張之洞的「坐京」之一〔註61〕，及至1898年戊戌政變失敗楊銳被捕殺，張之洞與其都保持緊密的聯繫，甚至張北京事務多交與楊銳辦理而不是張之兒子，可見張對楊的信任。在楊銳被殺後，張之洞十分痛惜，捐資修建南京「豁蒙樓」，以資紀念。〔註62〕

　　張之洞主掌四川學政及辦理尊經書院的作用和貢獻，已有不少研究者論述過，〔註63〕在此不再一一梳理。不過我們可以從張自己和時人評價，以及後世史家評價幾個方面來看其歷史貢獻。在張之洞給譚宗濬的信中就三年川行有這樣的話：「身雖去蜀，獨一尊經書院，惓惓不忘。」因為他覺得尊經書院在選材方面已經做出貢獻，「通省佳士，豈能蒐拔無遺？就目力所及言之，大率賞心者盡在書院。」〔註64〕可見張之洞對其在尊經書院選拔人才的貢獻

〔註60〕《登眉州三蘇祠去嶼樓》注5，張之洞：《創建尊經書院記》，《張之洞全集》（第十二冊），苑書義、孫華峰、李秉新主編，石家莊：河北人民出版社，1998年8月，第10495～10496頁，全詩為：「共我登樓有眾賓，毛生楊生詩清新。范生書畫有新意，蜀才皆是同鄉人。」自注云：「仁壽學生毛翰豐、綿竹楊銳、宜賓彭毓嵩、華陽范鎔，皆高材生，召之從行讀書，親與講論，使研經學。」

〔註61〕李宗侗：《楊銳致張文襄密函跋》，《大陸雜誌》第二十二卷第四期。另外，茂海建：《戊戌變法的另面：「張之洞檔案」閱讀筆記》（上海古籍出版社，2014年3月）中通過張之洞與楊銳大量密函，而證實「楊銳是張之洞『坐京』」說成立，參見該書第132～186頁。

〔註62〕關於楊銳生平，參閱王夏剛：《楊銳年譜簡編》，《中國古代社會與思想文化研究論集》，葛志毅主編，哈爾濱：黑龍江人民出版社，2006年8月版，第340～358頁。關於楊銳作為張之洞幕府成員的敘述，參閱歷任開等著：《張之洞幕府》，北京：中國廣播電視出版社，2005年1月，第306～314頁。

〔註63〕如黃新憲：《張之洞與尊經書院》，《教育評論》1989年第3期；黃開國：《張之洞在四川興學述論》，《天府新論》1990年第6期；曹成建：《張之洞與四川教育》，《四川師範大學學報（社會科學版）》，1997年4月；以及眾多關於張之洞教育思想與教育事業的文章和著作，提及四川學政時期的也不少。這些文章與著作，所選取的材料大體相近，論述角度也較相近，不在此作梳理論述。

〔註64〕張之洞：《致譚叔裕書》，《張文襄公全集·卷二一四，書簡一》，臺灣商務印

評價很高，在他的選拔下，把整個四川省的人才都囊括在書院內。這不是張之洞誇大虛浮之語，尊經書院首批學生一百多人，都是張之洞從全省三萬多考生中選拔出來的。這些學生肄業後在四川乃至整個中國現代化進程中都發揮了重要作用，其功當然在張之洞。比如像廖平這樣的學生，倘若不是張之洞主考，他是不可能被錄取，也不可能有之後的發展與成就。張之洞的貢獻，為時人所共睹，在張去世後，四川總督趙爾豐響應四川眾士紳的請求，向朝廷寫奏摺，表彰張之洞在川任學政時的歷史貢獻。奏摺分別列出多項以此彰顯，這些措施的效果，短期是「教成之後，見其造端宏大，訓迪有方，愈歎敬，以為難及，而川省處交通閉塞之區，值兵燹迭經之後，該大學士薰陶培育，用能以數年之間澤弇陋，以詩書化樸願為才俊，文化幾與東南各省埒其程功，尤非易事。」〔註 65〕而張之洞在尊經書院的歷史功績更顯現在數十年間，到趙爾豐上奏摺的 1909 年，這種功效依然明顯，「近年推行新政，廣屬學官，莘莘學子，咸以通貫為榮，以拘墟為恥，而老成尚有典型文學猶存，矩獲經史教授之選，皆取資於本省而略足，即平日聞見所及，其中亦不乏淹貫宏通傑出不羈之材，足以儲為世用，使再需以歲時，進步正未可量，事固有致，力於數十年以前，而收效於數十年之後者，此類是也。」〔註 66〕稍後的周詢在《蜀海叢談》中更是說道：「蜀學丕變，實唯公力。先後督川學者百數十輩，以言惠士之深者，咸推公為巨擘焉。」〔註 67〕尊經書院所培養的學生在晚清新政中發揮了重要的作用，同時也為四川人才的儲備做出了重要貢獻，其功便在張之洞。

　　尊經書院在張之洞離任後，能有穩定快速的發展與王闓運的接任有直接關係。倘若說張之洞是尊經書院的開創者，有篳路藍縷開啟之功，那麼王闓運八年主掌書院，使書院達於鼎盛，其功當不在張之下。

　　尊經書院草創時，經辦者薛煥第一個邀為山長的人選就是王闓運，王當時並未立即應允，他在致丁寶楨的信中推諉說：「入蜀攬勝，自香濤視學時就已有前約，因憚獨行，又嫌提挈復，逡巡有待。」加之此時他正在撰寫《湘

　　　　書館，一九六九年五月，第 24～25 頁。

〔註 65〕《趙爾豐奏摺》，《張文襄公全集·第一冊·卷首上·九》，北京：中國書店，
　　　　1990 年 10 月，第 6 頁。

〔註 66〕《趙爾豐奏摺》，《張文襄公全集·第一冊·卷首上·九》，北京：中國書店，
　　　　1990 年 10 月，第 6～7 頁。

〔註 67〕周詢：《張文襄公》，《蜀海叢談》，臺北：文海出版社，1966 年，第 428 頁。

軍志》，不能立即成行。實際上，王闓運未立即應允出掌尊經書院是有所考慮。
「尊經書院是張之洞鼎力創辦的，四川地方大員對其期望甚高，王闓運雖知
『好爲人師，古賢所患』，從前亦曾有過從教經歷，但於執掌尊經書院這樣的
大書院還不能做到胸有成竹，爲此『恐懼慚惶』，惟恐有負眾望，以負嘉招。」
〔註 68〕王闓運懷疑自己不一定有能力執掌如此規格的書院，擔心使人失望，
同時敗壞自己名聲。王闓運這種擔心不無道理。按照清代書院選聘標準，王
闓運實際上並不太符合要求。清代的慣例，「督撫聘請名師爲山長，其資格爲
大儒或本省還籍一二三之巨官。」〔註 69〕王闓運是不符合這一清代慣例的，
即或是按民間一般的選聘標準，王闓運也不是優選。民間選聘書院山長三個
條件：其一「清代書院山長一般要求科甲出身，一些省會書院甚至只聘進士
出任山長。」其二「清代書院選聘山長一般本地人士優先。」其三「清代書
院選聘外地人任山長，江蘇、浙江兩省人士占絕對優勢。」〔註 70〕既然如此，
選聘者和被聘者都知道王闓運並非最佳選擇，爲什麼還要邀請他入蜀執掌書
院，而且王闓運公然還就任？

　　首先向王闓運發出邀請的是薛煥，薛煥主張興辦洋務，是洋務總辦奕訢
的得力助手，在尋求創辦具有洋務性質書院不可能的情況下，薛煥折中而採
取中體西用，甚而尊經致用。王闓運在湖南以治今文經學聞名，薛煥聘請其
爲尊經書院山長是從與其觀念相近的角度考慮的，而並未考慮王之身份與地
位是否能勝任。因之，當王託詞說忙於寫《湘軍志》無暇入蜀時，薛煥立即
向張文虎、俞樾、李慈銘等發出邀請，可見薛並不是把王當做不二人選。直
到丁寶楨督川時，丁才一而再地力邀王入川掌院，王再三考慮後，於 1878 年
冬買舟入夔門。王此時答應赴川，與王《湘軍志》的完成有關，也與王的反
覆考量及丁的再三邀請有關。尊經書院創立後，主掌書院者並不是聞名國內
的某大儒或者巨官，而是資歷、名望都極平常的「二錢」，即錢保塘與錢保
宣，二錢各方面都不及王，這免去了王闓運的顧慮。丁寶楨督川後多次邀請
王入川，光緒四年（1878 年）八月「四川總督丁丈稺璜遣書約往四川，又

〔註 68〕 李赫亞：《王闓運與晚清書院教育》，北京：光明日報出版社，2007 年 7 月，
　　　　　第 65～66 頁。
〔註 69〕 〔清〕劉成禺撰：《世載堂雜憶》，瀋陽：遼寧教育出版社，1997 年，第 13
　　　　　頁。
〔註 70〕 李曉宇：《王闓運受聘尊經書院史事考》，《四川大學學報（哲學社會科學
　　　　　版）》，2008 年第 2 期，第 23～24 頁。

致書譚丈文卿，屬其勸駕府君（按：王闓運長子王代功對其父的尊稱）。」〔註71〕關於王闓運入蜀的原因，學者李曉宇認爲其並不是爲掌書院，丁寶楨邀請王闓運入川，「無疑是看中了王闓運一身的『帝王之術』和『縱橫之術』，希望他來輔佐自己成就一番事業。這是丁邀王入川的主要意圖，至於聘王闓運出任尊經書院山長，在很大程度上不過是一種權宜的安置而已。」〔註72〕李的這一說法較爲可信。王闓運到達成都的第二天就去會見丁寶楨，主賓言談時間甚久，談後的效果如何呢，從王的日記就可看出，當天日記中記述與丁寶楨所談內容共兩件事，一是談安南事，二是丁寶楨談四川士風學風。對第一件事記述較略，不過也能說明問題，「與稺公談安南事，不相合。」〔註73〕王闓運急著會見丁寶楨談最重要的邊疆問題，卻意見不相合，怎能不挫傷王的熱情。當聘請王掌書院的聘書送來時，王並不熱情，「鹽道遣送聘書，定尊經講席，受而不辭，以既來不可辭也。」〔註74〕王闓運對其地位與作用顯然不滿足於書院山長一職，多年後他在給朋友的信中透露了這一原委，「稺公折節小交，非爲興學，豫知英人必窺西藏，欲儲幕府材耳。」〔註75〕這就是丁寶楨力邀王闓運入川的原因，並非爲掌書院，而是輔助其經營西藏邊防問題。由此我們明瞭，薛煥邀請王闓運入川，僅是聘其爲書院山長，而丁寶楨力邀王入川，主要是邀其爲幕府儲材輔助治理邊疆問題，主掌書院僅爲附帶職務而已，王入川後，關於邊疆問題，與丁意見不合，才被安排負責書院事務。

　　釐清這一問題是想說明王闓運的入川並非主要爲掌書院，而是別有抱負，當他接受書院一職後，並未因抱負落空而懈怠書院事務，相反積極推進書院改革和建設，使書院達其鼎盛。

　　相較於張之洞對書院的宏觀性規劃，王闓運的工作更爲具體實際，也更見效果，在其八年掌院期間所做的貢獻也更大。因之，有論者稱「王闓運是尊經書院歷史上乃至晚清四川書院史上最有名、影響最著的一位山長。」

〔註71〕王代功：《清王湘綺先生闓運年譜》，臺灣商務印書館，1978年，第85頁。
〔註72〕李曉宇：《王闓運受聘尊經書院史事考》，《四川大學學報（哲學社會科學版）》，2008年第2期，第26頁。
〔註73〕王闓運：《湘綺樓日記》（第二卷），長沙：嶽麓書社，1997年7月，第720頁。
〔註74〕同上，第729頁。
〔註75〕王闓運：《湘綺樓詩文集》，長沙：嶽麓書社，1996年9月，第885頁。

〔註 76〕到底貢獻如何，需要我們細緻地加以清理和評價。

丁寶楨邀請王闓運來川雖然是想讓其在政治上爲其獻言獻策，但當彼此意見不合時，丁依然非常信任地委王以重任，聘王爲尊經書院山長。丁對王主掌書院及整頓四川學風士風充滿期望，第一次與王見面就表達了他的想法，「凡國無教則不立，蜀中教始文翁遣諸生詣京師，意在進取，故蜀人多務於名。」〔註 77〕丁希望王能整頓四川務虛名輕教的問題。在此問題上，王與丁意見較爲一致。因此，王闓運當即向丁闡明自己的教學主張，「乃言書院規則亦宜變通，使官課不能奪主講之權，主講亦不宜久設，仍當改爲學長，學長亦隨課絀取，庶免競爭也。又言書院章程，要宜大雅，不獨不可防諸生之不肖，並不可防官吏之不肖也。」〔註 78〕王闓運一上來就提出削減官課，即減少以科考爲目的的教學內容，而增強主講的自主性。

光緒五年（1879 年）二月王闓運正式執掌書院，剛開始準備大幹一場，卻遭受守舊勢力和官場的擠兌，差點讓他辭職回湘。尊經書院每月有官考和課考兩試，官考由地方教育官員點名督考，教育官員與王闓運商量官考題目時，王與其意見不一致，王認爲自己作爲山長應該有自主權，不應受地方官過多的限制。王闓運在日記中寫道：「今年議不作經文，而程公限經文五道，余遂牌示禁院生應課。諸生來者紛紛，或欲請改題，余以程未足與語，亦姑任之。」〔註 79〕王闓運極力捍衛山長的自主權利，牌示阻止院生應考，而學生介於地方教育官員和山長之間無所適從，有學生去應考，也有建議改題目，王闓運態度堅決，不願改題。這樣學生應考者參差不齊。當考卷下發後，發現卷子不齊，地方官員對此大爲不滿，「程藩使以諸生課卷不齊，縣牌來責。」地方官員向學生發威，實指向的是王闓運。而且此事發生後，眾人紛紛議論，王闓運在日記中寫道：「人言紛紛，有云鹽道怒我而挑之者；有云錢保宣怨望而激之者；有云司道合謀振興文教，講習經策，慍我以不應試爲教，而專相齮齕者。言皆有因，而皆無如何。」〔註 80〕王闓運對此覺得很尷尬，以他儒

〔註 76〕李赫亞：《王闓運與晚清書院教育》，北京：光明日報出版社，2007 年 7 月，第 58 頁。

〔註 77〕王闓運：《湘綺樓日記》（第二卷），長沙：嶽麓書社，1997 年 7 月，第 720 頁。

〔註 78〕王代功：《清王湘綺先生闓運年譜》，臺灣商務印書館，1978 年，第 88 頁。

〔註 79〕王闓運：《湘綺樓日記》（第二卷），長沙：嶽麓書社，1997 年 7 月，第 763 頁。

〔註 80〕同上，第 765 頁。

者的身份是不屑於陷入此類紛爭，猶豫不定該如何處理此事，同事如伍肇齡等來勸慰，也想不出辦法；學生們來言說監院無禮，可也不知如何轉圜此事。王闓運覺得「欲辭去，則穉公必問所以，切責司道使留我，而痕跡愈重，醜態百出矣；往則司道不能忘情，將以腐鼠嚇我。」最後王闓運決定退一步，勸學生補上考卷，以使「眾囂悉定」。

　　事情並沒有就此結束，臬委、道臺紛紛來找麻煩，王闓運倍覺苦惱，「以司道不能忘情於我，唯辭去可以斷之也。」王闓運最終沒有辭職，一是因為學生們苦留，「諸生聞者皆欲留余」；二是丁寶楨親自出面解決此事，「穉公來，為司道謝過，余不告之，正恐其知此間事也。司道見其來，必非笑之，何不自尊而好為人屈如此。余甚惶悚，亦謝云：『公約我來，而不能和司道，余知咎矣，明日當詣謝。』」〔註81〕王闓運借坡下驢、見好就收，丁寶楨親自出面道歉了，還能怎樣。王鬧辭職的目的是什麼呢，在二十日日記中或可一窺其原因，不喜歡「司道擾學」。他這一鬧果然達到了此目的，「王監院來，言諸生上書督部，請留院長。余以院生不宜與一事，今干預官師，函令止之。監院唯唯。」〔註82〕監院再也不夥同地方教育官員限制山長，惟諾諾。雖然教育督部再次施壓，命監督傳考題，王闓運再次堅決抵制，又以辭職相要挾，結果是「穉公又來致留，並云藩、臬當同來，余遜謝之。」〔註83〕這次折騰後，教育官員們徹底被降服了，王闓運獲得了他想要的自主權，開始對尊經書院大幅度的革新。

　　王闓運對尊經書院的革新，並不像張之洞那樣制定出綱領性文件《創建尊經書院記》，以及《輶軒語》、《書目答問》，對其進行整體規劃和引導。相反，王闓運著手的都是一些具體的問題。到王闓運接手書院時，雖然書院在張之洞的規劃下，以及薛煥的管理下，有一定的發展，但是內部運轉仍然很混亂。王闓運就從書院內部管理上入手，步步推進。王闓運首先整頓書院「好訟」的惡陋之風。四川好訟之風甚盛，張之洞就說：「川省訟風最熾，遇有試場，遂為此輩利藪。」〔註84〕而這好訟之風嚴重敗壞了川省的士林風氣。書

〔註81〕王闓運：《湘綺樓日記》（第二卷），長沙：嶽麓書社，1997 年 7 月，第 775 頁。

〔註82〕同上，第 776 頁。

〔註83〕同上，第 777 頁。

〔註84〕《張之洞全集》（第一冊），苑書義、孫華峰、李秉新主編，石家莊：河北人民出版社，1998 年 8 月，第 4 頁。

院的學生之間更是相互架構，好訟成風，害人名節。王闓運決心大力懲辦此類惡習，他通過「牌勸方式，爲院生立規」，甚至「標罰金」與「除名」，杜絕院生蹈此陋習而耽誤學習。通過王闓運嚴屬禁止，在王掌院期間，書院的好訟之風基本消除，培育了良好的學習環境和士風。王闓運整頓書院的第二件事是禁止吸食鴉片。晚清四川是鴉片種植重要地區，吸食者甚眾，甚至成爲一種生活習慣，郭嵩燾在其日記中轉述王闓運對四川吸食鴉片的描述，「王壬秋言：蜀人與鴉片煙相習，莫知其非。張香濤典學四川，詰諸生：鴉片煙何味，而公然嗜之？蜀人傳以爲笑，言張公獨未知其甚趣耳。吾初至尊經書院，館生三百人，吸煙者至二百七十餘人，吾皆汰之，推舉不吸煙者，得七十餘人，自是館生無嗜煙者。吾惟語以萬事皆足立名千古，飲酒嗜茶，亦可成名，獨吸煙無名，而一有無嗜，萬事皆廢，是真自棄也。館生始各恍然於吸煙之非。」〔註 85〕除了勸誡書院學生勿吸食鴉片外，王闓運還樹立不吸食鴉片的院生作典範示例。王闓運自己及書院監督不時巡視書院宿舍，嚴禁學生吸食鴉片。這些舉措淨化了書院的學術環境，提高了書院的教育效果。另外，王闓運還在書院推行禮制。王極重視禮教，認爲「治經必先知禮，經所言皆禮制。」〔註 86〕反對「行與學」相分的學風。王闓運希望通過守禮、行禮來檢束學生的性情，使其濡染習性、陶冶品行，進而促進經世致用的效果。另一方面，通過習禮可以規訓四川學生激放言行、滋擾生事的積習，同時也可協調學生與老師之間的關係。當然隨著國勢日頹和近代化的加快，在書院推行明禮、習禮顯得不合時宜，所取得的效果並不明顯。比如張祥齡和楊銳的同學關係就很差，四年同學，經常發生矛盾。

通過這一系列的治理措施，尊經書院內部管理才通暢起來，學風與士風皆有極大的改善。「王闓運在尊經書院掌教期間，一直堅持用嚴屬的措施來治理書院，未曾間斷。賴於他勤勵督辦和持之以恒的治理，在其掌教期間，尊經書院經過一段時間的整飭，院中風氣得以根本好轉，收效甚著。」〔註 87〕

〔註 85〕《郭嵩燾日記》（第四卷），長沙：湖南人民出版社，1983 年 10 月，第 321 頁。

〔註 86〕王闓運：《論習禮》，《湘綺樓詩文集》，長沙：嶽麓書社，1996 年 9 月，第 525 頁。

〔註 87〕李赫亞：《王闓運與晚清書院教育》，北京：光明日報出版社，2007 年 7 月，第 80 頁。

　　在加強書院管理的同時，王闓運還在書院教學上進行了大規模的革新。與張之洞一樣，王闓運主張削弱科考內容的教學，在實施的具體辦法上兩人又有所差別，張之洞在觀念上強調削減八股科考的內容，因學生觀念的滯後，收效並不明顯，沒人願意放棄科考做官的機會，就是「尊經五少年」也要去京師受考。王闓運所採取的措施是不在觀念上作無謂的呼籲，而是從具體事情中無形地滲透，細水長流，收到潛移默化的功效。延此思路，王闓運對書院所進行的革新無不是有的放矢。首先，王闓運在所讀書籍上下工夫。前面論述過吳棠督川時在張之洞鼓勵下，設立書局，刊刻書籍，起到一定的效果。然而吳棠離任後，書籍刊刻就停滯了，科考之類的書籍再次佔據了學生們的閱讀空間。王闓運掌院後，「將書院的八股試帖和書籍文章，統統搜查出來堆積一起，親自點燃一把火將其焚燒。以此引導生員研讀經史百家，教人讀書以致用。」〔註88〕另一方面他著手籌措開設書局刻印書籍，不久尊經書院成立屬於書院自己的書局。書局刻印了不少由王闓運親自點校的經世致用之書，如《禮記箋》、《禮經箋》、《公羊箋》、《今文尚書》、《說文解字句讀》等十餘種。〔註89〕另外書局還刊刻書院師生的著述，選印課藝佳作刊刻，如《尊經書院初集》。這大大鼓舞了師生的學術熱情，教學研讀蒸蒸日上。在王闓運的主持下，尊經書局「先後刊印了百餘種書籍，除經、史、小學、輿地等方面的書籍外，還刊印了部分有關時務的著作和西方資產階級學者的著作，不僅解決了清朝兩百多年來四川士人讀書困難的問題，而且還把新知識、新思想引進了封建思想煙瘴彌漫的四川知識界，使士人的思想和知識結構、價值觀念均發生變化，從而為維新運動在四川的展開奠定了思想基礎。」〔註90〕

　　王闓運在教學上最大的變革是提倡以「經、史、詞章」為主的「實學」教育。王闓運是晚清今文經學大家，雖然遭到梁啓超的貶抑，〔註91〕但無改

〔註88〕莊增述：《吳虞傳》，北京：中國文化出版社，2007年12月，第4頁。

〔註89〕李赫亞：《王闓運與晚清書院教育》，北京：光明日報出版社，2007年7月，第83頁。

〔註90〕何一民：《試論尊經書院與四川士林風氣的變化》，《四川師範大學學報》1991年第1期，第94頁。

〔註91〕梁啓超：《清代學術概論》，上海：商務印書館，中華民國十九年（1930年）四月初版。梁啓超在該書第78頁中說：「闓運以治《公羊》聞於時，然故文人耳，經學所造甚淺；其所著《公羊箋》，尚不逮孔廣森。」梁啓超由非康有為今文經學，而非廖平，進而非王闓運。

其對晚清今文經學的貢獻和影響。尤其是在主掌尊經書院時，其今文經學的思想和教學方式，極大地影響了書院學生，如後來成爲今文經學大師的廖平等。在書院具體教學中，王闓運主張「捨傳棄注，直探本經；融合古今，通經致用」和「以禮治經」的方法。〔註92〕甚至採用對學生分別相教授的具體措施，讓學生各治一經，根據各自的情況再分別講解或者會講。而且經常督課，檢查學生讀經的情況。王闓運爲了鍛鍊學生的恒心，要求學生日日抄經文，「令諸生分經授業，並宣言先爲有恒之學惟在鈔書。」〔註93〕這一點與吳虞是一樣的，天天抄書，以練其恒心。從王闓運日記中可以看出，他每天的必不可少的功課就是必抄幾頁書，多爲經書。學生和老師一起抄書，日日相習，必對某一經書爛熟於胸，出口即誦。這樣書院學生一般都能非常熟悉且深刻地專治某一經，在該領域內做出成績。與治經學這種嚴苛方式不同，治史學與詞章就相對發揮學生自主創造性，「王闓運經常倡導院生對前人所作的史書進行評價。通過此舉來引導院生借鑒前人之得失，使院生明瞭史家爲史之法。」〔註94〕對於詞章的教學，王闓運更是以身作則，親自爲院生示範寫作範文，鼓勵學生大膽爲文，且在與學生的相互交流中，要求學生要注意茹養「詩格」和增強「文字功底」。

通過這一系列的措施，尊經書院的士風與學風得到了極大的改善，教學成果初見成效，從現存的尊經書院所刊刻的課卷集《尊經書院初集》就可看出，王闓運自己也感歎這種可喜的收穫，「此來居然開其風氣。」

王闓運對晚清四川的影響並不僅僅局限在尊經書院內，而且擴展至整個四川學界、政界，乃至商界。王闓運主掌尊經書院，並非天天守坐書院內，而是四處交遊，廣交友朋。四川提督唐友耕就是王闓運入川後結識的新朋友，王認爲「自院外生者，人品以帽頂（按：即唐友耕）爲最優，議論以帽頂爲可聽，殊爲可歡。」〔註95〕王對唐影響甚深，以致武人出身的唐友耕讓「十幾個子女不要習武，一律猛攻詩書，少聞窗外事，爲此還聘請家庭教師輔導子女。唐友耕爲每個子女準備了兩千餘畝的鉅額田產，解除了子女治學無力

〔註92〕王向清：《王闓運的經世思想及其特徵》，《湖南社會科學》2014年第1期，第21頁。

〔註93〕王代功：《清王湘綺先生闓運年譜》，臺灣商務印書館，1978年，第89頁。

〔註94〕李赫亞：《王闓運與晚清書院教育》，北京：光明日報出版社，2007年7月，第97頁。

〔註95〕王闓運：《湘綺樓日記》第二卷，長沙：嶽麓書社，1997年7月，第849頁。

治業之虞。」〔註96〕而且開始從事文化事業，「唐友耕亦步亦趨涉足出版業，後來『大關壽考堂』點校出版的書籍享譽出版界。」〔註97〕

綜覽王闓運掌教尊經書院八年，成效斐然，在其苦心經營下，一躍而成為四川文教中心。雖然「王闓運所實行的書院教育，就總體而言，尚未超出傳統教育體制的範圍，甚至嚴格地說，還未完全擺脫舊式書院教育的範疇。但其完善書院的規章制度，針對四川書院教育中的繁瑣考證之弊，倡導經世致用的實學，反對專門習時文帖括，培養出一批明體達用之人才，在歷史上是有進步意義的，於四川近代社會亦影響較大。」〔註98〕

第三節　尊經書院與四川近代社會文化的轉變

尊經書院在張之洞與王闓運的經營下，取得了長足的發展，不僅創設了良好的書院管理模式，而且培育了大量優秀人才，扭轉了清以來四川鄙陋的士風與學風。1886 年王闓運結束尊經書院山長之職，離開四川，由原錦江書院的山長伍肇齡執掌書院，「他最服膺江西陳溥，陳著述多妄誕，託於宋學而雜以左道，伍刻其所批書甚多。伍與新學政高賡恩合作，刻了《近思錄》，由高作序，痛詆漢學，說『漢學操末忘本，世儒之蠹』，甚至王萬震課堂出題，竟以宋學命題，學生不服，校務廢弛，至有『聚賭內室，放馬講堂』者。王闓運昔日培養的師生水乳交融，問難深夜的學風，已不復再見於尊經書院了。」〔註99〕

總體上看，王闓運之後尊經書院開始走下坡路，其昔日的盛景不再。儘管 1898 年宋育仁接掌書院，試圖有所作為，但是新式學堂教育興起，書院這種舊式教育機構已難以跟上時代變化，其作用極為有限。1902 年尊經書院與四川中西學堂和錦江書院合併為「四川通省大學堂」，因校名不符合清政府學制規定，同年 12 月 30 日接清廷指令，改校名為「四川省城高等學堂」，後幾經變化，1931 年與公立四川大學合併為四川大學。〔註100〕

〔註96〕蔣藍：《王闓運與四川》，《書屋》2012 年第 12 期，第 77 頁。
〔註97〕同上，第 77 頁。
〔註98〕李赫亞：《王闓運與晚清書院教育》，北京：光明日報出版社，2007 年 7 月，第 102 頁。
〔註99〕龍晦：《論薛煥、王闓運創辦尊經書院》，《西華大學學報（哲學社會科學版）》2009 年 12 月，第 23 頁。
〔註100〕胡昭曦：《四川書院史》，成都：四川大學出版社，2006 年 4 月，第 361～363 頁。

表一：尊經書院歷任山長一覽表 [註101]

姓　　名	籍貫	科甲出身	任山長時間	備　　注
薛　煥	四川興文	道光二十四年（1844年）舉人	光緒元年（1875年）至光緒二年（1876年）	組織創建中國第一支洋槍隊。官至兩江總督。
錢保塘			光緒三年（1877年）至光緒四年（1878年）	
王闓運	湖南湘潭	咸豐七年（1857年）舉人	光緒四年（1878年）至光緒八年（1881年），光緒十一年（1884年）至光緒十四年（1886年）	曾主持長沙思賢講舍、衡州船山書院。1914～1916任國史館館長。
薛華墀			光緒九年（1882年）至光緒十年（1883年）	
伍肇齡	四川邛崍	道光二十七年（1847年）進士	光緒十二年（1886年）至光緒二十一年（1895年）	曾任錦江書院山長，是成都著名士紳，李劼人《大波》中描述。
劉岳雲	江蘇寶應	光緒十二年（1886年）進士	光緒二十二年（1896年）光緒二十二年（1897年）	官至紹興府知府。
宋育仁	四川富順	光緒十二年（1886年）進士	光緒二十三年（1897年）光緒二十七年（1901年）	四川最早辦報之人，被譽爲「四川開眼看世界第一人。」
羅光烈	四川什邡	光緒十二年（1886年）進士	光緒二十六年（1900年）	曾執教於京師大學堂。
杜嗣蘭	四川萬縣	約光緒二十一年（1895年）舉人	光緒二十八年（1902年）	成都龔道耕得意門生。未有仕途經歷。

　　尊經書院對晚清四川社會文化影響甚巨，歸結起來，有以下三方面貢獻：一、對四川士風與學風改善，引導了社會風氣的轉化；二、培育了大量人才，而這些人才推進了四川維新運動、保路運動、五四新文化運動在四川及全國的展開；三、復興並發展了蜀學。

[註101] 該表參考何一民《試論尊經書院與四川士林風氣的變化》（《四川師範大學學報》1991年第1期）第92頁相關内容和李曉宇《尊經‧疑古‧趨新：四川省城尊經書院及其學術嬗變研究》（四川大學博士論文2009年）第78頁「歷任山長簡歷表」。以及《世紀絃歌　百年傳響：四川大學校史展》（謝和平主編，四川大學出版社，2007年10月版）第15頁「尊經書院歷任山長（院長）」。

關於尊經書院對四川士風與學風的影響及改善，前文在論述張之洞與王闓運對書院管理時已多處論及，此處不再贅述。需要重點論述的是第二、三點。先來看尊經書院在人才培養上的貢獻。

從 1875 年第一屆招收學生起到 1902 年止，尊經書院前後持續 28 年，招收學生數量約兩千名以上。〔註 102〕這些學生中出類拔萃者不在少數，尤其是張之洞與王闓運掌院時選拔的學生，更爲優秀。首先是眾所周知的「尊經五少年」。「尊經五少年」成了尊經書院培養人才的重要例證，而關於其說的出處一直眾說紛紜，現把原始文獻，即張之洞寫給譚宗濬的信錄於下：

> 蜀才甚盛，一經衡鑒，定入網羅。茲姑就素所欣賞者，略舉一隅。
>
> 五少年：
>
> 楊銳　綿竹學生。才英邁而品清潔，不染蜀人習氣，穎悟好學，文章雅贍，史事頗熟，於經學、小學，皆有究心。
>
> 廖登廷　井研學生。天資最高，文筆雄奇拔俗，於經學、小學極能挈索，一說即解，實爲僅見，他日必有成就。
>
> 張祥齡　漢州學生。繁悟有志，好古不俗，文辭秀發，獨嗜經學、小學，《書》篤信古學，不爲俗說所惑。
>
> 彭毓嵩　宜賓學生。文雅聰悟，文藻清麗，甚能深索經學、小學。
>
> 毛翰豐　仁壽學生。深穩勤學，文筆茂美。
>
> 以上五人，皆詩文、詩賦兼工，皆在書院。美才甚多，好用功者亦不少，但講根柢者，實難其人。此五人未能深造，尚有志耳，已不易矣。此五人皆美質好學而皆少年、皆有志古學者，實蜀士一時之秀。洞令其結一課互相砥礪，冀其它日必有成就，幸執事鼓舞而教育之，所成必有可觀。〔註 103〕

正如張之洞所言這五人在後來都有建樹，尤其是楊銳和廖平，成就更爲

〔註 102〕張莉紅、張學君：《成都通史·卷六·清時期》，成都：四川人民出版社，2011
　　　年 11 月，第 423 頁。就筆者目前所見史料，未有關於尊經書院歷年學生數量
　　　的相關統計。主要據《蜀秀集》、《尊經書院初集》、《尊經書院二集》、《尊經
　　　書院課藝三集》、《廖季平年譜》、《吳玉章年譜》以及有關地方志等。
〔註 103〕苑書義、孫華峰、李秉新主編：《張之洞全集》（第十二冊），石家莊：河北人
　　　民出版社，1998 年 1 月，第 10133 頁。

卓著。尊經書院優秀學生當然不只這五人，只不過是張之洞所見罷了。繼張之洞任四川學政的譚宗濬將「尊經五少年」的名單擴充至「十六少年」，並寫成《尊經書院十六少年歌》，既是倣仿張之洞獎掖後進之舉，同時又顯示譚宗濬自己的慧眼識才。

尊經書院十六少年歌（並序）〔註104〕

余甫至蜀，張香濤前輩（之洞）語余云：蜀才甚盛，當以五少年爲最，謂綿竹楊銳、井研廖登廷、漢州張祥齡、仁壽毛翰豐、宜賓彭毓嵩也。嗣余校閱所及，又得十一人。因倣古人八仙、九友之例，爲《尊經書院十六少年歌》，其有續學能文而年過三十者，均不在此數。凡諸生所作文字，具見余近刻《蜀秀集》中。

宏農博贍誰與伴？手披七略函九流，房星降精騁驊騮，趡踏要到崑崙丘。（楊銳）

廖子樸學追服劉，校勘審稿刊謬悠，森森腕底攢戈矛，（廖平）

張生爛爛雙電眸，曹倉杜庫一覽收。讀書欲遍秦與周，嶄然筆力回萬牛。（張祥齡）

小毛詞翰揚馬儔，如駕青翰凌滄州，珊瑚炫耀珠璣浮。（毛翰豐）

范君淵雅文藻優，長離宛宛升雲遊。（范溶）

鶡鴠之孫內衍修，篤志典墳兼索邱，問事不休賈長頭。（傅世洵）

邱郎靜謐勤呫嗶，文學穰穰囷倉稠。（邱晉成）

老籛詞筆雄九州，字裏隱躍騰蛟蚪。（彭毓嵩）

清河才調萬斛舟，餘事筆矟追鵝緜。（張肇文）

樂安傲骨輕王侯，神峰峻立恨少遒，稍加淬煉成純鈎。（任國銓）

濂溪經學窮微幽，遠媲孟喜兼施讎。（周道洽）

短宋詞筆工雕搜，華熳五色垂旌斿。（宋育仁）

南豐詩卷清而瀏，獨鶴矯矯鳴霜秋。（曾培）

廷陵門內交唱酬，如彼榮郁兼談彪，振鬣詞圍扶輪輈。（吳昌基）

東吳文學春華抽，若琢瑚簋鏗琳璆。（顧印愚）

<hr>

〔註104〕〔清〕譚宗濬：《荔村草堂詩鈔》卷八，《續修四庫全書》第1564冊，上海：上海古籍出版社，2002年5月，第258頁。同時此歌還被孫雄選入《道咸同光四朝詩史》（初名爲《咸道以來所見詩》，後改爲《道咸同光詩史一斑錄》，光緒三十四（1908）年刻印。宣統二年重刻，定名爲《道咸同光四朝詩史》。現有上海古籍出版社，2013年10月版。）成爲蜀學一佳話。

戴侯嗜古劇珍饈，翩翩下筆難自休，看汝追逐登鳳樓。（戴孟恂）

當然尊經書院培育的人才並不僅僅是這「五少年」、「十六少年」，還有許多稱顯一時的青年才俊，這都體現在《蜀秀集》、《尊經書院初集》、《尊經書院二集》、《尊經書院三集》中。即以在尊經書院學習後考中進士人數之多，就可看出其貢獻。自 1875 年招生到 1902 年關閉，從尊經書院考取進士者共28 位，〔註105〕這在有清一代四川整個進士數量中，也佔不小比例。二十八年辦學時間裏，招收的學生成百上千，這之中有許多在之後歷史中發揮了重要的作用。眾多學生中有一些在四川乃至整個中國歷史上都留下了不可磨滅的歷史偉績，筆者對其加以整理，如下表：

表二：尊經書院部分學生表略〔註106〕

姓　名	事　　　　　　　略
宋育仁	1858～1931 年，進士。1876～1881 年就讀於尊經書院，爲王闓運賞識。甲午戰前任駐英、法、意、比四國參贊，戊戌時期是名噪京師的「新學巨子」，四川維新運動的發起人，創辦《渝報》、《蜀學報》，曾任尊經書院山長，民國後任四川國學院院長，主持編修《四川通史》、《富順縣志》。
楊　銳	1857～1898 年，舉人。1875～1881 年就讀於尊經書院。甲午戰後在京師創辦蜀學會、蜀學堂，鼓吹辦法，參加保國會，1898 年參與「百日維新」，任四品軍機章京，「戊戌政變」後犧牲，爲「戊戌六君子」之一。

〔註105〕該數字見李曉宇《尊經・疑古・趨新：四川省城尊經書院及其學術嬗變研究》，四川大學博士論文 2009 年，第 125～126 頁。

〔註106〕本表參考了何一民《試論尊經書院與四川士林風氣的變化》（《四川師範大學學報》1991 年第 1 期）第 93～94 頁相關統計表，筆者對其有多處修正補充。原表中共 14 人，分別是：宋育仁、楊銳、廖平、吳之英、駱成驤、蒲殿俊、張瀾、彭家珍、吳玉章、吳虞、傅增湘、張森楷、謝无量、顧印愚。新表增加：張祥齡、徐炯、尹昌衡、傅樵村，去除傅增湘與謝无量，根據《傅增湘年譜》（孫英愛著，2012 年河北大學碩士論文），傅增湘未就讀過尊經書院；根據彭華《謝无量年譜》（舒大剛主編：《藏儒論壇》第 3 輯，成都：四川大學出版社，2009 年版），謝无量 4 歲即隨父母去皖，未曾就讀過尊經書院；而蒲殿俊是否就讀過尊經書院無法確定，暫按何一民原表列於此，此處存疑。另外徐仁甫在《振興蜀學人才輩出的尊經書院》（《四川文史資料選輯》（三十五輯），中國人民政治協商會議四川省委員會文史資料研究會編，四川人民出版社，1985 年 9 月版）中梳理尊經書院人才時，列有：廖平、宋育仁、楊銳、顧印愚、駱成驤、李稷勳、岳森、劉子雄、胡從簡、劉沫源、杜翰藩。這之中多爲治經通儒之士，對整個近代四川社會文化影響並不大，因此在製本表時有所捨取。

廖　平	1852～1932 年，進士。1875～1884 年就讀、教於尊經書院。近代著名經學大師，著《今古學考》等，其經學思想直接影響了康有為，推進了中國近代化步伐。曾任四川國學院院長，《蜀學報》負責人。
吳之英	1857～1918 年。1875 年入尊經書院學習，與廖平、楊銳、宋育仁被譽為「院中四傑」。曾任尊經書院都講、錦江書院襄校、四川國學院院長。創辦「蜀學會」並任《蜀學報》主編。著名書法家、教育家。遺著《壽棟廬叢書》刊行於世。
駱成驤	1865～1926 年，進士。1878 年入尊經書院學習。清代四川唯一的狀元。著名的教育家，曾任山西學政、四川高等學校校長。
蒲殿俊	1875～1934 年，進士。就讀尊經書院時間不詳。四川保路同志會會長，四川諮議局局長，立憲派領袖，民國四川軍政府都督，五四時期任北京《晨報》主編，創辦「新中華戲劇協社」和《戲劇》期刊。
彭家珍	1888～1912 年。1902 年入尊經書院學習。留日學生，京津同盟會負責人，為中華民國的建立而捨身炸敵，被孫中山追贈為「大將軍」。
張　瀾	1872～1955 年，進士。1897 年入尊經書院學習。著名教育家、文學家，曾任民盟中央主席、中華人民共和國副主席。
吳玉章	1878～1966 年。1892 年入尊經書院學習。著名革命家、教育家、文學家、語言文字學家，國民黨「二大」秘書長，中共四川省委書記，魯迅藝術學院院長，中國人民大學校長，中國文字改革委員會主任，中共高級領導人。
吳　虞	1872～1949 年。1891～1893 年就讀於尊經書院。著名學者，新文化運動時期「隻手打孔家店」老英雄。曾任教於北京大學、四川大學。
張森楷	1858～1928 年，舉人。1877～1879 年就讀於尊經書院。著名教育家、歷史學家。撰有 1134 卷著作，留存有《通史人表》、《二十四史校勘記》和《史記新校注》三巨書。
顧印愚	1855～1913 年，舉人。1875 年入尊經書院學習。著名詩人、書畫家。
張祥齡	1853～1903 年，進士。1875 年入尊經書院學習。近代蜀詞代表人物之一，著有《前後蜀雜事詩》、《半篋秋詞》、《受經堂詞》等。
徐　炯	1862～1936 年，舉人。1891 年入尊經書院學習。創辦澤木精舍（類同書院）。曾任四川通省師範學堂監督（校長）、四川教育總會會長。著有《霽園遺書》。
尹昌衡	1884～1953 年。1897 年入尊經書院學習。1911 年保路運動繼蒲殿俊後任四川軍政府都督。著有《止園集》。
傅樵村	1873～1919 年，1898 年肄業於尊經書院。傅樵村是成都報刊業的大家之一，創辦多種報刊，著有《成都通覽》。

　　從這份不完全統計的人物表中，可以看出在尊經書院有過讀書經歷的這些四川學子，其後在四川及全國各界都有著傑出的貢獻。尤其是他們對四川近現代社會轉變的貢獻尤大，包括政治、軍事、教育、傳媒、學術、藝術等方面，都有尊經書院學生不可替代的歷史貢獻。

　　以宋育仁為例，他被譽為「四川睜眼看世界的第一人」、四川工商業創始人和四川報業鼻祖，引啓了四川現代化的展開。

　　還在尊經書院讀書時，宋育仁就受到王闓運的激賞，王認為治經在廖平而詞章則在宋育仁，王對宋「尤見推許，稱為蜀士冠冕。」〔註107〕1886 年中進士，授翰林院庶吉士，在北京受維新思想影響很大，「他開始認真對比中西文化制度，探求西方富強和中國貧弱的原因，他認為中國必須以歐美強國為榜樣，進行徹底的社會改革，否則國家民族難以擺脫亡國命運。1887 年寫成《時務論》，提出改革的觀點，此書受到翁同龢的贊許，『《時務論》數萬言見示，此人亦奇傑。』」〔註108〕1894 年宋育仁隨同龔照瑗出使英、法、意、比國，擔任四國使館二等參贊。將見聞和感受以隨筆的形式寫成《采風記》。回國後積極參加「強學會」，「強學會」被迫解散後，宋育仁在京師仕途受阻，1896 年返回四川辦理商務、礦務，在重慶設立商務局，創辦各種實業公司，推進了四川近代商業的興起。

　　同時宋育仁對四川近代報刊的興起與發展也貢獻卓著。1897 年在重慶創辦《渝報》，該報是四川第一份報紙。「以《渝報》為重中心的救亡圖存、維新變法主張，掀起了四川近代史上第一次思想解放潮流，啓迪了先進青年，使之走上維新或革命道路。」〔註109〕1898 年赴成都掌尊經書院，與潘祖蔭等組織蜀學會，並出版《蜀學報》作為蜀學會會刊，宋育仁任總理，楊道南為協理，吳之英為主筆，廖平為總纂。旨在「昌明蜀學，開通鄰省。」「蜀學會」的成立與《蜀學報》的創辦標誌著四川近代知識分子作為一個群體崛起。

　　晚年宋育仁積極從事教育，創辦學校，刊刻書籍，主持編撰《四川通志》等，其整個人生都交付於四川現代化事業，在四川現代化過程中發揮了重要

〔註107〕佚名：《宋育仁‧民國人物碑傳集》，成都：四川人民出版社，1997 年，第 341 頁。

〔註108〕《宋育仁與西學東漸》，《成都通史‧卷六‧清時期》，成都：四川人民出版社，2011 年 11 月，第 304 頁。

〔註109〕黃宗凱、劉菊素、孫山、羅毅：《宋育仁思想評傳》，成都：西南交通大學出版社，2007 年 12 月，第 10 頁。

作用。

　　尊經書院對人才的培養影響且推進了四川社會文化的現代化轉變，因此史家通常把張之洞入川和王闓運掌教書院作爲晚清轉變的起點。尊經書院人才培養對四川近代社會轉型貢獻卓著，同樣，蜀學近代振興也是尊經書院重要貢獻之一。

　　學界公認尊經書院是四川近代蜀學振興的源頭，也是其標誌。「光緒二十四年（1898 年），宋育仁出任尊經書院山長，此時正值維新運動如火如荼之際，尊經書院成爲四川維新派的一個重要基地。宋育仁、廖平、吳之英等人依託尊經書院，創辦蜀學會、蜀學報，以學、會、報一體的方式宣傳維新變法思想，與在京的四川籍官員楊銳、駱成驤等遙相呼應，一時間蜀學聲勢大振。這一時期通常被視爲近代蜀學崛起的標誌。」〔註 110〕尊經書院「是振興蜀學的基地。尊經書院處於近代維新變法時期，在傳承發展中華傳統文化，振興蜀學並促其轉型的過程中具有重大作用，在中國學術思想史、中國教育史上佔有重要地位。」〔註 111〕

　　尊經書院到底怎樣振興了近代蜀學，即尊經書院做了哪些貢獻，以至於其在蜀學發展史、中國學術思想史和中國教育史上佔有如此重要的地位。

　　上文已經論述過的尊經書院培育了大量四川近代人才，這些人才對四川現代化的全面展開做出了重要貢獻，而這之中就有不少蜀學人才，如廖平、吳之英、宋育仁、傅增湘、張森楷、戴光、張祥齡、徐炯等，他們爲蜀學的近代振興貢獻卓著。本文不在此詳細論述其在蜀學中的具體貢獻。作爲一個學術整體，我們更應該闡述尊經書院的整體貢獻。

　　除了辦學宗旨「紹先哲，起蜀學」外，尊經書院還強調輕科考、重實學的主張，設立書局，刊刻經史子集，以擴展學生學術視野，爲蜀學的振興做出了具體準備。尊經書院培養了大量四川人才，這在論述張之洞和王闓運於尊經書院的歷史作用時，已經論及過。在近代蜀學發展與振興過程中，尊經書院主要做了以下幾件澤被後世的事情。一是書院對師生課藝著作的選編刊刻，這些選編的著作，就是培育蜀學人才最具體的體現。尊經書院先後刊印

〔註 110〕李曉宇：《尊經書院與近代蜀學的興起》，《湖南大學學報（社會科學版）》，2008 年 9 月，第 43 頁。

〔註 111〕胡昭曦：《振興近代蜀學的尊經書院》，《蜀學》（第三輯），西華大學、四川省文史研究館、蜀學研究中心主辦，成都：巴蜀書社，2008 年 12 月，第 1頁。

有：《蜀秀集》九卷，譚宗濬選編；《尊經書院初集》十二卷，王闓運編；《尊經書院二集》八卷，伍肇齡編；《尊經書院課藝三集》八卷，劉岳雲編。這些刊印的課藝著作集，就內容上來看，主要是經學、小學、史學，在《尊經書院初集》十二卷中占九卷之多，在《尊經書院二集》八卷中占五卷。此外還有一些古文詩賦等。就其著作水平質量上來說，也代表了當時四川學界的最高水平，僅就《蜀秀集》來看，文史大家屈守元這樣評價道：「《蜀秀集》可以說是19世紀空前絕後的一部結集四川知識分子的學術著作和文學創作的總集，它引起了近世蜀學的振興。」〔註112〕

尊經書院對近代蜀學振興所做的第二件事，是成立「蜀學會」和創辦《蜀學報》。尊經書院、蜀學會與《蜀學報》的關係為「報局與學會相表裏，學會與書院相經緯」。〔註113〕「蜀學會」成立意味著「蜀學」研究有了組織性的機構，《蜀學報》的創辦則是使其有了宣傳陣地。1898年宋育仁執掌尊經書院，創學會辦報紙，宋親自擬訂章程，在章程中標明其旨意，蜀學會「以通經致用為主，以扶聖教而濟時艱」，「入會皆以忠信為本，孝悌為先」，「會以訓經為主，與祖尚西人專門學者有別」，「學會原為發揚聖道，講求實學」。〔註114〕章程的這些主張基本上成為蜀學會辦會宗旨，也是尊經書院學生學習的指南。蜀學會與《蜀學報》在推進近代蜀學發展的同時，為維新運動在四川的展開也做出了重要貢獻。戊戌政變後，學會和學報被取締和查禁，但其影響依然存在。

第三，也是尊經書院對近代蜀學發展貢獻最卓著的是以《蜀學編》編纂為中心的蜀學學術傳統的梳理和構架。光緒十四年（1888年）冬，尊經書院所屬的尊經書局刊印了《蜀學編》，共兩卷。伍肇齡在序中寫道：「明長安馮侍御從吾始著《關學編》，繼此《洛學》、《北學》皆纂自鉅儒手。吾蜀文翁倡教，學比齊魯，自漢迄國期，代不乏賢。……茲編之成，體仿《洛學》、《關學》、《北學》諸編共相輝映云。」《蜀學編》其抱負在梳理蜀學學術源流及流變過程，因此該書中搜列自漢代以來蜀中學術賢哲，按正傳與附傳的體例加以編修，整體上呈現蜀學概貌。正如有學者所言：「《蜀學編》是對蜀學這支

〔註112〕屈守元：《〈蜀秀集〉跋》，《文史雜誌》1996年第5期，第34頁。
〔註113〕《蜀學報章程》，《蜀學報》第一冊，光緒二十四年（1898年）三月望日刊行。
〔註114〕《蜀學報章程》，《蜀學報》第一冊，光緒二十四年（1898年）三月望日刊行。

中國歷史上的重要地域文化所進行的第一次集中的梳理與展示。尊經書院的這次編纂活動及其成果《蜀學編》，在蜀學研究史上具有承先啓後、開拓創新的意義。」〔註115〕《蜀學編》的修訂對近代蜀學發展與振興作用巨大，第一次使蜀學作爲一種可以把握的學術傳統成爲可能。

尊經書院編纂《蜀學編》既有著「紹先哲，起蜀學」的目的，同時又與時代背景不無關係，有清以來四川學術一直未能得到全國學界的重視與關注，甚至是漠視，這就給四川學者以極大的壓迫感，如吳之英認爲四川文化處在衰落中而欲振興之，傅增湘以整理長期被隱沒的文獻而欲表彰之，稍後的《四川》、《鵑聲》、《蜀學報》等雜誌出現，及其宗旨與振興蜀學、振興四川是相延續的，其共同之處，一方面陳其鄙陋，另一方面又鼓其志氣。立意振興蜀學和建設新四川是它們共同的主題。在這一大背景下，宋育仁掌書院力求變化、修訂《蜀學編》也就成爲必然之舉。從某種角度上來看近代蜀學的振興，是在時代大環境與地方意識相交錯下，士紳們自我存在與自我實現的一種外在表現，甚至說不無一種「建構」的成分。這種建構還體現在晚清以來四川士紳對鄉邦文獻有意識的整理與編纂，目前所見到如此眾多的地方志基本上都是在此期間得以修成。近代蜀學在全國性的大背景中既強調其區域特殊性，同時又強調其全國性的背景與視野，即民族與國家。之所以說近代蜀學得以振興，其內在原因也在於此。從宋育仁在成都創建的蜀學會與楊銳在北京所創建的蜀學會之間的遙相呼應的關係，就能說明這一點，近代的四川不僅僅是地域性的四川，也是中國的四川、時代的四川。這正是要關注晚清四川社會文化轉變的原因之一。

尊經書院對四川近代社會文化的影響是全面而深刻的，其本在於對人才的培養、學風士風的清揚。即使從最具體的四川教育傳承上來講，後起的四川高等學堂教師，也多爲尊經書院高材生。「尊經沉靜好學崇實去浮之學風，直接影響當時的高等學堂。四川高等學堂畢業的學生，散佈全川，許多人成爲中等學校的教師，爲川省的教育事業做出了很大的貢獻。」〔註116〕

從歷史角度考察晚清以來，四川社會文化的變遷緣由、過程及其影響，

〔註115〕胡昭曦：《振興近代蜀學的尊經書院》，《蜀學》（第三輯），西華大學、四川省文史研究館、蜀學研究中心主辦，成都：巴蜀書社，2008 年 12 月，第 8 頁。

〔註116〕徐仁甫：《振興蜀學人才輩出的尊經書院》，《四川文史資料選輯》（三十五輯），中國人民政治協商會議四川省委員會文史資料研究會編，成都：四川人民出版社，1985 年 9 月，第 10 頁。

是為了把本書所論述的核心「晚清民國時期成都文學與文化」放置於一種歷史交錯的大背景中，從這種大的社會歷史背景來理析具體的文化與文學現象，較能準確把握其樣貌特徵。通過以上論述，我們可以較為清楚地看到晚清四川社會文化的轉變是在內外兩種歷史作用下得以發生。尊經書院的創辦就是這種歷史作用的體現。創辦尊經書院既是四川士紳尋求自救和變化的具體體現，也是他們地方感驅使下的一種回應與舉措。由此帶動的近代蜀學的振興就是四川士紳地方感與時代性交相錯雜的最好表現。

第二章　晚清民國成都報刊文化空間

　　尊經書院對四川近代社會文化的轉變有著重要作用，其所培育的大量人才推進了四川及成都近代化的步伐。而成都也在眾多士紳的推動下開始了近代社會文化的漸變，這種漸變表現在政治經濟文化各方面。具體來看，政治方面士紳紛紛奮起，積極參與到地方及國家事務中去，洋務運動雖然未能太多波及成都，但「公車上書」和維新運動卻有不少四川士子參與其中；[註1]經濟商業方面，隨著長江航運的打通，上海等地現代工商業產品源源不斷輸入四川，成都市面漸漸融入全國商品市場，尤其是宋育仁及周善培對四川工商業的興革，加快了四川及成都的近代工商業發展；文化教育方面，尊經書院的模式難以為繼，新的學堂教育及留學生教育迅速興起，四川文教事業得以改觀。對於成都社會文化來講，變化最大的是報刊傳媒的出現與繁榮，它大大開拓了成都既有的文化空間，形成蔚為壯觀的成都報刊文化景象。

第一節　晚清民初成都報刊與書業

　　作為一種現代傳媒形式，報刊在中國存在的時間並不算長，大致始於 19 世紀初，發端於外國傳教士辦報。在中國報學史上，一般認為創刊於馬六甲的《察世俗每月統計傳》（1815～1821 年）是中國報刊史的開端，也就是戈公

〔註1〕 1894 年「公車上書」，在其列名上書名單中就有張聯芳、楊銳等 71 人。（見隗瀛濤、李有明、李潤蒼主編《四川近代史》第 214 頁，四川省社會科學院出版社，1985 年版。）維新運動中，川籍士子響應強學會號召組建蜀學會，宣傳維新變法。戊戌政變中喋血的「六君子」中就有兩位是川籍士子，楊銳與劉光第。

振所說的「我國現代報紙之產生，均出自外人之手」〔註2〕之所指。儘管在傳統中國也有發布信息的報紙，如《邸報》，以及《宮門鈔》、《轅門鈔》、《小報》等刊布信息的報刊，但這些報刊的閱讀主體基本上只限於官宦階層（即使《小報》也未能大規模流向民間，自唐代出現以來僅作爲官宦階層及士商階層的閱讀對象，《小報》普遍流行始於近代，尤以上海爲最。）與一般大眾構不成任何關係。按照戈公振對現代報紙的定義，「報紙者，報告新聞，揭載評論，定期爲公眾而刊行者也。」〔註3〕報刊發行的終極目的是「爲公眾而刊」，中國傳統之《邸報》顯然不是爲了公眾。同時《邸報》也不符合戈公振所歸納的現代報刊四特點，即（一）報紙之所以爲公眾刊行物之基礎，即所謂報紙之公告性，（二）報紙之所以爲定期發行物之基礎，即所謂報紙之定期性，（三）報紙內容之時宜性，（四）報紙內容之一般性。〔註4〕從這個角度來看，成都近代報刊的歷史就顯得更爲短暫。

中國近代報刊發端於傳教士辦報，經由傳教士在全國各地延伸開來，漸次交由中國人自己辦報。這一過程，基本上描述了近代報刊在中國發展的一般規律。但四川及成都近代報刊的發展歷史與這條規律並不吻合。四川近代第一份報紙《渝報》創刊於1897年，不是傳教士所辦，而是四川本地的維新人士宋育仁所創辦。成都第一份報紙《蜀學報》則創刊於1898年，同樣是宋育仁所創辦。傳教士在四川創辦的第一份報紙《華西教會新聞》則遲至1899年才在重慶創刊，該報社址幾經反覆，於1907年遷至成都。四川兩份最早的報紙均與傳教士無關，這在一定程度上顯示了四川及成都近代化的特別之處，與全國性的特徵有所不同。這種不同，究其原因很多，但有一點不容忽視，如在第一章所論述的，是四川士紳地方感和地方行爲的使然，創辦報刊僅僅是其體現之一。

自《蜀學報》創刊之後，成都報刊逐漸發展，中經保路運動而迅猛增長，「從1898年的《蜀學報》到1911年底在監獄中創辦的《遊藝報》，其間跨越14年，成都報業經歷了初創啓蒙的漫長過程。據統計，14年間共有48份報刊在成都出版，平均每年3.5份。」〔註5〕而1911至1912年不到一年時間內，

〔註2〕 戈公振：《中國報學史》，上海：上海三聯書店，2013年6月，第56頁。該書初版於1927年。
〔註3〕 同上，第8頁。
〔註4〕 同上，第8～13頁。
〔註5〕 龍偉：《清末成都報刊的發展：1898～1911》，《四川大學學報（哲學社會科學

成都新創報刊不下 20 種，〔註6〕至五四運動時期，成都報刊種類與數量已經初具規模，形成了比較成型的輿論文化空間，影響並改變了民眾思想觀念和日常生活，構成了近代成都新的文化共同體。

　　縱觀成都近代報刊史，我們可以發現其大致經歷了三個不同的時期，第一個時期是清季維新之後報界情形，第二個時期是辛亥民國成立之後的報界情形，第三個時期是癸丑（1913 年）後官僚勢力和軍閥時期的報界情形。〔註7〕至 1919 年五四後，成都報界又是一變，政黨性報紙增加。直至 1937 年抗戰爆發，成都報刊更是得到井噴式的發展，此段時期也是民國成都報刊發展的最鼎盛時期。

　　在成都近代報刊文化空間形成過程中，成都出版業也發揮了重要作用。與成都報刊史的短暫相比，成都書業出版的歷史要長久得多。在唐代成都就是最早的雕版印刷術發明地之一，〔註8〕五代十國、兩宋時期，成都已成為享譽全國的印刷中心，〔註9〕儘管在元明清三代四川及成都社會經濟文化遭到戰亂的嚴重破壞，出版業一落千丈，但在清中葉之後，成都的出版業隨著整個社會經濟的復蘇而有所恢復，官刻、私刻以及寺院刻書都有不同程度的發展。在近代之前成都書業出版較成規模，相比京師及江浙、南粵等地仍然有不小差距，而且其所刻書目種類也比較有限。〔註10〕而從 19 世紀後期開始，即四

版）》2004 年增刊，第 70 頁。

〔註 6〕　何一民：《民初成都主要報刊一覽表》，《變革與發展：中國內陸城市成都現代化研究》，成都：四川大學出版社，2002 年 4 月，第 805～806 頁。

〔註 7〕　孫少荊：《一九一九年以前的成都報刊》，《四川文史資料選輯》（第八輯），中國人民政治協商會議四川省委員會、四川省省志編輯委員會編，成都：四川人民出版社，1979 年 2 月，第 138～151 頁。（該文編者按中說，這篇文章最初發表於民國八年（1919）一月一日《川報增刊》第二版和第三版，原題為「成都報界回想錄」，署名為「行者」。李哲生在其保存該報的報頭注明，「行者」即孫少荊。）因孫少荊是成都近代報刊從業人員，對成都近代報刊極其熟悉，他的這篇文章也成為後來四川及成都報刊史寫作的重要史料，他的這一分期法被延續與採用。

〔註 8〕　張忠：《民國時期成都出版業研究》，成都：巴蜀書社，2011 年 6 月。該書第一章《成都古代和近代早期的出版業》中有一節專門考論成都是「中國印刷術的發源地」之一。參見該書第 23～29 頁。

〔註 9〕　同上，第 29 頁。

〔註 10〕　《成都市志・圖書出版志》，成都市地方志編纂委員會編，成都：四川辭書出版社，1998 年 12 月。該書統計，僅雕版圖書，成都在近代前期就印刷了 1417 種，所包括的種類是總類 100 種、經類 249 種、史部 325 種、子部 405 種、字部 1 種、集部 337 種。而所印刷的洋裝書大約僅有 340 種。參見該書第 15

川官辦書局（1871 年）成立以來，成都書業出版大大改善。除了四川官書局印刷大量書籍外，較有影響的大的書局還有尊經書局和存古書局。四川官書局刻印的大多是「欽定」、「御纂」之類的書，當然也有經史文集；而尊經書局除了刻印經典外，更注重刻印經世致用之書，和印西方各類書籍，其所刻書籍對四川維新與立憲運動的開展與傳播都起到重要作用；存古書局多刻印學生用書及經史考據和集部書籍，對保存傳統文化有貢獻。近代成都還有大大小小的坊刻、家刻，數量不小。它們共同構成了成都的書業印刷空間，攜同稍後快速發展的報刊業，構成了整個成都近代報刊的文化空間。

　　史的梳理與宏觀的概述固然重要，但我們更看重的是成都近代報刊書業經歷了怎樣具體發展變化過程，以及這種變化過程之中，報刊、報人、民眾之間形成的各種關係網絡，由這種關係網絡形成了怎樣的文化交融與文化空間。基於此目的，我們不得不從成都近代第一報刊人士宋育仁及其所創辦的《蜀學報》論起。

　　在第一章論述尊經書院對四川近代社會文化轉變的影響中，已經提到從該書院肄業的宋育仁。他對四川現代化的轉變有重要貢獻，被譽為「四川睜眼看世界第一人」。這種歷史評價並不是有意的拔高，而是基於不容更改的歷史事實。從宋的生平經歷和歷史功績來看，在近代四川士人中確實鮮有出其右者。1884 年寫成《周禮十種》，1886 年中進士，受翰林院庶吉士，1887 年寫成《時務論》，〔註 11〕1894 年隨龔照瑗出使英、法、意、比，擔任四國使館二等參贊，將見聞與感受寫成《采風記》，強學會成立後，宋任都講，主講「中國自強之學」，1896 年回川省辦理四川商務、礦物，《渝報》與《蜀學報》就是在該時期內所創辦，宋晚年主持編修《四川省通志》和《富順縣志》，對四川志書修訂貢獻卓著。〔註 12〕此處不對宋育仁整個歷史貢獻給予全面介紹與

　　～16 頁。
〔註 11〕宋育仁的《時務論》當時得到翁同龢的贊許，翁原話是：「宋芸子編修育仁，伊充英法參贊，即日往上海，隨龔君展輪矣，以所作《時務論》數萬言見示。此人亦奇傑，惟改制度□用術數，恐能言而不能行耳。」見《翁同龢日記》（第五冊），陳義傑整理，北京：中華書局，1997 年 6 月，第 2669 頁。
〔註 12〕關於宋育仁的生平行狀，參閱：易公度《宋育仁先生傳略》、《宋育仁先生傳略補》（《富順文史資料》第 3 輯），肖月高《宋芸子先生傳》（《中國近代史料叢刊》（第 35 卷），《宋育仁與西學東漸》（《成都通史·卷六·清時期》，四川人民出版社，2011 年 11 月），《宋育仁其人》（《宋育仁評估》，西南交通大學出版社，2007 年 11 月）。

評價，而僅就其對四川近代報刊的初創性貢獻進行必要的論述。

《蜀學報》是《渝報》在成都的延續，因 1898 年初宋育仁改任尊經書院山長而從重慶遷至成都。在重慶出版的《渝報》因宋育仁的離開而停刊，而隨後創辦的《蜀學報》實際上就是《渝報》的成都版，秉承了宋育仁的辦刊理念。在《渝報》的《學報序例》中，宋育仁申明報刊對於「聚民氣、察民情」的重要作用，他主張報刊所登載內容為：「凡四端：一曰教，二曰政，三曰學，四曰業。學亦可稱業，業亦資於學，今分所□為學農工商，所執為業回歸，重以衛教為主，明政為要。」〔註13〕

其具體要求如下：

一、說教。以明人倫為宗，如禮制仁義等，取之精，春秋名分，進退之義，須能切中時局，始錄。以簡明為主，繁徵碎解不錄，別論事理，無關名教者不錄。

一、辦教。如釋家道家及外國各種教，但當評論得失，剖析精微，不得肆口詆毀。

一、論政。博采群言，必衷聖，無論中西得失，必參考於經訓，確究利弊之所在，不可存抑揚之見，空言譽西者不錄。

一、考政。取援古以證今，如農商刑罰之類，與時政不合，而於西法見端者，比之律例章程，備政治家比附同異擇尤採錄，□常說經不錄。

一、講學。無論中西，取其切於實用，如天文、地輿、兵法、醫學、算學、礦學、格化、光聲、重汽電、各種學，能自慮新義始錄，文字學能推究造字之原，印證西文稽合同異亦錄。

一、勸業。凡種植、畜牧、製造、貿易，取其能出新法，周知利益，如《富國策》等書所云始錄。〔註14〕

可以看出，宋育仁辦《渝報》的這些主張和要求，與維新觀念基本相一致，他希望從這些實用方面來改變四川社會狀況。

承繼《渝報》辦刊理念的《蜀學報》更加明確地注重務實和啟迪民智，《蜀學報》第一期《蜀學報章程》指出：「時務求是各報既已暢行，蜀中更立此報者，意在昌明蜀學開通鄰省，故與各報體例略有不同，各報沿海疆聞見較易，

〔註13〕宋育仁：《學報序例》，《渝報》1897 年第 1 期，第 9 頁。
〔註14〕同上，第 9 頁。

於洋務爲詳，本局意主推行，力求實用，言務有當，不嫌並行。」「專取切於蜀事及近今能行者爲主，取西法各報相同之條，譜爲圖式，綴以論斷，由淺入深，使風氣漸開，再行添入泰西機器新法。」〔註15〕宋育仁及其川中士紳注重的是務實與川事，即關注的是切近的現實問題，希圖援引西法理路以資補益，對於現實實踐與民智開啓都有實實在在的作用。這也是宋育仁創辦報刊以及其它一切四川近代事務的基本態度和原則。《蜀學報》在具體欄目設置和刊登文章內容上，嚴格按照這一基本原則進行。正因如此，才有「各個欄目中有關變法維修的新聞和文章加起來，篇幅幾乎占《蜀學報》總篇幅的百分之九十五以上」〔註16〕的現象。

《蜀學報》每期發行兩千份，遍及四川省，在北京、天津、上海等地也有代派處，影響頗大。《蜀學報》對四川省的影響更是巨大，「《蜀學報》一問世，就以一種新的城市文化形式給沉悶的成都帶來了新鮮的空氣和活力，並爲維新運動在四川的開展和發展民族工商業而大聲疾呼。」〔註17〕《蜀學報》能有如此大的影響，除了宋育仁的主持策劃外，還有得力的幫手，楊道南任協理，吳之英爲主筆，廖平是總纂。一些當時成都的文化界名人也樂意爲其撰稿。這樣的人員配置與用稿來源，保證了報紙質量。因此甫一創刊即受歡迎。然因戊戌變法失敗，參與變法的宋育仁遭黜免，《蜀學報》被迫停刊，前後持續不到一年，共出十三期。

《蜀學報》被禁之後，成都幾無報刊可見。同時期由馬子波代售的《時務報》、《國聞報》也絕跡。〔註18〕一時間，成都成了無報無刊的閉塞之地。

成都報刊書業有所復蘇是在庚子辛丑（1900、1901 年）之後，但成都本地的報紙卻很少，「只學務公所之學報、官報書局之官報、成都日報三中而已。」〔註19〕這種情況一直持續到保路運動時期，在整十年間成都本地鮮有像樣的

〔註15〕《蜀學報章程》，《蜀學報》第一期，轉引自：何承樸《川西鼓吹變法維新的號角——〈蜀學報〉》，《四川大學學報（哲學社會科學版）》1982 年 03 期，第 65 頁。《蜀學報》目前僅存於四川省圖書館歷史文獻資料室，原刊已不允許閱覽，沒有微縮膠捲。據何文注釋說，他是在 80 年代初閱覽原刊並摘抄。

〔註16〕何承樸：《川西鼓吹變法維新的號角——〈蜀學報〉》，《四川大學出版社（哲學社會科學版）》1982 年 03 期，第 65 頁。

〔註17〕《變革與發展：中國內陸城市成都現代化研究》，何一民主編，成都：四川大學出版社，2002 年 4 月，第 798 頁。

〔註18〕傅崇矩：《成都通覽》（上），成都：巴蜀書社，1987 年 4 月，第 357 頁。

〔註19〕同上，第 357 頁。

報刊。〔註20〕與成都報刊的停滯相比，該段時期內成都的書業倒是有所發展，〔註21〕而且圖書種類之多之豐富，讓人吃驚。僅以正誼公司所售圖書爲例，其種類就包括：兒童用書、初等小學應用書、高等小學堂用書、中學應用書、普通學用書、高等專科用書、師範應用書、數學叢書、法政書、實業書、醫學用書、體育用書、軍學書、音樂唱歌書、女學用書、和文書（即日文書）、華英文書（即漢英書）、普通表解叢書、圖畫書、哲學書、宣傳用書、學堂參考書、經史子集、國學叢書、雜錄、尺牘、傳記舊小說、小說、各種五彩圖畫。〔註22〕如此種類繁多的圖書充分說明該時期成都書業之盛，從另一個側面說明成都市民讀書氛圍。考慮到傅崇矩《成都通覽》成書是在1909年，〔註23〕進一步證實了晚清至民初這段時間成都文化之繁盛，僅以圖書業就能說明問題。需要注意的是成都書社大量購買與引進當時全國最新圖書。以商務印書館成都分店〔註24〕所售小說類書目爲例就可見一斑，如林紓翻譯狄更斯《大衛・科波菲爾》爲《塊肉餘生述前編》與《塊肉餘生述後編》，在此時就已在成都面世，看了該書後的吳虞更是「幾度落淚」。〔註25〕而上海商務印

〔註20〕根據王綠萍統計，從1898年到1910年成都出版的報紙總數爲23種，而1911年一年之內就出版20種。該書「一、四川近代報刊的誕生（1897～1899）」、「二、四川報刊在艱難中起步（1900～1903）」、「三、四川首次出現辦報熱潮（1904～1911）」對晚清到民初各報進行了詳細介紹。參見：王綠萍編著：《四川報刊五十年集成（1897～1949）》，成都：四川大學出版社，2011年11月，第1～35頁。

〔註21〕根據傅崇矩《成都通覽》（上）中的記載，晚清到民初，成都書業大店不少，他分爲本地書店和洋板鉛石印書店（多銷售上海等地外來書報）。本地書店有：蜀秀山房（學道街）、黎照書屋（祥記）（學道街）、黎照書屋（盛記）（青石橋）、煥文堂（學道街）、文益堂（學道街）、望海堂（學道街）、二銘書屋（學道街）、志古堂（學道街）、正字山房（青石橋）、崇義堂（臥龍橋）、鑒元橋（臥龍橋）、守經堂（南門三巷子）、墨耕堂（中新街）。洋板鉛石印書店有：商務印書館（青石橋）、二酉山房（學道街）、正誼公司（學道街）、震動學社（學道街）、源記（學道街）、粹記（鼓樓街）、點石齋（學道街）、公益書社（青石橋）。另外還有官書局、正論書局、圖書局等。見該書第355頁。

〔註22〕傅崇矩：《成都通覽》（上），成都：巴蜀書社，1987年4月，第331～339頁。

〔註23〕《成都通覽》於清末宣統元年（1909年）九月至宣統二年（1910年）六月，由成都通俗社在報紙上選登部分，後成書，全書不分卷，分類一百八十餘，分裝八冊，是至今爲止唯一可見的版本。1987年巴蜀書社以該版本重印，整理成上下兩冊，內容基本不變，只是對書中的圖畫進行重新描繪。

〔註24〕光緒二十六年（1900年）上海商務印書館在成都青石橋北街開設成都商務印書館。

〔註25〕《吳虞日記》（上），中國革命博物館整理，榮孟源審校，成都：四川人民出

書館 1914 年推出的林譯小說系列中才出現《塊肉餘生述前編》與《塊肉餘生述後編》，也就是說《成都通覽》中所記載的版本有可能是《塊肉餘生述前編》與《塊肉餘生述後編》的最早版本，而該版本在目前的所有圖書館中查找不到，所能看到的只有 1914 年商務印書館推出的林譯小說系列中的版本。此即說明上海商務印書館推出什麼新書，成都市面上就會迅速地出現，成都書市與上海等地在圖書更新層面上基本是處於同一時間維度。這無疑縮小了內地成都與上海等地書業信息的差距。這說明晚清民初成都現代化轉型是與國家整體格局轉變同步的，顯示了成都近現代轉變的共時性特徵。

整體上瞭解成都的書業，雖然有利於論證成都在晚清民初的文化狀況，但是這些書局怎樣具體連接城市和民眾，形成具有滕尼斯所說的「文化共同體結構」，〔註26〕這還需要更加細微地考察書局的基本操作系統，從結構和功能上來加以論述。這些書局中，最具代表性的是「二酉山房」和「華洋（陽）書報流通處」，它們對晚清民初成都報刊書業文化空間的形成有重要作用。

「二酉山房」由樊孔周和高石銘於光緒十年（1884 年）在成都創立，是成都晚清時期較早的一家書店，地點在學道街。「二酉山房」這個書房名富有寓意，「湖南沅陵縣境內有兩座山：大酉山和小酉山，並稱二酉山。據《元和郡縣志》記載：傳秦始皇焚書坑儒時，一些儒生為了逃禍，逃到二酉山居住，並帶去一些逃脫秦火的焚書藏匿其間。二酉山因而成為我國文化史上隱匿秘籍和禁書之地的象徵。唐陸龜蒙詩云：『二酉搜來秘藏疏』，說明以二酉山做標誌的書目，都是犯時禁、不易求得的秘籍。清朝末紀，列強侵略，國事日非，樊孔周激於愛國熱情，受維新思想影響，乃憤而棄學，在成都開辦了第一家出售鉛印書刊的新式書店，並把它命名為『二酉山房』。」〔註27〕由書房名的擬定就能見樊孔周的志向和決心，希圖通過「文化救國」和「事業致富」來改變家國命運，其實施的第一個事項就是創建不同於往常的書店，以售賣時新書籍來更新相對閉塞的成都人的觀念及知識結構。此後樊孔周及「二酉山房」確實在書業上做出了重要貢獻，「有人把這事（二酉山房的創

版社，1984 年 5 月，第 5 頁。

〔註26〕〔德〕費迪南・滕尼斯：《共同體與社會——純粹社會學的基本概念》，林榮遠譯，北京：商務印書館，1999 年 2 月，第 42〜53 頁。

〔註27〕紹英：《獻身文化事業和事業建設的樊孔周》，《四川近現代文化人續編》，四川省政協文史資料研究委員會、四川文史館編，成都：四川人民出版社，1989 年 12 月，第 208 頁。

建及其圖書事業）與王闓運之主講尊經書院並譽爲四川文化極有關係的大事。」〔註28〕

　　「二酉山房」最主要的事務就是銷售從上海販運到成都的時新書籍，儘管在「二酉山房」開創之前也有一些外省書商把江浙一帶書籍販運至成都，如江西書商在乾隆年間就在成都開設「尚友堂」、「九思堂」、「志古堂」等，但是這些書店所售書籍大多是傳統經籍古典類，少有時新書籍。樊孔周有感於成都書籍貧瘠的狀況，重點購買上海等地的新書。「二酉山房」所販運的書籍中就有「康有爲、梁啓超、孫中山、章太炎的著作，《新民叢報》、《民報》等報刊。人們從二酉山房販來的書報上還知道鄒容、陳天華等革命人物。梁啓超寫的《意大利建國三傑》之類的傳奇，尤銷售得多。」〔註29〕這些時新書籍改變了成都圖書市場書目種類的舊有格局，同時也吸引了不少讀者，尤其是那些聚居成都的青年學生。這些學生（多爲法政學堂、高等學堂與武備學堂的學生）到二酉山房購買或者借閱，甚至是直接從櫥窗裏取下書來翻看，他們把到「二酉山房」看書當成一件時髦的事，同時也因看這些書而走向革命鬥爭，當時加入同盟會的四川青年，多是受「二酉山房」所售書籍的影響。〔註30〕「二酉山房」以書店及所售圖書把成都的文化界和知識青年聯繫在一起，以書店這一空間爲據點，把時代、知識及文化人結構起來，形成一種文化氛圍，在這種氛圍中青年人覺醒並行動，進而改變整個成都的社會狀況，顯示了其歷史價值與意義。

　　「二酉山房」是通過販賣上海等地時新圖書而凝聚了成都文化界尤其是知識青年，而在承續販賣流通時新書籍這一方面，做得更好的是「華洋（陽）書報流通處」。「華洋書報流通處」由傅崇矩1906年創辦，〔註31〕後由陳岳安

〔註28〕范樸齋：《樊孔周和成都商業文化業》，《四川文史資料選輯》（第24輯），中華人民共和國政治協商會議四川省委員會、文史資料研究委員會編，成都：四川人民出版社，1981年5月，第28頁。

〔註29〕同上，第29頁。

〔註30〕同上，第29～30頁。

〔註31〕「華洋（陽）書報流通處」創辦時間無法確定，傅崇矩自己回顧其辦理書報印刷事業的文章《傅樵村石印鉛印□□書》（見傅崇矩《成都通覽》（上），成都：巴蜀書社，1987年4月，第315～322頁）中沒有明確說其創辦事宜和時間，王綠萍在《成都報人先驅傅樵村及其辦報活動》（見王綠萍《四川近代新聞史》，成都：四川大學出版社，2007年6月，第105～134頁）中也沒提創辦具體事宜和時間。本文采用的是丁旣明在《陳岳安與「華陽書報流通處」》（《四川文史資料集萃》(4)，成都：四川人民出版社，1996年12月）中的時

經營而成為成都重要的書業經營處。實際上「華洋（陽）書報流通處」在傅崇矩時並未發揮多少作用，因傅崇矩涉獵的事情太多，他辦報、印刷、辦圖書館、辦閱報處、開辦學校、編書寫書、發行彩票、主持創設成都史上第一批東洋車（自行車）等等，〔註32〕根本不可能把精力放在經營書業上，使「華洋（陽）書報流通處」發揮作用且做出貢獻的是陳岳安。陳岳安原本是跟隨傅崇矩學習記者、編輯、印刷等書報經營業務，〔註33〕後在《國民公報》任職，自此「陳岳安以《國民公報》為依託，廣泛結交報界知名人士。而後創辦《星期日周報》，又以『華洋書報流通處』（五四後改「洋」為「陽」）名義，自行編輯、出版、發行政論性刊物《中洲評論》，因此他在成都報界頗有聲望，曾被列為成都報界『中堅人物』之一。又因經辦『華陽書報流通處』，故又有成都報界『大總管』之稱。」〔註34〕傅崇矩去世後陳岳安接辦「華洋書報流通處」，〔註35〕陳大力購置上海等地的時新書籍，這也是延續「二酉山房」的策略，銷售的報刊主要有「《甲寅》、《青年》雜誌、《新青年》、《進步》、《新中華報》、《申報》、《新潮》、《救國日報》、《每周評論》、《星期評論》、《解放與改道》、《少年中國》、《中國青年》、《湘江評論》、《嚮導》、《小說海》、《太平洋》、《小說月報》以及重慶的《新蜀報》等等。」〔註36〕「華洋書報流通處」更主要的業務不是直接銷售書籍，而是向成都各書店轉運／售，成都市面上新書的多寡全賴流通處的販運，它成了成都書業文化的中轉站，成都書業及文化市場的好壞也與流通處休戚相關。而這一點，「華陽書報流通處」無疑是做得非常出色，舒新城在《蜀遊心影》序言中對其不無稱

間，其原文是「1906年傅樵村創辦印刷公司，專門印刷書報雜誌，與此同時他還與省外大埠聯繫，代銷省外書報，打開了印刷品的流通渠道，在成都昌福館（地址在總府路，原係清代的商務總局，辛亥革命後改設昌福印刷公司，不久改建昌福館）辦起了『華洋書報流通處』。」見該書第374頁。

〔註32〕 李劼人對傅崇矩在晚清民國初期的諸多創舉有非常詳細且戲劇化的描寫。參看李劼人《李劼人全集・第二卷・暴風雨前》，成都：四川文藝出版社，2011年9月，第134～135頁。

〔註33〕 王曉渝在《「燈塔」、「大總管」與華洋書報流通處》（《文史雜誌》2006年第6期）中說「陳岳安原是傅樵村的妹婿」。見該文第21頁。

〔註34〕 丁既明：《陳岳安與「華陽書報流通處」》，《四川文史資料集萃》（4），成都：四川人民出版社，1996年12月，第375頁。

〔註35〕 五四後改「華洋書報流通處」之「洋」為「陽」。

〔註36〕 丁既明：《陳岳安與「華陽書報流通處」》，《四川文史資料集萃》（4），成都：四川人民出版社，1996年12月，第375頁。

讚，「他的『華陽書報流通處』，雖然在商業場（按：應爲昌福館，與商業場相鄰）只占一樓一底那樣大的地位，但是『商務』、『中華』以外的各種出版物都全靠他販運；雖然他每年的營業有時還不夠糊口，然而四川的新文化幾乎賴他的努力。」〔註37〕

陳岳安及「華陽書報流通處」更大的作用是聯結成都文化界，爲其發揮媒介的作用，使整個成都文化界成爲一個質地密集的文化網絡。陳岳安及「華陽書報流通處」對此所做的貢獻極大，比如對吳虞的幫助與影響。1914年《群醒報》因發表吳虞「主張宗教革命、家庭革命」的文章而遭到袁世凱時期內務部查封，吳虞受到彈壓，社會輿論更是指向吳虞。吳虞對此感到巨大壓力，頹廢不振，甚至說：「自誓此後不作有關政教文學。」〔註38〕同時成都報界也深受打擊，形如一灣死水。作爲吳虞朋友，同時也爲了使吳虞振作起來，帶動成都報界。「陳岳安及時將『流通處』購進的《甲寅》送到了吳虞手中。」《甲寅》是章士釗、陳獨秀創辦的政論性月刊，上面刊登有不少反對袁世凱竊國稱帝的文章，這給了吳虞不少鼓勵與安慰，使其有「吾道不孤」之感，同時吳虞從中也看到了希望。「接著陳岳安又將『流通處』購進的《新青年》逐期送給吳虞，並從中牽線搭橋，使吳虞同陳獨秀直接通信往來。還是由於陳岳安的關係，吳虞又同柳亞子取得了聯繫。」〔註39〕這些與外界的接觸與聯繫，讓吳虞漸漸擺脫了被困的頹唐心態，他把一系列文章投向陳獨秀創辦的《新青年》，不久文章刊出，影響全國，吳虞名聲大振。然而吳虞卻更加受到成都輿論界的彈壓。成都新舊勢力展開筆戰，陳岳安及「華陽書報流通處」給予吳虞支持，把一些消息及新聞報刊及時地傳給吳虞，吳虞日記中有多處記載：「陳岳安交來《進步》11卷3號，外《甲寅日刊》三張，三月六號一張，言陳獨秀任北京大學文科學長，則《新青年》其能繼續乎。」〔註40〕又「陳岳安送來《進步》11卷4號，《新中華報》三月七號，因上登有《新青年》六號要目，余之《家族制度爲專制主義之根本論》在上，故送來

〔註37〕舒新城：《蜀遊心影》，上海：中華書局，1934年。見該書《序言》。
〔註38〕《吳虞日記》（上），中國革命博物館整理，榮孟源審校，成都：四川人民出版社，1984年5月，第118～119頁。
〔註39〕丁旡明：《陳岳安與「華陽書報流通處」》，《四川文史資料集萃》（4），成都：四川人民出版社，1996年12月，第376頁。
〔註40〕《吳虞日記》（上），中國革命博物館整理，榮孟源審校，成都：四川人民出版社，1984年5月，第290～291頁。

一閱也。余非儒及攻家族制度兩種學說，令播於天下，私願其慰矣。」〔註41〕
陳岳安帶來的這些消息與幫助對處於困境中的吳虞，有明顯的的激勵作用，
吳虞開始積極地與外界聯繫交往，如與陳獨秀、柳亞子等。陳獨秀為吳虞發
表文章聲張援助吳虞，而柳亞子更是誠懇邀請其加入南社。〔註42〕這樣吳虞
不僅在成都擺脫了困境，而且在全國也博得了聲名，為其後在五四運動時的
作為及北上任教於北京大學鋪平了道路。吳虞的這一切的轉圜與陳岳安及「華
陽書報流通處」不無關係，正是陳岳安及流通處同人為其架橋鋪路，吳虞才
能更快地擺脫困境，投入新文化運動中去。

　　陳岳安除了與吳虞圈子交往密切外，同李劼人等也交往頻繁。1915 年起
李劼人開始在成都辦報，與陳岳安成了同行，兩人多有往來。而且陳岳安與
李劼人還是鄰居，李劼人此段時期常住在其舅父家，〔註43〕就在昌福館附近，
後門與陳岳安的住宅相通，「他們兩人志同道合、交往甚深。」除了交流報刊
經營等外，他們還為「少年中國學會」在成都的成立與工作而奔走，創立機
關報《星期日周報》，李劼人為編輯，而陳岳安擔任總髮行，每期的發行量達
3000 份以上，在成都報刊界引起巨大反應，促進了新文化的傳播，而陳岳安
的功勞不可謂不大。〔註44〕

〔註41〕 《吳虞日記》（上），中國革命博物館整理，榮孟源審校，成都：四川人民出
　　　　版社，1984 年 5 月，第 294～295 頁。

〔註42〕 柳亞子寫給吳虞的第一封信中即邀請吳虞加入南社，因該信極重要，現把原
　　　　文抄列如下：「又陵先生惠鑒：前從《國民日報》傳讀大著，知為今世之能倡
　　　　唐風者，無任佩服！項又鵷雛處轉到去歲十一月十七日所發手教，慰甚慰甚！
　　　　弟自年少時，頗有高世之志，薄鄭陳為今之鍾譚，竊以陳臥子自比。思欲振
　　　　衰起敝，一洗其眾咻之習。迺自結社以來，俗塵萬斛，摒擋不盡，幾至廢書
　　　　弗讀，而社格亦日漸卑下，無復曩世雋上之音，中夜以思，汗下如雨。今讀
　　　　先生所言，知於曩時持論，合若符節。竊幸吾道不孤，私以入社為請，甚以
　　　　先生不棄鄙陋，惠然肯來，則拔幟樹幟，可以助我張目，萬幸萬幸！奉上社
　　　　集四冊，姓氏錄一冊，社例一通，希即惠存。又社書一紙，則請填就下為感！
　　　　度先生不責其唐突也。《秋水集》為鵷雛乾沒，未見寄下，乞先生補惠一冊，
　　　　徑寄江蘇蘇州梨里柳亞子收，幸甚幸甚！匆匆不盡欲言，敬叩學安！弟柳棄
　　　　疾頓首　一月十九日」，見《吳虞日記》（上），第 290 頁。

〔註43〕 此處的「李劼人舅父家」應是李劼人舅父的另一處房產，其主要居所在磨子
　　　　街（今狀元街），與昌福街所在總府路比較遠，當不是同一處所。磨子街的舅
　　　　父家公館是《死水微瀾》和《暴風雨前》中的「郝公館」原型。見老岳《李
　　　　劼人先生的外家》（《龍門陣》1988 年第 1 期）。

〔註44〕 丁旣明：《陳岳安與「華陽書報流通處」》，《四川文史資料集萃》（4），成都：
　　　　四川人民出版社，1996 年 12 月，第 377～378 頁。

從歷時與共時的雙向結構中去梳理論述成都的報刊與書業，可以較爲清楚地看到報刊書業作爲新的文化載體在成都的始創與發展，進而形成相互交錯的文化空間，正是這一新的文化空間，把城市與人群連接在一起，形成新的具有動力性的社會力量。

第二節　晚清民初成都基督教報刊文化

在論述晚清民初成都的報刊與書業時，實際上有一重要因素未能論及，那就是該段時期內成都的基督教文化傳播情況，因其在成都文化空間的建構過程中作用不可忽視，有必要加以考察與論述。

四川最早有外國傳教士的歷史可追溯到唐代，〔註45〕「大明崇禎之紀，即耶穌降生後一千六百四十年間，有耶穌會士利類思司鐸首先入川，傳揚福音。」〔註46〕利類思是到達成都最早的天主教教士，到成都後開始傳教，「一千六百四十一年，利司鐸在新奉教中先選三十人，爲之付聖洗。」〔註47〕不久另一位天主教傳教士安文思也從杭州入川，襄助利類思傳教。天主教在四川迅速發展，其傳教範圍也不僅局限在成都、重慶，範圍擴展至保寧（今閬中）、順慶（今南充）等地。傳教對象除了一般民眾外，也深入到軍官及兵士階層。四川天主教在利類思和安文思二位教士的主持下，發展迅速。但隨之而來的明末動亂及張獻忠的入川，中斷了天主教的進一步發展，利、安二位也被迫呆在張獻忠軍政府之中（1644～1647 年）。張獻忠亂後，利、安二教士去了北京。清定鼎後，天主教有所發展。但在嘉慶十五年（1805 年），例禁傳習西洋教上諭頒佈，四川總督德楞泰跟著上摺查禁天主教事由，〔註48〕四川

〔註45〕秦和平在《清代四川天主教史拾遺（一）》（《西南民族學院學報》1998 年 4 月）中，根據趙清獻《蜀郡故事》中一段記述而推測唐時就有景教入川，該段記述爲：「石筍，在衙西門外，二株雙蹲，云眞珍樓基也。昔有胡人於此立寺，爲大秦寺。其門樓十間，皆以眞珠翠碧，貫之爲簾。後摧毀墮地，至今基腳在。每有大雨，其前後，人多拾得眞珠、瑟瑟金翠異物。今謂石筍，非爲樓沒，而樓之建，適當石筍附近耳。……則此寺大秦國人所建。」見《趙清獻公文集》，北京：北京圖書館出版社，2003 年 12 月。

〔註46〕〔法〕利類斯·古洛東：《聖教入川記》，成都：四川人民出版社，1981 年 4 月，第 1 頁。該書初版於 1918 年，由重慶曾家岩聖家書局印行。

〔註47〕同上，第 4 頁。

〔註48〕四川總督德楞泰事奏摺全名爲「嘉慶十年五月二十八（1805.6.25）四川總督德楞泰爲查禁天主教事由，該事由則呼應了禁教上諭，事由摺中說道：「竊奴

天主教發展嚴重受阻。直到甲午戰後，天主教才重新回到四川，與基督教一同成為晚清民國時期四川教會的主要力量。

　　相對於天主教，基督教入川時間要晚得多，到 1868 年才有兩位基督教傳教士英國倫敦會牧師楊格非（Griffith John）和大英聖書會偉力（A. Wylie）進入四川。二人遍遊全省，對成都等各大城市進行考察，返回後，將沿途考察情況報告給各國差會本部及在華各傳教士，為以後各差會進入四川做了準備。〔註49〕儘管基督教入川時間較晚，但其發展卻非常迅速，到 1949 年基督教在四川社會文化各方面取得了非常突出的成績。〔註50〕

　　不論是天主教還是基督教，成規模且有組織地在川傳播始於清中晚期，即鴉片戰爭之後，《天津條約》規定「耶穌教、天主教教士得自由傳教」，外籍傳教士可「安然入內地傳教，地方官務必厚待保護」，「毫不得刻待禁阻。」而且可以「在各省租買田地、建造自便。」〔註51〕由此大量傳教士進入四川，教會勢力發展迅猛，到「清末（1909 年），四川有新教信徒 36823 人，天主教徒 141135 人，共計約 17.8 萬人。」〔註52〕

　　教會勢力在四川增強，相應的事功也逐漸展開。相較於天主教的單一傳教和發展勢力外，基督教事功涉及的面要寬廣得多。就晚清民國基督教在四川所做事功來看，其囊括的事項極多，粗略統計有：傳教與修建教堂；教育方面，修建大、中、小及特殊學校；醫療衛生方面，修建醫院、診所；社會服務與慈善方面，修建育兒園、孤兒院、養老院等；在經濟方面，購置房產、田地等；文化方面，創建書局和報刊。這也是一般研究基督教於中國近代社

才承準軍機處字寄，嘉慶十年五月初二日欽奉上諭一道，以王作經一犯係賊中老教師（按：教士之意），飭令奴才嚴督地方營伍一體留心搜查緝務獲。又御史韓鼎晉奏稱：西洋天主教流傳川省，日久人多。亦著奴才飭知地方官出示曉諭，並查拿教師懲治，以儆其餘等因。」見《四川基督教資料輯要》，秦和平、申曉虎編，成都：巴蜀書社，2008 年 10 月，第 23 頁。

〔註49〕《四川基督教史‧導言》，劉吉西、李棟等編，成都：巴蜀書社，1992 年 11月，第 1 頁。

〔註50〕截止 1949 年，基督教在四川建立事功大致有：先後建立教堂（包括分堂）611個；教徒 26000 多人；所辦教會學校總計 119 所；醫院診所 50 座。另有其它社會文化機構若干。參見《四川基督教史‧導言》，劉吉西、李棟等編，成都：巴蜀書社，1992 年 11 月，第 7 頁。

〔註51〕《中外舊章約彙編》（第一卷），王鐵崖，北京：三聯書店，1957 年，第 107、147 頁。

〔註52〕隗瀛濤、王笛：《西方宗教勢力在長江上游地區的拓展》，《歷史研究》1991年第 3 期，第 109 頁。

會影響具體考察的對象，基本超越了之前單一的傳教及政治性解讀的研究視角，正如王爾敏所說：「基督教除宗教活動，尚有更多意義之影響，在中國而言，實是一種收益。最顯著爲救災濟貧等施捨，……對中國的最大貢獻，實在於知識之傳播，思想之啓發，兩者表現於興辦教育與譯印書籍，發行報刊。自19世紀以來，凡承西洋教士之直接薰陶與文字啓示之中國官紳，多能感悟領會而醞釀醒覺思想。同時舉凡世界地理、萬國史志、科學發明、工藝技術，亦多因西洋教士的介紹而在中國推廣。」〔註53〕即其首在於功傳播知識、啓發思想，而承載其具體工作的是出版書籍和創辦報刊。可見在剖析基督教在文化上於中國近代化的影響，最重要的方法就在於梳理分析它們在華書籍出版與報刊發行。

　　基於這一視角，本書無需整體全面地論述晚清民初基督教在四川的事功，論文需重點考察的是基督教在文化方面的事功及對四川近代化的影響，即著重考察「基督教作爲一種外來的文化勢力」〔註54〕如何具體而微地深入四川社會，尋繹基督教普遍性與成都地方特殊性之間的交錯，展示外來文化本土化過程及衝突在城市空間的基本形態。

　　傳教士在四川最早創辦印刷出版機構約始於19世紀中葉，是天主教所設的小型拉丁文印刷所。〔註55〕雖然天主教搶佔了入川傳教與開創書籍出版的先機，但所做成績寥寥可數，到20世紀初，天主教在四川出版書籍與報刊也極有限，目前能找到史實的只有出版社「聖家書局」和報紙《崇實報》（周刊）、外文報 Tnter Nos（《在我們中》）、中文《聖體軍》（月刊），〔註56〕除此之外再無其它業績可書。基督教最早在四川設置文字機構是1879年的英國聖書公會，該會在1879年派駐四川一人，雇傭中國售書員六人。〔註57〕實際上

〔註53〕王爾敏：《近代中國與基督教論文集・序》，臺灣宇宙光出版社，1981年，第3頁。

〔註54〕顧衛民：《基督教與中國近代社會》，上海：上海人民出版社，2010年7月，第174頁。

〔註55〕關於傳教士在四川最早創辦印刷所的時間及史實一直存在爭議，此處採用陳建明在《近代基督教在華西地區文字事工研究》（巴蜀書社，2011年6月）中的觀點。見該書第26～27頁。

〔註56〕劉傑熙：《四川天主教》，成都：四川人民出版社，2009年12月，第356～396頁。該書對天主教在川情況有詳細的論述，關於書籍出版和報刊發行也有較爲翔實的考證。論文索引關於四川天主教的內容，大部分出自該書，茲不贅述。

〔註57〕參見稅務司霍伯森（H. E. Hobson）：《重慶海關1891年調查報告》，李孝同譯，《四川文史資料選輯》（第六輯），中國人民政治協商會議四川省委員會、四

這種代派、代售性質的書店算不上出版機構，但因在功能上和作用上有類於出版機構，因之也作爲論述早期基督教在川文化傳播的一部分。像這樣的書刊代理銷售處不少，它們「只負責在當地委託印刷廠印刷聖經，再由自身組織銷售，雖不屬於當地教會的出版機構，但作爲常設機構可納入華西地區的文字事工看待；傳教士的零星售書贈書活動也只能是圖書發行的終端形式之一。」〔註58〕眞正對華西地區文化傳播產生影響的是基督教創辦的各出版社，如規模比較大的華英書局的創辦與運營。爲了系統地理析晚清民國基督教在成都出版書籍的狀況，有必要把它們創辦的各出版社作一統計，統計情況見下表：

表三：晚清民國時期成都基督教出版機構一覽表〔註59〕

名　　稱	主辦機構，本地負責人	起止時間、地址	宗旨及主要工作
英國聖經會成都代理處	英國聖經會，法於眾（W. N. Fergusson）	1879～1937 年成都	面向華西翻譯出版發行《聖經》各種版本。
美國聖經會成都代理處	美國聖經會，陶然士（Thomas Torrance）	1896～1937 年成都	面向華西翻譯出版發行《聖經》各種版本。
廣學會分售處及成都分會	廣學會，何忠義（Rev. G. E. Hartwell）、德唯一（W. J. Davey）等	1897～1907 年成都	銷售廣學會出版各種書籍。
華英書局	加拿大英美會，文煥章（J. Endicott）	1905～1951 年成都	華西基督教書刊，教會文件，藏、苗等少數民族書籍印刷出版。
華西協合大學出版部	華西協合大學	1934～1950 年成都	出版該校所需之教材、講義等。
四川基督教協進會文字部	四川基督教協進會文字委員會	1921～1950 年成都	指導四川各教會文字出版工作，出版發行刊物和小冊子。

川省省志編輯委員會編，成都：四川人民出版社，1980 年，第 241 頁。

〔註58〕陳建明：《近代基督教在華西地區文字事工研究》，成都：巴蜀書社，2013 年 11 月，第 30 頁。

〔註59〕該表參考了陳建明《近代基督教在華西地區文字事工研究》中的三表，即《華西基督教印刷出版發行機構一覽表（1879～1911）》、《華西基督教文字出版發行機構一覽表（1912.1～1937.6）》、《華西基督教文字出版發行機構一覽表（1937.7～1945.8）》，分別見該書第 32～33、109～110、224～226 頁。

中華基督教會四川協會文字部	中華基督教會四川協會文字委員會	1934～1952年成都	領導華英書局和《希望月刊》社工作，出版發行圖書和小冊子。
華西聖經公會成都代理處	英國聖書公會，美華聖經會	1937～1945年成都	面向華西翻譯出版發行《聖經》各種版本。
青年協會書局	中華基督教青年會全國協會，吳耀宗	1941～1946年成都	注重青年人德智體群培養，傳播基督福音。重印部分原有圖書。
載社	全國基督教協進會與金陵神學院合作，主編徐寶謙	1941～1945年成都	翻譯出版古代、近代基督教經典文獻。
廣學會成都分會（書局）	廣學會成都董事會，臨時總幹事德如樂	1942～1945年成都	傳播宗教思想，注意平民教育。重印廣學會原有書籍，復刊《女鐸》和《福幼報》。

　　這些基督教的出版發行機構，在基督教文化傳播方面做出了重要貢獻，限於各出版發行機構本身的條件，其發揮的作用也並不一致，其中以「廣學會成都分會」和「華英書局」兩大出版發行機構最為重要。

　　廣學會成都分會由何忠義牧師（Rev. G. E. Hartwell）於 1897 年創辦。該書會甫一成立，就積極投入傳播書報的運動中，向成都當地的民眾分發書刊，「1897 年 9 月，在成都府鄉試期間，廣學會派人在考場上分發了《萬國公報》1000 本，《中西教會報》1000 本。駐成都的加拿大英美會傳教士埃文（R. B. Ewan）在 1900 年底給廣學會寫信說：『在我離開之時，我會已經銷售你們出版的月刊一百多份，它們對工作很有幫助，人們對它們的需要不斷增長。』」〔註60〕

　　雖然說廣學會成都分會，包括其它一切基督教書刊出版機構，其首要目的是傳教，但是客觀的蒙化教育作用不容小視。這也是成為基督教出版機構的工作內容之一，如該會負責人之一的德唯一在《成都廣學會建設之緣起》中所說：「敝會同人，抱所學於西歐，思振興乎東亞，乃聘華士之博通西學者，互相討論，譯書以新士大夫之耳目，撰報以擴當世之見聞，其愛華之不已之熱心，想為當世士大夫之所共信者矣。今幸明詔屢頒，銳意維新，敝會同人

〔註60〕陳建明：《近代基督教在華西地區文字事工研究》，成都：巴蜀書社，2013年11月，第44～45頁。

素抱振新中國之志，然欲中國之速興，非推廣實學不爲功，於是籌集鉅款，
鄙人乃自滬來蜀創設敝會於成都東大街青石橋口。凡天文、地理、格致、醫
算、兵農、工商、經濟、哲理諸科學書，學堂應用天地球儀器、標本，無不
備具完全，價值亦格外克己，非爲牟利計。」〔註61〕由此宗旨，廣學會成都
分會在書籍出版上，並不是拘泥於基督教書籍，相反一些人文政治科普書籍
成爲其出版的對象，這從會刊上所登載的圖書廣告可見一斑，其重點推介的
圖書廣告有：《英女皇盛德記》、《英興記》、《大英治理印度新政考》、《印度刑
律》、《印度史覽要》、《俄國歷皇紀略》、《俄國政俗通考》、《振興金鑒》、《進
化論》、《廣學類篇》、《公法新編》、《萬國公法要略》，同時對《萬國公報》和
《大同報》進行特別宣傳。〔註62〕

　　廣學會出版的這些書籍受到成都市民的歡迎，通過書籍的閱讀，不僅消
除了中國官員和教會之間的猜疑和偏見，加深了兩方之間的友誼，而且使中
國的官員、士人以及一般民眾通過讀廣學會的書，瞭解到西學知識，開闊了
其眼界，起到很好的傳授新知的啓蒙效果。如鹿依士（S. Lewis）就談到他在
成都的遭遇，他初到四川及成都地區時很難與人溝通，當地民眾對教會人員
成見很深，到 1900 年，「他在四川旅行了一個月，一點沒有聽說對他無禮的
話。這是由於他們採用了各種不同力量來消除成見，其中最有效的一個因素
就是散發了廣學會的第一流的作品。」〔註63〕

　　廣學會在溝通基督教和四川及成都當地人之間的關係做出了貢獻，但在
書籍出版方面的工作並不突出，1907 年廣學會成都分會關閉。在華西地區尤
其是成都及附近地區擔當書籍出版重任的是華英書局。

　　華英書局的前身是嘉定（今樂山）教文館。「清光緒二十年（1897 年），
加拿大英美會傳教士赫斐秋（V. C. Hart）第二次來華時，攜帶印字機入川，
在樂山城內開設一個簡單印字館，首先在四川採用近代先進印刷技術，專印
教會傳道所需的文件書籍。」〔註64〕這個「簡單印字館」就是教文館，是四

〔註61〕德唯一：《成都廣學會建設之緣起》，《四川官報》甲辰（1904）五月下旬十三
　　　　冊，告白欄。
〔註62〕陳建明：《近代基督教在華西地區文字事工研究》，成都：巴蜀書社，2013 年
　　　　11 月，第 47 頁。
〔註63〕《廣學會年報》（第 13 次），1900 年 9 月 30 日，方富蔭譯，《出版史料》1992
　　　　年第 4 期，第 85 頁。
〔註64〕肖文若：《希望月刊》，1932 年 9 月出版，第九卷第九期，第 10～11 頁。

川地區較早的印刷所。赫斐秋在言及創辦嘉定印刷所時，說到：「爲了滿足傳教士和中國人的要求，建立一個印刷所是很有必要的。從上海運來書刊是相當艱巨的任務。運往西部的圖書有將近三分之一丟失在路上。然而，我們卻亟需圖書。自從馬禮遜等人通過印刷品將他們的思想灌輸給中國人，已經產生了多麼巨大的效益！中國人是一個喜愛讀書的民族，我認爲當他們閱讀、收藏和喜愛書籍的時候，沒有什麼更好的方式比得上印刷品作爲媒介來影響他們。」〔註65〕赫斐秋此段話說明了建立嘉定印刷所的兩個原因，一是現實問題，從上海向華西地區運輸書籍代價太大且效果不好；二是文明傳播問題，他已從基督教傳教曆史經驗中認識到書籍對中國民眾重要的教育作用。因此才有嘉定印刷所的創建。隨著傳教中心的轉移，成都的地理位置愈發重要，從業務發展和傳教兩方面衡量，於 1904 年秋印刷所從嘉定遷至成都。1905 年新的印刷所建成，位於成都四聖祠北街 20 號，4 月 9 日舉行開幕式，正式改名爲華英書局。〔註66〕該書局的規模很大，同時地位也很高，出席開幕式的有四川總督、滿洲將軍及其它十位官員，各教會傳教士也參加了開幕典禮。甘伯樂（Gampbell）在開幕演講中說道：「這印刷廠的專門目的是印書，這些書將涉及統攝生活世事的各種美好的原則。這些傳教士們的目的、願望或雄心中沒有一絲政治圖謀。他們僅僅想做善事。毫無疑問，他們有時會犯錯誤，因爲在這個世界上要做事情而不犯錯誤是不可能的。但是，我想再說一遍，他們的目的和意圖無可指責。」〔註67〕無論創建華英書局的動機如何，也不論赫斐秋與甘伯樂怎樣強調，華英書局確實是實實在在地建成了，而且出版發行了大量書籍。到 1911 年華英書局其出版成績已非常突出，「從 1902 年春天到 1911 年，書局已經出版了 1 億頁的中文作品。」〔註68〕當然這些出版物主要是以宣傳基督教爲主，同時也出版教材、印行英語讀物，以及藏、苗等少數民族文字讀物。另外，華英書局充分利用手中傳媒工

〔註65〕E. I. Hart, Virgil C.Hart: *Missionary Statesman, founder of the American and Canadian mission in central and west China*, New York: Hodder &. Stoughton: G. H. Doran Co., 1917. p.40~41.

〔註66〕「The Opening of The Canadian Mission Press Chentu」, *The West China Missionary News*, No.5, 1905, p.89.

〔註67〕「The Opening of the Canadian Mission Press, Chentu」, *The West China Missionary News*, No.5, 1905, p.91.

〔註68〕Geo. J. Bond, *Our Share in China and What We are Going with it*, Toronto: The Missionary Society of the Methodist Church, The Young People's Forward Movement Department, 1911, p.90.

具推動華西學術的發展。「書局外文部刊發的研究報告或地圖有：《華西傳教大會》、啓爾德《中國禮儀形式》、《中國語文》、陶然士（T. Torrance）《成都古代歷史》、鍾秀芝（A. Grainer）《中國婚姻習俗》、雲貴川分省地圖、《華西地圖》、葉長青（J. H. Edgar）《傳教士在康區或東部藏區的疑問》。與此同時，華英書局之書屋本著『服務傳教士之需』的精神，自 1908 年成立以來，一直代銷國內外出版機構的出版物。如陶然士《青衣羌：羌族的歷史、習俗和宗教》、莫爾思《中國傳統醫學》和《紫霞中的三個十字架》、布禮士（A. J. Brace）《中華英雄》、《中國哲學家》、《中國諺語》等。這些有關華西社會歷史文論的出版和發行，有利於培養傳教士研究華西的興趣，亦起到較好的學術導向。」〔註69〕

在晚清民初基督教對成都社會文化的影響方面，除了書籍出版，另一極重要因素是報刊。報刊本身是隨著書局出版社一同產生，沒有基督教書局出版社，也不可能有報刊。即使如此，報刊的功用仍不可小視，在推動四川及成都社會文化近代化轉型中，基督教報刊有其不可替代的作用。

隨著傳教士入川人數和規模的擴大，書籍出版及報刊發行也隨之產生，上文所論及的華西地區尤以成都爲主的基督教出版機構就是例證。而基督教創辦的報刊，基本上是依附於各出版機構，雖然出版人及編輯發行者或不盡相同，但是基督教報刊與出版機構之間的關係還是非常明顯的。

搜檢晚清民初基督教在成都所創辦的刊物，數量並不多，其具體情況見下表：

表四：晚清民初基督教在成都所創刊物一覽表〔註70〕

期刊名稱	主辦機構	創辦時間、地址	宗旨及主要內容
The West China Missionary News（華西教會新聞）（月刊）	華西差會顧問會，編輯周忠信。	1899～1943 年成都	差會之間互通信息，綜合性內容。記載傳教士活動以及中國西部的政治經濟、人文地理、風土人情及社會狀況。

〔註69〕 周蜀蓉：《加拿大差會在華西地區的社會文化工作——以華英書局傳教士爲中心的討論》，《基督教文字傳媒與中國近代社會》，李靈、陳建明主編，上海：上海人民出版社，2013 年 11 月，第 225 頁。

〔註70〕 該表參考了陳建明《近代基督教在華西地區文字事工研究》（巴蜀出版社，2013 年 11 月）中表《華西基督教期刊一覽表（1912.1～1937.6）》，見該書第 118 ～125 頁。

華西協合大學校刊	華西協合大學發行，編輯股主任何文俊、副主任張明俊。	1917～1950年，其間有停有續，一直持續到1950年 成都	促進研究學術的精神、訓練的著作的能力、描述學校的生活、增進師生團契的精神、介紹學術改進社會、對社會現狀及現代思潮作觀察和批評，刊有不少學校信息和文學作品。
華西教育季刊	華西協合大學教育科及華西教育聯合會，編輯主任方叔軒。	1923～1926年 成都	介紹世界教育新潮，促進華西教育改革。欄目有專論、評論、近訊、文藝、專件、演說、雜記等。
希望月刊	美道會文字部，主編李芝田（1924）、蕭文若（1933）、王問思（1940）等。	1924～1949年，其間有停有續，一直持續到1949年 成都	報導教會活動與成績，促進交流與合作。欄目有社論、宗教研究、通訊報導、靈修、解經、文藝、工農園地、通俗科學、醫藥衛生、家庭、社會、教會事工等。
協進周刊	四川省基督教協進會，編輯主席費宗之，主編蕭文若。	1925～1927年 成都	提倡教會合作事工、介紹宗教理論、宣傳耶穌基督的思想、關注華西教會。欄目有要聞、論壇、新聞、時評、詩歌等。
華大	華西協合大學出版，編輯周允文、吳國章等。	1926年創刊，終刊時間不詳 成都	以文藝作品為主，輔以時論、宗教、醫學等文章。
浸聲	中華基督教會四川浸禮會，總編輯李裁堅。	1929年創刊，終刊時間不詳 成都	傳達浸禮會消息，聯絡會友感情，堅固信仰。欄目有論壇、要聞、通訊、文藝、雜組等。
浪花旬刊	成都基督教學生運動促進社。編輯戴必久、艾希由。	1933.2～1933.6 成都	以中學生為對象。內容有時事政治、中國社會、青年問題、生活常識。
成都華美女中校刊	成都華美女中	1933～1936年 成都	內容有本校新聞、文藝等。

　　根據上表就可看出，晚清民初基督教在成都創辦報刊的數量極其有限，除開學校所辦的刊物《華西協合大學校刊》、《華西教育季刊》、《華大》、《成都華美女中校刊》外，面向教會及當地社會的刊物很少，總共才 6 種，而其中的《華西教會新聞》還是英文刊物，更不能對當地民眾有多少影響，彼時

的民眾識字率都很低，能懂英文者更是少之又少。餘下的幾種刊物限於創刊宗旨及發行範圍，對於成都社會文化的影響都極爲有限。但在一定的群體中，如學校，還是有一定的作用，比如《華西協合大學校刊》、《華大》於華西協合大學師生文化生活的影響，還是很明顯。這兩大刊物持續時間長，內容涉及各個方面，包括地方事件，同時刊載文學作品等，刊物充滿活力。即使如此，基督教刊物仍然對成都社會產生一定的影響，這種影響雖不具有廣泛的社會性，但在一定社會群體中，其作用亦不容小視，其中《華西教會新聞》就是這樣一份非常重要的基督教刊物。

《華西教會新聞》是基督教在華西地區創辦的第一份刊物。該報於 1899年 2 月創刊於重慶，是華西地區基督教內部英文報紙。1900 年義和團運動暴發，8 月社址遷往上海，1901 年又遷回重慶。隨著華西地區傳教中心的西移，以及成都作爲省會的重要作用，華西基督教漸以成都爲中心，尤其是華西協合大學的創辦，更使成都成了華西基督教的大本營，因此《華西教會新聞》1907 年遷至成都，成都成爲該報出版發行的中心。〔註71〕

《華西教會新聞》其創刊宗旨本是爲了華西傳教士之間「交流信息與加強合作」，即所謂的辦一份「傳教士自己寫的、爲了傳教士、關於傳教士」〔註72〕的基督教內部的刊物。這一宗旨下的工作前景是「在不同地方和不同差會的所有同工互惠的『緊密團結』，以增加富有同情的理解和『領悟性』的祈禱。」〔註73〕基於這一辦刊宗旨，《華西教會新聞》所刊載的文章絕大部分是關於華西基督教情況的內容，具體所佔比例目前未有人統計，〔註74〕其鮮

〔註71〕 王綠萍：《傳教士在四川的辦報活動》，《四川近代新聞史》，成都：四川大學出版社，2007 年 6 月，第 88～90 頁。王綠萍編著：《四川報刊五十年集成（1897～1949）》，成都：四川大學出版社，2011 年 11 月，第 4～5 頁。白曉雲、陳建明：《〈華西教會新聞〉辦刊宗旨的演變與四川基督教的本色化》，《世界宗教研究》2013 年第 3 期，第 127～129 頁。包括《成都市志·報業志》（四川辭書出版社，2000 年版）中也有一些相關的記述，但不詳細。本書關於《華西教會新聞》基本史料主要參考了對以上文獻。

〔註72〕 「Editorial」，*The West China Missinary News*, Vol.9, No.1, (1907), pp.1~2.

〔註73〕 「Editorial」，*The West China Missionary News*, No.1, 1899, p.2.

〔註74〕 陳建明在《〈華西教會新聞〉在中國區域史、傳教史研究中的價值》（《地方社會文化與中西文化交流》，吳義雄編，上海人民出版社，2010 年 1 月）中有關於《華西教會新聞》文章類別的抽樣調查，他是按文章類別，而不是文章屬性來分類，不過也能看出一些情況，其中明顯標明的文章類別，如「差會新聞」、「中國教會論」、「基督教團體」、「國際教會」、「教義與信仰」、「差會組

明的基督教刊物的屬性是無可懷疑的。

《華西教會新聞》是華西地區最早的一份英文刊物，是華西地區最大的基督教刊物，也是近代四川新聞史上出版年份最長的刊物，持續時間達45年（1899～1943）之久，出版有45卷540期，近500冊。〔註75〕

如此規模的刊物，整體上考察刊物特徵與屬性是必要的，正如陳建明用抽樣調查的方式來坐實《華西教會新聞》的基督教屬性。但是對於這一貫穿近半個世紀的華西基督教刊物，顯然不能低估或者忽視了其與地方社會文化之間的關係，有論者就從傳教士文章中的「西部印象」來分析傳教士對華西地區社會文化的「建構性」作用。〔註76〕相對於這種整體上來論證《華西教會新聞》的歷史地位與價值，我們似乎忽視了其作為一種媒介空間與成都這座城市之間的互動關係。自1907年《華西教會新聞》遷至成都，尤其是華西協合大學創建以來，教會與成都這座城市就產生諸多關聯，如華英書局創建時地方大員們對其的重視。創建華西協合大學時地方劃出大片土地，〔註77〕這都需要教會與地方，與成都這座城市，相互協調共同展開。因此，《華西教會新聞》，除了一如既往地以教會為中心的辦刊宗旨和運作外，還要兼顧成都地方社會事務。

基督教出版發行書籍與報刊對四川及成都地區的文化影響，是一個緩慢長久的過程，其效果當時並不是那麼明顯，從今天後設的角度來看，我們當然能發現其貢獻。但是於當時社會文化的直接影響似乎不夠。華英書局的領導者們也覺察到書局於四川及成都社會文化的影響太過緩慢，因此他們設法積極配合當地社會一些有組織的運動，如華英書局參與成都的反鴉片運動和

織」、「基督教政治」、「宗教儀式」共佔比例達百分之四十多，足見其刊物基督教性質。參見該文中《〈華西教會新聞〉抽樣文章分類統計表》，該書第192～193頁。

〔註75〕關於《華西教會新聞》出版數量問題，研究界還存在不少爭議，主要是史料未完全發掘，此數字也在不斷變化。此處採用張伊、周蜀蓉在《〈華西教會新聞〉研究綜述》（《宗教學研究》2009年第1期）中的觀點。見該文第92頁。

〔註76〕如龍偉《〈華西教會新聞〉中的西部印象及其形成原因》（《西南科技大學學報》2007年6月），就集中論述《華西教會新聞》中傳教士對華西地區的描寫，並探尋形成其差異的原因。

〔註77〕華西協合大學建築用地雖是教會出錢購買所得，但沒有地方大員及地方士紳支持是斷難實現的。最明顯的例子是華西協合大學在20年代想修築校園圍牆，未得到地方政府及士紳的支持，圍牆就未能建成，建一次就被成都民眾推倒一次，最後不得放棄修建。

反纏足運動。反鴉片運動和反纏足運動，是基督教在中國發起文明化運動之中的兩項運動，在全國各地都有推行。基督教在四川地區也非常積極地投入這一運動，其具體措施，除了傳教士的宣講勸善外，最為關鍵的措施就是向民眾發放宣傳報刊。而這些宣傳報刊的編輯印刷就相應地落到華英書局，華英書局的傳教士們也非常樂意此事，「書局傳教士們積極配合運動的進程，利用現代印刷機器為華西各差會印刷了大量的反鴉片傳單，還在書局出版的書刊上大量刊登發行反鴉片單張和小冊子廣告。」〔註78〕加拿大女傳教士們在成都發起反纏足運動，她們創立成都天足會（又稱天理會），同時成立蜀天理會書局，專門發行關於反纏足的宣傳冊子。而蜀天理會書局實際上形同虛設，擔當出版發行事務的還是華英書局，「在天足會反纏足運動蓬勃發展的那幾年，華英書局被委以印刷反纏足宣傳品的重任。蜀天理足會書局發行的大量反纏足小冊子、宣傳單和海報，都是由華英書局印刷的。華英書局的傳教士們還將這些免費小冊子分發給各地傳教士，推動了華西各地反纏足運動的蓬勃發展，無形中它成了反纏足運動的宣傳中心。」〔註79〕華英書局以其具體行動支持了反鴉片運動和反纏足運動，促進了成都社會風格由傳統向現代的轉化。

華英書局與《華西教會新聞》在四川及成都的文化事功，是通過出版社、期刊、學術團隊共同形成，構成了一個完整的文化傳播體系，深刻影響到華西地區尤其是成都城市文化的形成與發展。

實際上，華英書局的參與角色更像是運籌於中軍帳中的軍師，而衝鋒陷陣的卻是《華西教會新聞》，刊物刊發為數不少的反鴉片、反纏足的文章，為兩運動製造社會輿論。儘管受制於刊物的語言問題，其影響局限於成都社會高層，但其作用還是存在的。另外刊物也對成都重大事件進行關注，如對保路運動的親歷記載，其歷史價值就很大，它為四川保路運動的研究提供了另一種視角，即傳教士眼中的保路運動。這些都凸顯了基督教出版社與報刊同成都地方社會文化之間的相互關係，是構成近現代成都社會文化空間必不可少的一部分。

晚清民初基督教在成都創辦的報刊還有不少，如前表所列，限於各刊物

〔註78〕周蜀蓉：《加拿大差會在華西地區的社會文化工作──以華英書局傳教士為中心的討論》，《基督教文字傳媒與中國近代社會》，李靈、陳建明主編，上海：上海人民出版社，2013年11月，第221頁。

〔註79〕同上，第223頁。

的出版條件及狀況，鮮有像《華西教會新聞》這樣具有如此的影響力和歷史
價值。因此，不再對其一一展開論述。

　　綜觀晚清民初基督教在成都的書籍出版與刊物創辦，我們可以較爲清楚
地明瞭其基本情況，對四川及成都社會文化近代轉型的重要作用。正是這些
書籍和刊物，一方面擴大了基督教傳教範圍與影響，實現了其傳教目的，另
一方面也促進了民眾（以入教民眾爲最）文化知識的提高，間接實現了成都
地方文明的近代化。

第三節　報刊作爲一種社會力量——從保路運動到五四運動的成都報刊文化空間

　　不論是晚清民初成都的報刊與書業，還是基督教文化事功及其傳播，它
們在整個社會影響力上都很有限，儘管具有發端性的意義，但其功效緩慢且
微小。文化傳播，無論是學堂還是報刊傳媒，抑或傳教士布道，其單一的傳
播效果都會受到一定的限制。只有文化傳播與社會思潮、政治趨向乃至物質
技術相互攜進時，其作用才會更加突顯。正如白瑞華在分析晚清民初中國報
刊特徵時所說的那樣，「實際上在 1900～1911 年期間所有的新興報刊都是革命
的。不在一定程度上與時代的新氣象保持一致，所有的報刊都無法引人關注。
有些看上去最缺乏反叛精神的報刊也許代表著整個社會和思想轉型的最重要
特徵。」〔註 80〕當然並不是晚清民初成都的書業和報刊，包括基督教的文化
事功與社會政治思潮無關，相反它們都是社會形態變化的表現之一，如宋育
仁在成渝首創報業乃是受維新變法政治風潮的影響，包括傅崇矩一系列啓蒙
性質的報刊活動，都有鮮明的社會時代印痕。白瑞華所說那一種，具有全體
性的與政治新氣象相共振的報刊文化現象，在保路運動之前的成都報刊界還
是未曾出現。即便是宣傳維新變法的《蜀學報》每期發行 2000 份，也未能在
成都引起太大的社會影響，因爲「購閱的，只有學界一部分講新學的人，商
界自然也有人看，官場又因爲這報是講洋學的（這是當時對西學的稱呼），看
了恐怕受上司的申斥，沒人敢看。」〔註 81〕所以，像孫少荊所說「四川人知

〔註80〕〔美〕白瑞華：《中國近代報刊史》，蘇世軍譯，北京：中央編譯社，2013 年
　　　　12 月，第 143 頁。該書 1933 年英文初版。
〔註81〕孫少荊：《一九一九年以前的成都報刊》，《四川文史資料選輯》（第八輯），中

道報紙勢力」在保路運動之前並未出現。「只有到了保路運動時期，報紙才第一次走進了四川廣大民眾的視野，它不僅是爲保路運動推波助瀾起到了極大作用，更重要的是，這是近代的文化傳播方式第一次在四川城鄉間產生劃時代的影響，是新文化思潮在四川城鄉第一次前所未有的普及，而這一切又是在那個幾乎是全民振奮的特殊時刻進行的，所以對於蜀中近代文化的傳播與啓蒙具有重要的作用。」〔註82〕

那麼，保路運動時期成都報刊狀況到底如何，它是如何形成影響巨大的輿論勢力，這些報刊又形成了怎樣的報刊文化空間。

自 1898 年宋育仁創辦《蜀學報》後，成都陸陸續續有一些報刊出現，也逐漸形成報刊文化空間，但與江浙及廣東等地報刊發展相比，要緩慢得多。從 1898 年《蜀學報》創刊到 1911 年保路運動前，成都創辦報刊總共 23 種，〔註83〕而這 23 種報刊中除去專業性較強的農業、工業與技術性報刊外，面向社會大眾的報刊則寥寥可數。可到保路運動的 1911 年，成都報刊卻數量猛增，出現了小小的高潮，僅在這一年創刊的報刊就達 20 種，幾乎與之前十年創刊的報刊總量持平，難怪當時像孫少荊這樣的辦報人也感歎「四川人知道報紙勢力，就在這爭路風潮時代，我們今尚能拿起這支筆在這紙上亂塗，也是受這個時候的大賜。」〔註84〕

1912 年（保路運動雖發生於 1911 年，但其熱度和影響持續到 1912 年，因此在整理保路運動前的成都報刊時，需要把時間延至 1912 年）及之前成都主要報刊情況如下表：

國人民政治協商會議四川省委員會、四川省省志編輯委員會編，成都：四川人民出版社，1979 年 2 月，第 138～139 頁。

〔註82〕《共和之光——辛亥秋四川保路運動百年祭》，四川博物院主編，成都：四川教育出版社，2011 年 10 月，第 179 頁。

〔註83〕該數字參考王綠萍編著的《四川報刊五十年集成（1897～1949）》（四川大學出版社，2011 年 11 月版）。

〔註84〕孫少荊：《一九一九年以前的成都報刊》，《四川文史資料選輯》（第八輯），中國人民政治協商會議四川省委員會、四川省生殖編輯委員會編，成都：四川人民出版社，1979 年 2 月版，第 141 頁。

表五：晚清民初成都報刊一覽表 〔註85〕

報刊名稱	出版機構、主辦人	出版時間、地點	主要內容及特色
《蜀學報》	尊經書院，宋育仁創辦	1898 年 5 月～1898 年 9 月 共發行 13 冊 成都尊經書局	宗旨是為蜀中開風氣而設，意在昌明蜀學，維新圖強，力求實用。欄目有論旨、奏摺、論撰、近事。
《啟蒙通俗報》－《通俗日報》－《通俗報》－《通俗新報》	民營報紙 傅樵村創辦	《啟蒙通俗報》1901 年創刊、《通俗日報》1906 創刊、《通俗報》《通俗新報》1911 創刊。成都	基本宗旨是開通蒙俗、宣傳維新變法。各報紙內容豐富，欄目有新聞、副刊、插圖畫、專欄、文苑等。
《四川官報》－《四川五日官報》	四川官報書局創辦，為官辦報紙，負責人陸鍾岱（天池）	1904 年創辦，1911 年第一冊改名為《四川五日官報》，1911 年 11 月停刊。成都	該報是四川地方政府的言論機關報，創辦人都是官紳，閱讀對象也主要是官紳。欄目有論旨、奏議、公牘、專件、附錄等。
《成都日報》	四川官報書局創辦發行，為官辦報紙	1904 年創辦，1911 年 12 月停刊。成都	該報是成都地方政府的機關報，主要傳達清政府命令和文件。
《四川學報》－《四川教育官報》	四川學務處創辦，為官辦報紙	1905 年創辦，1907 年改名為《四川教育官報》，1911 年停刊。成都	該報是四川教育部門官方報紙，刊載教育領域新聞政策等。該報登載不少國外教育情況、翻譯外國講義，對四川留學生情況有詳細記載。
《通俗畫報》	民營報紙 創辦人傅崇矩	1909 創辦，1913 年停刊。成都	該報是四川第一份畫報，單張出版，欄目有要件、電報、論說、短評、小說、文苑等，圖文並茂。
《成都商報》－《四川商會公報》－《四川公	四川商會創辦的報紙，主要負責人是蒲殿俊、廖用之、	《成都商報》1910 年創刊，1911 年改名為《四川商會公	該報系列是四川商會和保路同志會共同創辦的報紙。報紙內容豐富，新聞、

〔註85〕 本表參看王綠萍編著《四川報刊五十年集成（1897～1949）》（四川大學出版社，2011 年 11 月版）和成都市地方志編《成都市志・報業志》（四川辭書出版社，2000 年 1 月版）中的相關材料。

報》－《四川群報》	樊孔周、朱山等。	報》，辛亥後，又更名爲《四川公報》，1912 年與《中華國民報》合併爲《國民公報》，不久重用原報名，1915 年再更名爲《四川群報》1918 年停刊。成都	言論、時評、文藝等都很出色，在當時影響很大。許多名人爲其撰稿，李劼人、吳虞、劉覺奴、王光祈、周太玄、曾琦等都常爲其專稿，尤其是樊孔周主報時期，報紙辦得非常出色。
《蜀報》	四川省諮議局機關報，負責人蒲殿俊	1910 年 8 月～1911 年 9 月。成都	作爲諮議局機關報，主要報導諮議局及各地新聞。報紙欄目眾多，內容豐富。
《四川保路同志會報告》	四川保路同志會機關報 負責人鄧孝可	1911 年 6 月～1911 年 9 月。成都	該報對推動保路運動發展影響重大。該報及《蜀報》讓成都人第一次感受到報刊對社會的巨大影響。李劼人在《大波》中對該報有描述。
《西顧報》、《蜀風雜誌》、《白話報》	四川立憲派創辦報紙 負責人鄧孝可、朱山等	1911 年 7 月～1911 年 9 月。成都	三報都是立憲派爲宣傳保路鬥爭而創辦的報刊。三報都以通俗的文字，用大量篇幅宣傳保路，報導保路同志會的活動，欄目設置多樣，內容豐富。
《公論日報》	四川統一黨人創辦 主持人孫少荊	1912 年 2 月～1912 年 9 月，1912 年底與《演進報》合併爲《四川日報》，黃美涵主持。成都	該報重視言論，注重新聞來源，聘請名家撰稿，李宗吾《厚黑學》就連載於該報，劉師培、吳虞、張夢餘也爲該報撰文。
《國民公報》	民營報紙 汪象蓀主持	1912 年 4 月～1935 年 5 月。成都 1936 年 8 月～1950 年 2 月。重慶	該報以能反映時代政事、消息多快新、內容豐富而在讀者中享有盛譽。尤其關注本省新聞。開設有小說、文苑、雜俎等，融新聞性、知識性與趣味性於一體。
《女界》	民營報紙 孫少荊、方琢章、饒伯康主辦，曾蘭任主筆	1912 年 6 月創刊，該年年底停刊。成都	四川第一份婦女報刊。主要是爲婦女爭取權利，有小說等欄目。

《四川國學雜誌》－《國學薈編》	四川國學院主辦曾培主編	1912 年 9 月創刊，1914 年改名爲《國學薈編》，目前所能看到的最後一期是 1919 年第 4 期。成都	該雜誌「以發揮精深國粹，考徵文獻爲宗旨。」開設欄目眾多，廖平爲國學院校長並爲雜誌撰稿。雜誌學術性比較高，普及性不強，銷路不佳。

　　據上表，1910 年之前成都報刊情形可見一斑。《蜀學報》的情況前文已有所論述，它雖然創辦最早，也爲成都及四川維新立憲運動做出過貢獻，但因其像大多數早期刊物形式一樣，以書代刊，且發行對象主要是官僚士紳，對一般民眾影響實在有限，加之戊戌政變後宋育仁受牽連被除職，《蜀學報》也隨之夭亡，共出 13 冊，持續時間僅有 3 個多月，很難談得上有多大的作用。只不過從成都報刊史的角度看，具有始創性的歷史作用罷了。傅樵村 1901 創辦的《啓蒙通俗報》，以及先後更名的《通俗日報》－《通俗報》－《通俗畫報》，包括 1909 年的《通俗畫報》，都不成規模。傅樵村是個人辦報，資金、技術、出版條件等都難稱完備。儘管傅樵村被認爲是成都「開啓民智的先驅」，〔註 86〕甚至有學者稱其爲「四川報界的開山祖師」，〔註 87〕傅也的確開創了四川報刊及新聞史上多個第一，如「四川第一份宣傳自然科學的報紙──《算學報》」、「四川第一份白話報──《啓蒙通俗報》」、「四川第一份畫報──《通俗畫報》」，〔註 88〕但這些報刊實際的影響並不大，其中最主要的原因是傅樵村所辦報刊規模太小，像《算學報》「僅出兩期就停刊」，其它各報刊發行量與持續時間都很有限。傅樵村眞正貢獻在於其編著的八卷本《成都通覽》，這套書被稱爲「近代的《華陽國志》」，非常細緻地記錄了晚清成都社會文化面貌，是極珍貴的文獻資料。至於其所辦報刊的貢獻與作用反而不是那麼突出。

　　保路運動前的成都報紙，還有《四川官報》－《四川五日報》和《四川

〔註 86〕吳紹伯、林松柏：《開拓民智的先驅傅樵村》，《四川近現代文化人物續編》，四川省政協文史資料研究會、四川文史館編，成都：四川人民出版社，1989 年 12 月。論者稱其爲「四川近代啓蒙運動史上的拓荒者和成都報刊史上的先驅者之一。」參見該書第 217 頁。

〔註 87〕孫少荊：《一九一九年前的成都報刊》，《四川文史資料選輯》（第八輯），中國人民政治協商會議四川省委員會、四川省省志編輯委員會編，成都：四川人民出版社，1979 年 2 月，第 140 頁。

〔註 88〕王綠萍：《四川近代新聞史》，成都：四川大學出版社，2007 年 6 月，第 114～133 頁。

學報》－《四川教育官報》，這兩份報紙實際上是官方報紙，專供官紳閱讀，對廣大民眾少有影響。四川官書局創辦的《成都日報》，雖然是成都地方政府的機關報，但還是有一些地方事務的新聞刊載，是瞭解保路運動前成都社會狀況的難得史料。

　　成都報刊真正成為一種新的力量，對成都社會文化形成結構性的影響是在保路運動時期。在保路運動中成都報刊之所以會噴發式的崛起成為左右政治走向的重要因素，並非偶然，而是其來有自。自張之洞主川以來，四川教育就得以穩定發展，尊經書院培養的學生整體上促進了四川近代化轉變，他們大多參與到清末維新立憲運動中，是四川維新立憲運動的主力軍。維新立憲以來，新式學堂教育及留學生教育更是培養了大批學生，以一組數據就能說明問題，「1907 年川省共有小學堂 7629 所，小學生 233000 餘人；1908 年小學堂 8700 餘所，小學生 277000 餘人；1909 年有小學堂 9700 餘所，小學生 328000 餘人。中學發展略緩，1905 年，普通中學僅 8 所；1907 年 48 所，中學生 5074 人，1909 年 51 所，中學生 5828 人。」〔註 89〕而留學生人數也在逐年增加，僅以留日學生為例。四川學生留日始於 1901 年，共 22 人（實為 23 人，臨行時增加了一名），到 1904 年增至 322 名，1905 年 392 名，1906 年 800 名。〔註 90〕如此規模的新式學生及留學生，自然會形成一股重要的社會力量，這一現象，桑兵在《晚清學堂學生與社會變遷》〔註 91〕中對晚清學生群體和社會變遷之間的關係有詳細論述。此情況也適合晚清四川學生與社會關係狀況。如此多的學生畢業後必然要投入社會，他們需要找尋出路。1905 年已經廢除科舉，傳統的仕宦生活不能再現。這些學生發現其出路處處受阻，又因國事日頹，他們普遍深懷怨尤，追根探源，紛紛把目光投向地方社會諸問題。如留日學生在日本創辦刊物《鵑聲》和《四川》，為四川社會諸問題獻言獻策，甚至直接為川漢鐵路問題提出具體辦法。〔註 92〕同時又在日本加入同盟會等

〔註 89〕《四川近代史稿》，隗瀛濤主編，成都：四川人民出版社，1990 年 4 月，第400 頁。

〔註 90〕同上，第 408～409 頁。

〔註 91〕桑兵：《晚清學堂學生與社會變遷》，上海：學林出版社，1995 年 5 月。

〔註 92〕目前所能見到的留日學生直接為川路獻言獻策的歷史文獻有：第一是於 1904 年 10 月 22 日向錫良發出的《開辦川漢鐵路意見書》，全文約 8000 多字；第二是 1904 年 11 月 27 日發出的《四川留日學生為川漢鐵路事敬告全蜀父老書》，全文約 12000 字；第三是在該年前後發出的《四川留日學生急修四川鐵路白話廣告》和《四川留日學生鐵道厲害詳告》兩份宣傳品，共約 8000 字。

黨會組織，〔註93〕從組織上尋求解救民窮國困的出路。當這些留日學生陸續回國後，大多數回到了四川，以留居成都、重慶爲主，他們在四川政治、軍事、經濟、文化、教育等方面都發揮了重要作用，而發動保路運動就是其具體表現之一。

　　成都保路運動辦報高潮從時間上來看並不僅指 1911 年這一年，而是包括 1910 年和 1912 年。因爲保路運動作爲一個政治事件，其持續時間是比較長的。川漢鐵路問題實際上在 1901 年就已提出，到 1904 年逐漸成爲焦點。隨著四川士紳及留日學生等對這一問題的關注與擴散，該問題就成爲四川全民性的問題。地方士紳包括部分學生，成立各種會社團體，如影響較大的四川商會，後來成立的四川諮議局，其許多議員就是出自該商會，他們紛紛關注如川漢鐵路等地方性事務。爲了會員之間的溝通也爲了擴大影響，更主要是他們已經有了在日本等地的辦報經驗，他們紛紛開始辦報。1910 年創辦的《成都商報》〔註94〕就是例子。該報負責人先後是蒲殿俊、廖用之、樊孔周、朱山，這些人都是成都著名士紳，在民眾中都有較高聲望。更主要的他們熟悉報刊經營，懂得如何通過報刊來製造輿論。保路運動中成都報紙凸顯了報刊作爲宣傳工具的作用，改變了原來成都報刊單一的啓蒙色調，更具有社會性，讓報刊成爲社會演進變化的一支重要力量。

　　成都保路運動時期的主要報刊有《成都商報》－《四川商會公報》－《四川公報》、《蜀報》、《四川保路同志會報告》、《西顧報》、《蜀風雜誌》、《白話報》，這些報紙基本上都是保路同志會所創辦。《成都商報》是四川商會和保路同志會共同創辦的報紙，《蜀報》是四川省諮議局機關報，《四川保路同志會報告》是保路同志會機關報，《西顧報》、《蜀風雜誌》和《白話報》三報都是立憲派創辦的報紙，其辦報宗旨就是爲保路而宣傳吶喊。這些報紙形成一個整體，其主辦者都是同一個群體的成員，蒲殿俊、鄧孝可、朱山是這些報

　　參見《共和之光——辛亥四川保路死事百年祭》，成都：四川教育出版社，2011年 10 月版，第 98 頁。

〔註93〕四川留日學生紛紛參加同盟會，1905～1906 年間，中國同盟會會員約有 960 人，川籍會員卻有 127 人，僅次於廣東、湖南和湖北，其中 1905 年加入的有 44 人，1906 年加入的有 81 人。參見鮮于浩、張雪永《保路風潮——辛亥革命在四川》，成都：四川人民出版社，2011 年 7 月，第 33 頁。

〔註94〕1911 年改名爲《四川商會公報》，辛亥革命後，又更名《四川公報》，1912 年與《中華國民報》合併爲《國民公報》，不久重用原報名，1915 年再更名爲《四川群報》，1918 年停刊。該報是辛亥到五四時期成都重要報紙之一。

紙的總負責人，他們又是保路同志會負責人，也是四川省諮議局負責人，這些報紙體現了他們鮮明的政治主張和保路目的。

　　作為報刊媒介，我們需要分析的是保路運動時期成都報刊是如何具體而微地實現其輿論目的，同時又使報刊在成都社會文化中成為一種重要的力量，影響甚至是決定了成都社會文化質的轉變。

　　根本上講，保路運動時期成都報刊出現噴發式的高峰，不是成都報刊本身發展使然，而是由當時成都社會政治事件──保路運動所決定的。但是我們不能太過簡單的就停留在這一因果決定論的表象，相反我們需要細緻地耙梳其相互影響的過程。保路運動這一社會政治事件提供了一個大的背景，讓我們能更清楚地理解該時期成都報刊的價值與意義，這個背景本身就如吉爾茲所說的「實際背景（contexts）」，〔註95〕也和泰勒所說的「視域（horizon）」或「框架（framework）」相類，〔註96〕它給我們分析具體問題提供了一個更寬廣的視野，能使我們避免單一地從報刊史或新聞史角度片面地考察上述諸種報刊的作用。強調背景、視域或者框架，是因為「事物是否重要、是否有意義，必須針對一個背景而言。」〔註97〕保路運動這個大的背景決定保路運動時期成都報刊的功能性意義，即為保路運動製造輿論。但作為輿論宣傳的媒介，其本身有著非常複雜的變化，比如如何使報刊能夠吸引民眾。按白瑞華的分析，中國民眾對報刊新聞並不感興趣，「除了少數官員和大商人階層之外，大多中國人都有一種局部觀念，對國家的其它地區漠不關心，更不用說外國了；這是一種地方主義的態度，是自然而然形成的，因為中國不僅作為一個帝國，完全自給自足獨立於世界，而且其本身都是由真正自給自足的地區組成的。旅遊或通訊廖之甚少，郵政服務昂貴，至於道路，如中國格言所道『十年好，萬年糟』。民眾對自己鄰里之外的世界感到好奇，但是他們對嚴肅新聞不感興趣，不贊成辦大型新聞社。」〔註98〕所以英國業主弗雷德里克‧美查（Frederick Major）1872年創辦《申報》時，「他決定要超越他自己的關

〔註95〕〔美〕吉爾茲：《地方性知識：闡釋人類學論文集》，王海龍、張家瑄譯，北京：中央編譯出版社，2000年3月，第6頁。

〔註96〕〔加〕查爾斯‧泰勒：《本真性的倫理》，程煉譯，上海：上海三聯書店，2012年2月，第15頁。

〔註97〕同上，第15頁。

〔註98〕〔美〕白瑞華：《中國近代報刊史》，蘇世軍譯，北京：中央編譯出版社，2013年12月，第16頁。該書1933年英文初版。

係，讓中國編輯主辦一份基本體現中國格調的報刊，他沒搞出版宣傳，感到只需要給中國人提供一份他們會花錢看的報紙。」〔註99〕這說明報刊在中國創辦初期，就已有因地制宜的辦刊策略。同樣，保路同志會在成都所辦的各報刊，除了有在日本辦報的模式和經驗外，更重要的是如何制定與成都及四川整個社會民情相適應的具體策略。在這一點上，保路同志會創辦經營報刊的人員可謂是下足了工夫。

成都作爲一個內陸休閒消費城市，有著悠久的市民休閒文化傳統，嚴格遵守四民社會結構的模式而運行，民眾既不知道也不關心政治社會問題，他們對社會民情的觀察往往通過熟人——親朋友鄰而實現，具體實現場所常常集中在茶館。王笛等學者用「社會空間」來指稱晚清民國成都的茶館，其意也在看重茶館的這一功能。如何讓寧願坐在茶館內擺龍門陣的四川人，能對保路運動這樣的社會政治事件產生興趣，甚至是使其參與其中，這是保路同志會諸人需要做的實際工作。宣傳的途經很多，如舉行遊行、集會、演講等。當然最有效的還是創辦報刊。報刊具有時間上的持續性，不像演講等受時間和空間的限制，甚至受演講者個人形象和能力的限制，演講的效果不具有確定性。只有報刊是輿論宣傳的最佳方式。這也是晚清維新以來眾多知識分子立足於報刊事業的原因之一，他們非常清楚報刊在啓迪民智及製造輿論等方面的重要作用。保路同志會諸人當然也清楚這一點，因此他們把重心放在報刊上，上自四川諮議局局長蒲殿俊下到保路同志會普通會員，都積極投身到成都報刊的創辦，這才出現 1911 年創辦 20 種報刊的盛況。

綜覽保路同志會創辦的《蜀報》、《四川保路同志會報告》諸報刊，不難發現其辦刊的基本策略和方法。首先是從報刊內容上調整之前成都報紙寬泛的啓蒙色彩，轉向對社會政治事務的集中關注。如保路運動之前傅樵村創辦的諸報刊，無一不是具有濃厚的啓蒙色彩，因其無法引起民眾的關注熱情，效果甚微。此時的保路同志會創辦諸報，大力關注地方、國家事務。以《蜀報》第一年第四冊（1910 年 9 月）爲例。該期開設有「論旨」、「論說」、「專件」、「批評」、「紀事」、「文匯」、「譯叢」和「附篇」共八個欄目，除開「文匯」欄中刊載有幾首詩歌外，其它欄目皆與時事社會政治相關。「論旨」刊錄的是皇帝給軍機處和攝政王的奏陳的答覆；「論說」欄有四篇文章，分別是吳

〔註99〕〔美〕白瑞華：《中國近代報刊史》，蘇世軍譯，北京：中央編譯出版社，2013年 12 月，第 84 頁。該書 1933 年英文初版。

虞《辨孟子闢楊墨之非》、程瑩度《財政與國會之關係》、白堅《論蜀人由今當竭誠竭智竭力於立憲》和葉治鈞《論滬莊倒欠川路公司存款》；「專件」是《川督路款入奏稿》；「批評」欄是關於四川地方社會現象的兩篇文章，苦趣的《鄉鎮巡警》，另一篇是未署名的《秀山人之媚官》；「紀事」欄登載的是關於政治社會的「本國紀事」、「本省紀事」和「外國紀事」，類似於目下報刊的「時事新聞」；「譯叢」是《西史逸聞》；「附篇」是《國會請願同志會意見書》。由此可見此時期成都報刊，尤其是保路同志會所主持的報刊，對於社會政治經濟問題的關注程度之高。《蜀報》創刊於 1910 年，其關注社會政治經濟內容的程度已是如此，到 1911 年保路運動發生後，像《四川保路同志會報告》和《西顧報》這樣的機關報，其內容幾乎全是時事政治經濟。

其次報刊文章形式，進行地方化實踐。用「一些白話文寫的文章與唱詞，可以用四川民間最流行的曲藝形式如金錢板、荷葉來演唱，如《四國借款合同歌》、《鐵路國有歌》、《川民吁天歌》、《法律保護歌》、《來日大難歌》、《鐵路醒心歌》、《川路鐵路特別股東會停辦捐輸歌》、《創一錢捐修鐵路歌》、《同志歌》、《四條好漢歌》、《快辦民團歌》、《敬告伯叔弟兄》等等，全用口語，通俗易懂，剖析詳盡，感染力強，是四川近代文化史上文藝為政治服務的典範。」〔註100〕這種形式上的地方化，使時事政治經濟問題娛樂化與大眾化，讓更多的民眾能夠簡單明瞭地接觸到社會諸問題，擴大了報刊讀者的範圍。對於識字率及對報刊新聞不太感興趣的成都民眾來說，這種改善無疑起到重要的作用。

再次是報刊刊載大量的讀者來稿文章。在登載這些讀者文章時，選編者多選故事性較強的個人經歷，或詩歌或散文或唱詞，不拘一格。如署名「大江東」的《鐵路國有歌》、「賴心子」的《修鐵路歌》、「劉四」的《盛宣懷賣路賣國罪狀》、「陳介藩」的《保路同志會喚起國民長歌行》、「華陽張繼留」的《鐵路醒心歌》。民眾所寫的還有，《鐵路國有詞》、《閱保路同志會報告有感》、《快辦民團歌》、《蜀道難》、《哭路權》、《哭先皇帝歌》、《詠女同志會成立》、《詠小學生組織同志會》、《〈西顧報〉出版祝詞》、《盛奴罪狀歌》、《保路歌》、《送保路同志會代表》等。〔註101〕

〔註100〕《共和之光——辛亥秋四川保路死事百年祭》，四川博物院編，成都：四川教育出版社，2011 年 10 月，第 177～178 頁。

〔註101〕鮮于浩、張雪永：《保路風潮——辛亥革命在四川》，成都：四川人民出版社，2011 年 7 月，第 158 頁。

　　保路同志會報刊通過這些基本策略非常快速地抓住了成都及四川讀者，各報發行量迅猛增長，「《西顧報》（保路同志會機關報），日銷 8000 份，罷市罷課後猛漲至 14000 多份。『成都血案』後該報被封。《保路同志會報告》也是機關報。（按：該報在李劼人《大波》中有提到。）該報初期發行 15000 份，罷課罷市後日出 5～6 萬份，爲清末四川報刊發行量之首。」〔註 102〕即便如此，仍不能滿足讀者的需要，出現「頃又數人稱：其家婦孺每日望本報告幾如望歲」的盛況。

　　通過保路同志會的報刊宣傳，加之其它宣傳途徑，成都及四川民眾積極踴躍地閱讀報紙，參與到保路運動中。成都各界民眾，包括教師、學生、工人、宗教人士、官兵、商人、演藝人士、婦女等都加入該運動，「半月以來，無日無會，無會不數千人。報名者十五日內，無日不紛至沓來，近萬未艾。無論男女，無論老少，無貧富貴賤，無知愚不肖，無客籍西籍，莫不萬眾一心，心惟一的，惟知合同失利，惟知破約保路，直提出其靈魂於軀殼之外，以赴破約之一的。如狂如癡，如醉如迷，如是噴湧無絲毫偏激，嚴守秩序，死力進行。」〔註 103〕這樣的效果與保路同志會報刊的輿論宣傳直接相關。

　　保路運動時期的輿論宣傳雖然使報刊第一次在成都顯示了其巨大的能量，但作爲一種報刊文化空間，還需要有經常性的組織結構。政治性的事件儘管能促成報刊的繁盛，同時也會隨事件的結束而消失，當 1911 年 9 月趙爾豐取締《四川保路同志會報告》和《西顧報》後，一定程度上削弱了報刊對政治介入的熱情。這時候穩固的報刊組織就非常重要，它能起到抵禦政治壓迫和聯結報刊同人的作用。作爲成都報刊中堅人物之一的樊孔周基於此創辦了成都報界組織「報界公會」，「民初，爲了引導輿論，保證輿論自由，由有關方面倡導，各報館聚會成立報界聯合會，並發表宣言。報界聯合會主要協調報界內部關係，並起一定的制約作用。」〔註 104〕同時也是成都報界同人們聚集的固定性組織，每星期聚議一次，加強報界同人之間的聯繫，有利於形成行業性的報刊結構空間。

〔註 102〕《變革與發展：中國內陸城市成都現代化研究》，何一民主編，成都：四川大學出版社，2002 年 4 月，第 803～804 頁。
〔註 103〕鮮于浩、張雪永：《保路風潮——辛亥革命在四川》，成都：四川人民出版社，2011 年 7 月，第 152 頁。
〔註 104〕《變革與發展：中國內陸城市成都現代化研究》，何一民主編，成都：四川大學出版社，2002 年 4 月，第 809 頁。

樊孔周所創建的成都第一個報人組織「報界公會」，該組織所做的具體事件及所起的作用有：1、整頓規範行業行為。民國初年，成都新聞界頗多陋習，有些記者，愛坐拱竿轎子出去採訪新聞，晚間轎子前還要一個人打燈籠，燈籠上用扁體字寫明「××報記者」，有如官老爺出門拜客一樣。樊孔周通過報界公會，提出意見，並勒令其改正，一定程度上整肅了成都報界的不良風氣。2、為女記者爭權利。晚清民初女性參與社會事務者很少，女性作為新聞記者在成都更是少見，曾蘭主持《女界報》非常不易，處處受到社會各界的限制冷遇。當時四川省總政處和省議會舉行會議，會議不通知《女界報》派記者參加，樊孔周知道此事後，聯合報界公會，向會議籌備處負責人董特生、鄧孝然力爭，迫使其增設了女記者席位。3、支持言論自由。1914年袁世凱高壓政策在四川得勢，吳虞在《群醒報》上寫了一篇非孔的文章，該報被勒令停刊。接著，《四川民報》等十幾家報紙又被查封。官府還規定編輯、記者不准年輕人充任，同時規定每人要向官府先繳八百元押金，企圖阻撓青年人當記者，限制報刊的言論熱情與自由。樊孔周聯合報界公會，據理力爭，為報界爭權利，最終官府把押金和年齡限製取消。這些活動使成都新聞界成為一個整體，顯示了其力量，對地方勢力平衡起到了很好的作用。〔註105〕《工商日報》更是以報刊的力量，搜集證據向諮議局舉證巡警道周肇祥在忌辰日大宴賓客，諮議局遂提出彈劾案，周百般營謀而不得，被迫離開成都。此事充分顯示了報刊對社會的監督作用，也讓成都官場知道報刊的勢力。〔註106〕

作為一種獨立的文化形態，成都報刊在保路運動時期第一次顯示出巨大的力量，形成了成都文化空間的初步樣態。進入民國後，尤其是民初，成都報刊繼續其發展勢頭，許多有特色的報紙面世，如孫少荊主持的《公論日報》等。一些報人也是在此階段發揮其文化人的功能，如吳虞，是民初成都報界的活躍人物，同時兼任幾大報紙的主筆、編輯等。但是這種報界繁榮的狀況並沒有長久持續下去，1913年之後，袁世凱政府強力彈壓報刊輿論，多數報紙被取締，報刊「成為官僚主義控制的範圍」，一時間成都報界又進入無聲狀

〔註105〕紹英：《獻身文化事業和實業建設的樊孔周》，《四川近現代文化人物續編》，四川省政協文史資料研究會、四川文史館編，成都：四川人民出版社，1989年12月，第212頁。

〔註106〕孫少荊：《一九一九年之前的成都報刊》，《四川文史資料選輯》（第八輯），中國人民政治協商會議四川省委員會、四川省省志編輯委員會編，成都：四川人民出版社，1979年2月，第141頁。

態。直到五四運動時期，成都報刊才恢復其活力，重新發揮其作為社會輿論的喉舌作用。

　　與保路運動時期不同的是，五四運動時期的成都報刊，辦報主體及宗旨、方針等都有較大的變化。保路運動時期，辦報主體基本上是士紳，除了保路同志會控制的報刊是蒲殿俊等開明士紳外，其它報刊，包括一切教育文化等行業都為士紳所掌控。這是由於彼時的士紳具有這樣的優勢和能力，也有可資利用的社會資源，當時的士紳，「都是有功名的，不是科舉出身，就是在外作過官回成都來休養的，能詩、能文、能寫字；做官還沒有何種大污點，在鄉也自然有些清譽。精力還相當有剩餘的，還各管理著教育事業或慈善事業。」〔註107〕這一士紳群體基本上控制了成都乃至四川文教及報刊等行業，如「諮議局議長蒲殿俊是進士，副議長羅綸是舉人。四川省高等學堂監督顏楷是翰林院庶吉士，成都紳班法政學堂監督邵從周是刑部主事，成都慈善堂主持人張瀾是舉人，鄧孝可曾辦鹽政，為主事出身。周鳳翔為進士，任省高等學堂監督。葉秉誠、蒙裁成、王銘新等人皆是當時以紳士資格在成都辦教育教書。這些人是當時保路運動的首要領導人，他們的門生故吏遍四川，在民眾中有一言九鼎的作用。而在督署官府的高壓下，他們又能氣節如山，勢不可侮，所以，又能成為民眾的馬首。」〔註108〕與保路運動時期成都報刊被士紳主宰相比，五四運動時期成都報刊掌控者基本上是以新式學堂的學生為主，如五四時期在成都影響較大的三大報紙，《星期日》、《威克烈》和《四川學生潮》，其主持者多為學生。報刊主辦者主體身份的變化，也決定了辦報宗旨和方針的變化。保路運動時期報刊是極力煽動民眾參與保路之事，但決策運籌及事態變化，民眾是無從知曉的，這在李劼人《大波》中有非常明顯的體現，小商人傅隆盛充滿激情地投入保路運動，又非常沮喪地看著運動的失敗，他自始至終都不知道保路運動是怎麼回事。保路運動時期的報刊傳媒與民眾之間有不小隔閡，儘管從報刊形式上有諸多向民眾傾斜的改進，但無法改變其本質上的政治啟蒙格調。而到了五四運動時期，情況發生了根本性的變化。最早在成都發起五四運動的是學生，是學生引領著五四運動在成都的展開。

〔註107〕李璜：《辛亥革命在成都——對當時民情的分析說明》，《四川文物》第 168
　　　　 期，第 56 頁。
〔註108〕譚繼和：《四川保路運動和巴蜀文化的現代化》，《巴蜀文化辨思集》，成都：
　　　　 四川人民出版社，2004 年 6 月，第 440 頁。

　　五四運動暴發後，成都各界紛紛響應，並積極行動起來，成立各會。如學生組織後援會、工業界同心愛國、國民大會籌備會召開預備會、女界組織女子外交後援會等等。又舉行示威遊行，舉辦集會。然後是抵制日貨的運動。「學生們爲了決心，砸了自己使用的洋瓷臉盆，撕爛自己身上穿的洋布衣服。學生罷課，工人罷工，把商店的『仇貨』抄出來當眾燒掉。成都全城大、中、小學生萬餘人，遊行示威。前排四個女學生高舉紅、黃、藍、白、黑五族（漢、滿、蒙、回、藏）共和的國旗走在前頭，打破女子內言不出，外言不入，男女學生不同行的封建陋習，高呼『打倒日本帝國主義』、『打倒賣國政府』，『還我青島』，『抵制日貨』走過長街，驚天動地。」〔註109〕

　　更爲主要的是學生組織會社和出版報刊，僅五四時期（1919～1921 年）成都共創辦報刊達 53 種之多，而其中與學生相關的報刊不下 20 種，〔註110〕可見學生群體在五四時期成都社會文化中充當的重要作用。

　　五四運動，在全國範圍掀起了新文化運動的高潮，成都也在全國潮流的推行下，展開了宣傳新文化的運動。一九一九年創辦的《星期日》，李劼人和陳岳安就是其主要發起人和主要撰稿人。《星期日》是成都進步文化人士創辦的較爲開明的報紙，雖不是學生創辦，但觀念上趨近，一併納入進來。外國語專門學校也創刊了《威克烈》（乃英文 Weer 之音譯）宣傳新文化。同時創刊的還有由袁詩蕘和劉研僧主辦的當時成都學生聯合會機關刊物《學生潮》，主要反對宋育仁的經學思想。一九二〇年初吳先憂和巴金、袁詩蕘等創辦《半月》，在其存在的一年中，共出了二十四期。十一期以後，《半月》轉而宣傳「無政府主義」，正面反對軍閥對新文化之摧毀。《半月》被查封後，同人復創辦「利群讀書社」，便利群眾借閱圖書雜誌，甚至不要租金，宣傳新文化。時值成都「聚興城」銀行欲創辦一《警群》雜誌，繼續進行新文化宣傳，僅出一期後被封。

　　五四時期成都報刊文化狀況，較保路運動時期更爲豐富多層，各種主義的報刊紛紛出現。而學生充當了報刊創辦者的主要角色，使成都報刊具有了新的質素。這也是在分析五四時期成都報刊需要特予論述的地方。

〔註109〕秦德君：《暮雲深——我和劉伯堅》，《龍門陣》1987 年第 1 期，成都：四川人民出版社，1987 年 1 月，第 34 頁。

〔註110〕參見王綠萍編著《四川報刊五十年集成（1897～1949）》（四川大學出版社，2011 年）和《成都市志·報業志》（四川辭書出版社，2000 年）中關於五四時期成都報刊介紹的相關內容。

第三章 新文學在成都的發生與展開

　　晚清以來，成都社會文化在眾多地方士紳及近代知識分子的救世突圍中得到一定程度的改變。尊經書院的開創，進一步加大了成都及整個四川人才的培植力度，王朝晚期的這些人才在各個領域貢獻自己的力量，整體上推進了四川現代化的轉變。加之四川與上海等沿海地區商貿往來的加強，處於內陸的成都，也漸漸融入資本主義市場體系，上海等地的工商產品也能在極短的時間內出現在成都街頭。處於引領社會風潮的報刊書籍就是在此時大規模的出現在成都，「華陽書報流通處」開辦，中華書局、商務印書館等大書店在成都開設分店，營銷報刊書籍。由此，晚清以來，尤其是戊戌維新、辛亥革命之後，成都社會文化氛圍驟然一變，與整個中國社會歷史進程聯繫到了一起。

　　晚清以降成都社會文化的轉變表現在各個方面，經濟、軍事、文化、社會風尚最為明顯。單從文化的角度來看，這一時期成都可謂是新舊雜陳、尊孔與趨新共存，第二章已詳細地論述了晚清到辛亥之後成都的報刊文化空間，本章將考察這一時期成都的文學情況。

第一節　舊詩詞中的新內容──時代更替中的成都舊式文人與文學

　　清以來成都文壇與四川社會變遷相疊進。清初成都文壇普遍蕭條，只有費氏父子（費密、費錫琮、費錫璜）稍有文名，費密是「繼楊升菴之後為中

華和巴蜀文化作出了卓越貢獻的成都人」。〔註1〕但整體上看,清初成都文壇
凋敝,鮮有影響較大的作家與作品。到了乾隆、嘉慶以後,成都文壇才逐
漸復蘇,出現了像彭端淑〔註2〕、李調元〔註3〕、張問陶〔註4〕這樣聞名全國
的詩人,此三人被稱爲「清代四川三才子」。晚清以來,成都及四川文學才
得到突飛猛進的發展,文壇呈繁榮景象,入選《近代巴蜀詩鈔》的詩人就有
二百零三人之多,詩作達五千首,〔註5〕而成都詩人亦不下五十人,且影響較
大的近代巴蜀詩人大部分都出自成都或與成都相關,如趙熙、宋育仁、吳
文英、駱成驤、林思進、吳虞、李思純、龐石帚等都短期旅居或長期定居
成都。正是這時期的成都文人與文學創作標舉了晚清整個四川文學水準與
成就。

　　吳虞在概述清代四川文學總貌時,也是著重強調晚清四川文學成就,「勝
清之世,文學丕變,遠軼前古,康、乾、嘉、道之際,作者如林,而吾蜀之
士,乃闃然莫預。至同治十三年,始建尊經書院於省城以造士。張香濤、譚
叔裕、朱肯夫先後督學,振拔淹滯,宏獎風流;而吳仲宣、丁稚璜、易笏山
諸當道,愛才樂士,以左右之。又得王壬秋(闓運)先生,高才碩學,爲之
師表。於是蜀士彬彬向學,同風齊魯矣!其時則有若吾師名山吳伯朅先生,
井研廖季平,德陽劉健卿,富順陳元睿,新津周雨人,酉陽陳子京,華陽顧
印愚,成都胡念孫,漢州張子馥,綿竹楊叔嶠,靡不洋洋炳炳,蔚然並著;

〔註1〕 張莉紅、張學君:《成都通覽・清時期》,成都:四川人民出版社,2011年11
　　　　月,第452頁。
〔註2〕 彭端淑(約1699年~約1779年),字樂齋,號儀一,四川眉州人。1733年進
　　　　士,曾在成都錦江書院執教10年之久,著有《白鶴堂文稿》(2卷)、《白鶴堂
　　　　詩稿》(2卷)、《粵西紀行草》(1卷)。李朝正、徐敦忠著有《彭端淑詩文注》
　　　　(巴蜀書社,1995年4月),可以看到其詩文全貌。
〔註3〕 李調元(1734~1803年),字美堂,號雨村,四川羅江人,1763年進士。著
　　　　有《童山文集》(20卷)、《童山詩集》(40卷)。蔣維明著有《李調元》(四川
　　　　教育出版社,1991年12月),陳紅、杜麗編注《李調元詩注》(巴蜀書社,1993
　　　　年3月),閱讀此二書大致可以瞭解李調元生平和著作情況。
〔註4〕 張問陶(1764~1814年),字仲冶,號船山,亦號蜀山老猿,四川遂寧人,
　　　　1790年進士。著有《船山詩草》(20卷)、《船山詩草補遺》(6卷)。趙雲中
　　　　等《張問陶詩選注》(四川文藝出版社,1985年11月)、胡傳淮《張問陶年
　　　　譜》(巴蜀書社,2005年1月),中華書局2000年出版有《船山詩草》(上下
　　　　冊)。
〔註5〕 見《近代巴蜀詩鈔》(巴蜀書社,2005年5月)前言。該詩鈔初收巴蜀詩人二
　　　　百三十家,詩作七千五百首,後精簡到詩人二百零三家,詩作五千首。

其它瑰瑋淹雅之材，不可勝數。」〔註6〕吳虞所列舉的這些晚清四川文學高才之士，大部分定居成都，成都是他們的生活與創作環境。因此成都晚清文學狀況，也一定程度上代表了晚清時期整個四川的文學狀況。更爲主要的是，以成都爲中心集中的這些四川文人墨客，他們在時代丕變之際表現出了相同且獨特的文學心態和文學風格。

　　中國文學從舊向新轉變，之前的研究者往往從文學本體的角度來研究十九世紀末二十世紀初中國文學的轉型，強調內容的新質和形式的新變，〔註7〕而對文學轉型機制和文學創作主體的關注不夠。作爲社會文化現象之一種，文學研究不可能僅僅局限於文學本體，文學新變產生的社會文化氛圍、生產機制、創作群體等等更應受到重視。從更大的範圍和角度來展開近現代文學研究，近些年也越來越被研究界所重視，尤其是對晚清民國這段時期的文學研究，更加注重對與文學相關的各種社會因素的考察，除了報刊出版等傳播機製成爲研究熱點外，晚清民初文人群體也是研究者所關注重點之一。不是因爲其重要所以才研究，而是因其研究對認識、理解和闡釋晚清民國諸多文學現象有直接幫助。

　　具體來看，在近代四川文學或者成都文學研究中，很少有研究者從文人

〔註6〕　吳虞：《重印曾季碩〈桐鳳集〉序》，《吳虞集》，田苗苗整理，北京：中華書局，2013 年 4 月，第 232 頁。

〔註7〕　劉納認爲新文學「內容方面，表現爲反封建、反專制、反神權，要求民主和人性解放。形式方面，表現爲形成新的文學體裁、表現手法和使用比較接近口語的、本民族的文學語言。」參見劉納《嬗變——辛亥革命時期到五四時期的中國文學》，中國社會科學出版社，1998 年 9 月，第 1 頁。而袁進也認爲五四文學與舊文學的區別在於「舊文學把『文』看成『道』的顯現，『道』主要指的又是政教。『五四』時的新文學已經意識到文學是表現人生的，『人生』就是人的生命體驗。這樣，文學也就由『道』轉向了『人』。舊文學是崇尚『徵實』的，排斥虛構想像，因此歷史著作、議論文、碑銘、書信等應用文都是『文學』，反倒把小說戲曲排斥於『文學』之外。五四新文學在文學範圍上做了大幅度調整，把形象的『虛構』作爲文學的特徵。因此，小說戲曲成爲文學的正宗，而大部分紀實作品如歷史著作，以及論著、應用文則被請出文學的圈子。舊文學把『中和』之美看成最高的審美規範，『五四』新文學打破了這一規範，主要正視人生，正視現實，於是悲劇才有了一席之地。舊文學把先秦典籍作爲文學語言的規範，『五四』新文學卻認爲這樣的語言已經難以表現現代人的生命體驗，提倡運用生活中使用的白話來表現人生。」參見袁進《中國文學觀念的近代變革》，上海社會科學出版社，1996 年 10 月，第 1 頁。劉納的論述簡單明瞭，袁進論述更爲細緻，但大致意思不差，都是從文學新質和形式新變兩個方面加以凸現新舊文學之間的差異。

群體的角度來展開研究，基本上還是以作家作品為主的個案研究，這種研究
讓人總有只見樹木不見森林的遺憾。前文述及，晚清民國成都是四川乃至西
南的政治文化中心，眾多文人聚集於此，形成了如吳虞所稱頌的文學盛況。
如此多的文人，又處於社會巨變時期，他們之間的交往、酬唱、心態，對詩
歌創作和文學演進都有著直接關係。

　　1840 年之後，尤其是 1873 年張之洞入川對四川社會文化及士風的整頓，
四川文化狀況出現了現代之前最大的一次飛躍，且持續時間很長，直到民國
後期。大量人才湧現，推進了四川社會文化的整體變革。聚集成都的大量文
人，除了有在位的官員外，還有不少結束仕宦生涯歸鄉的士紳，這些人不是
回到偏遠的鄉村，而是定居成都，或者不時居住成都。

　　趙熙便是晚清成都文壇較為重要的詩人，他影響了成都文壇風貌的變
化。趙熙因多年官宦北京等地，在成都居住的時間並不長，〔註8〕但因其文名
遠播，且弟子眾多，〔註9〕其在四川文壇影響仍然不小。

　　趙熙在成都時，在好友林思進的招引下，成都文人爭相趨附，遊覽勝
地、雅集酬唱，把末世文人情誼與心態充分展現。成都名勝一一出現在趙熙
詩中，「錦城」、「草堂」、「武侯祠」、「薛濤井」、「文殊院」、「青羊宮」、「百花
潭」、「江樓」等成了他詩詞中反覆吟詠的對象，其中寫「草堂」與「江樓」
多達二十多首。細讀這些記遊唱和之作，除了有文人懷古緬勝的情感之外，
還有一層非常濃烈的末世之感。他看到的「錦城」是「山與樹蒼蒼」、「初日
錦城涼」，「草堂」也變成「經亂佛僚荒」，「武侯祠」裏所見的是「日暮自飛
鴉」，而在《翠樓吟‧江樓送別三十九人，愴然賦此》中更是對一干送別的
「合黨賢遺耆」們長歎「神州前路」、「明朝何處」。趙熙與成都文壇這種共時
共空間的「同處唱和」〔註10〕並不多，更多的是「隔空唱和」，比如與林思

〔註 8〕趙熙一生只有四次到成都居住，且時間都不長，第一次是光緒三十四年（1908
　　　年）「胡駿邀赴成都，留二十日。」第二次是民國五年（1916 年）成都短暫行；
　　　第三次是民國八年（1919 年）「春，應楊庶堪約，往遊成都。秋，返榮縣。」
　　　第四次是民國九年（1920 年）「春初，復應楊庶堪之聘，主修通志，再至成
　　　都。……十月，返榮縣。自此，二十六年不到成都。」以上所引皆出自《趙
　　　熙年譜》，《趙熙集》（下），浙江古籍出版社，2014 年 4 月，第 1124、1127、
　　　1127～1128 頁。
〔註 9〕趙熙門生眾多，較有名的弟子有：周善培、江庸、向楚、黃復生、謝持、吳
　　　玉章等。
〔註10〕鞏本棟在《關於唱和詩詞研究的幾個問題》（《江海學刊》2006 年第 3 期）中

進、李思純、吳虞、龐石帚等成都文人們的唱和，大部分通過書信來完成。這種唱和除了起到文人間交往的功能外，更主要的是呈現了成都文壇的基本生態樣貌。

與趙熙和成都文壇這種較爲疏離的關係相比，長期居住成都的文人們之間的雅集唱和就要緊密得多，也更加引人注目。林思進是成都文壇唱和燕集的主要人物之一，他詩歌中記述該類事情的詩作也最多。而且林思進所交遊唱和燕集的詩人範圍之廣、次數之多、規模之大，整個晚清成都文壇罕有匹敵。更爲重要的是，這些唱和燕集的詩作，所表現的沉沉心態，迥異於慣常被詬病的唱和詩，而是浸透著亂世末路之感，如寫於壬子（1912 年）的一首詩，《壬子二月，申叔、無量同遊花市，時並有買園少城之約》，便是如此。其詩曰：

> 危城坐送年，薄遊始春半。晴曦幾日照，風花已凌亂。佳客有南來，羈孤逢世難。豈無漂泊思，襟懷聊得散。青年仙靈宅，紅鵝人世換。誰言繁華異，未覺凋疏慣。大車感塵冥，清江目石爛。魴魚毀自深，山鳥嚶相喚。蹉跎顧餘歲，濡遲乏長算。勤君抱寬期，跂餘買園灌。〔註11〕

即使是遊玩花市，也殊覺景色無趣，「風花已凌亂」，加之是「危城」且已「春半」，和「南來」「羈孤」在成都的朋友，怎能有好心情呢，不如買一宅院窮歲終老罷了。這首記遊詩就把保路運動之後成都士人們的心態與精神狀況刻畫出來，深深的失落與哀意盡在詩行間。

成都文人們的唱和燕集有一些固定場所，比如「江樓」、「草堂」，而以林思進爲首的成都文人們經常燕集的場所是「霜甘閣」，即林思進家宅。《癸亥冬日小集霜甘閣，酒後感時作歌，呈廖井研師平、張式翁及同坐諸子兼柬宋問琴東山》、《己巳人日霜甘閣燕集，因屬孝谷爲圖，自作長歌紀之，且徵同人體詠》、《臘八燕集霜甘閣壽陳孟孚先生鍾信》、《丙寅春分，燕集霜甘閣，有懷仙喬，時歸修〈巴縣志〉》、《上九招孝谷翁，沈淯庵與及門諸子集飲霜甘

把「唱和」分爲四種類型，而「同處唱和」便是其一種，即「共同的地理環境構成了彼此的唱和。……其代表是君臣、府主與幕僚、同官之間的唱和。」見該文第 163 頁。本書所使用此概念，其範圍有所擴大，不僅僅是局限於官宦階層，強調其身份地位，而是注重地理空間上的同一性。

〔註11〕林思進：《清寂堂集》，劉君惠、王文才等選編，成都：巴蜀書社，1989 年 1月，第 27 頁。

閣。因出辛亥都門諸公在謝文節祠餞別攝像，時予年三十六，袷衣責鬢，猶白豐皙，非指示之，幾不辨識。俛仰滄桑，遂成衰老，孝谷則與予同歲生也》、《人日集霜甘閣小集賦呈同坐諸君子》等，都是在霜甘閣雅集時的詩作。霜甘閣既是成都文人聚會的現實場所也是文人們的符號標籤。到霜甘閣燕集唱和的文人們，皆有文名，有廖平、曾孝谷、張星平、向楚等，皆是彼時成都文壇的著名文人，而常常燕集的有「李君亞衡培甫昆季，曾君孝谷，龔君向農，向君仙喬，祝君屺懷，趙君少咸，龐君石帚，凡此主客九人」，他們聚集於此，不單單是文人之間以增進情誼的交遊，而是有一種末世文人同病相顧的儀式性質。僅看這些聚集的日子，「冬日」、「人日」、「春分」、「上九」等，他們選擇的是具有傳統紀念意義的節日，在這些日子燕集酬唱，無疑具有某種儀式感，有著不同尋常的文化意義與象徵意義。他們「燕於霜甘之閣」是要忘卻「浮沉鄉里，固已厭見生人；劻勷兵戈，誰復強爲勝集。」而這些唱和「盡是傷心之作」。﹝註12﹞累世視功名爲圭臬的文人們在社會巨變之期進退失據，尤其是經歷保路運動之後的四川，軍閥梟起，成都更是成爲各路軍閥爭奪的重地，巷戰連年累月，生靈塗炭。對社會，文人們已無能爲力，可又不甘心如此，唯有借助這些節日燕集與同道諸友喝酒賦詩，聊以遣懷。而這種以祭奠與遣懷爲主旨的燕集唱和，漸漸擴大成一種常規的文人儀式，影響到成都文人們的行爲舉措。

曾孝谷是現代話劇的先行者和元老之一，1906 年底與李叔同等在東京創建綜合性文藝社團春柳社。曾孝谷作爲春柳社中堅分子之一，對春柳社及中國話劇始創有著重要的作用，他所改編的「《黑奴籲天錄》（五幕劇）是新興話劇第一個創作劇本。這是中國戲劇史上的一個歷史性轉折，是中國戲劇在從古典形態向現代形態的發展中邁出的重要一步。」﹝註13﹞這樣一位中國話劇開創性的人物其後並沒有在戲劇界發揮其力量。他甚至沒有留在現代文化中心的上海，而是回到了閉塞的家鄉成都。無論是在中國話劇史上還是新文學史上，曾孝谷自此之後便了無音訊。

實際上，辛亥後回到成都的曾孝谷，開始時仍想在話劇事業上有一番作爲，在成都創辦「春柳劇社」演話劇，創作並導演了反封建倫理道德劇《好

﹝註12﹞ 林思進：《清寂堂集》，劉君惠、王文才等選編，成都：巴蜀書社，1989 年 1月，第 705 頁。

﹝註13﹞ 《中國現代戲劇史稿・緒論》，陳白塵、董健主編，北京：中國戲劇出版社，2008 年 9 月第 2 版，第 5 頁。

兒子》，改編上演《熱血》、《黃金塔》等。〔註14〕但奈何成都閉塞守舊，話劇這種新事物根本無人觀看，空有抱負的曾孝谷只能以教書和撰文度日。〔註15〕20 年代楊森督理四川時，曾孝谷得以委任民眾教育館長之職，曾有光興話劇於成都的舉措，〔註16〕後也無疾而終。漸漸，曾孝谷志氣消沉，慢慢加入到成都文人圈子，與林思進、李思純、李培甫、向楚等成為摯友，燕集唱和，詩酒文章，聊慰不堪之世與不伸之志。曾孝谷除了應招參與燕集外，還自己組織唱和。最為明顯的就是他「每年臘月為蘇東坡作生」，招集朋友向蘇東坡像祭拜，喝酒作詩加以祭奠。好友李思純用詩歌記錄了曾孝谷在蘇東坡生日招飲事，《曾孝谷延年招作東坡生日賦示同坐諸君》、《坡公生日孝谷招集齋中拜坡像》。在《曾孝谷延年質宣超兄弟挽詩》中，李思純寫得更明確「年年壽坡翁，招我傾壺觴。」曾孝谷如此祭拜蘇東坡，無不有幽懷別抱之意。身處亂世，性命與理想皆空，〔註17〕穿過歷史霧霾隔空遙拜蘇東坡或許能獲得些微安慰。

　　值得注意的是曾孝谷「為東坡壽」並不是晚清文人活動的孤立現象。「為東坡壽」實為乾道京師及各地文人雅集的傳統項目，〔註18〕既與清代宗宋詩風有關，也與清代文人雅集盛行有關。現無法考證曾孝谷在成都獨標特異地

〔註14〕鄧經武：《二十世紀巴蜀文學》，成都：電子科技大學出版社，1999 年 8 月，第 67 頁。

〔註15〕王善生、秦彤：《中國早期的話劇倡導者曾孝谷先生二三事》，《文史雜誌》1986 年第 3 期，第 6 頁。

〔註16〕1924 年楊森任四川督理，王瓚緒主持市政，對成都少城公園進行改造，設立通俗教育館。第一任館長是著名實業家盧作孚，到任不久即因另有高就離職。繼任館長曾孝谷，「他任館長後，即將樓房西邊一排平房改造為演講廳，曾在廳內放映我國第一部黑白無聲影片《孝婦耕》，並演文明戲（即話劇）和舞蹈等，可謂開風氣之先。記得某晚演出《葡萄仙子》舞蹈，由音樂家葉伯和飾仙子，男扮女裝，在翩翩起舞中還略帶靦腆。」參見譚明禮、劉邦彥：《少城公園》，《龍門陣》1995 年第 5 期，第 89 頁。

〔註17〕19 世紀 20～30 年代四川軍閥混戰，成都更是重災區，曾孝谷家宅多次被炸，1930 年曾差點被埋於炸毀房屋中。話劇理想早已破滅，身家性命也幾近成空。由此造成曾孝谷之頹唐也不難理解。參見王善生、秦彤《中國早期的話劇倡導者曾孝谷先生二三事》（《文史雜誌》1986 年第 3 期）和劉君惠《話劇運動的先驅曾孝谷》（《四川近現代文化人物》，四川人民出版社，1989 年）。

〔註18〕魏泉在其專著《士林交遊與風氣變遷：19 世紀宣南的文人群體研究》（北京大學出版社，2008 年 9 月）第三章《翁方綱發起的「為東坡壽」與嘉道以降的宗宋詩風》中對清代「為東坡壽」的文人雅集傳統進行了詳細梳理。

招集文人「為東坡壽」是否是對這一傳統的賡續。〔註19〕曾孝谷用此種儀式般的活動，招飲友朋並以自遣，並沒有出現如翁方綱發起「為東坡壽」所產生的詩風變化，但曾孝谷這一活動，以及李思純等發起的每逢節日的燕集，一定程度上讓成都這些末世文人，有了一種同病相扶的意義，文人情誼、詩歌唱和，使慘淡孤苦的人生多了一些意味。

當然這些文人們並不是躲進小樓不聞世事的消閒者，相反他們正視所處的時代與環境，並加以書寫記錄。曾孝谷的《壬申九月成都圍城紀事》（五首）便是對1932年二劉（劉文輝、劉湘）成都大戰的史事記載，其中一首這樣寫到：

> 鼠穴鬥忽起，築壘與人高。城中十萬戶，畫地真成牢。雞犬且無聲，童稚不敢號。往來無行轍，白日寒蕭蕭。借問所敵誰，同室不相饒。豈有貿首仇，主帥氣獨驕。一怒化蟲沙，冤魂誰與招。開國二十年，茂惡非一朝。痛哉頌共和，今日仇爾勞。〔註20〕

自晚清以來四川士紳及民眾為地方利益而奔突四顧，遂有保路運動的興起，萬人空巷的擁護新政權，以為就此將走向康莊大道，不料保路成果瞬息崩潰，之後四川各路豪強爭相併起，搶奪殺戮，成都更是屢遭劫難。曾孝谷的這首詩非常真確地記述了二劉戰時成都的慘相，具有難得的史料價值。

末世哀音既表現在對自身遭遇的挽唱，又表現在對時代劫難的痛悲，這種情緒與觀念彌漫在晚清成都文人中間。儘管有遊賞名勝的雅集唱和，也有同病低喁隔空祭拜，但他們終須直面堅硬的現實。對詩歌這種負載心跡與理想的傳統文體，他們給予了更多的審視與思索。在成都文人們這裡，詩歌不再僅僅是唱和的工具，而是具有了紀事的功能。把現實遭逢鎔鑄進詩歌這種文體裏，產生只有詩歌才能達到的紀事效果。這就是晚清成都舊詩詞中的新內容，時代的現實內容。

對於此，吳虞有詳細的論述。吳虞對詩詞文章皆精通，也有其個人的詩學主張。筆者認為吳虞的成就並不在他的思想，正如有論者指出的那樣，「他的思想沒有什麼卓異之處，只是在談思想史的時候，人們會將其當成一個歷

〔註19〕曾孝谷所著五卷本《心治盦瑣言》今已不存。曾逝世後朋友為其刊印的兩卷本《夢明湖館詩》也未能廣泛流佈。

〔註20〕《近代巴蜀詩鈔》（下），成都：巴蜀書社，2005年5月，第956頁。

史階段中的人物而稍有提及。」「他對於非孝非儒排孔的見解並沒有多少獨創性，只是他說得比較早，比較激烈，且剛好發表在比較有影響的雜誌上罷了。」〔註21〕就吳虞在整個五四時期的貢獻來看，也甚了了，「吳虞在五四新文化運動中，並非主將，甚至可以說只是曇花一現的人物。」「在輸入西方新文化上，於吳虞可謂了無相涉。」〔註22〕牽強附會是他運用西學的特徵。但吳虞的詩詞卻成就不凡，不但有鮮明的詩學主張，而且有卓著的創作成績。吳虞反對空言堆砌，認爲詩詞要有充實的內容與眞情實感，「無感情、無意境，卻要作詞，亦非詩人之詞。詠物之詞，比於詩中之試帖，不得爲文學矣。」〔註23〕反對「修飾之美，搖曳之筆，如桐城派古文者」，〔註24〕認爲桐城派「眞不免徒便於空疏枵腹之輩矣！」〔註25〕詩詞文章最重要的是要有內容、有眞情。而他所謂的有內容不是「載道」，而是現實之「紀事」。以此要求，吳虞對晚清風行全國的桐城派抨擊最多，「力非所謂桐城家法，尤斥『文以載道』之說，以爲是皆竊國大盜假之以束縛人生、奴役書生，苟落陷阱，終身不自拔矣。」〔註26〕由對詩詞文章的要求提升到詩人的要求，「文學家，一國之精神，心之靈，國之華也。腦紋單簡則言必拙陋，心思繁密則語極高深。……保先民之精神，寫高妙之理想，則自來文學似未可盡廢。」〔註27〕要想達到此要求，詩人需要不落窠臼、不蹈舊轍，直面現實、紀事寫情，對現實社會的「感慨憤懣，悉寄於詩。」由如此的詩詞主張施之於創作，吳虞的詩詞文章呈現出了別樣的面貌。我們所看到吳虞詩詞文章，「多從現實生活中取材，不管是事關時局的政治動蕩，還是個人家庭的悲歡離合，他都能納之於詩詞並給於眞

〔註21〕冉雲飛：《吳虞和他生活的民國時代・自序》，濟南：山東人民出版社，2009年11月，第2頁。

〔註22〕唐振常：《爲〈吳虞集〉出版説幾句話》，《唐振常文集》（第三卷），上海：上海社會科學出版社，2013年1月，第59頁。

〔註23〕吳虞：《姜方琰蜀詞人評傳序》，《吳虞集》，田苗苗整理，北京：中華書局，2013年4月，第386頁。

〔註24〕吳虞：《駢文讀本自序》，《吳虞集》，田苗苗整理，北京：中華書局，2013年4月，第192頁。

〔註25〕吳虞：《復王光基論韓文書》，《吳虞集》，田苗苗整理，北京：中華書局，2013年4月，第200頁。

〔註26〕范樸齋：《吳又陵先生事略》，《吳虞集》，田苗苗整理，北京：中華書局，2013年4月，第445頁。

〔註27〕吳虞：《致柳亞子（五通）・二》，《吳虞集》，田苗苗整理，北京：中華書局，2013年4月，第414頁。

實表現，毫無無病呻吟、矯揉造作之病。」〔註28〕

　　吳虞詩詞收錄成集的有《秋水集》、《朝華集》和《庾嬌集》，加之後世整理出的《集外詩》，其詩詞數量並不算多。而《朝華集》和《庾嬌集》是專門為一伶一妓而寫，多遊戲之作。就是在這為數不多的詩詞中，我們也能看到吳虞詩詞水平及特點。吳虞反對詩詞浮華藻飾、無病呻吟，因此他的詩詞多有事而作、有感而發。《甲午即事八首》、《辛亥雜詩九十六首》、《聞項城逝》、《寄陳獨秀獄中》，就是典型的紀事詩，記述社會政局變幻及個人遭逢，具有史詩的特徵；《悼亡妻香祖詩二十首》、《哭廖季平前輩》、《題哀弦集四首》，則直抒胸臆、情感沛然，讓人讀之動容。

　　吳虞對自己詩詞創作自視頗高，他對成都文壇其它人的詩詞頗不以為然，「此等舊世詩文家必受天然之淘汰，當其衝者羅癭公、陳石遺、趙堯生、林山腴諸人皆是也。」〔註29〕吳虞如此貶抑羅、陳、趙、林等人，那麼他與晚清諸舊式詩人的詩詞又有什麼不同呢。從體例上來說不都是舊體詩詞嗎。仔細閱讀吳虞詩詞，還是能夠發現其獨特之處。吳虞自己強調詩詞的紀事抒情功能，他所作詩詞也符合此要求。儘管吳虞強調對現實的書寫，但他並非贊同打破舊詩詞的體例以及使用俗語白話，他在致柳亞子的信中表明了此觀點，「胡適所為白話詩，弟不敢附和，曾致書《小說月報》惲鐵樵論之。蓋弟於文，常分『詞章家』、『非詞章家』二派。如樂毅、李斯，非詞章家也。事至為文，苟無其事，雖終其身無一篇文字也。徐、庾、王、楊、盧、駱，詞章家極意為文者也。」〔註30〕以吳虞的意思二者不可偏廢。當然這裡主要論的是文，但我們不必窄化理解其意思，實際上包含著吳虞對整個文學的理解，他希望打破桐城派窠臼，上溯漢魏六朝，直切現實，紀事抒情。在詩詞體例和語言上又不贊同胡適的徹底白話，這充分展現了過渡時期舊式文人的基本特點。要實現此文學主張，吳虞所採取的方法是大量用典，用典故來豐富詩歌內容，增加歷史厚度。以《甲午即事八首》之一為例：

　　　　長鯨何日始行誅，撫髀蒼涼缺唾壺。劉湛安能同管葛，衛青那

〔註28〕朱玉、孫文周：《吳虞詩詞研究與整理》，鄭州：河南文藝出版社，2013年11月，第85頁。

〔註29〕《吳虞日記》（上），中國革命博物館整理，榮孟源審校，成都：四川人民出版社，1984年5月，第433頁。

〔註30〕吳虞：《致柳亞子（五通）・二》，《吳虞集》，田苗苗整理，北京：中華書局，2013年4月，第413～414頁。

解學孫吳。取盤杅畫平戎策，聚米難爲破敵圖。不及蘭臺班令史，

洛陽宮殿賦東都。〔註31〕

這首詩句句用典，而且這些典故，假如沒有組詩標題提示的話，幾乎看不出與甲午戰爭有多少關係。其它詩作也是如此，頻繁用典。這看似與他的詩詞主張相反，其實未必。吳虞提倡詩歌要有事而作有感而發，並不表示他要採用俗語白話入詩，換句話說，他並不追求詩歌的淺顯易懂，甚至認爲「教育普及，曉諭社會」不是文學家所應做之事。所以我們在理解吳虞的舊詩詞中的新內容時需要注意其新內容不是事件情感的淺白記述，而是通過典故曲折地加以表現。吳虞詩歌中唯一淺顯易懂且情感充沛的是《悼亡妻香祖詩二十首》，以類似樂府詩的形式把其妻曾蘭短暫的一生完整記述下來，是吳虞詩歌中難得的通俗之作。

晚清成都文人詩詞並不都像吳虞這般需要通過大量用典來紀事抒情以寫照現實，像林思進、李思純、曾孝谷，包括老一輩的趙熙、顏楷、駱成驤、徐炯等，他們都未在詩詞中繁密用典。被吳虞臧否的李思純，其詩詞並非像他所批評的那樣是「舊世詩文家」「必受天然淘汰」。這裡面有個人意氣之爭的成分，成都文人幾無一個未被吳虞損貶。實際上，李思純的詩詞成就頗爲不俗，吳宓稱讚其詩文，「以新材料入舊格律，而其詩作又甚工美，風情婉約，辭采明麗，使人愛誦不忍釋者，友朋中，蓋莫李思純君若也。」〔註32〕

李思純的詩詞明白曉暢，無論是遊記唱和、紀事抒情，皆清新雅致，斷無詰屈聱牙之感。李思純對於詩歌形式曾有專門論述，他在《詩體革新之形式及我的意見》中對新詩形式問題進行了詳細的論述，指出要解決新詩代替舊詩的兩個可以努力的方向，一是「多譯歐詩輸入範本」，二是「融合舊詩及詞曲之藝術」，〔註33〕事實證明李思純此主張與胡適等提出的方法相吻合。這儘管是對新詩的論述，在舊體詩詞創作中李思純也一樣注重形式變化與通俗易懂。同樣是紀事詩，同樣是對成都社會事件的記述，我們來看李思純是怎樣用舊詩詞來表現新內容。1917 年成都發生兩次軍閥混戰，4 月「劉羅之

〔註31〕吳虞：《甲午即事八首》，《吳虞集》，田苗苗整理，北京：中華書局，2013 年
4 月，第 389 頁。

〔註32〕李德琬：《吳宓與李哲生》，《李思純文集‧詩詞卷》，陳廷湘、李德琬主編，
成都：巴蜀書社，2009 年 5 月，第 1629 頁。

〔註33〕李思純：《詩體革新之形式及我的意見》，《李思純文集‧論文小說日記卷》，
陳廷湘、李德琬主編，成都：巴蜀書社，2009 年 5 月，第 889～898 頁。

戰」（劉存厚與羅佩金），7月「劉戴之戰」（劉存厚和戴戡）。這兩次戰爭給成都帶來災難性破壞，「川軍縱黔軍焚毀民房數萬家，兵民死傷者一萬有奇」，「合計省城繁華之處，已焚去一半，人民失業者不下十餘萬。」〔註34〕深處此境中的李思純，其詩作《紀亂雜詩八首》就是對此慘狀的記述。我們試看其一：

> 大亂兩度經，春夏歲丁巳。妖氛後益惡，生死辨尺咫。吾廬危一髮，烈焰赤爍毀。屬垣見瓦礫，婦稚哭盈耳。衢巷走驚彈，林樾竄兵子。翩翻墜枝鵲，漬血羽毛死。紛紛穴蟻盡，慘慘池魚擬。側聞西北城，戰骸列遠邇。只今六七日，差有更生喜。猶驚向夜眠，胡笳沸中市。微軀或幸免，安坐達天旨。千悲梗胸臆，詎有詩能紀。〔註35〕

整首詩曉暢易懂，從整體上描寫軍閥混戰後成都城市的慘況，房屋炸毀、婦稚哭泣、兵士滿街、槍林彈雨，連鳥鵲也不能幸免，更有無數死屍。幸存下來的詩人，也只能「悲梗」在胸，聊以詩紀。這首詩沒有用一處典故，卻能清楚明瞭地把戰爭所導致的破壞完整地描述清楚，而且也不缺乏意境，真正做到了對舊詩體的新運用。

像這樣明麗清新的紀事詩，在李思純的詩歌中比比皆是，成為其詩作的顯著特點，正如吳宓所說的「以新材料入舊格律」而又「甚工美」。如《悲成都》、《避寇田居雜詩二十首》、《辛巳七月廿七日》，這三組詩，寫抗戰時期日軍對成都轟炸的慘狀，前一首是整體上寫成都被炸後的概貌，後兩組寫個體的遭遇，一是逃難，二是親人被炸死。1941年7月27日日軍大規模轟炸成都，李思純的母親與弟弟就是在這次大轟炸中被炸死。《辛巳七月廿七日》組詩是對死去親人的沉痛悼念，詩題中寫到：「先姚樂太夫人及五弟思遜值倭寇飛機襲成都，屋壓蒙難，仲冬既藏紀哀。」〔註36〕《辛巳七月廿七日》由十首詩歌組成，每一首詩都寫得明晰清楚，如同史詩，沒有誇飾沒有典故，一字一頓地細細寫失去親人的哀痛和對親人的記憶，以及對現狀無力與茫然。

〔註34〕余承基：《劉戴成都巷戰血跡記》，《文化人視野中的老成都》，曾智中、尤德彥編，成都：四川文藝出版社，1999年12月，第156、157頁。

〔註35〕李思純：《紀亂雜詩八首》，《李思純文集‧詩詞卷》，陳廷湘、李德琬主編，成都：巴蜀書社，2009年5月，第1293頁。

〔註36〕李思純：《辛巳七月廿七日》，《李思純文集‧詩詞卷》，陳廷湘、李德琬主編，成都：巴蜀書社，2009年5月，第1440頁。

可以說要想瞭解抗戰時期成都文學狀況，李思純的這三組詩不能不讀，它們具有比用白話寫就的抗戰文學作品更精細更內斂的品質。李思純的詩作是晚清民國成都文學中以舊詩詞寫新內容的又一個典型代表。

　　晚清成都文人們既對觸及自身的時代與社會重大事件予以關注和書寫，或酬唱燕集，或幽咽獨吟；同時他們中的一些人也對出現的新事物進行書寫，而且是用舊詩詞的體例，這就顯得新穎，真正是符合了「舊詩詞寫新內容」之「新內容」特徵。

　　成都及整個四川的近代化步伐非常緩慢，遠遠滯後於沿海等地，一些具有現代特質的工商業產品出現在成都街頭，也是許久之後，但是對於閉塞的成都居民來說，這些工商業產品仍然是新事物。比如自行車、自來水這些新事務當出現在成都的時候，成都的文人們也忍不住對其投以關注的目光，且把它們寫進詩行。我們來看這首《腳踏車》怎樣用舊詩寫新事物：

　　　　腳踏車，行如飛。雙輪追及陽烏暉，轆轆翻轉霞中輝。朝下碻
　　石暮長安，四通五達千人觀。斫盡崎嶇似掌上，虎牙簸叢青闌干。
　　有如投梭丸脫手，八駿風馳列缺走。夸父棄杖坐歎息，何用亥步周
　　幾有？排空踐星過天關，鏗然一聲彩雲邊。此車通行障礙盡，爾來
　　王道何便便。更促萬民騁萬里，歐川澳陸從此始。徵扈全憑啟兩龍，
　　入周還召奇肱氏。〔註37〕

　　看完這首詩，假如詩人不點題的話，估計很難知道寫的是腳踏車，整首詩用的皆是古典詞彙，而且手法極度誇張。這是一首典型的運用舊語言舊詩體來寫新事物的詩歌。像此類以舊體詩寫新事物具有古雅特徵的作品，在晚清成都詩壇並不算多，大部分詩人不屑於關注新器物。

　　新器物得以關注並被書寫的是成都竹枝詞。竹枝詞這種具有風土紀實的文體，對於記錄地方風物有重要的作用，是地方社會文化研究必不可少的史料。晚清成都竹枝詞就有對當時新事物的記述，它的記述不同於傳統詩人所創作的詩歌，如前所例舉的《腳踏車》，而是更加淺顯明白，具有民間詩詞的性質。儘管有學者嚴格區分了竹枝詞與風土詩之間的關係，〔註38〕但仍無改

〔註37〕李永鎮：《腳踏車》，《近代巴蜀詩鈔》（上），成都：巴蜀書社，2005 年 5 月，第 652 頁。
〔註38〕葉曄在《竹枝詞的名、實問題與中國風土詩歌演進》（《中國社會科學》2014年第 11 期）中區分「竹枝詞」和「風土詩」之間的關係，他這樣論到：「竹枝詞是一個惟名概念，即詩題或正文中明確標示『竹枝』的詩歌作品；風土

於竹枝詞既具有風土紀實又具有詩體特徵的本質。晚清成都竹枝詞記述了大量新物事：

報館報紙

紛紛報館肆雌黃，每日街頭賣幾張。助爾修樓成五鳳，中西花樣盡文章。

商　場

紙醉金迷「勸業場」，從無贗鼎信流芳。其間領袖觀商戰，鬢影衣香亂斜陽。〔註39〕

工業工人

勸工業繼勸農忙，奔走全川大小商。機械工人誰戰勝，利權端的屬西洋。〔註40〕

新風尚

社會年來大不同，女郎剪髮遍城中。旗袍開個高高領，底事花鞋又著紅。〔註41〕

衣　著

趨時衣服總西裝，奇怪偏偏說改良。袖短手長眞耐冷，如斯穿戴甚明堂。〔註42〕

體育活動

公園啜茗任勾留，男女雙方講自由。體育場中添色彩，網球打

詩是一個實在概念，即以地方公共空間中的風俗、掌故、民生、士習等爲吟詠對象的詩歌類型。從範疇上大致來說，竹枝詞是風土詩歌的一種典型體類，風土詩歌是地方詩歌的一種重要類型。地方詩歌系統中除了風土詩外，還有另外兩大詩歌類型，即景觀詩和紀行詩。需要強調的是，清中葉後出現的動輒三五百首的大型竹枝組詞，實則是一種體系性的地志文學書寫，即用竹枝詞的體類外衣，來行使整個地方詩歌系統的權力，筆者視之爲『泛風土』書寫，不可以純粹的風土詩視之。」參看該文第144～145頁。本文所使用的竹枝詞僅僅是指一種詩歌類型，其意是詩歌中所記述的地方風物，同時也關注該類文體的變化和對地方新文化新文學的影響。

〔註39〕《成都竹枝詞》，楊燮等著，林孔翼輯錄，成都：四川人民出版社，1982年9月，第84頁。

〔註40〕同上，第148頁。

〔註41〕同上，第168頁。

〔註42〕同上，第173頁。

罷又皮球。〔註43〕

汽　車

萬樹芙蓉繞郭生，新潮高漲舊潮平。城居卻似山居樣，晝夜都
聞市虎聲。

腳踏車

自行車子遍街馳，男性提倡女性隨。路遇濘時防失足，莫教墮
圂又沾泥。

彩　票

彩票行銷大賭場，士農工賈盡遭殃。試看一度開簽後，廢券堆
盈字紙筐。〔註44〕

　　需要注意的是這種以竹枝詞形式來記述新事物的詩詞在成都市民間非常
流行。這種流行體現在民眾在街頭巷尾的口頭交談中，隨著報刊等近代新型
傳播媒介出現，竹枝詞被廣泛刊載，傅樵村在成都創辦的《啓蒙通俗報》上
就刊有大量竹枝詞，只不過內容是宣傳新文明，竹枝詞這種通俗易懂的文體
被現代報刊所吸收利用。這充分說明，現代報刊與市民之間建立關係的前提
是市民願意且喜歡閱讀其內容，如前文提到的詩歌《腳踏車》，市民是不可能
喜歡的。新事物－舊文體（通俗如竹枝詞這般的舊文體）－報刊傳媒，三者
有機結合，共同推進了近代城市文化與文學的轉變。袁進在論述近代五四新
文學轉變時強調新的社會運行制度變革於文學變革的直接影響，「隨著報刊與
平裝書等新型傳播媒介的問世，文學不再是士大夫的專利，文學的普及成爲
社會變革的必然趨勢。近代以來，資本主義大工業生產和商業銷售在文本製
作上取代了中國傳統的手工作坊生產，文學的讀者發生變化，進而影響到了
作家的創作觀念。」〔註45〕傳媒的大眾化必然導致文體的變化，傳統的詩
詞，即使體式上不變，但在內容和語言上一定會調整變化，否則無法生存。
之前的個人刊刻詩集、文集已被現代傳媒出版體制逐漸淘汰。但是這個過程
卻非常曲折且不無意味，充分反映地方文學與文化自我轉變的困境與可能。

〔註43〕《成都竹枝詞》，楊燮等著，林孔翼輯錄，成都：四川人民出版社，1982 年 9
　　　　月，第 168 頁。
〔註44〕同上，第 178 頁。
〔註45〕袁進：《中國文學觀念的近代變革・前言》，上海：上海社會科學院出版社，
　　　　1996 年 10 月，第 4 頁。

在成都，最能體現這一轉變過程與特徵的是 1914 年創辦的綜合性文藝期刊《娛閒錄》。

第二節　《娛閒錄》：成都新文學的先聲

　　在四川現代文學研究界，通常把五四運動在四川的展開作為現代文學在四川得以出現的前提，把少年中國學會成都分會刊物《星期日》作為新文化在四川展開的具體體現，在文學上則以葉伯和所創「草堂文學社」及刊物《草堂》為標誌，漸次展開對現代四川文學的歷史梳理。有的研究者或者向上回溯，稍帶論及辛亥革命前出現的一些文學現象，比如對四川留學生在日本創刊的《四川》、《鵑聲》等刊物進行追述。其基本思路和視野是以五四為標界。〔註 46〕這也是整個現代文學研究界的基本立場。對於全國來說，這一思路和視野是可行的，但是對於具體的問題，如晚清以來的區域及城市文學研究，此方法並不一定實用。如此高標五四於文化與文學的主導性地位，無疑遮蔽了更為豐富與複雜的文學事實，因此才有像王德威等學者提出對晚清文學重視的呼號。〔註 47〕五四文化與文學不是一塊飛毯突然降臨於彼時的中國，而是有其前世今生，查考前世今生的文學文化歷史事實是推進現代文學研究必不可少的工作，這也得到學界的關注，並作出了相應的成績，晚清民國研究熱就是其中的體現。這一研究思路的轉向包含兩個方面的新趨向，一是從時間上打通晚清民國的歷史隔閡，給予晚清文學文化應有的歷史地位；二是擺脫空間上以北京、上海等中心城市為主導的研究視野，注意對地方文學文化現象進行清理與評價。但是基於學科的歷史慣性及學術體制的限制，地方性

〔註46〕持此觀點與思路的論著頗多，如鄧經武《二十世紀巴蜀文學》（電子科技大學出版社，1999 年 8 月）、伍加倫《簡論四川新文學》（《四川新文學研究》，四川文藝出版社，1991 年 8 月）、李怡主編《中國現代文學的巴蜀視野》（巴蜀書社，2006 年 6 月）、譚興國《蜀中文章冠天下：巴蜀文學史稿》（四川人民出版社，2001 年 8 月）、陶德宗《巴蜀作家與中國現代文學》（《文學評論》2008年第 6 期）、彭超《巴蜀作家與中國現代文學的發生》（四川大學，2011 年博士論文）等。

〔註47〕對晚清文學的重視並不是起於王德威，較早專注晚清文學研究的是阿英，他的《晚清小說戲劇資料叢鈔》、《晚清小說史》、《晚清文學報刊述略》是晚清文學研究的奠基性著作。隨後諸多學者加入該領域。王德威《被壓抑的現代性——晚清小說新論》（北京大學出版社，2005 年 5 月）擴大了對晚清文學研究的影響，使晚清文學文化受到學界更多關注，出現了晚清研究熱潮。

文學文化研究進展並不明顯。這也是成都現代文學研究未能關注像《娛閒錄》這樣重要的民初文藝刊物的原因。

《娛閒錄》是《四川公報》社創辦的增刊，創刊於 1914 年 7 月 16 日，由昌福印刷公司印刷，半月刊，農曆每月二號、十六號發行。1915 年 7 月 2 日刊出第 24 冊後，停刊一個月，直到 8 月 16 日才刊出第二卷，發行三冊後，重新作為《四川公報》改名後的《四川群報》的副刊，《娛閒錄》不再單獨發行。改版後的《娛閒錄》質量和影響都大大下降，只有半頁，價值微小，但一直存在，直到 1917 年 4 月 20 日作為《四川公報》主持者的樊孔周被軍閥暗殺，《四川公報》被封，《娛閒錄》徹底停刊。〔註48〕一般談到的《娛閒錄》僅僅指的是作為獨立發行時期的刊物，即 1914～1915 年出版的 27 冊雜誌。本文所論及的《娛閒錄》僅是前 24 冊，後 3 冊目前無法找到雜誌實物，暫不作為論述對象。

《娛閒錄》由辛亥前後四川報界領袖樊孔周主辦，但實際主持雜誌運作的則是一干編輯和撰稿人，如愛智（吳虞）、覺奴（劉長述）、曾安素（曾孝谷）、舥齋（方舥齋）、曾蘭、壁經堂（胡安瀾）、壯悔（李思純）、六朝金石造像堪侍者（何振義）、老懶（李劼人）等，他們是當時成都重要的文人，由他們共同創辦成都第一個綜合性的文藝刊物，保證了刊物的質量。雜誌甫一面世就很受讀者歡迎，發行量大增，發行範圍也不斷擴大，全省設有 45 處代派處，全國有 20 多處代派處，〔註49〕雜誌轟動一時，影響頗大。

整體上看，《娛閒錄》是質量非常高的綜合性文藝刊物，具有較強的文學性。《娛閒錄》沒有發刊詞，也沒有旗幟鮮明的文藝主張，只有一篇《東閣來簡》作為代序文章，從這篇文章中我們可以略微知曉其辦刊宗旨。

東閣來簡

　　各報出版，例有發刊詞，或宣言書，本錄繫日報外所增刊，固無需此也。茲友人來簡，頗能道出本錄主旨，特載篇首，用以代序。
　　編者識
　　某某先生執事，頃奉手箚，知尊社諸公，以日刊之暇，更錄雜

〔註48〕周鼎：《「世界亦舞臺」：民初成都的戲劇與文人——以《娛閒錄》(1914～1915)劇評為中心》，《近代中國城市與大眾文化》，姜進、李德英主編，北京：新星出版社，2008 年 10 月，第 195～196 頁。

〔註49〕王綠萍編著：《四川報刊五十年集成(1898～1949)》，成都：四川大學出版社，2011 年 11 月，第 56 頁。

撰，命曰娛閒。嗟乎，今之時，何時乎。天災人禍，相逼而來，愁
歎之聲，比戶相應。以諸公悲憫之懷，不知所謂娛者安在。而所謂
閒者何爲。乎僕曩者日周旋於諸公之間，每一語及家國之憂，身世
之感，則諸公未嘗不扼腕而太息，愀然而深悲。□朝夕所以自鞭策，
以企夫古人窮絕之域，而儲他日無窮之用者，恒俛焉日有孜孜，而
不敢自逸。以僕昔之所見，推乎今日之所聞，蓋有以知諸公之所謂
娛者，其必有至不娛者在，所謂閒者，而其心乃天下之至不閒者矣。
昔韓氏悲文窮其詞曰，怪怪奇奇，不專一能，不可時施，只以自嬉。
諸公之於今日，毋亦不得已而自嬉之時乎。且報紙者，又非徒以自
嬉而已，語其主義，蓋古之所謂吹萬者也吹萬之具，莊雅者難爲功，
詼諧恒易入。而言禁之密如今日，尤非滑稽如曼倩，寓言如莊生，
常不足以自免於世而圖存。由是論之，則諸公之爲是錄，度其中必
有至不獲已之苦，有萬非正言莊論所能曲達者，蓋不但遊戲於斯文
而苟以自悦巳也。執事聞之，其亦以爲知言否耶。僕杜門巳久，斗
室之中，正苦無以自聊，得是錄以佐飲，是所至快。而翰墨之緣，
相絕巳非一朝。承索拙稿，乃百思而無以報命。空言奉覆，愧悚萬
分。惟執事曲宥之爲。某月日，某白。〔註50〕

由信的內容可知，作者是回覆《娛閒錄》約稿而作，但是這位作者是熟
悉雜誌編輯群體的，「僕曩者日周旋於諸公之間」，對雜誌命名爲「娛閒」也
頗知其意義，「所謂閒者，而其心乃天下之至不閒者矣。」「所謂娛者，其必
有至不娛者在。」「娛閒」實際上有「至不娛者」和「至不閒者」。

解讀這篇代序文章以明其辦刊宗旨固然重要，但不能以此爲準繩來判斷
雜誌的整體性質，作爲辦刊宣言的代序文章與雜誌的實際情況往往有差距，
雜誌的整體性質及風格特徵需從雜誌的實際內容來加以判定。綜觀 1914～
1915 年刊出的這 24 冊《娛閒錄》，〔註51〕不得不說，它確實是一份消閒性質
極濃厚的文藝雜誌，只不過這種消閒，不同於傳統意義上的賞玩性質的消閒，
而是孕育有一種新質因素，即消閒的大眾特色和消閒的社會內容，這種新質
因素與新文化運動時期文學特徵有相同之處，強調文藝的大眾化和普世啓蒙

〔註50〕《娛閒錄》第一冊，第1～2頁。
〔註51〕據筆者所查找的情況看，目前所能見到的雜誌實物只有前面的 24 冊，第二卷
　　　　的前三冊無法找到。

功能，因此，從這個角度上來看，《娛閒錄》是一份由傳統向現代轉型的文藝雜誌，是成都新文學的先聲。

《東閣來簡》中所說的有「至不娛者」和「至不閒者」，實際上就表明了雜誌創辦者的基本態度。之所以要以這種「消閒」作爲雜誌創辦的主旨或者說是特色，是有直接的現實原因。這一原因就是《娛閒錄》創辦時成都的政治社會環境，即雜誌創辦的社會環境決定了該雜誌不可能完全是一份輕鬆的娛樂刊物。「今之時，何時乎。天災人禍，相逼而來，愁歎之聲，比戶相應。以諸公悲憫之懷，不知所謂娛者安在。」雜誌編輯們面對的是如此境況，常懷「家國之憂」與「身世之感」，怎能眞正「娛閒」得起來。更爲主要的是彼時成都查禁報刊言論非常嚴厲，「言禁之密如今日」，雜誌不得不隱曲表達以圖存。經歷辛亥時期短暫的言論自由、「文人得志」後，成都報界蘧然遭受癸酉報難，此前繁盛的報刊業不復存在，報刊業慘淡經營，只剩下《國民公報》和《四川公報》互相爭勝，社會上也就是它兩個的勢力。〔註52〕同一年因發表有吳虞宗教革命和家庭革命的《群醒報》被查封，吳虞被通緝拿辦。〔註53〕在報禁如此嚴苛的環境下，《娛閒錄》創刊了。在這一大環境下，《娛閒錄》不可能刊載政治言論文章，也不可能刊載批判社會現實的文章，只能策略性地從娛樂大眾的角度經營運轉，否則無法生存，「言禁之密如今日，尤非滑稽如曼倩，寓言如莊生，常不足以自免於世而圖存。」便是這一策略的具體體現。

我們需要弄清楚《娛閒錄》如何在「娛閒」與「不娛」、「不閒」之間交錯運行，如何處理報刊宣傳與娛樂大眾之間的關係，在這種關係中雜誌新的質素又是如何展現的，它們與成都這座城市及大眾構成了怎樣互動疊進的相互關係。

〔註52〕孫少荊：《1919 年以前的成都報刊》，《四川文史資料選輯》（第八輯），中國人民政治協商會議四川省委員會、四川省省志編輯委員會編，成都：四川人民出版社，1979 年 2 月，第 146～149 頁。

〔註53〕在《吳虞日記》（上）中全文摘錄了四川省行政公署的 123 號訓令，全文如下：「內務司案呈奉內務部令開，前據人呈送該省六七月間發行之《群醒報》數紙，宗旨頗不純正，茲復由本部查閱該報十一月六號仍復語多簧惑。若聽其發行，實屬有沾輿論，淆惑人心，亟應依法辦理，爲此令行該民政長迅即嚴辦，並希具覆。此令。」而《群醒報》在 1914 年正月 11 日封禁。見《吳虞日記》（上），中國革命博物館整理，榮孟源審校，成都：四川人民出版社，1984 年 5 月，第 118～119 頁。

　　雜誌的辦刊理念既體現在發刊詞等宣言性的文章中，同時也體現在欄目的設置和所登文章的整體內容上。《娛閒錄》開設欄目眾多，第 1 冊沒有目錄，從第 2 冊開始每一冊都列有詳細的目錄。第 2 冊的目錄欄目設置還不系統，有些雜亂。到第 3 冊時，目錄及排版等已有極大改善，吳虞日記中有拿到第 3 冊雜誌時的評價，「午後《娛閒錄》第三冊送來，較前改良。」〔註54〕雜誌所設置欄目也逐漸固定下來，以第 3 冊所設欄目為例，所設欄目依次為：插畫、小說（分為短篇著作、短篇譯著、長篇譯著三部分）、遊戲文、劇談、筆記、名勝志（第 4 冊是改為世界珍藏）、異聞錄、名優、名妓、雜俎、文苑、劇本。這 12 大欄目中，所佔比例較多的是小說、遊戲文、雜俎、文苑和劇本，其所佔篇幅達百分之七十。儘管雜誌根據各期稿源情況，欄目設置有些微的變更，但大體構架沒有變化，即插畫、小說、遊戲文、雜俎、文苑、劇評和劇本這幾個欄目基本每冊都有。因此，這些欄目及內容也就成了《娛閒錄》雜誌的標誌，從這些欄目來分析雜誌的性質與特色以及其中所蘊含的新質因子無疑是正確的研究路徑。

　　《娛閒錄》的插畫欄目非常有特色，是成都報刊史上第一次用彩色圖片展現風景人物、歷史政治事件。這些圖片在今天是瞭解彼時世界、中國及成都歷史的珍貴文獻材料。如《娛閒錄》連續幾期刊載第一次世界大戰戰場情形的照片，在第 5、18、19、20、21、22、23、24 冊中共刊載歐戰照片 35 幅，照片內容涉及交戰國國家元首、軍隊、兵器、士兵戰鬥與生活場景等各個方面。這些照片不但記錄了第一次世界大戰的歷史場景，更為重要的是使處於閉塞內陸的成都及四川民眾知道了「現代戰爭」的具體內容，使其明瞭「現代戰爭」作為一個名詞和事實的真正內容所指。這些照片對民眾認識和觀念的影響非同小可。又比如插畫中刊載不少清廷宮殿內景的一些照片，第 18 冊刊載了一幅「慈禧太后五十餘歲之小照」，照片上的慈禧眉清目善，迥異於傳說中的猙獰面容；在第 4 冊上還刊載有一幅慈禧的山水畫，這兩幅圖片的刊載對於廓清事實真相作用不小。另外插畫還刊載有成都、北京、天津、重慶、上海等地一些較有名的伶人和妓女，以及國內一些名勝風景照片，以四川本省風景照片最多。較為難得的是雜誌在第 7 冊和第 10 冊專門登載主要編輯和撰稿人的照片，包括墨公、度公、毋我、壁經堂（胡安瀾）、岳廬子、吟癡、

〔註54〕　《吳虞日記》（上），中國革命博物館整理，榮孟源審校，成都：四川人民出版社，1984 年 5 月，第 139 頁。

商隱、愛智（吳虞）、覺奴（劉長述）、觚齋、丘民、曾蘭、畏塵女士、無瑕、六朝金石造像堪侍者（何振羲）、平橆、壯悔（李思純）。這些編輯和撰稿人的照片現已幾成珍品，是研究辛亥前後成都文史難得的材料。

《娛閒錄》上這些照片對當時成都民眾影響非同小可，從直觀視覺上開啓了民智。加之這些照片用銅版紙彩印，印刷質量極高，民眾紛紛購買，雜誌銷售量由首刊兩千冊增加到到上萬冊，並遠銷北京、上海、法國、日本等地。儘管報刊登載圖片《娛閒錄》並不是四川首創，如傅樵村在 1909 年創辦的《通俗畫報》就刊載大量圖片，但是《通俗畫報》的圖片是手繪石印，屬於傳統繪畫，無法與照片這種直切的現實感相媲美。加之《通俗畫報》力量弱小，每期兩張，且全靠傅樵村一人維持，畫、寫、印、售全賴他一人，其質量與規模非常有限，與《娛閒錄》不可同日而語。

《娛閒錄》眞正具有特色且顯示其實力的並不在這些插畫，而是在於其所刊載的大量文章。不同的欄目，其文章內容及風格特色也各異。

最能體現《娛閒錄》消閒特色的是遊戲文、戲談（雜俎）、文苑、劇評（藝壇片影）等欄目。遊戲文、戲談、雜俎、時事小言這幾個欄目所刊文章內容大體相近，皆是對歷史、社會現象廣發議論，以戲謔調笑爲主調，以一種詼諧娛樂的方式對諸現象加以譏刺，少有嚴肅板正之批評。比如對視錢如命者的嘲笑，壁經堂所作的《戲擬楮生與孔方兄書》，他自己在下一冊中又撰文答覆，《戲擬孔方兄答楮生書》，極力戲謔孔方兄於歷史社會的重要作用，「世界翻新，始以先生爲雲霓，繼以先生爲仇寇，均由變之不早，信之甚專故也。」〔註55〕又如成都市政府爲了整頓市容，把全城妓女集中到新化街加以集中管理，並收稅，有人就此事提出反對意見，爲什麼孌童就不用交稅而嫖妓就要交稅呢，觚齋的《成都妓界代表等爲孌童玩法漏稅捐質問官廳書》對此事極盡嬉笑之能事。諸如此類文章非常之多，它們大多是對現實社會諸現象進行調笑式的戲謔淺評，這些社會現象又多以成都這座城市爲主。晚清以來成都發展步伐加快，尤其是市政府成立後，加強了對城市基礎設施的建設與環境整飭，一系列新政策、新現象相繼出現，這些新現象無疑會影響民眾的生活習慣，民眾與政府之間必然會產生摩擦。在報禁日深的大環境下，報刊不可能直接對其加以批判，只能經由這些遊戲文字發些微聲音。如此做法，一方面可以吸引讀者，融新聞等於休閒中，可讀性強；另一方面也讓這些邊緣文

〔註55〕《娛閒錄》第三冊，第 48 頁。

人們有關心民瘼的渠道，使其獲得存在價值與人生意義。《娛閒錄》上的這些文章產生於成都這座城市，同時也爲這座城市服務，其消閒性有著深厚的城市特色，是市民文化的現代表現。

晚清民國初年時期的成都，除了有大量市民外，還聚集了不少文人，在上一節論述「舊詩詞中的新內容」時就已經對其有所論述，但其側重點在於較爲正式的傳統詩詞，多爲自己刊刻存世或者友朋酬唱，與整個城市及社會聯繫不大。當近代新傳媒如報刊出現後，舊式文人成爲其主要力量，借助報刊，文人們獲得了發表詩詞的渠道，只不過此時的詩詞需考慮到廣大社會民眾的閱讀趣味，顯得更爲通俗，也更加具有現實性。《娛閒錄》「文苑」欄目刊載的就是這樣一些舊式詩詞，這部分詩詞數量還不少，彼時諸多失去官宦仕進之途的文人，往往通過詩詞來排遣煩悶，或遊戲人生，唱戲捧角、尋花問柳也成了常見現象，這些經歷成爲他們的詩詞內容，像王澤山（王光祈祖父）這樣的老資格文人也在《娛閒錄》上發表詩歌，他的《都門窯樂府》、《都門窯樂府續》、《都門窯樂府再續》，把其仕宦北京時遊玩於諸妓中的情趣精細地記錄寫來，極盡風月場中之風情，編者讚歎王澤山十章窯樂府，「才人遊戲，是眞嬉笑怒罵，皆成文章者也。」〔註 56〕狎妓捧角是舊式文人的惡劣習氣，但是他們卻又樂此不疲，尤其是在都市中，此類現象更是屢見不鮮。比王澤山晚一個輩分的吳虞，在成都也樂於捧角，爲成都伶人陳碧秀寫詩填詞，甚至被陳碧秀目爲「我之死忠臣也。」吳虞也不以爲怒，反而心生喜悅，在自己日記中誇耀此事。〔註 57〕吳虞寫給陳碧秀的一些詩詞在《娛閒錄》上刊載，如《娛閒錄》第 6 冊上的《贈陳碧秀四首》、第 10 冊上的《成都八名伶詩八首》、第 20 冊《綺憶四首》，後來吳虞把寫給陳碧秀的所有詩詞彙編成集，名爲《朝華集》。集子刻印後，廣泛傳送。柳亞子看完詩集後還寫信給吳虞說：「先生於碧秀如此用情，何不裒朋儔唱和之作別刊一帙耶。」〔註 58〕眞是同好之友，看了吳虞的《朝華集》還不悅意，還讓吳虞把他與朋友們爲陳碧秀唱和的詩詞也彙編成集，以爲共享。

遊戲文、雜俎、時事小言是對社會現實諸現象的調笑戲謔，既娛樂大眾，顯示其消閒的一面，又傳遞「至不娛者」的一面，把社會問題融進娛樂性的

〔註 56〕《娛閒錄》第二冊，第 46 頁。
〔註 57〕《吳虞日記》（上），中國革命博物館整理，榮孟源審校，成都：四川人民出版社，1984 年 5 月，第 425 頁。
〔註 58〕同上，第 309 頁。

新聞中呈現給讀者，表達的是現實關注和社會批判。而文苑中舊詩詞，記錄的是舊式文人末世心態，遊戲浮沉中幾多悲涼。《娛閒錄》具有中流砥柱作用的欄目是小說一欄，該欄目在雜誌總目中所佔比例居首，而且小說內容豐富、形式多樣，顯示了這一時期成都文藝雜誌的文學水平。

　　作爲一種文學現象，小說在中國文學史上早已存在，甚至有學者把周秦時期的神話作爲小說的起源。〔註59〕作爲一種文體，小說是源於西方的概念，而且是現代文學的標誌之一。出於文學修史的需要，才對中國文學傳統中類似於西方小說概念的文學作品進行溯源與分類。儘管如此，研究中國文學，尤其是小說，卻不能過分強調其現代特徵，而應從中國文學歷史事實加以具體的分析研究。晚清以來小說逐漸發生一些新的特徵，這些特徵被阿英總結爲「第一，充分反映了當時政治社會情況，廣泛的從各個方面刻畫出社會的每一個角度。第二，當時作家，有意識的以小說作了武器，不斷對政府和一切社會惡現象抨擊。……第三，利用小說形式，從事新思想新學識灌輸，作爲啓蒙運動。第四，兩性私生活描寫的小說，在此時期不爲社會所重，也不肯刊行。」〔註60〕阿英所總結的這四點，分別從小說書寫的內容、小說的作用、小說寫作者的主體功能及小說的社會接受問題方面加以概括，前三點是小說的普遍性特徵，而第四點顯然與事實不符，阿英所舉兩性私生活小說不被社會接受的例子是《新小說》和《繡像小說》，說其「幾無不與社會有關。」從語義邏輯上看，好像前後不一致，前面說的是兩性私生活題材小說不被社會所接受，而所舉例子僅僅說兩大雜誌刊載小說內容與社會關係不大，而不直說其社會接受情況。筆者不想進一步討論阿英這樣言說的原因，只是爲了指出晚清小說對兩性私生活題材的關注是其特徵，但不是其弊端，也並不是不爲社會接受，相反民眾對之趨之若鶩，否則無法解釋晚清如此多的言情、豔情、婚姻、倫理小說的刊行，如果社會不接受，報刊與出版社爲何還要大規模刊行此類小說呢？

　　《娛閒錄》上所刊載的小說大體上具備阿英所總結的晚清小說的四大特徵。《娛閒錄》刊載的小說內容豐富，反映社會各個方面，編輯根據不同題材內容把小說欄分爲若干個子欄目，如分爲「豔情小說」、「社會小說」、「俠情

〔註59〕魯迅《中國小說史略》、范煙橋《中國小說史》、郭箴一《中國小說史》都持此說，此後的諸多文學史著作都把先秦神話作爲小說起源，如王恒展《中國小說發展史概論》、袁行霈主編《中國文學史》等是沿用此觀點。

〔註60〕阿英：《晚清小說史》，北京：人民文學出版社，1980年8月，第4～5頁。

小說」、「傳記小說」、「歷史小說」、「教育小說」、「倫理小說」、「家庭小說」、「滑稽小說」、「諷世小說」等小欄目，基本上是根據所載小說內容而命名欄目名稱。這些小說數量眾多，每期有10～15篇之多，還不包括每期連載的長篇小說，由此，可以看出《娛閒錄》小說內容之豐富，涵蓋各類題材。至於阿英所說的小說的批判作用，《娛閒錄》所載小說也是具有這樣的作用，只不過限於成都社會環境，基於「遊戲於斯文」的「娛閒」辦刊策略，其批判的力度並不是那麼大。但是其批判的作用仍然不可小覷。《娛閒錄》中的小說對官場、教育界、家族制度等都有所抨擊，如抨擊官場的《官話》，〔註61〕通過記述一位做官人到朋友家的言談來反映官場之黑幕。小說細緻地記述這位官員如何通過審案的不同方式來撈錢。儘管小說作者沒有卒章顯志地進行直接批判，但是通過這種客觀的且不無諷世的語言加以刻畫，其作用不亞於圖窮匕見式的批判。《娛閒錄》中的社會批判小說皆是採取這種方式來實現其「至不娛者」的社會批判效果。也正是《娛閒錄》的辦刊宗旨決定了其辦刊策略和辦刊風格，阿英所說的晚清小說創作主體的啓蒙功能在《娛閒錄》小說中體現得並不明顯，這也是《娛閒錄》獨特的地方。

實際上，晚清文學（以小說爲主）被認爲是改變社會重要手段這一觀念的形成，是經歷了一個過程的。19世紀末中國維新人士中出現了否定文學的思潮，他們不但沒有想到利用文學來啓蒙大眾、改變社會，反而把文學當成了自身經世致用的累贅，如譚嗣同竟然說「文無所用」。〔註62〕維新變法失敗後，知識分子廣泛地向西方學習，才開始關注文學於社會變革的重要作用，也才有梁啓超對小說重要性的極力拔高，「欲新一國之民，不可不先新一過之小說。故欲新道德，必新小說；欲新宗教，必新小說；欲新政治，必新小說；欲新風俗，必新小說；欲新學藝，必新小說；乃至欲新人心欲新人格，必新小說。何以故，小說有不可思議之力支配人道故。」〔註63〕梁啓超把小說的地位提升到如此高的地步，一方面有利於改變小說（文學整體）的社會地位，使其從邊緣升到中心；另一方面也有利於改變小說創作主體的地位。那些因科舉廢止而失去仕進的大量文人，他們從失意中恢復過來，把更多的熱情投

〔註61〕《娛閒錄》第3冊，第4～6頁。
〔註62〕劉納：《嬗變──辛亥革命時期至五四時期的中國文學》，北京：中國社會科學出版社，1998年9月，第2～4頁。
〔註63〕梁啓超：《論小說與群治之關係》，《飲冰室文集之十》，北京：中華書局，1989年3月，第6頁。

入到小說創作中，不自覺地充當了啓蒙者的角色。

　　而《娛閒錄》的小說創作者們並沒有太多的啓蒙者身份意識，他們較多的還是舊式文人的色彩。他們的筆致所涉的是社會現象、風俗人情等市井生活。大眾化和娛樂化是他們小說最爲明顯的特色。這些小說創作者是社會的觀察者和記錄者，就像《漢書・藝文志》所說的「小說者流，蓋出於稗官，街談巷語，道聽途說者之所造也。」他們認同這種記錄者和言說者的身份，專注於城市中「街談巷語、道聽途說」，並把這些所見所聞用通俗易懂的文字記錄下來，呈現給廣大讀者，而不是服務於官府。雖然如此，他們對成都新文學的發展卻有著不可或缺的貢獻。從《娛閒錄》的編輯和撰稿人群來看，他們大部分是舊式文人，從知識結構來講，他們不像留學歸國後的新文學群體那樣有鮮明的文學立場，也沒有先決性地借用現代小說的創作手段。相反，他們是傳統文人的代表，無論是文學觀念、創作手段、審美趣味，都不落傳統的影響。正因如此，他們在轉型中的諸般文學行爲，更能顯示出過渡時期複雜與豐富的一面。通讀《娛閒錄》上的小說，會發現，說書人的色彩還是存在，敘述者與敘述對象之間的距離明顯，大部分小說總是有一個圓滿的結局，或是以一條警示性的勸善說教來結束。仔細品讀，又能發現一些文人化小說的新質，即漸漸擺脫「說——聽」的模式而進入「寫——讀」的模式。利群的《女界進化史》便是這樣一篇別有意味的小說，小說寫成都三位女性漸漸覺醒，對社會有更多的瞭解與認識，她們看報，談論到北京後聽到的新聞，講述四川鐵路之爭，穿新式衣服。她們中的一位，小說中的「二嫂」，雖然聰穎有文化，是新式女性代表，但她受家庭的牽累，過得並不好。小說用諸多筆墨寫二嫂的苦悶與困境，作者借另一位女性胡啓坤之口歎道「我們中國女界中沒有人才皆由家庭專制誤了多少坤秀，再二十年後文明漸進我們女界中或者有個人才出來。」〔註64〕這篇小說就脫去了傳統「說——聽」模式，而具有了新小說的特點，寫人物的「內面化生活」，小說不再是讓人聽讓人樂，而是讓人讀讓人感受讓人思考，思考女性在社會中的處境及可能出路，是一篇非常深刻的社會問題小說，而且不乏動人的藝術感染力，三個女性各具神采，讓人印象深刻。

　　之所以說《娛閒錄》是成都新文學的先聲，當然在於其內容與形式，以及其對於成都新文學展開的整體性影響。最能體現這一點的是曾蘭的小說。

〔註64〕《娛閒錄》第 3 冊，第 28 頁。

曾蘭是吳虞的夫人，從小飽讀詩書，有很好的家學傳統，嫁給吳虞之後，讀書學習不輟，「每日午前從先母理箴線、習家事，午後則從予學，以爲常。」「用功深細，《史記》、前後《漢書》、《晉書》、《南史》、《資治通鑒》皆讀數過，二十四史《隱逸傳》盡取讀之，尤好老、莊、列、文四子。」〔註65〕曾蘭還精通篆刻，廖平、趙熙、林思進等蜀中名賢對其篆刻多有讚頌，稱其篆刻是「千載筆法留陽冰」。曾蘭也是《女界報》主筆，同時又爲《娛閑錄》撰稿，是彼時成都著名的女文人。更爲難得的是她不僅精通中學，西學也頗有造詣，寫成歷史小說《俾斯麥夫人傳》和多幕劇《經國美譚》（第一部）。她的論文《女權平議》被陳獨秀主編的《新青年》雜誌所刊載，《女界報緣起》刊入王蘊章主編的《婦女雜誌》。而她刊載於惲鐵樵主編《小說月報》的小說《孽緣》，則引起轟動。惲鐵樵稱讚「《孽緣》篇，敘事明晰，用筆犀利，甚佩甚佩！」〔註66〕1917 年曾蘭去世後，吳虞整理其遺文匯編成《定生慧室遺稿》二卷，現不存。

通讀曾蘭在《娛閑錄》上的傳記小說《俾斯麥夫人傳》、家庭小說《孽緣》，多幕西劇《經國美譚》，以及《吳虞文錄》中收錄的她的文章，發現曾蘭是一位極具才華的近代女性，有著敏銳的眼光和深刻的思想，她關注女性的權利和婚姻倫理等問題，顯示了其超越時代的歷史遠見。

晚清以降國事日艱，各種紓解國困民艱的方略連續推出，無論是朝裏官宦還是在野文人，都在積極奔走，激烈前驅，但鮮有關注作爲個體的人的問題，直到梁啓超等提出「新民」，作爲個體的人才凸顯了其功能上的重要性。這一對人個體的關注漸漸形成思潮，擴展到社會生活各個方面，包括文學，五四時期周作人提出的「人的文學」是對這一社會思潮的回應與總結，使其更加明確清楚。身處內陸的四川並沒有因爲遠離北京、上海而與中國社會整體思潮相隔閡，晚清以來成都的書店林立，上海等地的書報及時面世，從信息上保證了與全國的同步性。當然這種同步並不具有社會普遍性，大多成都普通市民是無法參與到這一社會思潮中去，他們自身處於蒙昧之中，鮮有對自身、社會現實的認識與思考。而作爲吳虞妻子的曾蘭卻不同，她能夠對彼時社會思潮有所瞭解與反應。曾蘭的《女權評議》和《俾斯麥夫人傳》就是

〔註65〕 吳虞：《曾香祖夫人小傳》，《吳虞集》，田苗苗整理，北京：中華書局，2013年 4 月，第 387 頁。

〔註66〕 《吳虞日記》（上），中國革命博物館整理，榮孟源審校，成都：四川人民出版社，1984 年 5 月，第 218 頁。

她對社會問題思考的直接反應。

　　在專制制度下個人難有權利可言，尤其是在宗法制與家庭制的嚴格鉗制下，個人難有自由行動的可能。儘管社會倡言革命，但所革對象大多是政治制度等，而不論及家庭與道德，曾蘭追問到：「今謂革命二字，惟政治與種族上可言，家庭與道德上則不可言，而言女權革命爲尤甚。吾試問家族不可革命，則今之家族主義，能永久保持不改入個人主義乎？今之大家庭主義，能永久保持不改入小家庭主義乎？恐言者不敢堅也。道德不可改革，則歷史忠臣之義，不見於共和。一夫一妻之制，特著於新刑律，言者又將何以解？」〔註67〕她主張全面革命，尤其是對家族和道德進行革命，實現個人平等自由的權利。對於女性來講，女子當同男子平權，同時女性自身也要用實際行動來實現這種權利，「女子當琢磨其道德，勉強其學問，增進其能力，以冀終得享有其權之一日，同男子奮鬥於國家主義之中，追蹤於今日英德之婦女，而固非與現在不顧國家之政客、議員較量其得失於一朝也。」〔註68〕曾蘭的視野無疑是開闊的，其女權主張，不僅僅局限在女性所應享有之權利，而且指出女性獲取這些權利的必要手段，「琢磨其道德，勉強其學問，增進其能力」，同時還對女性權利未來的作用加以展望，「同男子奮鬥於國家主義之中」。曾蘭的這一女權主張層層遞進，非常全面。但問題是在彼時的社會條件下能否實現呢？在成都，到五四時期女子剪辮都被指責爲「有傷風化」，家長與學校加以管制，〔註69〕更別說辛亥時期社會對女子的輿論壓制了。身處其境的曾蘭當然明白社會環境對實現個人權利的限制，因此她用《俾斯麥夫人傳》〔註70〕來表達女性變通實現個人價值與權利的可能。俾斯麥早年年少輕狂，放蕩不羈，壞了名聲，他向亨利的女兒求婚，遭到亨利夫婦的拒絕。亨利夫婦認爲此少年浮浪輕薄了無前途。然而女兒卻一心要嫁給俾斯麥。婚後，俾斯麥夫人一心相夫教子，爲俾斯麥營造溫暖港灣，做好妻子的職責。小說肯定並稱頌俾斯麥夫人的爲妻身份及事業觀念，即女子輔助丈夫管理家政也是極有意義極具價值。在「日耳曼帝國沒有夫人自由運動的餘地」的情況下，管理教

〔註67〕　曾蘭：《女權評議》，《吳虞集》，田苗苗整理，北京：中華書局，2013 年 4 月，第 89 頁。

〔註68〕　同上，第 96 頁。

〔註69〕　秦德君、劉淮：《火鳳凰——秦德君和她的一個世紀》，北京：中央編譯出版社，1999 年 2 月，第 7～8 頁。

〔註70〕　《俾斯麥夫人傳》連載於《娛閒錄》第 2、3 冊。

育兒女，「以家爲國的家政」，這也是女性實現權利和價值的可能途徑。可以看出曾蘭在對女權的認識和追求上已作了相應的變通，基於女性本身的自然屬性以及現時的社會環境，全面實現女子平權是有困難的，立足於家庭，從家庭開始考慮角色和身份的價值與意義，這是曾蘭對女性及家庭問題所作出的頗有貢獻的思考。

劉納在論及五四時期對文學功能的認識時，強調五四文學倡導者們不再像辛亥時期由「文學革命」直接過渡到「政治革命」，而是在中間設置了一個大的中介：道德革命。因此「倫理」與「文學」成爲五四時期的中心議題，「道德革命」與「文學革命」，成爲五四新文化運動並立著的兩面旗幟。〔註71〕實際上對於道德倫理的探討是近代文學一直關心的問題，不一定是基於對文學功能的策略性認識與利用，即未必就充當「文學革命」與「政治革命」的中介。道德問題，尤其是家庭倫理問題，在晚清小說戲劇中比比皆是，它是人類永恒性的問題，而不僅僅是民族國家建構過程中的功能性因素。只不過近代以來，尤以西方人文思潮輸入之後，把道德問題與個人價值等相關聯，使其更加凸顯。

曾蘭對家庭倫理問題關注較早，她的小說《孽緣》〔註72〕便是對該問題的直接反映。小說講述味辛女士因婚姻而導致其不幸的一生。這類題材的小說在五四時期並不少見，甚至在舊式小說中也數量可觀。但值得注意的是小說中味辛女士對家庭、婚姻等倫理問題所作出的反應及心理狀態。味辛女士本來「美麗聰慧有才學」，人人都以爲她會找一個如意郎君結婚生子過美滿的生活，不料卻被父母許配給淺陋暴富的田芋，味辛女士嫁到田家後，「看見他家中的人都是鄙陋齷齪，房屋器具陳設都不脫那鄉壩裏三費局紳團總老爺，土頭土腦的氣息。」這種落差（理想與現實）已經使味辛女士倍感痛苦，但味辛女士習得有傳統女性的美德，逆來順受，還是想和粗陋的丈夫好好生活。奈何味辛女士這等最低心理期許都不能實現，因爲她碰上了兇惡的公婆，味辛女士夫妻二人的私生活都受到翁姑的嚴格看管，夫妻生活味同苦楝。這是味辛女士的第二大痛苦。更爲糟糕的是本來還善待自己的丈夫漸漸到處閒逛，吃喝嫖賭樣樣學會，甚至在外面娶了一個娼妓，連家也懶得回。味辛女

〔註71〕 劉納：《嬗變——辛亥革命時期到五四時期的中國文學》，北京：中國社會科學出版社，1998年9月，第22～24頁。

〔註72〕 《孽緣》連載於《娛閒錄》第7、8、9冊，署名定生慧室，此名乃曾蘭居室名。曾蘭逝世後，吳虞以此名爲曾蘭遺文集名。

士無法勸阻蠻橫的丈夫，翁姑又幫不上忙，甚至爲他們的寶貝兒子把娼妓娶回了家。這是味辛女士的第三大痛苦。本來味辛女士已經慘痛不堪，受到翁姑、丈夫、小妾的虐待，不想又來了兩位同樣刻薄的親戚，烏女士和王女士，二人見風使舵察言觀色，投翁姑所好，偏向小妾珠兒，讒言味辛女士，翁姑更加欺壓味辛女士，讓味辛女士操持永遠幹不完的家務。這是味辛女士的第四大痛苦。味辛女士在這層層疊疊的痛苦中，不堪忍受，她該怎麼辦呢？是否應像拉娜那樣勇敢地離開這個家。味辛女士想出走，想歸隱，但是她沒有，她焦灼的不是自身的自由與權利，她還沒有拉娜那樣的覺醒，她考慮的是那雙可憐的兒女，因此她要忍辱負重地活下去。小說的結尾，作者簡單地批判社會制度後，無不有勸善性地說味辛女士可以用佛家空無的觀念看待人世的一切，都是虛無，不必作「彩鳳隨鴉」之感慨。讀完小說，會發現內容與主旨相齟齬的地方，作者層層鋪進味辛女士的悲慘遭遇，難道僅僅是爲了讓像味辛女士一樣的女子默默忍受、看空一切嗎。這與曾蘭對女權的全面主張是不相符的，曾蘭雖然主張在社會環境不允許的情況下，可以像俾斯麥夫人一樣教育兒女、管理家政，「以家爲國的家政」，但絕不可能主張忍受家庭所施之的諸般痛苦。

我們需要考證這篇小說是不是完全由曾蘭自己單獨創作，吳虞有沒有參與其中。在《吳虞日記》確實找到他參與《孽緣》寫作過程的記錄，1914 年11 月初八（農曆）日記，「飯後爲香祖改定所作《孽緣》小說。午刻，孫少荊來談頗久，去後，復改小說。晚將小說改畢，約三千餘字。」初九日記，「將小說稿與孔周送去。」〔註 73〕可見小說《孽緣》是在吳虞改定之後直接送給《娛閒錄》主持人樊孔周的。日記中沒有說明改定情況、增刪內容等，所以我們難以直接斷定小說結尾時佛家空無理念的內容是否是吳虞所加。但我們還是可以推測小說結尾內容應爲吳虞所撰，理由有三，一是曾蘭鮮有研讀佛經的記錄；二是該段時間吳虞專注於佛經的閱讀，在日記中可以看出，從 1914年下半年到 1915 年底，吳虞購買了大量佛經書籍，甚至託柳亞子購買善本佛經；三是根據吳虞寫文章的習慣，他善於「鈔書」，把他正在閱讀書籍的內容綴成自己的文章，有論者評價其批孔非儒的文章時便提到此現象，「吳虞在批儒家所使用的武器還是經不起推敲，其方法是將西方民主自由等觀念與中國

〔註73〕《吳虞日記》（上），中國革命博物館整理，榮孟源審校，成都：四川人民出版社，1984 年 5 月，第 153 頁。

傳統典籍中的各家學說以雜糅，來批儒家。」〔註74〕而《孽緣》小說結尾大段佛經說理，基本上就是抄書。三方面綜合，大致可以肯定，曾蘭小說《孽緣》的結尾部分吳虞有參與創作。

考證小說結尾部分由誰所寫是為了解釋小說內在邏輯的矛盾，但這不能否認該小說的獨特價值與意義。小說主題、人物的設置、語言的運用，都有新文學的特徵。小說關注女性的婚姻問題，尤其是在家族制下女性婚姻生活的慘狀，這無疑是對該制度的有力批判。曾蘭之所以關注女性權利及家庭倫理問題，這與她自身的處境和認識分不開。曾蘭15歲就嫁給吳虞，前前後後共生了10個孩子，〔註75〕平常還要操持家務，尤其是夫婦二人被吳虞父親攆到新繁老家居住的那段時間，曾蘭獨自一人操持家務，幾乎累垮。被吳虞父親攆走是緣於吳虞與其父親關係的惡劣，根本上是家族制度的問題；而生如此多的孩子，是男權話語的使然，因為吳虞一直想要個男孩，而接二連三所生的全是女孩，因生孩子曾蘭身體遭受不小損傷，一直小病不斷。吳虞還有諸多惡習，比如嫖妓捧角，甚至納妾、買婢女。在曾蘭去世前吳虞一共納妾四人，還有沒有名姓的婢女等，不可考證。對於這些，曾蘭都得一一忍受，還得強打精神奉承吳虞，比如1915年吳虞用六十兩銀子買了一李姓小妾，「香祖與李姑娘開臉」。〔註76〕處在如此家庭環境下，曾蘭怎能不心生哀痛與感歎，雖然小說中的主人公是取自曾蘭的一個親戚，「晚香祖歸，則言雷氏以《娛閒錄》中家庭小說《孽緣》，係寫渠家之事。」〔註77〕曾蘭與吳虞也沒有對該親戚的指責進行反駁，可見所指非虛。但小說卻無不有曾蘭自己的影子，幽懷別抱，借昧辛女士的痛苦經歷得以表達。曾蘭的貢獻就在於對社會轉變時期舊式家庭女性主體感受和遭逢的思考與書寫，她立足於現實社會和個體體驗，追索的是個人，尤其是女性獲得幸福的艱難。而對於女性到底要如何獲得幸福，小說並未給出回答，儘管《女權評議》中，曾蘭開出超時代的藥方，

〔註74〕 鄧星盈、黃開國、唐永進、李如恕：《吳虞思想研究》，成都：四川教育出版社，1996年10月，第43頁。

〔註75〕 曾蘭共生有10各孩子，1子9女，子早夭，9女中也有3各夭折，所存活6女，分別是：楷、桓、棱、橿、櫻、柚。參見《吳虞思想研究》中的第二章《吳虞生平》，該章「吳虞與妻妾」一節中有對曾蘭生平詳細論述。見該書第55～60頁。

〔註76〕 《吳虞日記》（上），中國革命博物館整理，榮孟源審校，成都：四川人民出版社，1984年5月，第181～185頁。

〔註77〕 同上，第156頁。

但落實到現實，她無法解決味辛女士的困境。

　　時代和環境往往決定了個人價值實現的可能與否。同樣是女性，同樣是出自成都，同樣面對的是婚嫁問題，胡蘭畦、秦德君、陳竹影等，就不像味辛女士受制於父母之命而步入不幸婚姻，而是一開始就勇敢地走出家庭，投身社會。就是吳虞的大女兒楷，二女兒桓，也未受婚嫁的限制，兩個女兒在華美女校讀中學時就與男同學交往，兩人後來一個去美國、一個去法國，成了中國現代史中「道德革命」的標本。然而曾蘭的小說及曾蘭本身的意義，卻是不容忽視的，可以說，曾蘭現象反映的是在新文學全面展開之前，像成都這些舊式家庭女性對自我價值的覺醒和探索，與五四新文學存在本質上的一致性。

　　《娛閒錄》作爲辛亥之後五四之前成都唯一的一份綜合性文藝刊物，無論是雜誌整體出版質量，還是雜誌刊載的豐富內容，以及其消閒性質的辦刊風格，都鮮明地顯示出其寶貴的文學與文化價值。它的存在，表明五四新文學在全國展開之前，像成都這樣的城市已經開始了文學文化由傳統向現代的轉變。而它所刊大量文學作品實則是成都新文學的先聲，顯示了其文學史的地位與價值。

第三節　草堂文學社與成都文學新景象

　　《娛閒錄》持續的時間太短，前後僅一年多，1914 年 7 月至 1915 年 10 月，儘管也刊行了 27 冊質量上乘的雜誌，影響不小，「轟動一時」且「這《娛閒錄》發行時代，又算得是文人得志時代。」〔註 78〕但對於整個成都文學文化發展來看，其影響還是有限，沒有持續的大規模地對民眾進行文學文化傳輸，難以獲得潮流性的影響效果。綜觀《娛閒錄》之後五四之前的成都文學與文化，鮮有像樣的報刊，如此高規格地宣傳文學與文化。相反受制於 1917 年之後四川形成的軍閥防區制，報刊成爲黨政宣傳的工具，基於其利益考量嚴格限制書報言論，因此孫少荊說癸丑（1913 年）之後直到五四之前，成都報界景況蕭條、報界聲音幾乎沈寂。由是在研究者考察《娛閒錄》之後到五四這段時期內的成都文學與文化，往往沿襲這種觀點，在論述完辛亥前後成

〔註78〕孫少荊：《一九一九年的成都報刊》，《文史資料選輯》（第八輯），中國人民政治協商會議四川省委員會、四川省省志編輯委員會編，成都：四川人民出版社，1979 年 2 月，第 148～149 頁。

都及四川文學與文化後，直接就跳到五四時期，〔註 79〕似乎從辛亥到五四近十年時間內成都就不存在可值一書的文學與文化。倘若細緻地梳理這段時期的歷史會發現情況顯然不是這樣，在辛亥到五四十年間成都仍然有值得書寫的文學與文化。其實，稍微琢磨一下就會發現此種現象不太正常，成都在辛亥時期就具有諸多文學文化發展的條件，如大批留學生開始返回四川，「巴蜀三千青年學子從海外學成歸來。在這批得時代風氣之先的青年新銳推動下，封閉的巴蜀大地很快出現了傳播新思想和革新舊文化的時代潮流。」〔註 80〕這些回來的留學生定居在成都者尤多，他們或者在政、經、教育等部門任職，然而他們所帶回的新思想新觀念並沒有停滯消散，相反出現如陶德宗所說他們「傳播新思想和革新舊文化」的盛況。之所以一談到成都或四川新文學不自覺的就以《星期日》的創辦為標誌，那是習慣性地以五四新文學為標杆，且自然地強調以北京為中心的文學與文化地位。當然也還有五四文學文化主導權的問題。按此邏輯，辛亥至五四這段時期的文學就成了研究的盲區。這種情況不單出現在成都及四川文學文化研究界，而是全國性的現象，以至於有學者直呼要「尋找被中國現代文學史遺忘和遮蔽了的七年（1912～1919）」，〔註 81〕也有學者以「民國文學」的概念來涵蓋被現代文學史書寫所遮蔽的辛亥至五四這段時期的文學事實與文學現象。〔註 82〕

　　此種現象的出現很大程度上是受制於五四新文化與新文學中心地位思維定式的影響，而忽視且遮蔽了其它的文學現象與文學事實，比如該時期的舊體詩詞、非革命性的報刊雜誌以及學校的文學教育等等，都未能納入新文學新文化的研究視野。儘管新時期以來研究界對此有所關注，但其研究對象還

〔註 79〕伍加倫的《四川文學之我見》（四川現代作家研究》，四川大學出版社，1990年 6 月版）、鄧經武《二十世紀巴蜀文學》（電子科技大學出版社，1999 年 8月）、陶德宗《巴蜀作家與中國現代文學》（《文學評論》2008 年第 6 期）都持此論。

〔註 80〕陶德宗：《巴蜀作家與中國現代文學》，《文學評論》2008 年第 6 期，第 145頁。

〔註 81〕丁帆：《新舊文學的分水嶺——尋找被中國現代文學史遺忘和遮蔽了的七年（1912～1919）》，《江蘇社會科學》2011 年第 1 期。

〔註 82〕李怡對「民國文學」、「民國機制」有系列文章加以論述，如《辛亥革命與中國文學的民國機制》（《鄭州大學學報》2011 年第 5 期）、《文學的民國機制》（《海南師範大學學報》2012 年第 4 期）、《文學的「民國機制」答問》（《文藝爭鳴》2012 年第 3 期）、《民國文學與民國機制的三個追問》（《理論學刊》2013年第 5 期）等。

是以北京、上海為主，其它地方及城市鮮有涉及，等級觀念依然明顯。即使有些地方省份想要在此方面有所作為，也容易滑向「搜舊獵奇」，且被冠以「地方保守主義」〔註83〕的帽子而難有突破。研究者往往會形成非此即彼的思維習慣，似乎強調地方性一定會削弱整體性民族性，或者研究晚清民國一定會影響五四文化文學的中心地位。實際上重視地方文化文學歷史事實，是對整體性研究的有益補充，而不是敵對性的貶損。以近年來英國劍橋大學出版社推出的「浪漫主義研究系列」〔註84〕著作為例，該系列著作種類達數十種，囊括英國及歐洲各地的浪漫主義文學文化現象，非常注重對地方性文學文化現象的歷史整理與評析，甚至小到對某地的一座城堡的歷史性考察。他們對各地方文學文化的研究並沒有妨礙或者危害到整體性浪漫主義中心地位。與此相類，關注晚清民國時期地方文化文學就勢必削弱五四文學文化的中心地位嗎，顯然不是，整理與研究地方文學文化不是太過而是不及。

《娛閒錄》之後的成都文學與文化，發展緩慢，這是事實，但絕不是沒有，直接跳到五四是對該時期歷史事實的漠視。實際上不論是報刊媒介還是學校文學教育，都有一定的成就。以辛亥後五四之前的成都學校為例，晚清民國初期成都大力興辦教育，學校眾多，比較重要的學校如成都縣中、華陽縣中、成都府中學，四川省城高等學堂（民國後改為四川高等學校）、四川通省師範學堂（民國後改為四川高等師範學校）、四川法政學堂（民國後改為四川法政學校）、四川存古學堂（民國後改為四川國學院）、華西協合大學等等，這些學校一開始文學教育就是其重要內容，無論是偏向傳統文學文化，還是講求新文化，都整體性推進了成都文學文化的更迭。在晚清民國初期，執掌這些學校文學教育的大部分是成都及四川本省的宿學耆儒，如徐炯、劉豫波、林思進、曾孝谷、吳虞等等。他們帶動了成都文學文化的轉變，較之五四之

〔註83〕 方維保：《邏輯荒謬的省籍區域文學史》，《揚子江評論》2014 年第 2 期。該文對省籍區域文學史書寫的現實動機和內在邏輯進行了分析與批判，指出其原因及存在的潛在危害。但基於一種歷史態度，梳理與清理包括地方在內的一切文學文化現象與事實，有其不可否定的價值與意義。地方文學史書寫有其弊端，卻不能就此因噎廢食地否定地方文學文化的整理與研究的貢獻，更無需冠以「地方主義」的帽子加以棒喝。

〔註84〕 21 世紀以來，《劍橋浪漫主義研究》雜誌聯合劍橋大學出版社，推出了一系列關於「浪漫主義」的研究著作。據筆者所查，該系列著作涉及浪漫主義各個方面，但有一點值得注意，即它們注重對地方性文學文化現象的整理與評析，以期從歷史事實中探源浪漫主義興起的社會文化基礎及其對整個社會的影響。此種研究理路值得中國文學研究界借鑒。

後快速的變化，此段時期轉變的速度較爲平和。但是其作用不容忽視。吳虞
在辛亥之後重新回到成都教育界，他同時兼任幾個學校的中文課，所講內容
多爲古典文學文化，但頗受學生喜歡，同時他也願意和學生們交流，學生們
以他爲中心形成了一個小小的文學圈子，這一小圈子漸漸發揮作用，進而影
響學校文化氛圍。比如他執教四川外國語專門學校時，就積極提攜學生們從
事文學活動，學生們組織文學社團，擁立吳虞爲主持人，吳虞因時間關係，
答應爲他們審稿等，〔註85〕這就促成後來法政學校「威克烈」文學社團及期
刊的成立。五四之後成都學校的文學教育更是繁盛，文學社團、文學活動、
文學期刊等紛紛出現。在此不作進一步展開，留待第四章「民國成都學校文
學空間」加以全面論述。

　　關於晚清民國時期成都的文學文化狀況，研究者基本上沿襲中國現代文
學的思路。成都新文學及發展歷程，有論者對其進行分期，且分爲三個時
期，即「1915 年 9 月至 1937 年 7 月爲第一個時期，這是奠基時期的『五四新
文學』；1937 年至 1945 年 8 月爲第二個時期，這是成都地區繁榮的『抗戰文
學時期』，這時的四川成了抗戰的大後方，大量的文化人彙集川西平原，他們
與本地作家一道，弘揚『五四』反帝反封建的愛國思想精神，在抗日救亡的
旗幟下，共同推動了成都文學的發展；第三個時期是 1945 年 8 月至 1949 年 7
月，即解放戰爭時期的文學，這時的創作集中體現了『爭民主，反飢餓，反
內戰』的時代主旋律，但是隨著抗戰的勝利，大批作家離川，成都本地作家
的創作儘管有許多中、長篇小說繼續在全國產生重大影響，但就作品的數
量、作家隊伍的規模來說都不及前兩個時期，加之時間短暫，因而這時期的
成都文學相對處於退潮和轉型期。」〔註86〕和一般研究者把起點定於五四運
動不同，這裡上溯到 1915 年，遺憾的是論者沒有給出這樣劃分的理由。儘管
上溯時間提到 1915 年，其它幾個分界點依然是慣常的歷史時間，1937、1945、
1949。當然把文學分期時間與政治歷史時間相掛鉤甚至等同也並不是沒有道
理，有其合理性，尤其是在中國政治歷史文化相攜進的基本歷史境況下，也
無可厚非，正如劉納所說：「在本世紀（20 世紀）的前 20 多年，甚至整個 20
世紀，它們（文學變革的界標與歷史的界標）大致是重合的，於是歷史分期

〔註85〕 《吳虞日記》（上），中國革命博物館整理，榮孟源審校，成都：四川人民出
　　　　版社，1984 年 5 月，第 501 頁。
〔註86〕 《成都市志・文學志》，成都地方志編輯委員會編纂，成都：四川辭書出版社，
　　　　2001 年 2 月，第 37 頁。

成爲了文學分期的依據。以歷史分期爲依據並非無視文學自身的發展變化，而是出於對這樣的文學歷史發展事實的尊重：我國近現代文學的發展變革，始終與政治歷史、社會思潮的變化，與中國知識分子尋找救國道路的歷程相一致。」〔註87〕這種觀察與論斷於整個 20 世紀中國文學狀況基本契合，但是於具體的地方文學文化卻並不一定適用。劉納的這一論斷的前提是對整個 20 世紀中國文學與政治歷史的基本狀況的考察與把握，同樣，對於地方文學文化演進狀況的論斷也必須以具體文學文化歷史事實爲依據。筆者以爲成都晚清民國新文學的演進，既與中國整個政治社會相關，又有其獨特的地域性因素，其演進過程，實際上是：醞釀於晚清、開始於辛亥、成型於五四、繁盛期當在二十年代後期以及抗戰時期。第二節所論述的《娛閒錄》就是處於辛亥與五四之間成都文學的典型案例。之所以未受到成都及四川文學研究者的關注，其潛在的問題就是他們太受通常的整體性文學分期思維的影響，忽視了從具體事實入手來評價成都文學。

五四作爲成都新文化新文學的助推器是毋庸置疑的。僅看五四時期成都所湧現出來的大量社團和期刊就能說明問題。五四之後成都迅速成立的社團首先是少年中國會成都分會，其會刊是《星期日》。該會對成都及四川新文化的傳播作用極大，「學會活動除了讀書、讀報、演講等形式之外，還進行學術討論、出版刊物，爲宣傳新文化、新思想、新文學盡力。《星期日》就是在這個時候創辦起來的，在培養新文藝作家等諸方面爲新文化運動的發展做出了應有的貢獻。」〔註 88〕李思純（哲生）、孫少荊、胡助（少襄）、周光熙（曉和）、何魯之、彭舉（雲生）、李珩（小舫）、穆濟波等都是成都少年中國學會中的會員，包括會長李劼人，以及北京的王光祈、法國的周太玄，構成了成都新文化新文學展開的宣傳團隊。受此影響，成都學生社團也紛紛成立，如由四川省長批覆成立的四川省學生聯合會及會刊《四川學生潮》，其宗旨就是「以促進文化，改良社會爲宗旨。」1920 年成立的半月社同樣以「以促進文化，改良社會爲宗旨。」其社刊是《半月》，該社發起人是來希宋、張拾遺、吳先憂、張戩初、施精伯、吳季元等。與《半月》創刊的同時，馬竟成、劉先亮（皆爲高師附中學生）、秦德君、穆濟波和王逸庵等創辦了《直

〔註87〕劉納：《嬗變——辛亥革命時期至五四時期的中國文學》，北京：中國社會科學出版社，1998 年 9 月，第 8 頁。
〔註88〕《成都市志・文學志》，成都地方志編輯委員會編纂，成都：四川辭書出版社，2001 年 2 月，第 107 頁。

覺》，多宣傳男女戀愛和婚姻自由等問題。同時期宣傳新文化的團體有《新空氣》和《威克烈》社團，皆注重社會與人生問題。這樣的新社團和期刊既傳播了社會變化的信息，同時也加速了成都社會文化的改變。因之，李劼人稱五四時期的成都「眞是全中國新文化運動的三個重點之一（其餘二個自然是北京和上海。北京比如是中樞神經，上海與成都恰像兩隻最能起反映作用的眼睛）。」〔註89〕

　　與這些強調社會政治綜合性社團與期刊不同的是，一些純文學團體也開始出現，這些文學社團不同於五四之前文人之間的燕集酬唱，而是以新文學爲中心。五四之後，成都比較有名的文學社團有小露文學社、成都戲劇社和草堂文學社。成都戲劇社成立於 1922 年 8 月，小露文學社成立於 1922 年 9 月，而草堂文學社卻成立於該年 11 月。前兩個文學團體雖然成立時間較草堂文學社要早一些，但其社團實力與影響力遠遠不及草堂文學社。

　　草堂文學社及《草堂》雜誌的創辦實際上標誌著成都新文學的全面展開，該社團的出現是五四新文化在成都展開的直接體現。草堂文學社的主要成員都是成都五四運動的積極參與者，如葉伯和、張拾遺、吳先憂、張戩初等都在《星期日》、《牛月》有投稿或編輯的經歷。草堂文學社發起人葉伯和就對《星期日》周刊懷有深厚感情，他把《星期日》比做射進黑暗的「透明大光亮」，並對《星期日》給予厚望，「造光亮的先生呀！我希望你永續不斷地造去：──常常引起花的鮮明；鳥的高歌；使眾人像我一樣快活啊！」〔註90〕草堂文學社更多是專注文學創作而不是新文化宣傳，這也是成都新文化走向深入的體現。正如周作人在《讀草堂》中所說的那樣，「中國的新文學，我相信現在已經過了辯論時代，正在創造時代了。理論上無論說的怎樣的圓滿，在事實上如不能證明，便沒有成立的希望。四五年前新舊文學上曾經了一個很大的爭鬥，結果是舊文學的勢力漸漸衰頹下去了，但是這並非《新青年》上的嘲罵，或是「五四運動」的威嚇，能夠使他站不住的，其實只因新文學不但有理論，還拿得出事實來，即使還是幼稚淺薄，卻有古文所決做不到的長處，所以佔了優勢」〔註91〕草堂文學社及《草堂》的出現就是成都新文學在創作上的實踐，也是成都新文學所取得成績的體現。

〔註89〕李劼人：《五四追憶王光祈》，《川西日報》1950 年 5 月 4 日。
〔註90〕葉伯和：《寄〈星期日周報〉的記者》，《星期日》1920 年 1 月。
〔註91〕周作人：《讀草堂》，《草堂》第三期，第 1 頁。

草堂文學社於 1922 年 11 月在成都建立，發起人是葉伯和，主要成員有陳虞裳、沈若仙、雷承道、張拾遺、章戢初、胡叔農等，大多是成都高師的老師和學生。葉伯和當時是成都高師的音樂教師，〔註92〕在《星期日》、《人聲》等成都報刊上發表多篇詩歌和小說。張拾遺、章戢初、沈若仙都是成都無政府主義刊物《半月》成員，巴金後也加入過《半月》社。張拾遺一直活躍於成都文壇，二十年代末任《新四川日報》副刊撰稿人，著有《婦人書簡》，作為《新四川日報社》新文藝叢書之一，胡叔農曾任《九五日報》副刊主編。〔註93〕

草堂文學社不同於該時期的文學研究會、創造社等文學社團，它沒有嚴格的組織章程，也沒有明確的辦社宗旨，它僅是成都一些文學愛好者的自由組合，「我們的文學會，是幾個喜歡文藝的朋友的精神組合。並沒有章程和會所。一時高興，又把幾篇小小的作品印了出來。」入會也不需要任何手續，只要投稿就可以，「承許多會外的友人，寫信來問入會的手續。我們在此鄭重地答覆一句話：『只要朋友們不棄，多多賜點稿件與精神上的援助，便算入會了。』」〔註94〕即使這樣也不能說草堂文學社就毫無自己的文學主張和辦刊理念。作為社團發起人和主持者，葉伯和的文學主張實際上就代表了整個社團的文學主張。葉伯和早在日本讀書時就想創造一種別具一格的詩體，一種不同於文言古詩的新詩，用純粹白話而創作的新詩，「不用文言，白話可不可以拿來做詩呢？」〔註95〕既是自問，也是自己奮鬥的方向。用白話寫新詩／小說，就成了《草堂》雜誌的基本要求。從共出 4 期的《草堂》來看，用白話創作是其顯著特徵。白話創作僅僅是語言性上的要求，而在文學精神上，草堂文學社也有自己的主張，那就是繼承杜甫的詩歌精神，憂國憂民的現實主義傳統。這從社團和期刊命名為「草堂」就能看出此主張。《草堂》第一期第一首詩歌就是葉伯和的《草堂懷杜甫》，詩歌第三節寫到：「杜公！／你雖一

〔註92〕葉伯和 1914 年被聘為四川高等師範學校（該校 1916 年改為國立成都高等師範學校，1927 年改為國立成都師範大學），1924 年辭職，前後任教十年時間。參見顧鴻喬《著名音樂家、文學家、教育家葉伯和》（《文史雜誌》1988 年第 6 期）和《為文化事業鞠躬盡瘁的音樂家葉伯和》（《四川近現代文化人物續編》，四川人民出版社，1989 年 12 月版。）

〔註93〕魚門：《記十年間之成都文藝界》（十一），《華西日報》1935 年 5 月 24 日。

〔註94〕《編輯餘談》，《草堂》第二期，第 68 頁。

〔註95〕葉伯和：《〈詩歌集〉自序》，《中國音樂史・附詩文選》，臺北：貫雅文化事業有限公司，1993 年版，第 79 頁。

去不復返，／但你所居底草堂，尚依然如故呵！／你在草堂中產生底詩歌底生命，／仍永續不斷地與世長存呵！」〔註96〕承繼杜甫詩歌精神的願望非常明顯。而《草堂》第四期封面則是一幅杜甫戴斗笠的畫像。可見杜甫及其詩歌精神是草堂文學社的精神圖騰與行動標向。

　　草堂文學社的社團活動並不多，主要貢獻就在於所辦刊物《草堂》。《草堂》1922 年 11 月 30 日創刊，1923 年 11 月 15 日第四期出版後停刊，第二期的出版日期是 1923 年 1 月 20 日，第三期則是 1923 年 5 月 5 日，爲不定期刊物。《草堂》屬於同人自費刊物，但發行範圍比較廣，重慶、北京、上海、南京、廣州、杭州、蘇州、昆明、法國蒙柏利等地都設有經售處。〔註97〕雜誌也有較大影響，周作人、郭沫若在看到雜誌後都向草堂社寫信以肯定與鼓勵，郭沫若甚至對其報以極大期望，「吾蜀既有絕好的山河可爲背景、近十年來吾蜀人所受苦難恐亦足以冠冕中夏。諸先生常與鄉土親近、且目擊鄉人痛苦、望更爲宏深的製作以號召於邦人。」〔註98〕茅盾在《中國新文學大系·小說一集導言》時也提到《草堂》的歷史地位，「四川最早的文學團體好像是草堂文學研究會（成都十二年春），有月刊《草堂》，出至第四期後，便停頓了，次一月有出版了草堂的後身《浣花》。」〔註99〕

　　綜觀四期《草堂》，其所刊載有詩歌、小說、戲劇，以詩歌爲主，占了絕大部分，有 112 首之多。《草堂》的這些作品，有一個共同特點，即書寫現實人生與社會，個人的遭逢、困惑、痛苦，社會諸問題，成爲他們作品中心。如果說晚清成都舊式文人是以「舊詩詞寫新內容」的話，那麼《草堂》就是以「新形式寫新內容」，完全的白話文、完全的現實人生。通讀《草堂》中的所有作品，這種印象尤其深刻。

　　葉伯和在《草堂》第一期上的《心樂篇·序詩四首》表達的就是這種問蒼茫大地的困惑，「宇宙是什麼？人類是什麼？／你是什麼？我是什麼？──」「什麼是你的心？什麼是我的心？──」〔註100〕他渴望使他「丟失了的心」重新「回到心中」，重回後的心，必定更加「光明」、「和藹」、「美麗」與

〔註96〕葉伯和：《草堂懷杜甫》第一期，第 1～2 頁。

〔註97〕《草堂》第三期「草堂文學研究會徵文啓事」後所列的雜誌經售處。

〔註98〕郭沫若：《草堂社諸鄉友：奉讀草堂月刊第一期有感》，《草堂》第三期，第 64 頁。

〔註99〕《茅盾全集》（第 20 卷），北京：人民文學出版社，1990 年版，第 459 頁。

〔註100〕葉伯和：《心樂篇·序詩四首》，《草堂》第一期，第 2～3 頁。

「眞誠」。葉伯和要找尋的「心」還能在「山林紅日初升」中找到。而在陳虞裳《不幸》中，「我最可寶貴底本性——『眞如』」，卻在「我」已降臨世界便丟失了，「我」被「惶恐」和「危險」充塞，讓「我」「無春，無夏，／無秋，無冬，／甚至無晝夜，／潛心意的去四面探尋他。」即使這樣，「我」「狂瘋似，遍山野跑去喊找他。／他的些微痕跡，仍探尋不著。」苦苦追尋之後，「我」明白了，「要是我尋得著他；／除卻沒有這個宇宙。」〔註101〕像這樣書寫人生困惑的詩歌在《草堂》中並不算多，《草堂》中的作品整體上呈現蘊藉雋永的風格特徵，沒有太過激烈的吶喊與呼號，與同為四川青年創辦的《淺草》、《沉鐘》風格迥異。儘管草堂文學社與這兩個文學社團有著非常緊密的關係，《淺草》創刊號上刊有《草堂》廣告，稱道其「內容極美，已出兩期。」但彼此的風格卻差別很大。

　　《草堂》同人大多以一種平和沉靜的方式書寫自我苦悶和現實人生，他們最喜歡使用的文體是小詩，四期雜誌中小詩佔了詩歌一半以上，葉伯和自己就是小詩的熱慕者與實踐者，他也坦言喜歡小詩是受泰戈爾的影響，「泰戈爾是詩人而兼音樂家的，他的詩中，含有一種樂曲的趣味，我很願學他。」〔註102〕葉伯和自己也採用小詩這一詩體進行創作，且水平不凡，被譽為「成都的泰戈爾」。〔註103〕受葉伯和的影響，草堂文學社的同人們創作大量小詩，包括以「佩竿」為筆名的巴金，也在《草堂》二、三期上發表了兩組小詩。整體上看這些小詩，近似一些風景的剪畫，或者心理微動的暗影，點點滴滴，別有一種涵泳樸實的意味。

　　《草堂》同人非常注重對所處環境的觀察與書寫，尤其是成都這座城市，成為他們主要的書寫對象，城裏的風景名勝、社會風貌、裏俗民情，都在他們的作品中呈現。晚清民初成都舊式文人們也喜歡吟詠成都歷史名勝，如對杜甫草堂、武侯祠、望江樓、薛濤井的吟唱，他們書寫的是一種末世文人的沉沉心態。而草堂文學社諸子，他們眼中的成都名勝又具有別樣的風韻。

　　如他們對杜甫草堂的書寫。他們既然選擇「草堂」作為社名與刊名，說明他們對草堂有很深的感情，當然也免不了對草堂的書寫與吟唱。葉伯和的

〔註101〕陳虞裳：《不幸》，《草堂》第二期，第14～15頁。
〔註102〕葉伯和：《〈詩歌集〉第二期自序》，《中國音樂史・附詩文選》，臺北：貫雅文化事業有限公司，1993年版，第79頁。
〔註103〕張義奇：《成都的「泰戈爾」》，《成都日報・副刊》2004年3月10日。

《草堂懷杜甫》和沈若仙的《草堂》便是代表。

　　　　草堂懷杜甫　　葉伯和

　　　　　　一

　　杜公！

　　你生在襄陽，

　　乃卜居在錦江。

　　你底名詩，大半成於入蜀之後，

　　或因感受蜀山蜀水底影響？

　　　　　　二

　　杜公！

　　你生當黃金時代，

　　卻抱著滿腹底悲哀。

　　你非無病呻吟，

　　是傷心人別有情懷！

　　　　　　三

　　杜公！

　　你雖一去不復返，

　　但你所居底草堂，尚依然如故呵！

　　你在草堂中產生底詩歌底生命，

　　仍永續不斷地與世長存呵！

　　　　　　四

　　杜公呵！

　　中華底歌德呵！

　　唐代底彌爾頓呵！

　　超地域底詩人呵！

　　超時代底詩人呵！〔註104〕

　　　　草堂　　沈若仙

　　翠綠的竹，

　　鮮妍的花，

_____

〔註104〕葉伯和：《草堂懷杜甫》，《草堂》第一期，第1～2頁。

　　奇偉的古樹，

　　蓊鬱的叢林，

　　靜寂寂的藍天，

　　灣曲曲的流水，

　　鳥語不住地歌頌，

　　蟲聲不停地讚美，

　　這便是杜甫的草堂了！

　　不見百年將軍的府第，

　　但見千年詩人的草堂，

　　人們呵！

　　詩人給了你們些什麼呵！〔註105〕

　　這兩首寫杜甫草堂的詩歌，讀來會覺得很是一般，既對草堂這一風景名勝缺乏足夠的靜觀，也沒能對杜甫人生與詩歌有形而上的思考，極平常就把這一獨具歷史文化內涵的意象打發了。這實際上是《草堂》同人及一切新詩寫作者需要面對的共同問題，即用白話語言如何來書寫古典意象，摒除既有的古典詩歌套路與詞語，找尋合適的表達方式顯得尤其重要。這兩首寫草堂的詩歌顯然沒有找到合適的方式。葉伯和的《薛濤井》也是同樣的問題。

　　薛濤井　葉伯和

　　從蓁竹中篩過斜陽的影子，

　　照著清冷冷的古井。

　　他旁邊豎起一通碑，

　　寫著井的名字叫做「薛濤」。

　　往來的遊人，都說：

　　「這井裏的水好清呀！」

　　卻都不注意井的名字。

　　只有井邊的幾株楊柳，

　　他們垂著頭，彷彿含著許多悲愁：

　　想對著我們，

　　替薛濤說出一些淒涼的歷史。〔註106〕

〔註105〕沈若仙：《草堂》，《草堂》第一期，第 14 頁。

〔註106〕葉伯和：《薛濤井》，《草堂》第一期，第 3～4 頁。

　　拿任何一首寫薛濤井的古體詩，都有可能強於葉伯和的這首《薛濤井》。這並不是說古體詩和新詩是兩種不同的詩體，其評價體系就一定迥異。新詩不單是「白描的歌」或者「簡單的記述」，失去了詩歌的韻味，新詩是難以發展的，這也是聞一多在反思二十年代新詩創作問題最爲關注的問題。顯然此時的《草堂》同人對成都名勝古跡的新詩書寫不算成功。

　　草堂同人未能找到書寫成都歷史名勝的最佳方式，但是他們卻能對成都現實社會諸象有很好的把握與書寫。免去了古典歷史意象在新詩創作中的枷鎖，且對現實生活有直接的感受，以此而寫成的詩歌與小說，其質量就要有保證得多。陳虞裳的《郭北》就是很好的例證：

　　　郭北　陳虞裳
　　好寂寞的郭北，
　　我居然常常去浪遊；
　　無一次不躑躅啊！
　　無一次不徘徊啊！
　　這樣究竟爲什？
　　狂妄了麼？
　　有所失麼？
　　誠然！
　　蕭蕭的白楊向眼拜，
　　荒荒的蔓草蘭道生。
　　掩映著，
　　襯貼著，
　　一墩，兩墩，百千萬墩的墳塋；
　　不知其間有若干地「陳死人」！
　　豐碑沒了字，
　　牛羊踐墓頭；
　　生前怎樣！
　　死後怎樣！
　　古人說：
　　「生年不滿百；
　　常懷千歲憂。

古墓犁爲田；

枯骨化爲泥。」

有生既不足貴；

有死亦更可哀。

這樣悲慘地世界，

怎□不令人失望！

這下我眞要狂妄了。

床頭底寶劍；夜夜鳴吼著。

心裏底勇氣；時時奮動著。

霍霍——

寶劍礪磨的好利呀！

呼呼——

勇氣鼓蕩的好盛呀！

憑了我的勇氣，

提了我底寶劍；

從此要，

斬斷人生一切，

割棄現實諸相。

這樣究竟爲什？

好寂寥的郭北，

我居然常常去浪遊；

無一次不躑躅啊！

無一次不徘徊啊！

　　　　　　一九二二‧九‧九〔註107〕

　　這首詩寫軍閥混戰後，成都城北墳塋遍佈的蕭瑟景象，詩人目睹此等景象，心生無限歎惋，「有生既不足貴；有死亦更可哀。」只想取下床頭的寶劍，「斬斷人生一切，割棄現實諸相。」而事實上詩人所能做的也只能常常去郭北浪遊，不斷地躑躅、不斷地徘徊。詩人所見的成都與晚清舊式文人們所見到的成都一樣，但他們所著眼的表意對象卻有了差別，草堂社詩人開始直面

〔註107〕陳虞裳：《郭北》，《草堂》第一期，第11～13頁。

現實注重慘象與人世辛酸，並把此般內容鎔鑄進白話詩歌中。

　　葉伯和的《她的愛》書寫一位飽具愛心的妻子形象，愛丈夫愛孩子，愛親人之外的人，且愛得極其濃烈，她因愛而衰老憔悴。詩歌似乎在稱頌或哀歎這位妻子的遭逢，其實詩人更深刻地發現這位妻子是被「愛」所摧毀了，「愛」不是給人帶來幸福而是帶來厄運，這無疑是對這種無原則的「愛」的一種批判，她正是被「愛」所裏挾所迷失所摧毀。像這樣深刻的詩歌在新文學初始期，即使在全國文學界也屈指可數。

　　更能顯示《草堂》文學成就的是為數不多的幾篇小說，這些小說也是草堂社詩人們所創作。陳虞裳的《名譽》、〔註108〕張拾遺的《兩封回信》〔註109〕和葉伯和的《舶來的爆竹》〔註110〕較為出色。《名譽》寫一年輕女子被朋友所騙，失身於朋友的姐夫。這種情況該怎麼辦，焦點集中在「名譽」問題上，失身女子是要顧全名節而默不作聲，還是要把此事揭發。男子向女子炫耀性地保證他的許諾，財產，姨太太身份等；男子的妻子及小姨子（即年輕女子的朋友），軟言細語，從女人名節上加以威嚇。最後女子默默地離開了。小說的深刻之處就在於，年輕女子遭受侮辱並不僅僅是男子所為，若非男子的妻子和小姨子的協助，這種欺騙是不可能達成的。這充分說明女性問題的多重性與複雜性，不僅是男人欺負女人，還有女人們幫著男人欺負女人。這些幫著男人欺負女人的女人，更為隱蔽，破壞性作用也更大。在彼時作者能有此認識非常難得。小說布局及氛圍營造也不錯，開放式的結尾也啟人聯想，女子離開是短暫離開還是永久離開，她離開的目的是為了遠離是非之地還是尋找力量再回來，作者沒有交代，全在讀者的聯想。張拾遺的《兩封回信》同樣關心社會倫理問題，小說以一位女中學生擷芳為中心，寫她對自己婚戀態度的變化與行動。小說開始以擷芳偷聽同學對自己議論來寫其身世卑微及婚戀狀況，結束時以同學對自己的羨慕而結束，擷芳嫁給了一位頗有權勢的軍人。中間以擷芳回其父親的兩封信貫穿全文。這篇小說的主題還是女性自我意識覺醒與獨立的問題，若受過新文化教育的擷芳尚不能脫去傳統婚戀的勢利觀念，其它的未受教育的女性又會怎樣呢？社會批判的意味非常明顯。葉伯和的《舶來的爆竹》用輕鬆的筆觸來寫軍閥混戰給成都市民所帶來的巨大

〔註108〕陳虞裳：《名譽》，《草堂》第一期，第72～80頁。

〔註109〕張拾遺：《兩封回信》，《草堂》第二期，第19～31頁。

〔註110〕葉伯和：《舶來的爆竹》，《草堂》第三期，第25～29頁。

災難，作者儘管把轟鳴的炮彈比做是聽「舶來的爆竹」，但故作輕鬆背後是無盡的悲哀，表達對成都軍閥混戰的強烈譴責。

較之同時期的其它文學社團，如文學研究會、創造社，包括《淺草》－《沉鐘》社，草堂文學社有著鮮明的地域特徵，這種地域特徵是基於成都新文化新文學展開的過程而交相共生共進，草堂文學社同人沒有強烈的功利色彩，沒有啓蒙者的身份迷狂，更沒有匡扶濟世的抱負，他們充當的僅僅是「入戲的觀眾」〔註111〕的角色，只專注於新文學創作，甚至也不企圖引領文學風潮。有學者在分析葉伯和《詩歌集》為什麼未能引起全國性的關注時，就注意到這一點，「這部詩集出書後的宣傳聲勢遠不如稍早的《嘗試集》，更不如晚一年多才出書的《女神》。《嘗試集》和《女神》的鋪天蓋地的宣傳，完全把葉伯和的聲音淹沒了，以至於現在幾乎找不到《詩歌集》問世後的社會反饋信息。」〔註112〕葉伯和的《詩歌集》未能在全國產生影響的因素當然很多，但未能得到有效的宣傳也是一個因素。同樣，《草堂》的影響也很有限，僻處西陲的成都很難得到上海、北京同行們的關注。但這並不影響對草堂文學社及《草堂》的研究和歷史評價。〔註113〕相反草堂文學社把主要精力集中在文學創作中，以成都這座城市為中心，進行新文學的探索與書寫，他們極力想以新的語言來展現新的人生與新的社會。儘管未能取得突破性的成就，但無疑是開啓了成都新文學自身的成長之路。為二十年代以來成都新文學的繁榮創造了條件。如草堂文學社的這些同人後來都活躍於成都文壇，像巴金這樣的新文學大家，也是從《草堂》開始其文學生涯的。因之，草堂文學社及《草堂》的歷史地位與作用無疑值得肯定。

成都文學在《草堂》之後，迅速發展，尤其是報紙副刊非常發達，以至

〔註111〕〔法〕雷蒙‧阿隆：《入戲的觀眾》，賴建誠譯，臺北：聯經出版社，1987年。該書中雷蒙‧阿隆把自己的身份角色定位為「入戲的觀眾」，亦即既對參與社會進程又保持適當的疏離。本文借用這一稱謂來定位草堂文學社同人的自我身份認定，其意在於把他們與同時期的其它文學社團加以區別。

〔註112〕龔明德：《比〈女神〉更早的〈詩歌集〉》，《昨日書香》，南京：東南大學出版社，2002年5月，第22頁。

〔註113〕近些年來文學研究開始對草堂文學社及《草堂》加以關注與研究，代表性的研究論著有：許敬《艱難的新生——〈草堂〉及葉伯和考論》（西南師範大學，2004年碩士論文），李怡、肖偉勝主編的《中國現代文學的巴蜀視野》（巴蜀出版社，2006年）中有專章研究《草堂》，彭超《巴蜀作家與中國現代文學的發生》（四川大學，2011年博士論文）中有專章論述草堂文學社。

於有人把 1927～1932 年這段時期成爲「成都文學的黃金時期」，〔註 114〕此勢頭在 1932 年「二劉大戰」（劉湘、劉文輝）之後有短暫的停頓，但新文學已成蔚然之勢，不可阻遏。

從《草堂》到抗戰這段時期，成都文學發展迅速，報刊潮湧。但之前的研究者卻鮮有從報刊角度切入成都文學研究，他們只關注名作家與作品，未能對晚清以來成都報刊足夠重視。實際上，對於現代文學文化研究來說，報刊是必不可少組成部分，甚至充當了相當重要的角色。陳平原在談到研究古代文學與研究晚清以來中國文學的差別時說：「研究古代中國文學，可以文集爲中心；研究晚清以降的中國文學，則必須把報章的崛起考慮在內。……除了細讀文本，你必須考慮他每篇文章的生產與傳播。在我看來，這是古代文學研究與現代文學研究的最大差異。」〔註 115〕重視報刊研究是基於報刊在現代文學文化發展中所起到的重大作用。安德森注意到書籍和報紙對於民族政治想像之間的緊密關係，因而他把民族、民族屬性及民族主義看成是民眾通過傳媒（書籍、報刊）而想像性構建的產物。〔註 116〕晚清以來報刊所擔負的角色並不單在民族國家構建一維，而是起到多種功能性作用，最爲主要的是讓原本封閉分割的社會能共同存在於一個「空洞、同質的時間」之內，更多是認識論上的影響。而其中尤以文學書籍和報紙副刊影響爲最，報紙副刊實際上代替的是書籍的角色，把間隔時間均勻分散在每一天，使報刊成爲民眾生活中無法分割的部分，報刊成了黑格爾所說的「現代人晨間祈禱的代用品」，深入人民生活之中。

五四之後成都報刊發展迅速，每年都有不少報刊面世，1919 年成都新創刊的報刊有 16 種之多，1927 年有報刊 38 種，1932 年報刊達 70 種。〔註 117〕而這些報刊中，大部分是綜合性報刊，且常常設有副刊，如《新四川日刊》、

〔註 114〕魚門：《記十年間之成都文藝界》（十三），《華西日報》1935 年 5 月 17 日。

〔註 115〕陳平原：《學術史視野中的「報刊研究」——近二十年北大中文系有關「大眾傳媒」的博士及碩士論文》，《現代中國》（第十一輯），北京：北京大學出版社，2008 年 9 月，第 153 頁。

〔註 116〕〔美〕本尼迪克特·安德森：《想像的共同體：民族主義的起源於散步》，吳叡人譯，上海：上海人民出版社，2003 年 1 月。在該書第三章，作者詳細論述了書籍和報刊對民族構建的重要作用。

〔註 117〕王綠萍編著：《四川報刊五十年集成（1897～1949），成都：四川大學出版社，2011 年 11 月。該書詳細介紹了五十年間四川所有報刊，成都報刊所佔數量最巨。

《九五日刊》、《四川日報》、《民生日報》等副刊，都是純文藝副刊。到 1930
～1932 年時，成都文壇更是盛極一時，文藝周刊、旬刊、月刊，報紙副刊，
大量出現。〔註 118〕

　　大量文藝刊物及報紙副刊的出現，促進了成都文藝的快速發展，使成都
文學參與到中國新文學整體進程中。二十年代後期以來，各種文藝新思潮紛
紛在成都上演，「文學革命，人類藝術，自然主義，神秘主義，立體派，徵先
派，普羅列塔文學，三民主義文藝，並行不悖。」成都接受上海文藝風向速
度之快，宛如「有人在揚子江下游投了一顆石頭，那波瀾就發展到上游的成
都。」〔註 119〕上海左聯成立時，成都文藝界積極應和，成立了「四川青年作
家聯盟」，且出有機關刊物《司拓慕》，並發起一系列論爭。

　　成都文藝的繁榮在創作上更多體現在對成都這座城市的關注與書寫。二
十年代初的草堂文學社已開啓這一書寫路向，只不過他們對城市書寫未能找
到合適的表現方式，因此他們書寫城市的詩歌並不成功。而三十年代前後的
成都書寫就要成熟得多，有了新的景象，如佩瑲的《街頭的春》：

> **街頭的春　佩瑲**
>
> 鬱悶的春日的風吹過了街心；
> 激動了都市的脈搏和心靈！
> 歌樓舞場裏歸來了汽車的巨吼，
> 象徵著貴族們的歡欣與豪興。
>
> 人行道上跳躍著風韻的少婦，
> 腥紅的嘴唇上涵著佯□的嬌笑，
> 蕩人心魄的香味透進過路人的鼻觀，
> 暴露了都市的麻痹與腐爛。
>
> 雙雙的情侶——挽著臂邁開他合著音節的步武，

〔註 118〕黎櫻：《復興成都文藝》，《華西日報》1934 年 11 月 11 日。魚門在《記十年
　　　間之成都文藝》（十七）中記錄有 20 年代後期到 30 年代初期，成都主要報紙
　　　副刊及編輯姓名，「民力日報副刊，編者孫倬章。新四川日報副刊，編者馬靜
　　　沈。西陲新聞副刊，編者伍邨舟。新新新聞副刊，編者雁江生。庸報副刊，
　　　編者高思伯。現代日報副刊，編者周□元。四川民報副刊，編者裴惕生。國
　　　民日報副刊，編者秦武雛。平報副刊，李青荃。快報副刊，編者張寄萍。」
　　　參見《華西日報》1935 年 5 月 31 日。
〔註 119〕魚門：《記十年間之成都文藝界》（二十七），《華西日報》1935 年 6 月 7 日。

迅速地擠進了高貴的娛樂場去。

黃包車夫喊破了將次乾涸的喉管，

他□待著貴人們享樂後的疲倦。〔註120〕

這首詩無論是描寫物象，書寫語言，還是感覺結構，都具有鮮明的現代色彩，都市、汽車、貴婦、娛樂場，各種事物以一種激動的節奏交匯在一起，同春天勃發的生機相應和。這就是彼時成都的街頭景象，也是成都新文學的景象。

成都新文學景象並不局限於現代物象的書寫，更多的還是在都市人生活方式與觀念的變化。秦澤的小說《都市循環舞》堪稱代表。這篇小說沒有具體的人物也沒有完整的情節，它以快速掃描的形式寫成都春熙路的繁華和紳士、太太們的橫流的欲望。

作者筆下的春熙路是這樣的一條路：

春熙路，莫有太陽底街。

成都市底繁榮，建築在它底身上。像近代人讚美巴黎和好萊塢一樣，黃金和罪惡交流著。貴冑們發現享樂的天堂，醉生夢死的彼得格列。而善良的□□同基督徒，卻希望約翰早日降臨，毀滅這人間的地獄。

過路人，懷著南北極探險地心；在清晨，正午，晚上，他將看見人肉交易所的組織。

路是舞臺面，所有出現在這兒的人物；是色情文化的演員。尤其是商人們，他們在高價地出賣都市風景線；想導演一幕婦心三部曲。向那些打扮得像水仙似的女人們說：「太太，華爾紗是一九三四最流行的衣料，還有倫敦新近出品的明星香水，和極名貴的髮膏司丹康……」〔註121〕

紳士與太太們在這條繁華且充滿欲望的街道上調情追逐，當紳士們被突然出現的聖處女吸引過去後，這些太太們迅速奔向各個店鋪，她們並不想買東西，只是為了在這些店裏彰顯自己的資色與身價，甚至享受與店員你來我往討價還價的樂趣：

店員向太太們推銷衣料，說這是曼麗碧克絨，是最流行最風格

〔註120〕佩瑄：《街頭的春》，《華西日報》1934年4月19日。

〔註121〕秦澤：《都市循環舞》（1），《華西日報》1934年8月20日。

的衣料，曼麗碧克是西方最著名的女演員，穿上這衣料，太太你們就成了東方的胡蝶了。太太們問多少錢一尺，一元五。不買。太太們的藉口是蔣委員提倡新生活運動，鼓勵買國貨，買國貨是最流行的了。問，你們這裡有好的國貨麼。店員答有的，杭州綢。太太們又說，前天已在某店買了兩件了。生意是做不成了。太太們出了百貨公司。〔註122〕

太太們雖是出了店鋪，但還是惦記著「曼麗碧克絨」的，她們又跑到書店，找畫報，查看是否有曼麗碧克的圖畫：

踏上泰東書局的石階，她們翻開良友畫報，婦人畫報，玲瓏畫報，文華畫報，新時代畫報，覓尋曼麗碧克的衣服。她們以為以曼麗碧克絨做曼麗碧克的時裝，不是更時髦嗎？

從第一頁至最末一頁，她們只看見宋美齡女士的冬天大氅，徐來的半裸體，王人美的大肚皮，克萊拉寶的鄧巴舞，莫有世界第一女星的曼麗碧克，莫有中國電影皇后——東方的曼麗碧克——胡蝶。〔註123〕

太太們很失望，沒有找到她們想要看到的明星畫報。不過她們很快轉移注意力，覺得女人的美在臉蛋而不是服飾，於是走進美容股份有限公司，男性理髮師們用他們特有的技巧服侍著這些太太們。

從理髮店出來，已近日暮，覺得還未滿足，湧向電影院，她們並不是為了看電影，而是為了弔男人。「可是走來只是一位清瘦的行吟詩人，他的詩成了都市女人的第九交響，太太們不理解詩人也不理解他的詩，詩人只能苦吟著走了。」而「春熙路在夜色中憔悴，夜色慢慢地映著成都市的街頭晚景。」〔註124〕

不難看出這篇小說有模仿穆時英小說的痕跡。當時就有批評者指出秦澤《都市循環舞》的幾大弊病，其中一點就是批評秦澤對穆時英《上海狐步舞》的拙劣模仿。〔註125〕秦澤模仿穆時英小說這是不爭的事實，我們需要注意的

〔註122〕秦澤：《都市循環舞》（3），《華西日報》1934年8月22日。
〔註123〕秦澤：《都市循環舞》（4），《華西日報》1934年8月23日。
〔註124〕秦澤：《都市循環舞》（5），《華西日報》1934年8月24日。
〔註125〕蘭：《讀了〈都市循環舞〉》，《華西日報》1934年9月6日。該文指出秦澤這篇小說的五大弊病：其一，秦澤喜歡寫「異國情調」，但他從未出過三峽，卻能寫倫敦的晨和巴黎的夜，基本是胡編亂造；其二，對主角太太們鬧壁虛造，

是秦澤這樣的小說,「異國情調」的「歐化」的「炫技」小說,是否真的脫離現實社會。〔註126〕仔細閱讀秦澤的這篇小說,包括他的《未完成的夢》〔註127〕和《聖處女》〔註128〕,他並不是關門閉戶地嚮壁虛造,相反他非常敏銳地抓住了成都向現代轉變的新現象,既有物理事象的新,也有人們生活方式及情感結構的新,這種新可以出現在現代中國橋頭堡的上海,也可以出現在內陸的成都,這是一種社會整體結構的變化,中國捲入世界現代體系中的嶄新變化。呈現這種現代化的普遍性是現代文學文化的一項自然之舉。我們關注的並不是這種通約性的普遍特徵,相反我們更在乎的是每一位不同地理區域的文藝工作者如何展現這種普遍性與特殊性的交融。穆時英他能抓住上海新湧現的小資階層的都市體驗,這就是他的獨特之處。成都不同於上海,沒有咖啡館,也難見舞廳,秦澤沒有生硬地把這些場景移置到成都的春熙路,他描寫的場景是街頭、賣衣服的商店、理髮店、電影院,他筆下的主角是太太們,也是極具成都特色的太太們。這些太太們沒有職業,整日遊逛、跟風消費,同時又精打細算、極其浮華,沒有過多的道德倫理束縛,現實性與物質性是她們行事的總則。這類太太們在二、三十年代的成都不在少數,因四川戰亂,地方治安沒有保證,各地官宦、軍閥、紳糧、商人等等新貴蜂擁向成都,相應就有大量閒逛春熙路的「太太們」。秦澤非常準確地抓住了這類太太們的特徵,使其都市書寫具有了可貴的地方風情,是現代成都社會在文學中的風景再現。

把她們太神妙化了,也太欲望化了,是非現實的女性;其三,作者語言太過歐化,但不求甚解;其四,秦澤對春熙路的觀察和認識是錯誤的,春熙路並不是「莫有太陽的街」,也不是繁華與欲望的大舞臺;其五,關於小說題目名,「都市循環舞」這題目名是不十分通的,是對《現代》月刊上「上海狐步舞」的拙劣模仿,這個「循環舞」到底是什麼意義呢?同小說內容又有什麼關係呢?

〔註126〕秦澤《都市循環舞》在《華西日報》上發表後,引起了成都文壇論爭,其中爭論的焦點就是「作家與社會」、「題材與技術」等文學的普遍性問題,《華西日報》連續多日登載此類批評文章,如陳以名《第三者論秦澤——並涉及文藝上的一些問題》(《華西日報》1934年9月17、18日,易克難《關於異國情調——讀了第三者論秦澤》(《華西日報》1934年9月26日)、華哲《關於第三者論秦澤》(《華西日報》1934年10月1日)、蘭《新題材作風及其它》(《華西日報》1934年10月3、4日)、張本《文學及其作家》(《華西日報》1934年10月8日)。

〔註127〕秦澤:《未完成的夢》,連載於《華西日報》1934年6月26〜28日。

〔註128〕秦澤:《聖處女》,連載於《華西日報》1934年10月1〜8日。

　　整個三十年包括抗戰後，成都文學發展迅速，這段時期被稱爲成都文藝發展的黃金十年，尤其表現在成都報刊文學的發達上，許多成都作家都是報刊副刊的編輯與長期撰稿人，其文學實績委實不可小覷。因文學史書寫及文學研究的諸多制約，對晚清民國成都文學重視不足，以至於一提起現代四川文學，往往提到就是郭沫若、巴金、李劼人、艾蕪、沙汀等人，再提到成都文學時，除了李劼人，似乎就沒有了。事實並非如此，更寬廣更豐富的內容都在表象之下，晚清民國成都新文學何其浩瀚，是一塊亟待梳理研究的重要的文學園地。

第四章　民國成都學校文學空間

　　晚清民國成都文學發展及新文學的展開，既受制於成都這座城市社會文化的結構，又與整個中國政治社會思潮相關，即它是整體性與特殊性共同簇生的結果。無論是晚清以來成都舊詩詞的寫作，還是成都第一家綜合性文藝刊物《娛閒錄》的誕生，乃至第一個純文學社團草堂社及刊物《草堂》的出現，都是在這一歷時與共時的層面上得以聚合而成。這種在縱橫交叉下來考察晚清成都文學整體狀況的視野，顯然是有其必要，這可以讓我們全局性地把握該時期成都文學狀況及走勢。這一考察，總體上來看，還是從作家群體、文學社團及文化傳媒的基本角度出發，尤以文化傳媒爲最，《娛閒錄》與《草堂》都是文學期刊，其傳播形式與對象，都非常大眾化，其效果也非常明顯，我們也能從中梳理出新文學的質素並闡釋其文學價值。對一座文學城市來說，促使新文學形成並得以發展的因素還很多，文化傳媒因其自身的優勢占得先機，是重要因素。實際上，學校這一空間也是助長新文學的重要一環。關注大學與新文學／現代文學的關係，是考察新文學發生發展的又一個角度，這也是近些年學界研究的一個熱點。〔註1〕這些研究有從整體上論述民

〔註1〕 比如由錢理群所主持的「二十世紀中國文學與大學文化」系列叢書，包括：
王培元《抗戰時期的延安魯藝》（廣西師範大學出版社，1999年）、黃延復《二三十年代清華校園文化》（廣西師範大學出版社，2000年）、姚丹《西南聯大歷史情境中的文學活動》（廣西師範大學出版社，2002年）、高恒文《東南大學與「學衡派」》（廣西師範大學出版社，2002年）；陳平原關於北京大學的系列著作，如《老北大的故事》（江蘇文藝出版社，1998年）、《中國大學十講》（復旦大學出版社，2002年）、《北大精神及其它》（上海文藝出版社，2000年）、《大學何爲》（北京大學出版社，2006年），以及他的一系列文章；沈衛威《大學之大》（人民文學出版社，2007年）、《民國大學的文脈》（人民文學

國大學與新文學的關係，有從大學校園文化上來論述新文學在大學的展開，也有從文學教育、課程、課堂等角度來研究新文學，還有從師資結構及文化傳統的角度研究新文學生成等等。本章就從學校與文學關係的角度來考察民國成都文學，全面勾勒該時段成都學校的文學空間樣貌。

第一節 民國成都學校文學教育

要全面勾勒民國成都學校文學教育情況，尤其是大學的情況，我們首先需要清楚該時段內成都有哪些學校及大學，這些學校中又有哪些學校可以作為分析研究的對象和樣本，並不是所有的學校都開展有文學教育諸活動，況且「撿土豆」式的平等視角也容易分散對問題的把握而流於形式和空泛。

晚清以來成都教育發展非常迅速，各級學校數量大增，使成都成為晚清以來全國教育中心之一。進入民國後，辦學興學熱潮更是有增無減，截止到1932年，成都高等院校達17所、中等學校74所、初等學校46所，學生總人數超過兩萬多人，僅中等、高等學校人數就達1萬多人，〔註2〕可見成都教育之發達。在眾多中、高等院校中，國立四川大學最為突出，無論是學校規模還是辦學質量，在成都乃至全國的地位與影響，都較有聲名。而國立四川大學是由一系列學校發展沿革而來的，如國立成都高等師範學校、國立成都大學、國立成都師範大學、公曆四川大學，〔註3〕它們都是1931年成立的國立四川大學前身，是其歷史的一部分。國立四川大學是成都高等教育的代表，體現了民國四川高等學校的最高水平，在考察民國時期成都學校文學教育時，國立四川大學顯然是考察的重點。但對國立四川大學形成有直接影響的各沿革學校，也應有必要的考察，它們也是構成成都高校整體的有機部分，

出版社，2014年）；王彬彬主編《中國現代大學與中國現代文學》（上海人民出版社，2011年）；李光榮《季節燃燒的花朵：西南聯大文學社團研究》（中華書局，2011年）、《民國文學觀念：西南聯大文學例論》（商務印書館，2014年）。關於民國大學與新文學關係的論文更是不計其數，不在此羅列。

〔註2〕 參見《1932年成都市各級學校調查概覽表》，《成都通史·民國時期》，成都：四川人民出版社，2011年11月，第294頁。

〔註3〕 關於四川大學歷史沿革史，可參看《四川大學史稿》之附錄《四川大學歷史沿革簡表》，成都：四川大學出版社，1985年10月，第373頁。該表對四川大學沿革興替有詳細的展示，該表把四川大學興學的歷史源頭上溯到1704年的錦江書院、1874年的尊經書院，下至1931年國立成都大學、國立成都師範大學和公立四川大學三校的合併。

如國立成都高等師範學校，對五四在成都的展開和新文化的傳播有重要貢獻，國立成都大學更是 20 年代成都高校的絕對領袖，它們的文學教育及校園活動，當然更不能忽視。

　　要考察民國成都學校文學教育，當然不能不對該時期教育體制有所瞭解。民國教育制度沿晚清教育變革而繼續深化，晚清壬寅‧癸卯學制不僅從學制上分若干層級，從低級向高級分為：蒙學堂、初等小學堂、高等小學堂、中學堂、高等學堂、大學堂，〔註4〕而且在課程設置中設有「詞章」、「中國文字」、「中國文學」等課程。在《欽定高等學堂章程》、《欽定京師大學堂章程》分科表中，「文學科」作為「七科」之一科，所包含課程科目有：經學、史學、理學、諸子學、掌故學、辭章學、外國語言文字學。〔註5〕可見從教育體制層面上，廣義的文學作為學堂教育內容之一。儘管，不論是中小學堂還是大學堂，其國文或者文學科仍是以「注重讀經以存聖教」〔註6〕為宗旨，但到 1912 年 10 月，中華民國教育部總長頒佈《大學令》，命令大學不再以「經史之學」為基礎。且規定：「大學以教授高深學術、養成碩學閎材、應國家需要為宗旨。」〔註7〕大學七科之學得以設立，即：文科、理科、法科、農科、工科、商科、醫科正式釐定，作為大學學科設置標準。大學文科又分為哲學、文學、歷史學和地理學四門，文學門下分為八類，包括：中國文學類、梵文學類、英文學類、法文學類、德文學類、俄文學類、意大利文學類、言語學類。〔註8〕以後又設有中國文學系和外國文學系，但所教授內容都在這八類之內。民國以來的高、中、小等學校都是在民初《大學令》、《中學令》、《小學令》及其各章程的規定下，進行學制和課程設置。

　　民國時期成都學校教育也是遵照民國學制，學校教育秉承民國教育部相

〔註4〕　參見《中國近代學製圖》，《中國近代學制史料》（第二輯上冊），朱有瓛主編，上海：華東師範大學出版社，1987 年 6 月，第 101～102 頁。

〔註5〕　張百熙所擬《欽定高等學堂章程‧欽定京師大學堂章程》，轉引自：左玉河：《從四部之學到七科之學：學術分科與近代中國知識系統之創建》，上海：上海書店出版社，2004 年 10 月，第 186～187 頁。

〔註6〕　《光緒二十九年十一月二十六日（1904.1.13）張百熙、榮慶、張之洞〈學務綱要〉》，《中國近代學制史料》（第二輯上冊），朱有瓛主編，上海：華東師範大學出版社，1987 年 6 月，第 83 頁。

〔註7〕　《教育部公佈大學令》，《教育雜誌》第 4 卷第 10 號，1913 年 1 月。

〔註8〕　左玉河：《從四部之學到七科之學：學術分科與近代中國知識系統之創建》，上海：上海書店出版社，2004 年 10 月版，第 197～198 頁。

關規定。但是作爲地方各學校，其教育體制上可以遵照教育部規定，其教學內容、師資結構等卻有相當的自主性，這也往往決定了各地教育水平的差異。本書所關心的正是民國時期作爲地方的成都學校，尤其是高等學校的文學教育。

文學教育作爲學校教育內容之一，「不僅指大學文學系的課程設置、教師配備、教材選擇和學生來源，而且關係到整個社會的語文教育。它通過對文學經典的確認（由此可以判定什麼是『文學』，什麼是『非文學』；什麼是『好文學』，什麼是『壞文學』），規範著人們如何想像文學，爲社會提供一整套認識、接受和欣賞文學的基本方法、途徑和眼光。」〔註9〕儘管文學教育對「文學」及其經典的建構意義重大，但是文學教育本身的結構和實踐過程更爲重要，即從課程設置、教師配備、教材選擇、學生來源及反應等來理析，就顯得更具有現實意義和理論說服力。因爲「文學」觀念與經典的建構需要這些必須的程序，只有從這些可操作且原發性的過程中去詳細梳理與辨析，才能把晚清民初新文學發生乃至發展歷程解釋清楚。這也是陳平原所說文學教育往往與思想潮流、教育理念、文化傳統相關，同時又與學校規模、經費、師資等又直接關係。〔註10〕而且對文學教育過程的理析與研究更爲迫切，文學理念往往依附於後者，它是與人員構成及實踐過程相伴生的，而不是不在場的空洞物。

首先來看民國成都高校國文系師資結構及課程設置。民國成都中、高等學校儘管數量不少，但眞正具有較高水平的並不多，國立四川大學沿革變遷的各學校基本上代表了成都學校整體水平。而且這些學校無論是從規模、師資結構，甚至是課程設置上都較爲全面。也就是說，只有這些學校才開設有國文課或者文學課。因此梳理國立四川大學沿革各學校的文學教育也就合乎情理。雖然四川大學校史把源頭上溯到錦江書院和尊經書院，但它們不是現代教育體制下創建的學校，屬於舊式書院模式，入民國後的成都高等師範學校才算是四川大學的現代源頭。之後的國立成都大學、國立成都師範大學、公曆四川大學三校並立，1931 年三校合併後的國立四川大學才是成都高校的代表。以歷史的順序考察這些學校的師資構成和課程設置，也就能夠明瞭該

〔註 9〕 羅崗：《現代「文學」在中國的確立──以文學教育爲線索的考察》，《中國現代文學研究叢刊》2001 年第 1 期，第 23～24 頁。
〔註10〕 陳平原：《知識、技能與情懷──新文化運動時期北大國文系的文學教育》（上），《北京大學學報（哲學社會科學版）》2009 年 11 月，第 97 頁。

時期成都文學教育的整體概況。

　　1916 年創辦的國立成都高等師範學校，其前身是四川高等師範學校，也就是晚清的四川高等學堂，因學制改變，晚清學制和民國學制的不同，學校名稱也相應變化，但學校實際載體，校址、校園、師資等幾乎未變，國立成都高師的教師大部分就是四川高等學堂的任課教師，不同的是高等學堂時期所聘的外籍教師主要是日本教員，1915 年之後的外籍教師則以英、美爲主，且偏重語言類外籍師資。

　　國立成都高師科系設置嚴格按照中華民國政府教育部的相關規定設立院所科系，設有國文部和英語部。

　　國文部所設置課程爲：國文及國文學（講讀作文、諸子學、群經大意、中國文學史、文字學、韻文），歷史（中國史、東亞史），哲學，美學，言語學，日語。

　　英語部所設置課程爲：英語及英文學（講讀、作文、文法、會話），國文及國文法（講讀作文及文學史），歷史（西洋史），哲學（哲學概論），美學（美學概論），言語學，法語。〔註11〕

　　另外本科還設有公共課，包括：倫理學（倫理學、中國倫理學史、西洋倫理學史），心理學，教育學（教育史、教育法令、教授法），英語，體操。〔註12〕

　　從這份課程表來看，國文部的課程偏重經史與語言，對文學關注不夠，英文部的課程則比較全面，語言、文法、文學及史哲等都有涉及。單從成都高師此時期的課程設置來看，顯然其文學教育是比較薄弱的，但是我們需注意，課程設置是一方面，它能從制度上保證教育的基本內容，這些所設課程到底講授了些什麼內容、取得了怎樣的效果，還得看擔任這些課程的老師。這就涉及到成都高師的師資結構。

　　成都高師國文系教師有：賀孝齊（講授倫理學和教授法）、鄧胥功（教育學）、蔡錫保（教育史、西洋倫理學、心理學）、陳希虞（哲學）、劉冕（東亞史、心理學）、曾學傳（中國倫理學史、宋明理學）、宋育仁（文學史、駢文）、廖平（諸子學、經學大意）、駱成驤、龔熙春、虞兆清、文龍、譚焯、龔道

〔註11〕《高等師範學校規程》，《國立成都高等師範學校檔案》，第 9 卷。轉引自：《四川大學史稿》，成都：四川大學出版，1985 年 10 月版，第 37 頁。

〔註12〕同上，第 37 頁。

耕、林思進（以上均為國文）、李植（文字學）、祝同曾（中國歷史）。〔註13〕
值得注意的是這些擔任成都高師國文部的教師，大多是晚清以來成都的宿
學耆儒，宋育仁、廖平、駱成驤、文龍、龔道耕、林思進，他們或是進士或
是舉人，在晚清皆有功名。更為主要的是這些人對成都社會文化教育頗有
影響。正是基於他們的社會地位與作用，民眾以「五老七賢」〔註14〕來稱呼
他們。

這些宿學耆儒進入成都高師，的確有利於對傳統文化的繼承與弘揚，對
學生傳統學問的培養也有幫助，如在成都高師讀書的姜亮夫，他就認為他的
學問基礎就是在成都高師鑄造的，其因就在於他「遇到了好幾個學識淹博、
人品極高的名師，其中受林山腴（思進）、龔向農（道耕）兩位影響最大。」
「我一生治學的根底和方法，都是和林山腴、龔向農兩先生的指導分不開的，
他們特別強調要在《詩》、《書》、《荀子》、《史記》、《漢書》、《說文》、《廣韻》
這些中國文化的基礎上下工夫。……得林、龔二師之教，我在成都高等師範
那幾年，便好好地讀了這些基礎書。這點，為我後來的治學，得益確實匪淺。」
〔註15〕可見成都高師這批舊式知識分子於學生的影響，還是非常積極正面。
與姜亮夫有同感的是周傳儒，他認為成都這些遺老們雖然守舊，但是在保存
國粹方面卓有貢獻，他對「五老七賢」中的徐炯這樣評價到，「徐子休，在各
中學講修身課，挑選各中學的尖子，組織『麗澤會』，每月會文一次，有獎。
於是各中學都出了一些高材生。」即使對其它蜀學耆儒也不無稱譽，「其時
老一輩的國學大師，如向仙喬、林山腴、龔道耕，不在『五老七賢』之列，
而在成高、川大教書，充實了大學階段的中文系。」〔註16〕

〔註13〕《國立成都高等師範學校檔案》第1、2卷。轉引自：《四川大學史稿》，成都：
四川大學出版社，1985年10月版，第35～36頁。

〔註14〕關於「五老七賢」所指何人，一直有不同的說法，鄧穆卿《話說「五老七賢」》
（《龍門陣》1995年第5期），張達夫、呂鍾《五老七賢》（《成都風物（第一
輯）》，唐振常《五老七賢》（《唐振常文集（第5卷）》）等，對成都「五老七
賢」所指為誰都有不同觀點。根據許麗梅的考證，見其《民國時期「五老七
賢」述略》（2003年川大碩士論文），被提到屬於「五老七賢」的共有35人。
實際上他們是晚清民國成都／四川一群地方精英，有知識文化、有社會身份、
也有社會作為與影響，在晚清民國這段時期內他們發揮了重要作用，是晚清
民國時期成都的一種獨特現象。

〔註15〕姜亮夫：《姜亮夫自述》，《世紀學人自述》（第二卷），高增德、丁東編，北京：
十月文藝出版社，2000年1月，第101～103頁。

〔註16〕周傳儒：《周傳儒自述》，《世紀學人自述》（第一卷），高增德、丁東編，北京：

　　但這些舊學先生們卻也阻遏了新學在成都的傳播與發展。處於同一時期且在成都讀書的唐振常，他對這些舊學先生卻另有一番看法，他認為這批舊式知識分子統治了整個成都教育界，極其保守落後，不僅統治了成都各大學國文系，而且統治了成都各中小學，他所就讀的大成中學校長正是徐炯，他認為徐炯是成都尊孔讀經的代表人物，而大成中學又是最嚴重的學校，「和其它中學還有一個大不同，國文課時特別多，每班都有三個教師教國文課，每周每位六小時，共佔了十八個小時。課本是學校自編的，線裝石印，叫《大成國文課本》，自然全是古文，那時成都的中學，很少教白話文。」〔註17〕姜亮夫與周傳儒的回憶沒有錯，唐振常所說的也是事實，這就是一枚硬幣的兩面，看你站在怎樣的角度去看待與理解。不過民國成都教育界及文化界確實是被這批舊學先生們所控制，大倡傳統舊學，尊孔讀經，或埋頭於考據等餖飣之學，鮮有趨新跡象。我們當然不需要以古今——新舊相對立的價值觀來對其評價，對事實的澄清與再現是本文釐清民國成都文學教育的最基本目的。以徐炯為首的成都舊學先生們確實太過保守，這種保守並不僅僅局限在對傳統文化的守成上，還表現對倫理等舊秩序的維護上，他和吳虞之間的「四次爭鬥」〔註 18〕就是明顯例證。總體上來看，這群舊儒們長期把持成都教育界，嚴重影響了學校教育的發展與推進。

　　成都教育界的這種情況，對學校文學教育影響頗大。最能體現這一特徵的就是成都高師－成都大學－四川大學的教師結構和課程設置。在張瀾執掌成都大學前，成都高師文學教育的師資結構與課程設置，其基本狀況一直如此，未有太大的改變。儘管其中經歷了五四運動及吳玉章執掌高師，學校進行了一些調整，在課程設置和內容上都有不同程度的變化，如尊孔讀經受到衝擊，人倫道德、宋明理學被西洋倫理學、哲學所代替，經學授課時間也有所減削，但是成都高師乃至整個成都學校的國文及文學教育並沒有大的改

十月文藝出版社，2000 年 1 月，第 349 頁。

〔註17〕唐振常：《老年方會讀書遲——自傳之二》，《唐振常文集》（第七卷），上海：上海社會科學院出版社，2013 年 1 月，第 338 頁。

〔註18〕徐炯與吳虞的四次爭鬥，「最早是吳虞主張宗教革命和家庭革命，而被徐炯斥為異端邪說。接著，就因父子糾紛，徐炯糾集四川衛道名流發表宣言，把吳虞趕出了教育界。1920 年 6、7 月，因吳虞四女吳桓，在美國與潘力山『自由結婚』，而潘又有前妻，徐炯發動報紙攻擊其事。1926 年 4 月，張瀾就任成都大學校長，聘請吳虞任教國文，徐炯又發動了一場反對鬥爭。」參見：唐振常《章太炎吳虞論集》，成都：四川人民出版社，1981 年 11 月，第 95 頁。

變。吳玉章執掌成都高師時，宣傳五四新文化，鼓吹革命，把舊學先生宋育仁、曾學傳、龔熙春等從教師隊伍中去除，可之前任教的大部分教師仍然得以留用。

吳玉章掌校時期所設的課程及相關教師的具體情況如下。

1923 年成都高師文史部課程有：公共課：倫理學、論理學、英語講讀、哲學概論、心理學、教育學、教育史、教授法、社會學；專業課：國文、國史、文學概論、文字學、經學通論、諸子、文學史、講經；選修課：教育法令、中國倫理學史、西洋倫理學史、古籍校讀法、國故概要、詩詞賦曲選講。〔註 19〕

可以看出這些課程與 1918 年成都高師課程沒有多少區別，五四新文化對學校的衝擊並沒有在課程設置上體現出來。同樣 1923 年成都高師的教師隊伍也變化不大，雖然辭掉了宋育仁、曾學傳、龔熙春少數幾位，大部分還是得以留用。教授公共課的老師有：蔡錫保（倫理、心理及教授法）、陳希虞（哲學、社會學、法學）、鄧胥功（教育學）、任翱（教育史）、楊伯謙（經濟學）、毛升達（文學概論）、洪楷（經濟通論）；國文科有：李植、文龍、譚焯、龔道耕、林思進、蕭中倫、胡中淵、趙少咸、余舒、祝同曾、蕭漢勳、彭昌南等。〔註 20〕

這份教師名單除了新增的少數人外，大部分還是之前高師教師成員。教師隊伍不變，教學內容也不會有什麼變化。

張瀾執掌國立成都大學時有了一些變化，教師中增加了一些趨新人員。中文系增加了吳芳吉（系主任，講授古今詩詞）、吳虞（國文，以先秦諸子為主）、李劼人（文學概論）、蒙文通（經學）、伍非百（諸子）、劉咸炘（目錄學）、劉復（中國文學史）、盧前（宋詞元曲）、余蒼一（國文）。〔註 21〕但像龔道耕、林思進、趙少咸等仍然續聘。在張瀾時期，國立成都大學中才開始有講授新文學，如作為新文學作家的李劼人，講授文學史，捎帶講一些近代以來的文學情況，但所佔比例極小，幾近於無。這卻使文學教育在整體上發生了一些結構性的變化。

更大的變化是在張瀾對成都大學師資隊伍進行大規模的調整之後。張瀾

〔註 19〕 《國立成都高等師範學校檔案》，第 2 卷。轉引自：《四川大學史稿》，成都：四川大學出版社，1985 年 10 月，第 101 頁。

〔註 20〕 《四川大學史稿》，成都：四川大學出版社，1985 年 10 月，第 96 頁。

〔註 21〕 《四川大學史稿》，成都：四川大學出版社，1985 年 10 月，第 103 頁。

對師資隊伍的調整，一方面是基於客觀原因，成都大學從成都高師分化出來，遭到一部分高師師生的反對，他們不願意任教或就讀成都大學，自己組建成都師範大學，這導致剛成立的成都大學師資力量不足，張瀾不得不外聘一些教師，吳芳吉等就是在這種況下得以聘請的；另一方面也與張瀾的治校理念有關，張瀾主張「民主自由、兼容並包」，在師資結構上，既破除出身限制，「不管你是『日本幫』、『歐美幫』、『高師幫』，只要是學術上確有地位，就一律歡迎，禮聘到校」，〔註22〕又打破黨派隔閡，張瀾掌校時期教師中各黨派都有，「既有國民黨人熊曉岩、張錚、曹四勿、黃季陸，也有共產黨人楊伯愷，還有國家主義派何魯之、李璜，也有像吳虞、李劼人這樣熱心新文化運動的新派人物，甚至托派葉青也在教師之列。張瀾允許他們按自己的流派、觀點講課。」〔註23〕

正是有了如此的改變，成都大學整個氛圍為之一變，充滿生機，「學校學術氛圍濃厚，思想自由開放。」張瀾執掌成都大學的經歷，也成了他「教育生涯尤為精彩的一章。」〔註24〕實際上，張瀾對成都大學的改進不僅是他教育生涯最為精彩的一章，也是成都教育發展的關鍵一步，更是成都高校文學教育重要一環，為任鴻雋執掌國立四川大學打下了良好基礎。

1931 年 11 月，在劉文輝的強力干預下，國立成都大學、國立成都師範大學、公立四川大學三校合併為國立四川大學，王兆榮首任校長，在其苦心經營下，國立四川大學艱難發展。直到 1935 年 8 月 6 日教育部簡任任鴻雋為國立四川大學的校長，四川大學才開始了跨越式的大發展。

任鴻雋 1935 年 9 月一上任就明確提出其掌校所要達到的目的，「本人抱定宗旨，要使四川大學：一、現代化，無論文理各科，均需以適應現代學人需要為準則；國立化，應知四川大學，是國立的學校，不是一鄉一邑的學校，應該造成國士，不僅造成鄉人。」〔註25〕「現代化」與「國立化」成為任掌校施政的目標，為了實現這個目標，任認為要完成「三個使命」，「第一，要輸入世界的智識，瞭解世界進步和人類發展的大勢，以知識的開通來補償四

〔註22〕楊昌泗：《對四川教育事業卓有貢獻的教育家張瀾》，《四川近現代文化人物續編》，四川省政協文史資料研究委員會、四川省文史館編，成都：四川人民出版社，1989 年 12 月，第 297 頁。

〔註23〕同上，第 300 頁。

〔註24〕安然、劉忠權：《張瀾》，北京：臺海出版社，2005 年 4 月，第 138 頁。

〔註25〕《任校長演講詞》，《國立四川大學週刊》1935 年 9 月 18 日。

川地理的閉塞；第二，把四川大學建成西南文化中心，成爲黃河、揚子江兩水上游廣大地域的文化策源地；第三，在當今國難嚴重的局勢下，擔負起民族復興的責難。」〔註26〕三個任務中後兩個顯得有些高蹈飄渺，不好操作實踐，而第一個任務卻是可以立馬進行，「輸入世界知識」最好的方式就是聘請瞭解與掌握世界知識的人才，即在全國乃至世界範圍內聘請優秀教師。

任鴻雋本身是川籍出身，對四川教育有長時間的瞭解，他非常清楚國立四川大學的諸多弊病，其中川籍教師太多是一大問題，他上任後幹的第一件大事就是重新調整教師隊伍，淘汰部分川籍教員，而新聘大量外省教員。〔註27〕所聘教員中以在全國學界素有文名者優先，同時又看重教員的留學背景。所聘請教員中就有孟壽椿（原暨南大學文學院院長）、鍾行素（原復旦大學訓育主任）、楊宗翰（原國立北平師範大學外語系主任）等，他們都是國內著名教授學者，任鴻雋選聘他們就是爲了徹底改變國立四川大學舊有的教師結構，以及實現其「現代化」與「國立化」的辦學目標。

具體來看任鴻雋掌校時國立四川大學師資結構狀況。國文系與英文系是兩個大系，調整這兩大系教師隊伍顯得尤爲重要，任對這兩大系的師資結構進行重大調整。調整後的國文系教師有：劉大杰、周岸登、李植、林思進、龔道耕、李蔚芬、趙少咸、丁山、戴家祥、楊筠如、彭舉、蕭滌非、丁賢書，而這些教師中除了劉大杰開有一門「現代文學」課外，其它教師所授課程全是傳統學問，周岸登講授的課程是「國文」、「詞選」、「曲學通論」和「曲選」，李植講授的是「國文」、「文字學」、「聲韻學」、「史傳文」，林思進所任課爲「古今文選」、「專家詩」、「專家文」、「詞賦研究」，龔道耕專注經學，所授課目爲「經學通論」、「經學專書研究」、「詩經」，李蔚芬長於子書，授有「諸子通論」

〔註26〕 周川、黃旭：《百年之功——中國近代大學校長的教育家精神》，福州：福建教育出版社，1994 年 4 月，第 391～392 頁。

〔註27〕 關於任鴻雋掌川大時教師結構調整情況，王東傑用數據進行了對比說明，「1935 年四川人在主要職員中佔了 80%，在教員中佔了約 73%；這兩個數字在 1936 年分別降爲約 39%和約 59%，非四川籍人士則相應地分別上升爲約 61%和約 41%（如果去掉同時兼任主要職員者，則 1935 年川籍教師爲 61 人，外籍教師爲 23 人，分別佔總數的 73%和 27%；1936 年川籍教師爲 79 人，外籍教師爲 44 人，分別佔總數的 64%和 36%）。主要職員中的外省人員遠遠超過了本省人，佔了近三分之二的書目。」參見：王東傑《國家與學術的地方互動——四川大學國立化進程（1925～1939）》，北京：生活・讀書・新知三聯書店，2005 年 1 月，第 178 頁。

和「諸子專書研究」，趙少咸所授課有「訓詁學」和「聲韻學」，丁山授「古文字學」和「尚書研究」，戴家祥授「中國文學批評史」，楊筠如所授為「語言文字專書研究」，〔註28〕彭舉、蕭滌非、丁賢書三人所授科目不詳，但他們所專皆在古文史方面，其所授課目當不脫「古字號」內容。劉大杰除了講授「現代文學」課程外，還擔任「中國文學史」課程，「現代文學」課的課程要求是「本學程講述中國最近五十年來之文學（一）戊戌政變與文壇之新傾向（二）晚清詩詞之流派（三）晚清之翻譯與小說（四）五四時代之新文化運動（五）歐美文學之輸入（六）新文學概論。」〔註29〕從課程內容要求來看，劉大杰所授「現代文學」較為關注晚清以來文學流變其狀況，但是仍然沒有涉及五四以來的新文學，更沒有對作家作品進行研究。因沒有可資查詢的講義或者課堂記錄，無法判斷其所授課的具體內容，單從課程要求來看，與通常意義上的「現代文學」還是有不小的距離。

　　這裡需要追問的是，像川大這樣的國立大學，到了 1936 年，國文系課程設置為什麼還如此偏重「古字號」學科，而新文學與新文化如此稀少？是否因為四川地處偏僻，遠離文化中心城市北京，與開放現代的上海亦相距迢遙之故？如王叔岷回憶那樣，川大守舊嚴重，「對新派文學家劉大杰頗冷淡，劉先生遂悶然離去。」〔註30〕我們需要看一看該時期北京高校的課程設置及文學教育情況，以便橫向比較。

　　1935 年北京大學文學院中國文學系開設課程共有 67 門，其中中國文學史一分為四，作文一分為五，專題研究一分為五，皆各算為一門。這 67 門課程中與文學（廣義的文學大類）相關的課程數為 28 門，而 28 門文學課程中屬於新文學範疇的只有屈指可數的 4 門，分別是朱光潛的《詩論》，周作人的《日本文學及其背景》，趙詔熊的《英國文學史》，馮文炳的《作文（一）（附散文選讀）》、《作文（三）新文藝試作（散文，小說，詩）》，其它 24 門全都是古典文學課程。〔註31〕新文學所佔比例之微小，讓人吃驚。這是新文化新文學

〔註28〕川大國文系教師、所授課目，以及課程綱要，參見《各學院概況課程及課程內容》，《國立四川大學一覽》，國立四川大學，1936 年。

〔註29〕《國立四川大學一覽》，國立四川大學，1936 年。

〔註30〕王叔岷：《慕廬憶往——王叔岷回憶錄》，北京：中華書局，2007 年 9 月，第 32 頁。

〔註31〕參見《北京大學史料·第二卷·二·1912～1937》，王學珍、郭建榮主編，北京：北京大學出版社，2000 年 1 月，第 1163～1165 頁。

中心的北京大學，其新文學教育情況猶是如此，其它大學的新文學教育狀況不難想像。

　　由此可見，不僅是國立四川大學國文系的課程設置偏保守，即使在新文化新文學發源地的北京大學，即便已過 1935 年，中國文學系的課程設置一樣偏保守。這一方面說明文學教育與文學風潮之間的不對等性，另一方面也說明傳統學問在高校中的強勢地位。高校偏重學術，而學術注重的是知識理性，與風潮性的文學創作有較大差異。就是新文學的開拓者之一的周作人，在北大課堂也不受學生待見，據當年聽他講課的學生回憶，「周作人先生教的是歐洲文學史，周所編的講義既枯燥無味，講起課來又不善言辭。正如拜倫所描寫的波桑（Porson）教授：『他講起希臘文來，活像個斯巴達的醉鬼，吞吞吐吐，且說且噎。』因為我們並不重視此學科，所以不打算趕他。」〔註 32〕非常有趣的是新文學的先驅者沒有被學生驅趕的原因卻是學生「不重視此學科」。由「不重視此學科」到不重視講此學科的教師，如此周作人在北京大學學生心目中的地位是可以想像的了。對此，周作人自己也非常清楚，在回憶北大教學生涯時，他不無感歎地說：「平心而論，我在北大的確可以算是一個不受歡迎的人，在各方面看來都是如此，所開的功課是勉強算數的，在某系中可算得是個幫閒罷了。」〔註 33〕

　　引述楊亮功與周作人的回憶，並不是要否定周作人於新文學的重要地位與作用，而是為了證明新文學在高校課堂內展開的不易。北京大學已是如此情形，更趨保守的成都各高校，其境況便可想像。在川大推行新文學教育的劉大杰受到排擠也是必然的了。新文學新文化在整個課程設置中所佔比例甚小，也就不難理解。

　　與中國文學系課程設置的保守性相比，國立四川大學英文系的課程設置就開放得多，也更傾向新文學教育。

　　我們來看 1936 年國立四川大學英文系的課程設置情況，見下表：

〔註 32〕楊亮功：《早期三十年的教學生活‧五四》，合肥：黃山書社，2008 年 1 月，第 23 頁。

〔註 33〕周作人：《知堂回想錄》，香港：三育圖書文具公司，1971 年 1 月，第 412 頁。

表六：1936年國立四川大學外國文學系課程表 〔註34〕

第一學年				
（甲）必修課程	每周時數	期　間	學　分	備　　考
1、英文	5	一學年	10	三小時講讀、兩小時修辭及作文
2、語音學	2	一學年	4	
3、聖經故事	3	一學期	3	下學期
4、希臘羅馬神話	3	一學期	3	上學期
5、國文	3	一學年	6	
6、文學入門	2	一學期	2	
7、自然科學概論	3	一學期	3	
8、西洋通史	3	一學年	6	
9、軍事學	1	一學年		
10、軍事訓練	2	一學年		男生必修
11、軍事看護	1	一學年		女生必修
12、體育	2	一學年		女生必修
13、黨義	2	一學年		
第二學年				
（甲）必修課程	每周時數	期　間	學　分	備　　考
1、英文	5	一學年	10	
2、英國文學史	3	一學年	6	
3、英國長詩選	3	一學年	6	
4、近代戲劇	3	一學年	6	
5、國文	3	一學年	6	
6、體育				
（乙）選修課程	每周時數	期　間	學　分	備　　考
1、英國史	3	一學年	6	

〔註34〕該表由1936年《國立四川大學一覽表》中的相關內容整理而成。

2、西洋哲學史	3	一學年	6	
3、短篇小說	3	一學年	6	
4、英文會話	2	一學年	4	
5、中國文學史	3	一學年	6	
第三學年				
（甲）必修課程	每周時數	期　間	學　分	備　　考
1、高級作文	2	一學年	4	
2、英國短詩選	3	一學年	6	
3、英國小說	3	一學年	6	
4、希臘戲劇	3	一學年	6	
5、英國十八世紀文學	3	一學年	6	
6、第二外國語	3	一學年	6	
7、體育	2	一學年	6	
（乙）選修課程	每周時數	期　間	學　分	備　　考
1、翻譯	2	一學年	4	停開
2、雜體文	3	一學年	6	
3、傳記文學	2	一學年	4	
4、俄國小說	3	一學年	3	停開
5、法國文學	3	一學年	6	停開
6、現代英美散文選	2	一學年	4	
7、會話	2	一學年	4	
以上任選一門或兩門但不得過四學分				
第四學年				
（甲）必修課程	每周時數	期　間	學　分	備　　考
1、莎士比亞	4	一學年	8	本年不開
2、文學批評	3	一學年	6	
3、英國十九世紀文學	3	一學年	6	
4、英國文學	3	一學年	6	
5、第二年第二外國語	3	一學年	6	

6、體育	2	一學年		
（乙）選修課程	每周時數	期　間	學　分	備　　考
1、翻譯	2	一學年	4	停開
2、現代英美散文選	3	一學年	6	
3、中學教學法	3	一學年	3	下學期
4、現代英美詩選	3	一學年	6	本年停開
5、法國文學	3	一學年	6	本年停開
6、雜體文	3	一學年	6	

　　由上表可知，外國文學系所設置的文學課程所占比例不小，一年級有三門，分別是：「聖經故事」、「希臘羅馬神話」和「文學入門」；二年級五門，「英國文學史」、「英國長詩選」、「近代戲劇」、「短篇小說」和「中國文學史」；三年級有八門，「英國短詩選」、「英國小說」、「希臘戲劇」、「英國十八世紀文學」、「傳記文學」、「俄國文學」、「法國文學」和「現代英美散文選」；四年級有七門，「莎士比亞」、「文學批評」、「英國十九世紀文學」、「英國文學」、「現代英美散文選」、「現代英美詩選」和「法國文學」。文學課程數佔總課程數的一半以上。〔註35〕

　　對比該時期國立四川大學中國文學系課程表，就會發現，國文系的文學課非常之少，請參看下表：

表七：1936年國立四川大學中國文學系課程表〔註36〕

第一學年				
（甲）必修課程	每周時數	期　間	學　分	備　　考
1、國文（一）	3	一學年	6	
2、文字學	3	一學年	6	

〔註35〕此處總課程數沒有計算一些非文化類課程，比如一年級課程中的「軍事學」、「軍事訓練」、「軍事看護」、「黨義」和「體育」就沒有納入課程總數，二、三、四年級的「體育」也沒有納入。除開如上所述的這些課程，川大外國文學系總課程數是 42 門，而文學類課程為 23 門，百分比是 54.7%，占一半以上。

〔註36〕此表根據 1936 年《國立四川大學一覽表》中的相關類容整理而成。

3、中國文學史	4	一學年	8	
4、文學概論	2	一學年	4	本年停開
5、中國通史	4	一學年	8	
6、英文	3	一學年	6	
7、軍事學	1	一學年		
8、軍事訓練	2	一學年		男生必修
9、軍事看護	1	一學年		女生必修
10、體育	2	一學年		女生必修
11、黨義	2	一學年		
（乙）選修課程	每周時數	期　間	學　分	備　　考
1、自然科學概論	3	一學期	3	
2、倫理學	3	一學期	3	
3、論理學	3	一學期	3	
以上三種選修課程任選二種				
第二學年				
（甲）必修課程	每周時數	期　間	學　分	備　　考
1、國文（二）	3	一學年	6	
2、聲韻學	3	一學年	6	
3、古今詩選	3	一學年	6	
4、經學通論	3	一學年	6	
5、諸子通論	2	一學年	4	
6、英文	3	一學年	6	
7、體育	2	一學年		
（乙）選修課程	每周時數	期　間	學　分	備　　考
1、中國文學史	4	一學年	8	
2、西洋文學史	3	一學年	6	本年停授
3、中國哲學史	3	一學年	6	
4、英文短篇小說	3	一學年	6	
以上四種選修課程任選一種				

第三學年　語言文字組　文學組				
（甲）必修課程	每周時數	期　間	學　分	備　　考
1、訓詁學	3	一學年	6	
2、古文字學	3	一學年	6	
3、經學專書研究	3	一學年	6	
4、古聲類	2	一學年	4	
5、第二外國語	3	一學年	6	日語
6、體育	2	一學年		
以上為語言文字組必修課程可兼選文學組課				
7、中國文學批評史	3	一學年	6	
8、詞學通論	2	一學年	4	
9、專家文	3	一學年	6	
10、現代文學	3	一學年	6	
11、第二外國語	3	一學年	6	日語
12、體育	2	一學年		
以上為文學組必修課程可兼選語言文字組課				
（乙）選修課程	每周時數	期　間	學　分	備　　考
1、詩經	2	一學年	4	
2、詞選	2	一學年	4	
3、史傳文	2	一學年	4	
4、諸子專書研究	3	一學年	6	
5、中國文化史	3	一學年	6	
6、小說及戲劇研究	3	一學年	6	本年停授
以上為語言文字組及文學組共同選修課程於六門中任選二種				
第四學年　語言文字組　文學組				
（甲）必修課程	每周時數	期　間	學　分	備　　考
1、尚書研究	3	一學年	6	
2、語言文字專書研究	3	一學年	6	

3、中國學術思想史	3	一學年	6	
4、第二外國語	3	一學年	6	日語
5、體育	2	一學年		
以上為語言文字組必修課程可兼選文學組課				
6、辭賦研究	3	一學年	6	
7、曲學研究	2	一學年	4	
8、中國學術思想史	3	一學年	6	
9、第二外國語	3	一學年	6	日語
10、體育	2	一學年		
以上為文學組必修課程兼選語言文字組課				
（乙）選修課程	每周時數	期　間	學　分	備　　考
1、文法及修辭學	3	一學年	6	本年停授
2、校讎學	2	一學年	4	
3、古聲韻	2	一學年	4	
4、訓詁學	3	一學年	6	
5、語言學	3	一學年	6	
6、專家詩	2	一學年	4	
7、曲選	2	一學年	4	
以上為語言文字組及文學組共同選修課程於七門中任選二種				
本系為各院系所設課程	每周時數	期　間	學　分	備　　考
1、國文（一）	3	一學年	6	
2、國文（二）	3	一學年	6	

　　縱覽此表，文學課程數目著實不多，一年級有兩門，「中國文學史」和「文學概論」；二年級有四門，「古今詩選」、「中國文學史」、「西洋文學史」和「英國短篇小說」；三年級有八門，「中國文學批評史」、「詞學通論」、「專家文」、「現代文學」、「詩經」、「詞選」、「史傳文」、「諸子專書研究」和「小說及戲劇研究」；四年級有四門，「辭賦研究」、「曲學研究」和「專家詩」和「曲選」。另外，再加上一、二年級的「國文」課，總數為二十門，占總課程數的百分

之四十。〔註37〕這與外國文學系文學課程占總數比例要小十多個百分點。況且中國文學系中的許多文學課程是以傳統治「小學」的方式來講授的，注重詞句、考證之類的基本功訓練，與文學理論、文學鑒賞、文學創作沒有直接關係，加之教師多為舊學耆儒，觀念守舊、方法簡單，所講內容引不起學生的興趣，如當年中文學學生所憶，「中文系老師都是些舊派人物，教的功課古板，引不起我太大的興趣。」〔註38〕

　　任鴻雋就任川大校長後非常注重對師資結構的調整，儘管對中國文學系的教師隊伍已進行更新換代，但「蜀學耆儒」多半還是得以留任，這與該派人士長期佔據四川教育界及四川大學的權力中心有關，難以全盤翻新。外國文學系情況就不一樣了，「外文系教師由留學生和國內大學研究生擔任」，〔註39〕淘汰不具資格者，一批新銳主宰了外文系文學講堂，如林玉霖講授「聖經故事」和「希臘羅馬神話」；石璞講授「希臘戲劇」；謝文炳講授「文學入門」、「英國文學史」和「英國小說」，張志超講授「英國短詩選」和「英國長詩選」；韓國人金尤史講授「近代戲劇」和「文學批評」，等等。老一輩的外文系教授也很受學生歡迎，劉星垣、熊洛生、涂序瑄、宋誠之、廖學章、何光玖，他們大多是早年留學的高師學生，在成都高校任教多年，有很強的課堂掌控力，使學生難忘，「劉先生教書受人歡迎」，「《雙城記》、《聖誕節歌》是他教得最有名的作品。」〔註40〕「熊先生是美國留學生，教短篇劇，英語講得很流利，常講他在美國的生活，屬『輕鬆』這一類的人物。」〔註41〕「涂先生不但學識豐富，而且品行端正，待人熱忱。」〔註42〕「廖老師親自講英文修辭學和莎士比亞劇本。如《凱撒大將》、《麥克白》、《哈姆雷特》等悲劇。他在課堂內常常講得眉飛色舞，生動活潑，笑語滿堂。」〔註43〕「何先生也講莎翁劇，如《羅密歐與朱麗葉》，又講王爾德《理想丈夫》，他口齒清晰，

〔註37〕該數據統計法與計算外國文系文學課程方法相同。
〔註38〕袁珂：《袁珂自述》，《世紀學人自述》（第五卷），高增德、丁東編，北京：十月文藝出版社，2000年1月，第232頁。
〔註39〕王東傑：《國家與學術的地方互動——四川大學國立化進程（1925～1939）》，北京：生活・讀書・新知三聯書店，2005年1月，第180頁。
〔註40〕楊烈：《困學記》，《楊烈詩鈔》，上海：學林出版社，2008年12月，第307頁。
〔註41〕同上，第309頁。
〔註42〕同上，第310頁。
〔註43〕閔震東：《枕濤存稿》，自印本，成都，2004年，第56頁。

不枝不蔓，恰到好處。」〔註44〕對老師們這樣的記憶與讚譽，在中國文學系不是沒有，但確實少之又少，中文系的課堂太過沈寂，缺少新文化新文學的活力與激情。

　　國立四川大學外國文學系還有一批外籍教師，他們的加入豐富和完善了外文系的師資結構，同時也帶來了更多的新知。閔震東所記錄的外籍教師有：吉師母（Mrs. Mullett），加拿大人，講授 The Scarlet Letters；費爾樸教授（Dr. Phelps），美國人；款爾頓（Mr. Cransden），美國人；劉炳烈，美籍華裔，講授英國文學史；林則夫人（Mrs. Lindsy），加拿大人，英文修辭學；周忠信博士（Dr. Tailor），美國人，講授英文學史；羅伯遜博士（Dr. Robertson），美國人，講授 Rusken's Sesame and Lilites；尼夫先生（Dr. Neuve），蘇格蘭籍，講授 R. Burns' Poems；戴師母（Mrs. Dye），美國人，講授 B. Shaw's The Arms and Man；達教士（Miss. Dardy），美籍，講授 Golden Treasury。外文系學生受到這些外籍教師如此豐富的文學訓練，其文學文化修養怎能不提高。也正是這些外文系的學生活躍在校園及成都文化界，提升了整個川大校園及成都整座城市的文學文化水準。

　　對成都高師－成都大學－四川大學師資結構和課程設置的梳理與分析，是爲了最大限度呈現民國時期成都學校的文學教育狀況，以便考察在該時期成都這座城市文學文化的整體面貌。

　　雖然成都高校外文系文學教育似乎要好於中國文學系的文學教育，不論是從課程設置還是從教師結構以及課堂效果來看，國立四川大學外國文學系的文學教育都要占優，而且從學生方面的文學實踐看，外文系學生也是川大校園內最活躍的力量。這種情況在全國高校中也是極爲普遍的現象，外文繫於新文學的貢獻似乎更大，「從事外國文學研究和教育的教師和在外文系學習的學生，同時又進行著中國新文學的創作，這使得外國文學能夠最直接、最切近、最大限度地成爲中國新文學的資源，而在外國文學直接影響下進行中國新文學創作，以明確地仿傚外國文學的方式進行新文學創作，又能使他們對外國文學產生更深刻的理解。」〔註45〕

　　關於民國成都高校的文學教育，在川大外文系從事教育工作多年的謝文

〔註44〕閔震東：《枕濤存稿》，自印本，成都，2004 年，第 57 頁。
〔註45〕《中國現代大學與中國現代文學·導論》，王彬彬主編，上海：上海人民出版社，2011 年 8 月，第 19 頁。

炳卻對此並不給予太多讚譽，甚至對高校文學教育整體狀況頗有微詞，「我們的大學雖然有國文系、外文系的設置，只是其名而已，實際上兩系均與文學無緣。所謂國文系等於是一個很大的舊字紙堆，經學、史學、哲學，及文學都包含在內，不僅學生走進去感覺茫然，便是教的人亦毫無頭緒。我們時常就看有人在嚷：國學，國學！但國學究竟在哪裏？始終沒有誰給他一個系統的回答。我們也時常聽著有人在嚷：氣節，氣節！但有氣節的學者在哪裏？亦沒有誰受到學術界的公認。國文系的失敗可想而見。至於外文系，則是語言不像語言，文學不像文學，四年畢業以後，學生能把英文勉強弄過就是好的，文學更不必談了。」〔註46〕謝文炳的這篇文章發表 1945 年 2 月的《流星》上，是對彼時全國高校文學教育狀況的有感而發，因其一直任教於川大，想必針對川大實際情況爲更多。這也告訴我們在凸顯民國時期某一學校的文學教育狀況時，既需要歷史地梳理，同時也需要共時地比較，不然會落入孤芳自賞的境地，甚至會有奇貨可居、無限誇大的嫌疑。

上述所考察的民國時期成都學校文學教育，似乎過多關注成都高師－成都大學－四川大學這條線的相關情況，而忽略了成都非常重要的教會大學——華西協合大學的文學教育狀況。筆者不是有意忽略不提，而是華西協合大學的文學教育確實乏善可陳，不足以論及，與同時期的燕京大學等教會大學的文學盛況更不可同日而語。造成此情況的原因很多，其中關鍵一點，是與華西協合大學辦學宗旨及辦學策略分不開的。華西協合大學明確宣佈辦學的宗教目的，「以高等教育爲手段，促進天國的發展」，「借本校之力，建天國於斯土」。〔註47〕在具體操作上，學校設置大量宗教課程，課堂上宣講宗教道義，課外活動也全部與宗教有關，「每日禮拜」、「唱詩班、聖樂會」等佔據了所有空餘時間，「他們期望在宗教的陶鎔下，培養出來的中國學生不僅具有學歷和技能，更應是主耶穌的門徒，這些人將來不論在何種職業、何種崗位上，都竭力普及基督福音。」〔註48〕有此辦學宗旨和辦學策略，其教育狀況當然可以想見。1910 年華西協合大學創建時，只有中文教師一名，名叫吳忠信。而所設的課程中又有三門中文課，分別是漢語、中國文學和中國歷史，

〔註46〕謝文炳：《文學與教育》，《謝文炳選集》，伍加倫、劉傳輝、潘顯一編，成都：四川大學出版社，1994 年 7 月，第 540 頁。

〔註47〕張麗萍：《相思華西壩——華西協合大學》，石家莊：河北教育出版社，2004 年 12 月，第 23 頁。

〔註48〕同上，第 23～24 頁。

〔註 49〕也就是說吳忠信一人承擔三門課，當然與此時的學生數量有限也有關係。這種情況持續十多年基本上沒有變化，直到二十年代非宗教化運動之後，教會大學開始「中國化與地方化」，華西協合大學辦學宗旨和措施才有重大調整。在 1925 年華西協合大學托事部所作出的決議中，其中有一條是「著重中國文學及歷史的教學」。〔註 50〕華西協合大學 1926 年聘請蜀學舊儒程芝軒任中文系主任，全面負責中國文學文化教育，且程擔任系主任多年。程芝軒所聘請的教師隊伍皆是蜀中舊學先生，如劉豫波、林思進、鍾稚琚、龐石帚、李培甫、杜奉符等，〔註51〕注重的仍然是經史子集、詩詞考據等傳統學術，「這些身著長袍，手拿長長的拖至地板的旱煙杆的舊文人，給這所洋學堂帶來了『詩、書、禮、義』的中國文化」。〔註52〕加之學校對中國傳統文化教育非常重視，給予大力支持，「我們希望一所教會大學在信仰與忠誠中國歷史文化方面表現出色，以及我們或許作為反對殘忍的、無理智的毀滅和在這混亂的轉型時期古人類價值的 Sluffing-off 的障礙從這些科目中得到認識。」〔註53〕教會大學如華西協合大學，對中國傳統文化的重視，一定程度上使傳統文化得以延續傳承。但更為主要的還是教會大學與中國保守派目標上的一致，體現在「在文化問題上，教會大學的管理者和中國的保守派一樣，他們害怕變革，對新文化運動充滿了懷疑。」〔註 54〕這些保守既包括舊學先生們，又包括地方軍閥，他們共同結成盟友，以維持各自的合法性。此種情況直到抗戰時期，五所教會大學齊聚華西壩，才打破了華西協合大學此種教育模式，新文化新文學得以風行於華西壩，為封閉保守的華西協合大學吹來新風。

〔註 49〕 〔美〕黃思禮：《華西協合大學》，秦和平、何啓浩譯，珠海：珠海出版社，1999 年 8 月，第 31 頁。

〔註 50〕 1925 年華西協合大學托事部所作決議包括：A、向中國政府立案；B、服從中國政府的要求；C、著重中國文學及歷史教學；D、逐步地增加中國人在教職工和理事部的比例。參見：〔美〕黃思禮：《華西協合大學》，秦和平、何啓浩譯，珠海：珠海出版社，1999 年 8 月，第 52 頁。

〔註51〕 白兆渝：《程芝軒與華西協合大學》，《文史雜誌》2005 年第 4 期，第 80 頁。

〔註52〕 張麗萍：《融合中西文化，增進人民殷富——華西協合大學創辦人畢啓》，《四川大學：歷史‧精神‧使命》，羅中樞主編，成都：四川大學出版社，2009 年 9 月，第 157 頁。

〔註53〕 〔美〕黃思禮：《華西協合大學》，秦和平、何啓浩譯，珠海：珠海出版社，1999 年 8 月，第 64 頁。

〔註 54〕 〔美〕葉文心：《民國時期大學校園文化（1919～1937）》，馮夏根、胡少誠、田嵩燕等譯，北京：中國人民大學出版社，2012 年 8 月，第 15 頁。

整體上看，二三十年代華西協合大學的文學教育的確幾無新意，也毫無建樹。學校內部教育如此，它和成都整座城市的聯繫也極稀少，華西壩於成都市民來說，既是世外桃源，也是洋人堡壘，成都市內的風潮湧動波及不到自成一統的華西協合大學。華西協合大學與成都這座城市融為一體端賴抗戰五大學的齊聚，其辦學方針與文學教育也是在此時開始與國立四川大學等成都高校相攜並進，成為成都抗戰文學景象不可分割的部分。

第二節 民國成都校園文學活動

一、吳玉章與張瀾時期的校園活動

校園文學活動指的是在校園這一空間內，學校主體教師和學生所從事的與文學相關的活動。文學活動可以在任何空間進行，沙龍、劇場、出版社、作家居所等等。校園文學活動，強調的在校園這一特定空間內進行的與文學相關的活動。對象、空間限定後，需要對時間範圍進行區劃。民國，且是民國時的成都。時間、地點、對象皆明確後，我們來看民國成都校園文學活動的具體情況。

成都學校校園是隨著成都近代教育一同形成與發展的，經歷了從私塾、學堂到學校、大學的轉變過程。民元之後，學校作為社會存在實體之一，逐漸顯示了其存在的意義與價值。尤其是保路運動中成都學生的廣泛參與，讓成都民眾第一次感覺到學校、學生的力量與地位。儘管學生作為「新的重要社會力量」是在「1919 年的五四運動中拉開序幕的」，〔註55〕但是具體到各地方，情形並不與此相同。成都學生參與社會活動並顯示其力量要早得多，保路運動鬥爭行列中不少人，就是四川高等學堂的學生，《大波》中非常真實地記錄了高等學堂學生楚子材、王文炳等參與到路權維護與抗爭的運動中，郭沫若的《反正前後》也有相關記載。但是總體上看保路運動時期的成都學校與學生，還是一種從屬的盲動角色，少有較為明確的且有超遠自我的主張和行動目標。到了五四時期，成都學校學生才真正展示了其力量。1919 年5 月7 日北京五四運動的消息在《川報》刊載後，最先做出反應的是成都高師學生，他們紛紛集會演講，傳佈巴黎和會及北京五四運動情況，組織學生

〔註55〕桑兵：《晚清學堂學生與社會變遷·緒論》，桂林：廣西師範大學出版社，2007 年 3 月，第 1 頁。

遊行，牽頭成立四川省學生聯合會，罷課宣講，配合全城的抵制日貨運動。
〔註56〕成都高師、外專、省女師，是五四時期成都最爲活躍的三所學校，學
生積極參與這一運動中，他們走上街頭，參與社會活動，遊行、示威、組
織演講、聯絡全省學生成立各種社團，以及具體參與抵制日貨等運動。女職
校三位女生，秦德君、李倩芸、陳竹影率先剪去辮子，開成都女性解放先
聲。〔註57〕

　　五四時期成都學生非常普遍地參與到社會文化運動中，走上街頭成了他
們最顯著的行動方式。但他們在校園內的活動卻受到校方、老師及家長的共
同限制，他們想要打破如此束縛，比如禁止男女同校、禁止女子剪髮、禁止
男女戀愛等，只能走向街頭，借助報刊傳媒等社會輿論來實現其目標。總
體上來看，五四時期成都校園活動被街頭活動所遮蔽，顯示出了動蕩背後的
平靜。1923 年到成都高師執教的舒新城，他的描述很能說明此時期成都校園
的基本面貌，男女之間仍然涇渭分明、少有接觸，「男女同學雖然也由本校於
本期首先實行，但男女生除了學著所謂教育家的背地裏『品頭評足』而外，
無論何時何地當著面總是望望然而去之。」學生們也非常遵守校規，「他們雖
然是大學生。但在名義上，仍要過中等學生一樣地嚴於管理的生活。……他
們無論出校門多少時，都得向齋務處請假，早晚上課時都要由齋務處點名，
逾期不返校或不告假缺席，都可有記過的懲罰。」在這樣的環境下，高師的
學生大都溫馴向學，「他們雖然每年只有三四個月的課可上，但大體來說，各
個都有勤學的習慣；雖然對於所謂新文化有一部分不大相容，但對於學校
的課程卻極其重視；無論哪一部的學生，大多數都是自朝至於日暮在□糊窗
中與清油燈下的自修室裏孜孜研習他們所專攻的課程——有許多甚至忙得看
報都沒時間。所以本校的學生畢業後到四川的社會上做事教書，一般人對於
他們底學風都不發生什麼疑問！」高師學生們的這種勤奮努力學風，並不
是因老師們所迫，「他們對於功課雖然是朝於斯，夕於斯地努力研究，但都是
自動的努力，對於教師決不如下江學生的自由問難，自由討論。」而且「他
們還有一種很好的風氣就是勤樸。」〔註58〕飲食、穿衣等都極儉樸，與「下

〔註56〕張秀熟：《五四運動在四川》，《五四運動在四川》，中共四川省委黨史工作委
　　　　員會主編，1989 年 5 月，第 687～688 頁。

〔註57〕陳竹影：《「五四」運動在成都——回憶「五四」二三事》，《成都風物》（第 2
　　　　輯），第 21～22 頁。

〔註58〕以上所引文字皆出自舒新城《學生生活》，《蜀遊心影》，上海：開明書店，1929

江學生」形成明顯差別。這樣的成都高師學生及校園，儼然就是還未受現代文明衝擊的世外飛地。正因爲舒新城以外來者的視角觀察，他所看到的成都高師及成都學校氛圍與風氣，更具有對比性，使成都高師的優缺點都得以凸顯。

　　事實上，此時段的高師校園也確實比較平靜，那些在五四時期走上街頭的學生要麼紛紛出川，上北京或者下上海，要麼出國留學。加之成都守舊派對學校的控制，如成都守舊派代表徐炯此時正擔任四川教育廳廳長，他們對學校控制相當嚴苛，學生活動熱情與活動空間都極有限。值得注意的是被李劼人稱爲「中國新文化運動三個重點之一」〔註 59〕的成都，爲什麼沒有產生像北京那樣的影響力？成都高師學生的熱情與行動力並不亞於北京大學的學生，爲什麼成都高師在整個中國新文化運動中幾無影響和地位？這之中的因素當然很多，北京的城市地位遠非成都可比，同時作爲北洋政府的行政中心，其政治權力與資源也對北大影響力的生發有不小的影響，等等。但是單從學校來看，成都高師無法與北大相提並論的一個重要原因就在於北大的教師有引領風潮的能力與作用，北大有胡適、陳獨秀、周作人、錢玄同等開風氣的老師，甚至有傅斯年、羅家倫這樣強力的學生。而成都高師，一批舊學先生還在全力控制壓抑學生、維持道德禮教，去舊迎新於他們來說幾無可能。因此，成都高師學生們五四時高漲的熱情，漸次在校園內悄無聲息地消散。

　　不過，處於這種安靜的環境，倒也讓學生們更能潛心學習，駐足校園。校園活動由此得到豐富與發展。比如一些文藝社團在校園內興起，最明顯的例子就是葉伯和創辦的「草堂文學研究會」。在成都高師任音樂教師的葉伯和，以音樂和詩歌感召這批被舒新城所讚譽的質樸學生，成立文學研究會，出版刊物《草堂》，讓這些學生得以通過文學來培植自己的人生價值與成化自己的人生意義。在《草堂》發表作品的多是成都高師的學生，如張拾遺、吳先憂、章鮒初、陳虞裳等。這些高師學生以文藝的方式參與校園活動，打破了高師沉悶的校園氛圍，使整個高師乃至整個成都高校都融入到對新文化新文學追求的氛圍中，如在女職校讀書的秦德君、陳竹影就是在穆濟波等高師

年，第 146～150 頁。

〔註 59〕李劼人：《五四追憶王光祈》，《五四運動在四川》，中共四川省委黨史工作委員會主編，1989 年 5 月，第 660 頁。

學生成立的「直覺社」的影響下，開始了她們的新文化之路。〔註60〕高師的大部分學生後來成為成都及整個四川二三十年代社會政治經濟、文化文學教育等各領域的領航者與建設者。以文學為例，出自成都高師的馬靜沈、王怡庵，高師畢業離開成都，他們成為淺草－沉鐘社成員，〔註61〕王怡庵與陳明中，先後加入上海戲劇協社和摩登劇社，回到成都後，成為二三十年代成都話劇的中堅人物，推進了成都話劇的發展。

　　吳玉章時期的成都高師和張瀾時期的成都大學，〔註62〕其校園氛圍要活躍得多。可這種活躍不是文化文學活動的活躍，而是政黨活動的增多，該段時期成都高師－成都大學校園幾乎成了政黨競爭的試驗場，黨派社團風起。吳玉章任校長時期的高師，學校成了馬克思主義革命據點，他不但主講「馬克思主義派社會主義」課程，宣傳俄國道路，培養革命人才，而且聘請馬克思主義革命活動家惲代英、王右木為教師，〔註63〕使成都高師成為四川革命宣傳的「進步勢力的大本營」。他還協助組織「馬克思主義讀書會」、創建「社會主義青年團（SY）」、創辦刊物《赤心評論》等。〔註64〕在如此校園氛圍的薰染下，高師很多學生走上職業革命之路，如張秀熟、袁詩蕘、楊尚昆、童庸生等。這些學生又組織社團到成都郊縣各學校去發動革命，成都及四川學校革命氣焰的高漲就肇端於此。儘管吳玉章說他「到校後，採取革新的措施，……經過一番整頓，學校面貌大大改觀，師生員工團結得很緊密，樹立了一種嶄新的學風。」〔註65〕但實際上吳掌校的成都高師幾無學風校風可言，

〔註60〕 閔震東：《枕濤存稿》，自印本，成都，2004年，第54頁。

〔註61〕 秦林芳：《淺草－沉鐘社研究·緒論》，北京：中國社會科學出版社，2002年12月，第21頁。實際上淺草－沉鐘社中屬於成都高師圈子的還有陳竹影（同時化名泠玲，在《淺草》兩個名字同時出現，成都女職校學生，成都「直覺社」成員，和馬靜沈在上海結婚）、壯芸（即李壯芸，又名李倩芸，後與王怡庵結婚）、李曉芸（李壯芸之妹）二者皆是「直覺社」成員，她們雖不是出自高師，但同屬於高師學生穆濟波等成立的「直覺社」，是聯繫緊密的文藝團體成員。見閔震東《枕濤存稿》，在該書《我的中學——高師附中紀略》中，對上述諸人都有記述，閔震東當時就讀於高師附中，且是「直覺社」成員。

〔註62〕 吳玉章1922年8月至1924年3月任國立成都高等師範學校校長，張瀾1926年12月至1930年8月任國立成都大學校長。

〔註63〕 《四川大學史稿》，四川大學校史編寫組，成都：四川大學出版社，1985年10月，第95～100頁。

〔註64〕 楊尚昆：《楊尚昆回憶錄》，北京：中央文獻出版社，2001年9月，第9～10頁。

〔註65〕 吳玉章：《回憶五四前後我的思想轉變》，《吳玉章文集》（下），中共四川省委

有的只是漫天飛舞的革命言辭與憤激前驅的熱血青年。

　　張瀾雖然也傾向民主、革命，但他自身並沒有捲入政黨及革命活動中，他的基本思想主張是「川人治川」，希望通過教育的方式爲四川發展做貢獻。因此他在掌管成都大學時，其辦學宗旨策略及具體方法同吳玉章都有較大差別。張瀾一方面爭取劉湘的支持，爲學校籌得經費，〔註 66〕新建校園、購置設備。另一方面採取多項措施提升學校實力和改善辦學質量，這些措施有：民主辦校，發揮教授作用，制定《國立成都大學組織大綱》並予實施；廣延名師，調整成都大學師資結構；改革學科和課程設置，嚴格要求教師和學生，提升教學質量；兼容並包，主張學術自由和思想自由，支持各種社團和黨派。〔註 67〕張瀾掌校時期比較支持學術團隊和學術刊物，中文系的「中國新文學研究會」和《文學彙刊》就是此時興辦起來的，〔註 68〕這是成都高校第一個直接以「新文學」命名的文學團體。爲成都大學成立五週年而出版的

党史工作委員會《吳玉章傳》編寫組，重慶：重慶出版社，1987 年 10 月，第1072 頁。

〔註 66〕自四川軍閥混戰以來，四川教育經費就一直得不到保障。軍閥交錯輪臺，川中各種資源息數落入他們囊中，張瀾在決定出任成都大學校長時，取得了劉湘的支持，劉湘曾是張瀾任川北宣慰使時的署僚，對張瀾較爲敬重，劉此時已控制川東，成爲四川最大軍閥，他建議把全省肉稅作爲成都大學辦學經費的保障，因之張瀾才能較爲順利地執掌成都大學。

〔註 67〕張瀾治理成都大學的諸般措施，參見《四川大學史稿》，四川大學校史編寫組，成都：四川大學出版社，1985 年 10 月，第 102～108 頁；楊昌泗：《對教育事業卓有貢獻的教育家張瀾》，《四川近現代文化人物續編》，成都：四川人民出版社，1989 年 12 月，第 297～302 頁；馮維綱：《張瀾》，成都：四川人民出版社，1991 年 6 月，第 108～117 頁。三本書中所羅列的措施基本相同，其材料最初出處當是《四川大學史稿》，後兩者連小標題題目都未改動，完全轉述《四川大學史稿》的相關內容，稍作適當的擴充完善。

〔註 68〕該研究會名稱及刊物名稱出自《四川大學史稿》，筆者未能找到該刊實物，不能確定是否有該會與該刊。黎永泰在《一九四九以前四川大學師生的報刊活動》(《四川大學學報 (哲學社會科學版)》1985 年第 4 期) 中也提到「中國文學系的《文學彙刊》，是在張瀾倡導下創立起來的」，但未對該刊情況作任何說明。查王綠萍編著《四川報刊五十年集成 (1897～1949)》(四川大學出版社，2011 年 11 月)，沒有成都大學創辦的《文學彙刊》，與成都大學相關的文學刊物僅《文學叢刊》，「1929 年 10 月創刊，成都大學中國文學系出版」，筆者也找到該刊實物，封面有林思進的題簽，沒有發刊詞或簡章介紹，從所刊內容來看，包括通論、專著、詞曲、戲劇、小說、翻譯、書評和附錄幾個部分，戲劇是現代話劇，小說是白話小說，翻譯也是白話詩和白話文，整體上看該刊 (僅有第一集) 是新舊兼顧的一本綜合性文學期刊。是否就是《四川大學史稿》中所說的《文學彙刊》，暫不敢斷定。

《國立成都大學五週年紀念會特刊》中也刊載有不少白話文學作品，如《血鐘響了》、《衣》、《鋤頭與鐮刀》都是極具寫實且充滿革命意味的作品，在學校紀念特刊上刊出此類作品，足見張瀾治校之寬容。洪瀾借鑒蔡元培執掌北京大學的模式來治理成都大學，「張瀾辦成都大學的辦法，多是向蔡元培學習。」〔註 69〕張瀾與蔡元培的兼容並包最大的不同在於他對政黨、社團活動的寬容甚至支持。

　　張瀾執掌成都大學時，校內黨派林立、社團紛爭。這種狀況，可以說是開放自由，也可以說是一種混亂無序。當時在成都大學較有勢力的黨派分別是「社科社」，即中共 C.Y 領導的組織；「健行社」，國民黨所領導的組織；「惕社」，國家主義派的組織。三大組織在學校爭強較勝，張瀾任其發展，甚至為他們爭鬥提供平臺，1927 年春，三大社團請各自黨派在成都的領袖人物在成都大學校內公開演講，健行社請楊伯謙，惕社請李璜，社科社請劉願庵，演講大會激起更多學生加入政治活動。〔註 70〕校園內也更加混亂無序。這些黨派「各都擁有一大批成員，各辦各的刊物，大事宣傳鼓動，爭取群眾。彼此之間，形同水火，遇事互相批判攻訐，鬥爭異常尖銳激烈。」〔註 71〕當時在成都大學任教的吳芳吉對此狀況感到不安與害怕，「本校情形，甚為不安。恐在一年以內，國家主義派及共產黨兩部學生，有大衝突。而校長又多方包庇兩部之人，使其互相水火，實在可歎。吾急欲搬出校外居住。因在校外，不與彼等接近，較平安也。」〔註 72〕他認為這種混亂，是由成都別的學校蓄意挑起的，「成大雖窮，究能月得九成，較諸省立學校不名一錢者，固在天上。以是，省校諸人，皆欲破壞成大而自取之。下手之方，則專事攻擊諸教授吹毛求疵，使之體無完膚，以墮其信用。」〔註 73〕實際上，成都大學這種混亂狀況的造成，既有成都其它高校因羨而成恨的因素，也與學校內黨派林立紛

〔註 69〕馮維綱：《張瀾》，成都：四川人民出版社，1991 年 6 月，第 115 頁。

〔註 70〕閻震東：《枕濤存稿》，自印本，成都，2004 年，第 227～228 頁。楊昌泗：《對教育事業卓有貢獻的教育家張瀾》，《四川近現代文化人物續編》，成都：四川人民出版社，1989 年 12 月，第 301～302 頁。

〔註 71〕《四川大學：歷史‧精神‧使命》，羅中樞主編，成都：四川大學出版社，2009 年 9 月，第 29 頁。

〔註 72〕吳芳吉：《致樹坤》，《吳芳吉全集》，傅宏星編校，上海：華東師範大學出版社，2014 年 8 月，第 917～918 頁。

〔註 73〕吳芳吉：《與吳雨僧》，《吳芳吉全集》，傅宏星編校，上海：華東師範大學出版社，2014 年 8 月，第 900 頁。

爭不斷有關，更與學校內部人事關係糟糕有直接關係。學校人事權力關係，「主要有張瀾和趙熙兩派，以及成大派和師大派。特別是林山腴接受成大聘用以後，更以趙熙爲後臺，與張瀾一派幾乎勢均力敵。」〔註74〕加之受黨派勢力的影響和操縱，成大的混亂是不可避免的。

　　成都大學此種局面的結果就是直接釀成 1928 年「二‧一六」事件，軍警衝進學校逮捕激進革命學生，並槍殺十四人。「二‧一六」事件後軍閥當局對學校革命氣焰有所控制，使校園環境得以恢復，學生亦漸回到課堂。學生被槍殺慘案所震懾。短暫的沈寂之後，學生又開始活躍起來。雖政黨活動受限，但被導引出來的鬥爭激情已難以控制，更難以使其消散。學生們把矛頭對準學校守舊派，他們通過報刊來展開鬥爭，如此時在此讀書的周輔成就是該類學生之一，他和幾位同學在成都一家報紙上創辦副刊《彼哦哦》（取自英文BOO，指憤怒的聲音），利用副刊攻擊學校舊學先生和成都的遺老遺少，他們「在這『報屁股』上，有時點名攻擊一些遺老遺少，特別是對一位被很多遺少們捧得令人肉麻的遺老，很不客氣，公開他在講堂上講的難聽話，公開他吹捧反動勢力的言論。這不但引起這位遺老罵『彼哦哦』是狗叫聲，而且還引起另外一些遺老們驚恐，想要把我們這幾位『瘋狗學生』開除，後來他們果然找到把柄了。」〔註75〕學生的反抗與鬥爭激情仍然高漲，並沒有因「二‧一六」慘案而消退，只不過鬥爭的對象與關係有所變化，黨派特色削弱，與學校守舊教師之間矛盾加劇。

　　綜觀吳玉章時期成都高師和張瀾時期成都大學，其校園活動不少，但文學活動並不多，儘管也有一些黨派宣傳報刊之類，終乏善可陳。成都大學文學活動顯示其水平與成績是在任鴻雋任川大校長後。任鴻雋一系列的整頓措施，改變了川大既有的混亂局面，學術風氣與校園環境爲之一變，爲文學活動的展開提供了可能的條件，加之一批新文學教師的導引，川大文學活動升騰日起。

二、劉大杰與川大戲劇社

　　爲川大校園文學活動作出貢獻的首推劉大杰。1935 年 7 月劉大杰接受任

〔註74〕辛曉徵：《光榮與頹唐——吳虞晚年的生活與思想》，《苦境：中國文化怪傑心錄》，孫郁主編，瀋陽：遼寧人民出版社，1997 年 8 月，第 651 頁。

〔註75〕周輔成：《周輔成自述》，《世紀學人自述》（第四卷），高增德、丁東編，北京：十月文藝出版社，2000 年 1 月，第 227 頁。

鴻雋的聘請，赴四川大學任教，並擔任中文系主任。劉大杰的到來對四川大學文學院及中文系衝擊非常之大，「他不顧成都一些守舊人物的堅決反對，毅然扭轉辦系方向，引導學生面向世界文學潮流和中國新文學的領域，反對只知什麼子曰詩云，空談心性，玩弄文字，泥古不化的保守學風，對閉關自守、夜郎自大的迂腐老朽氣息深惡痛絕。」〔註76〕他希望通過他的一系列措施，帶動整個中文系教師共同努力，「把中國思想禁錮的青年，變成世界知識的青年，把中國落後的學術思想，變成世界進步的學術思想，一切都要與世界合流。」〔註77〕

劉大杰在川大的兩年時間內，首先改造中文系，調整師資隊伍，設置課程，「把原本只重訓詁解經的治學方法引導到對現代中西文學思潮的關注上來。為此，他在川大中文系首次開設『現代文學』必修課，向學生介紹近代中國 50 年來的文學思潮，幫助中文系學生瞭解中國新文化運動的內容和意義。」〔註78〕他主講「現代文學」課的具體內容設置六個部分，分別是：戊戌政變與文壇之新傾向，晚清詩詞之流派，晚清之翻譯與小說，五四時代之新文化運動，歐美文學之輸入，新文學概論。這些教學內容是川大乃至整個成都高校的中文課堂都沒有的，無疑開啟了新文學教育在成都高校展開的新篇章。

劉大杰在川大如此開風氣地推進新文學教育，與他的經歷與能力有關。劉大杰本身就是新文學創作者和研究者，他早年在武昌高師跟隨郁達夫學習文學創作，從 1925 年到 1933 年間，他先後出版了《黃鶴樓頭》、《渺茫的西南風》、《支那女兒》、《昨日之花》、《她病了》、《盲詩人》六本小說創作選，及劇集《白薔薇》和自傳體長篇小說《三兒苦學記》。同時也從事文學翻譯和文學研究，30 年代前後，他曾翻譯托爾斯泰的《高加索囚人》、傑克‧倫敦的《野性的呼喚》、顯克微支的《苦戀》、廚川白村的《走向十字街頭》，以及《雪

〔註76〕黎永泰、張明：《抗日戰爭前後川大的新劇運動》，《成都地區抗戰話劇運動史料》，中國戲劇家協會四川分會、《戲劇與電影》編輯部編印，內部通訊，第一期，1987 年 2 月，第 5 頁。

〔註77〕劉大杰：《中國新文化運動與浪漫主義》，《前進》第 4 期。轉引自黎永泰、張明：《抗日戰爭前後川大的新劇運動》，《成都地區抗戰話劇運動史料》，中國戲劇家協會四川分會、《戲劇與電影》編輯部編印，內部通訊，第一期，1987 年 2 月，第 6 頁。

〔註78〕程驍：《四川大學與中國現代文學》，《現代中國文化與文學》（第 5 輯），成都：巴蜀書社，2008 年 6 月，第 10 頁。

萊詩選》等。他還撰寫了《托爾斯泰研究》、《易卜生研究》、《歐洲近代文藝思潮》、《東西文學評論》、《日本文學近況》、《表現主義文學論》等學術論著，對當時流行的各種文藝思潮有廣泛的涉獵與研究。〔註79〕因此他對新文學有足夠的瞭解，在課堂上能夠講演新文學新文化的來龍去脈，且以其創作切身體會，使川大學生能對新文學有直接的感知。劉大杰在到川大之前，已在大夏大學、安徽大學、復旦大學和暨南大學有過從教經歷，在安徽大學講授《新文學概論》，〔註80〕在暨南大學講授有「漢魏六朝文學」、「中國文學批評史」、「歐洲文藝思潮」、「日本文學研究」。〔註81〕這些經歷與訓練，使他到川大講授「現代文學」及「中國文學發展史」課程，輕車熟路，顯示出較高的水平。這於學生來說有耳目一新之感，像王叔岷那樣喜好古典文學的學生，對劉大杰的講課，多年之後仍念念不忘，言學校保守派「對新派文學家劉大杰頗冷淡，劉先生遂悶然離去，岷深感遺憾。」〔註82〕足見劉大杰對川大中文系影響之大且深。

　　除了在課堂上注重對新文學的引入和講授外，劉大杰還積極參與川大校園文藝活動的建設，最為明顯的例子就是他直接參與組建「川大戲劇研究會」並成立戲劇社，開展校園話劇運動。川大本來就有一些愛好話劇的同學，也有組織鬆散的戲劇團體，如川大戲劇研究社。這些愛好戲劇的同學在劉大杰的具體指導下，重新成立了戲劇研究會。劉大杰對該會進行全面指導，在戲劇研究會的基礎上成立川大戲劇社，專門從事戲劇演出，並為其制定完善的組織機構，他將戲劇社分為五個部：一、文書部，設文書一人，幹事數人；二、交際部，設部長一人，幹事若干；三、研究部，設部長一人，並聘請幹事二至三人；四、財務部，設部長一人，由部長聘約幹事數人；五、演劇部，設部長一人，下分事務、文書、話劇、歌劇、保管、借物、化妝、布景、燈光、道具、效果、司幕、提詞等各股。〔註83〕如此完善的組織機構，保證了

〔註79〕陳尚君：《劉大杰先生和他的〈中國文學發展史〉──寫在〈中國文學發展史〉初版重印之際》，《中國文學發展史》，天津：百花文藝出版社，1999年2月，第618～619頁。

〔註80〕耳東：《劉大杰滾出復旦》，《社會新聞》1933年第5卷第2期，第24頁。

〔註81〕醉荔：《再記劉大杰》，《十日談》1934年第28期，第139頁。

〔註82〕王叔岷：《慕廬憶往──王叔岷回憶錄》，北京：中華書局，2007年9月，第32頁。

〔註83〕黎永泰、張明：《抗日戰爭前後川大的新劇運動》，《成都地區抗戰話劇運動史料》，中國戲劇家協會四川分會、《戲劇與電影》編輯部編印，內部通訊，第

戲劇社實際操作的順利進行。

劉大杰自己身先士卒，專門爲戲劇社創作了三個劇本，《十年後》、《她病了》和《油漆未乾》，〔註84〕這三部戲被川大戲劇社多次上演，成爲該劇社的保留節目。《油漆未乾》這部戲實際上並不是劉大杰所創，他只不過是把這部戲介紹帶到川大來罷了。《油漆未乾》是歐陽予倩翻譯法國作家伏墅窪的作品，連載於《文藝月刊》，〔註85〕因該劇故事與人物都很「勻稱」，上海多個劇團都有演出，先是暨南大學和交通大學演過，後中國旅行劇團在卡爾登劇院上演，引起轟動，此劇遂爲各劇團上演。趙景深看了中國旅行劇團的演出後寫了一篇評論《關於油漆未乾》，說「這劇本的角色都很勻稱，沒有十分重要的也沒有十分不重要的，每一個人都有戲可做，全劇沒有一個閒人，正如《雷雨》一樣。」〔註86〕當時正在暨南大學任教的劉大杰對此劇當然不可能不熟悉，當他1935年到川大時，也就把該劇本拿給川大戲劇社排演。這部戲後來成爲川大戲劇社保留劇目，在川大建校五週年時原準備爲文藝演出的壓軸節目，因時間緊迫，臨時改爲田漢的《回春之曲》，〔註87〕可見《油漆未乾》這部戲在川大戲劇社及川大話劇史上的重要地位。

爲了保證戲劇社話劇演出的藝術質量，劉大杰請匡直擔任川大戲劇社的技術指導及導演。匡直，四川潼南人，1933年畢業於國立北平大學藝術學院戲劇系，留校任教，1935年回川，與謝德堪、周稷等在成都組建成立東方戲劇學校，周任校長，匡任劇務主任。後因意見不合而辭職，受聘於四川大學。〔註88〕有了匡直的輔助，川大戲劇社排演了多出話劇，並於1935年冬至1936年秋組織了四次公演。

1935年11月9日，是川大合併成立四週年紀念日，學校舉行隆重慶祝大會，會後在皇城致公堂舉行遊藝會，話劇作爲第四組節目，前三組是音樂演奏、川劇清唱、京劇清唱。這次公演共上演了三幕話劇，分別是翻譯作品《丟

一期，1987年2月，第7頁。

〔註84〕 程驥：《四川大學與中國現代文學》，《現代中國文化與文學》（第5輯），成都：巴蜀書社，2008年6月，第11頁。

〔註85〕 〔法〕伏墅窪：《油漆未乾》，歐陽予倩譯，《文藝月刊》1934年第7卷第2、3、4期。

〔註86〕 趙景深：《關於油漆未乾》，《綢繆月刊》1936年第2卷第9期，第90頁。

〔註87〕 《本校慶祝成立五週年紀盛》，《川大周刊》第五卷第九期。

〔註88〕 《潼南縣志》，四川省潼南縣志編輯委員會，成都：四川人民出版社，1993年12月，第895～896頁。

了的禮帽》、田漢的《名優之死》和菊池寬的《父歸》，第一幕劇觀眾「多言不懂」，後兩幕劇觀眾都「叫好不止」。〔註89〕雖然因「演員從未受過戲劇訓練」而「究竟缺點不少」，但是這次話劇演出不論是內容、形式、還是舞臺風格，在川大是破天荒的第一次。

1936年1月1日，學校舉辦元旦同樂會，川大戲劇社在皇城文學院禮堂舉行第二次公演。此次演出了四幕話劇，有鄧承勳所作《紅酒》，熊佛西所作《一對近視眼》，田漢所作《湖上的悲劇》，以及劉大杰所創作的《十年後》。這一次公演比第一次公演，各方面「均有相當的進步」，觀眾也「極為踴躍」。〔註90〕

川大戲劇社第三次公演反響尤為熱烈。1936年5月10日在川大第四屆學生畢業前夕的會演，這次會演使「像一潭死水裏泛起了生命的漣漪，這古舊的城市，從去年冬天一直到現在，便溺漫著一種濃烈的戲劇的空氣。」〔註91〕對於此次演出，「在演技上，較前頗有進步，選擇的劇本，也帶著反封建精神，這是一個可喜的現象。」〔註92〕有評論者甚至認為「川大這次公演不獨在川大是第一次，在成都也是第一次。……我們所認為滿意的是演員，尤其是幾個傑出的演員，這是那天觀眾眼見的事實吧！《她病了》裏的碧雲，《討魚稅》的阮小七和丁順，誰能說他們沒有很高的戲劇的天才和熟悉的舞臺技術呢？他們口齒的清楚。語調的抑揚，街拍的高下，動作是細緻周到，誰說不是成都劇壇的新發現呢？」〔註93〕

此次公演共上演四個劇目：《壓迫》（丁西林作）、《街頭人》（A. Stoutr作）、《她病了》（劉大杰作）、《討魚稅》（馬彥祥作）。而劉大杰的《她病了》的主題和另外三者並不一樣，它關注的是戀愛問題。正如何珞所說，「從《十年後》到《她病了》。我們可以看出劉大杰先生的劇作，大都是描寫紳士階級帶有一種□昧的戀愛的糾葛。」〔註94〕這實際上也顯示出劉大杰趨新觀念在成都這樣保守城市所引起的反應與衝擊，何珞雖然未對此作出評價，但從觀眾們對此劇的熱烈反應就能看出來，成都學生及市民是歡迎切合他們情感與

〔註89〕《川大四週年紀念日》，《成都快報》1935年11月11日。
〔註90〕《川大舉辦元旦同樂會》，《成都快報》1936年1月1日。
〔註91〕何珞：《川大戲劇研究會第三次公演概評》，《華西日報》1936年5月15日。
〔註92〕同上。
〔註93〕《看了川大劇社第三次公演》，《成都快報》1936年5月15日。
〔註94〕何珞：《川大戲劇研究會第三次公演概評》，《華西日報》1936年5月15日。

現實生活的話劇作品。而關注男女感情，這也是劉大杰文學創作的一個重要主題，儘管有人指責他模仿郁達夫頹廢風格，而且他在教學上也常講解一些衝破既有倫理道德的相關內容，如他在暨南大學講井原西鶴的《一代女》，他認爲此小說堪比《金瓶梅》，講的非常仔細，學生們聽得入神。〔註95〕上海批評者也以道德眼光來看待劉大杰的創作和新文學傳播，但他這樣的膽識與眼光，爲新文化開闢天地的努力，其效果還是非常明顯，尤其是在成都這樣的地方。

1936 年秋天，川大戲劇社舉行第四次公演，演出了《油漆未乾》、《回春之曲》等劇目。

通過這四次公演，川大戲劇社擴大了影響，引起成都各界的關注，成都各高校紛紛仿傚川大戲劇社，各自組織劇團、劇社，演出話劇。從川大話劇發展來看，劉大杰的貢獻確實不小，戲劇社的公演既豐富了校園活動，又提升了話劇水平，有利於話劇在川大及在成都的發展。值得注意的是，川大戲劇社的話劇演出開啓了成都話劇演出的熱潮，熱風劇社、劇人劇社、現代劇社、華大劇社、大同劇社、東方美專劇社、藝專劇社、民本劇社等等，紛紛推出劇目，進行輪番公演，實力強大的現代劇社甚至連續推出六次公演。1937年春天，川大戲劇社發起和參加了四川省藝術促進會、華大學生劇團、藝專、東方美專藝術劇團、熱風劇社等舉辦的成都話劇聯合公演，連續演出三天，各劇團輪流獻藝。「這樣的場面和盛況，在成都是沒有先例的，表明話劇在成都已有了蓬勃的發展。」〔註96〕

川大戲劇社所引領的這股成都話劇熱潮，實際上與成都摩登劇社有關。1930 年成立的成都摩登劇社，其主要創辦人是陳明中。陳原是成都大學附中學生，後去上海加入田漢領導的南國劇社，成爲南國劇社的成員、上海摩登劇社創始人之一，他受上海方面所託回到成都組織摩登劇社。在陳明中的倡議和組織下，一大批成都大學學生及一些新聞界、文化界人士，包括一些業餘劇社的人員，他們積極參加，創建起「成都摩登劇社」。該劇社陣容龐大，幾乎囊括了成都重要話劇人才，「主要成員有：閔震東、王怡庵、李倩雲、蘇次章、吳先憂、陳竹影、馬靜沈、姜雲叢、楊治非、張鶚、蔡震東、謝趣生、

〔註95〕醉荔：《再記劉大杰》，《十日談》1934 年第 28 期，第 139 頁。

〔註96〕黎永泰、張明：《抗日戰爭前後川大的新劇運動》，《成都地區抗戰話劇運動史料》，中國戲劇家協會四川分會、《戲劇與電影》編輯部編印，內部通訊，第一期，1987 年 2 月，第 12 頁。

王曼琳、萬淑貞、羅毅文、張拾遺、張望雲、陳仲年、吳學秀、舒俊升、李
仲誼、李岳、楊致文、蕭宗英、蕭崇素等三十餘人。這個劇社由陳明中領導
兼導演。」〔註97〕摩登劇社與川大淵源頗深，摩登劇社部分成員就是川大學
生，如閔震東、廖幼平、馮雲裳等。川大學校的話劇團體戲劇研究社，實際
上是摩登劇社的校內團體。有這樣的關係淵源，劉大杰 1935 年到川大後，重
整話劇，也就有了基礎和可能。摩登劇社對成都話劇最大的貢獻在於，在演
員構成上是男女大合演，「這對成都來說，還是破天荒第一次，衝破了男扮女
裝的封建枷鎖。開創了演劇的新風氣。」〔註98〕1932 年摩登劇社被查封之後，
原班人馬又組成了現代劇社。現代劇社持續時間較長，是抗戰之前成都話劇
團體中影響最大的一支，引領了抗戰前成都話劇發展與繁榮。

　　劉大杰主持的川大話戲劇社，既是活動於校園內的重要團體，豐富了校
園生活，發展了校園話劇，同時又是抗戰前成都話劇繁榮的有機組成部分，
川大戲劇社的許多成員同時又是成都其它劇團的成員，比如匡直就擔任多個
戲劇團體的技術指導，川大學生且是戲劇社成員的廖幼平、馮雲裳、周炯儒、
李增煌，同時又是劇人劇社的成員，相互交叉，共同促成了 30 年代前期成都
話劇的繁榮。

　　需要注意的是，30 年代前期成都話劇與抗戰之後話劇之間的差別。30 年
代前期成都話劇劇團雖多，但都較爲注重藝術質量，在藝術品質與觀眾品位
之間盡量保持平衡，以保證票房的收入。許多專業話劇人士還著文對此問題
加以探討。陳明中就非常注意二者之間的調和，他既強調話劇適合觀眾的重
要性，「戲劇是以觀眾爲對象的藝術，沒有觀眾便等於沒有戲劇。」〔註99〕「演
劇運動」應以「順應時代潮流，適合民眾需要」爲標的。他同時又強調話劇
的「文學性」與「舞臺性」，他認爲兩者兼顧最好，如果不可兼得無妨揀取其
一，基本目的是要讓話劇這一戲劇形式存活下去，即使一小部分觀眾能看懂，
那也是有意義的。可見陳明中還是非常注重話劇本身規律與藝術問題。注重
觀眾審美趣味和市場需求，這是 30 年代前期成都話劇的基本特徵。各劇社演
出市民喜歡觀看的話劇，成都市民紛紛買票觀看，對話劇這一藝術形式非常

〔註97〕萬淑貞：《憶三十年代成都的話劇運動》，《成都文史資料選輯》（第八輯），中
　　　　國人民政治協商會議四川省成都市委員會文史資料研究委員會編，內部發
　　　　行，第 170 頁。
〔註98〕同上，第 171 頁。
〔註99〕陳明中：《戲劇與觀眾——演劇瑣談之一》，《華西日報》1934 年 11 月 16 日。

支持。在成都這樣一個內陸城市能湧現如此多的話劇團，足見話劇這一藝術形式深受民眾歡迎。與此形成對比的是，抗戰以來市民對大量話劇的冷淡反應。影人劇團在抗戰爆發後從上海來到成都，他們到成都後馬上公演四個抗戰劇，陳白塵編的《盧溝橋之戰》和《漢奸》，陳凝秋編的《流民三千萬》，石凌鶴編的《黑地獄》，都是沉浮導演，陣容也很龐大，但是成都市民對此反應一般，後來「劇團主要演的劇目還是《日出》與《雷雨》，觀眾買票主要也是看這兩齣戲，抗戰話劇並不受歡迎。」〔註100〕這並不是說成都市民對抗戰不積極，而是對話劇作為一門藝術，看重的是其獨具的藝術魅力，單一的把話劇作為宣傳手段，市民是不可能歡迎的。這也是之前研究者所未能注意的地方。在研究四川及成都的話劇，尤其是抗戰時期的話劇運動，過多強調話劇的內容即宣傳主題，以及演出陣容、場次多少等方面，對話劇藝術本身研究有所忽略。

三、文學社團與期刊

新文化與新文學的生成及其發展，同文學社團與文學刊物的關係密切，如果沒有《新青年》雜誌及同人團體，新文化與新文學是很難推進的，也很難形成全國性的影響。文學社團是推進現代文學發生發展繁榮的重要力量，范泉主編的《中國現代文學社團流派辭典》〔註101〕中所列有關文學社團的辭目就有 1035 條，「僅五四以後的第一個十年間，就有一百五十餘個文學社團和流派在全國各地湧現並活動。而短短的三十餘年的現代中國文學史，可列專章專節論述的社團流派就有近四十個。」〔註102〕足見文學社團與新文學關係之密切，及其在新文學發展中的重要作用。

文學社團產生的原因多種多樣，其定義也各有分歧，有論者從語源學和社會學意義上界定「社團」進而定義文學社團的屬性，「文學社團與社會中其它各行各業的社團區別，並不在於其角色的差異，而是其文學內涵的規定性，即在與社團主要成員是以傾向文學的知識分子為主體；在文壇範圍內，就文

〔註100〕吳茵：《逼上梁山演魯媽——從「影人劇團」入川談起》，《龍門陣》（第 21 輯），成都：四川人民出版社，1984 年 5 月，第 76 頁。

〔註101〕《中國現代文學社團流派辭典》，范泉主編，上海：上海書店出版社，1993 年 6 月。

〔註102〕楊洪承：《文學社群文化形態論——現代中國文學社團流派文化論》，合肥：安徽文藝出版社，1998 年 4 月，第 9 頁。

學諸多問題形成的有意識的探討和爭論的群體組織、群體行爲活動和方式等。」〔註103〕這樣的界定較爲全面理性。也有論者強調文學社團的自發性及與政治環境之間的關係，突出文學社團自爲性的一面，「文學社團是特定條件下的文人自發性會社。一般來說，文人或因志趣相投，或爲情誼所感，或由興致所之，時不時地都會興起組會結社的衝動，只有在生活安定，且政治氣氛高度適宜的情況下這樣的衝動才能得到最大可能的實現。」〔註104〕文學社團由文人自發組成是其顯著特點，但並非「只有在生活安定，且政治氣氛高度適宜的情況下這樣的衝動才能到最大可能的實現。」政治高壓下，社團包括文學社團仍然會出現，只不過會採取一些較爲隱蔽的生存方式罷了。無論是從廣義的社會學角度還是立足政治社會環境角度，都突出文學社團的群體性特徵，而群體性特徵得以彰顯往往端賴於具體的社會空間，乃至具體的物理空間，只有把這些文學社團放入到具體的社會空間中，才能梳理清楚該文學社團的團體面貌、人事變動、活動舉措、風格特徵等。

　　大學作爲一個較爲封閉的活動空間，自然會形成一些自發性的群體，這些群體有的傾向政治，有的傾向學術，當然也有傾向文藝的團體，如張瀾長校成都大學時期，學校內就有諸多學術團地和黨派社團，前者如經濟學會，會刊是《經濟科學雜誌》；史學研究學會，會刊爲《史學雜誌》；中國新文學研究會，會刊是《文學彙刊》。後者如導社（即社會科學研究社，成都大學內中共 C.Y 領導的學生組織）、健行社（國民黨所領導的學生組織）和惕社（國家主義派「青年黨」的一個學生組織）。當然也有一些文藝社團，如川大戲劇社、川大文藝研究會等。這些社團通過其宗旨主張、發行刊物，以及舉辦一些活動，逐漸形成一種錯綜繁複的關係網絡，擴大其社團影響，這也就構成了校園獨具的文藝風景。

　　川大有文學社團的時間並不短，在成都高師時，校園就有文藝愛好者在葉伯和的指導下成立「草堂文學研究會」，出版《草堂》文學期刊；成都大學時，中文系成立「中國新文學研究會」，且有會刊《文學彙刊》；國立四川大學時期，尤其是任鴻雋任校長以來，川大文藝社團湊然增多，如川大外文學

〔註103〕楊洪承：《文學社群文化形態論——現代中國文學社團流派文化論》，合肥：安徽文藝出版社，1998 年 4 月，第 3～4 頁。
〔註104〕朱壽桐：《中國現代社團文學史》，北京：人民文學出版社，2004 年 2 月，第 16 頁。

院學生創建的「川大文藝月刊社」，會刊《文藝》月刊；文學院學生創辦「金箭社」，會刊《金箭》；政經系學生創辦《M.S》－《活路》；川大文學院老師創辦《前進》、《工作》，學生創辦《牛月》等文學刊物。這些文學社團及文學刊物的創建，極大地豐富與發展了川大文學活動。

　　1935 年劉大杰到成都後深感成都社會文化落後，尤其感到川大校園內文學文化氛圍淡薄，他約同謝文炳等川大老師成立文學社團「前進社」，希望川大文學能夠有所「前進」，並編輯《前進》半月刊。《前進》創刊於 1935 年 11 月 1 日，半月刊，內容有論著、言論、小說、詩歌、譯著等，爲其撰稿的有劉大杰、謝文炳、石璞、李劼人等川大文學院老師。〔註105〕在刊物第一期中，謝文炳首先對什麼是「前進的」作家與作品，給出了他的解釋，「就看他們是否深刻地表現了我們的時代和環境，是否因爲他們的表現而增進了人與人之間的瞭解和同情。」〔註106〕按照這個標準，謝文炳對新文學作家作品進行批評與檢討，他認爲新文學成績確實慘淡，其重要原因就在於作家們對現實時代和環境缺乏深刻的理解與切身的體會，太注重以自我爲中心的「個人主義」。謝把新文學作家分爲四類，即「第一類是個人傷感的頹廢主義，以郁達夫，葉靈鳳，穆時英爲代表。第二類是色情狂的戀愛至上主義，以張資平爲代表。第三類是誇張同情的唯我革命主義，以蔣光慈等爲代表。第四類是閒情的自適的興趣主義，以周作人，林語堂等爲代表。」〔註107〕這些作家作品的「出發點全是個人主義」，全不是「前進的文學」。劉大杰通過梳理從戊戌政變到五四運動的文學演變，認爲五四文學是「一個偉大的浪漫主義運動」，值得紀念，並希望以後的文學像五四新文學一樣，「把中國的青年，變成中國的學術思想，變成世界的學術思想，一流。這個時代青年的心情，非常純潔與單力量，向著舊勢力一致反抗。」〔註108〕由這兩篇文章，可以看出

〔註105〕王綠萍編著：《四川報刊五十年集成（1897～1949）》，成都：四川大學出版社，2011 年 11 月，第 368 頁。

〔註106〕謝文炳：《前進的作家與前進的文學》，原載《前進》第 1 期，現收入《謝文炳選集》，伍加倫、劉傳輝、潘顯一編，成都：四川大學出版社，1994 年 7 月，第 527～528 頁。

〔註107〕同上，第 530 頁。

〔註108〕劉大杰：《中國新文化運動與浪漫主義（下）》，《前進》第 2 期。引自《宇宙風》1937 年第 33 期，第 478 頁。《前進》刊物印刷質量較差，紙張已漫漶，看不清楚。劉大杰的這篇文章後來全文發表在《宇宙風》1937 年第 32、33 期，故此處引用《宇宙風》。

「前進社」的文學抱負，不僅要重振川大文學面貌，還要對整個中國文學有所貢獻。該刊僅出了 6 期，隨著劉大杰 1937 年離開成都而停刊。但劉大杰及「前進社」所起的作用卻不小，帶動了川大師生對文學的熱愛，進而形成校園文學熱潮。

實際上在劉大杰到川大之前，川大校園內就有學生自發組織的文學社團與文學刊物。這個文學社團就是文藝研究會，所辦刊物爲《文藝》月刊。該刊創刊於 1934 年 6 月 15 日，由川大英文系一群愛好文藝的學生所創辦。創刊號《刊前》聲明：「本刊爲一純文藝之雜誌，除努力於文學範圍內應有事項之研求外，絕對不含其它任何作用。」〔註 109〕儘管是純文藝雜誌，但他們並不贊同「文學就是超絕一切的『絕對眞理』，」相反他們認爲「文學爲人類全部精神生活之一單元，而後者的依據又爲實際的社會生活。故文學絕非超越一切的『絕對眞理』。它在一方面須視社會生活爲轉移，一方面須反映，指導當前的社會生活。」〔註 110〕爲了實現研究會的文學主張，他們在刊物稿件來源上有嚴格限制，「本刊只揭載同人『力作』，不問其是否『傑作』。」但也「歡迎外來投稿，更歡迎有理性之批評。」從刊物實際情況來看，選登外來稿件並不多，主要還是以同人作品爲主。刊物所載文章各種文體都有，論文、小說、散文、詩選、戲劇、書評等都刊載。《文藝》月刊社前期主要成員有：譚仲超、李伏伽、廖薇戶、劉杏帆、（何）白李、楊深夔、白井、野莫等。月刊出版至 1935 年 7 月 30 日第 3 卷第 1 期，刊物人員重組，社名易名爲文藝研究社，由趙其賢、張宣、陳思苓等負責，實際上由外文系學生主辦變成中文系學生主辦，偏向文藝救國，成爲「成都文藝救國會」的會刊，一直持續到 1937 年。不久，文藝研究社創辦《金箭》半月刊，《文藝》也隨之被取代。

前期《文藝》基本上堅持了「純文藝」的立場，不牽涉現實政治。刊物發起人雖然是譚仲超與李伏伽，但實際負責人卻是楊深夔，即楊升奎，也就是後來復旦大學教授楊烈，他是胡績偉同鄉，且同學，是他們圈子的核心。〔註 111〕楊深夔 1934 年夏天已從川大畢業，但仍住在川大學生宿舍，一個偶然的機會與同班同學劉培桂（即刊物中的劉杏帆）以及下一級的李伏伽、譚仲

〔註 109〕《文藝·刊前》，成都文藝月刊社出版，1934 年 6 月 15 日。
〔註 110〕同上。
〔註 111〕胡績偉：《青春歲月——胡績偉自述》，鄭州：河南人民出版社，1999 年 1 月，第 37、38、45 頁。

超、何白李、廖維祜（即刊物中的廖薇戶）談起辦刊物的事，大家一致同意，奈何沒有經費，楊深夔答應出經費，因爲他一直在成都郵政局任職，大學是半工半讀完成的，此時他每月有七十二元的工資，而辦一個刊物每期大致花費只有三十元，因此他能夠提供。〔註112〕楊深夔自然成了《文藝》月刊社的一員，他本身也是川大英文系畢業的，且愛好文藝。不過刊物的中心人物還是譚仲超和李伏伽，以及劉培桂、廖維祜、何白李。譚仲超和李伏伽此時已是成都文壇宿將，在多種報刊發表文章，後三者也有文名，何白李所翻譯的泰戈爾《飛鳥集》連載於《華西日報》副刊長達幾個月，是成都文壇第一個完整翻譯泰戈爾詩集的人。

　　《文藝》月刊第一期出版後，引起川大師生的重視，《川大周刊》以通訊形式對該刊做了介紹，且評價說「內容頗爲豐富」，對打破校園文藝研究「過於沈寂」的局面有重要作用，引領文藝創作「新作風」。〔註113〕但是第一期出版後，《文藝》月刊社成員內部卻出現了不和諧的聲音，譚仲超不滿李伏伽在「編輯後記」中及在封底留下他自己的名字，認爲李伏伽有出風頭的嫌疑。後經同人勸解方和解，但刊物同人之間的暗戰卻沒有停止，只不過通過創作來展現，「你登兩篇，我也登兩篇，你登三篇，我也登三篇；你寫小說、詩歌、戲劇，我也決不落後。」〔註114〕這倒也變相地提升了刊物質量。這樣的狀況持續了半年左右。到 1935 年 6 月時，《文藝》月刊社內部衝突已尖銳起來，譚仲超和李伏伽各拉一隊人馬，白井爲譚仲超吶喊，野莫爲李伏伽助威，兩不相讓。結果就是重組月刊社，以維持《文藝》的繼續運行，趙其賢、張宣等就是此時加入的。本以爲自此月刊社可以好好發展，但不久譚仲超與李伏伽徹底分裂，譚仲超與白井結婚，並控制了《文藝》，李伏伽與野莫分手，被迫離開成都，回到了家鄉馬邊，爲地方教育服務。譚仲超不久也離開《文藝》，刊物就被趙其賢、張宣、陳思苓等所控制，政治色彩漸濃，直至 1937年被《金箭》取代。〔註115〕

〔註112〕楊烈：《困學記》，《楊烈詩鈔》，上海：學林出版社，2008 年 12 月，第 314 頁。
〔註113〕《英文系學生創刊文藝月刊》，《川大周刊》四卷十九期。
〔註114〕楊烈：《困學記》，《楊烈詩鈔》，上海：學林出版社，2008 年 12 月，第 315 頁。
〔註115〕楊烈：《困學記》，《楊烈詩鈔》，上海：學林出版社，2008 年 12 月，第 329頁。《金箭》雖然是以川大學生陳思苓牽頭創辦的，但成員遠遠超出川大學校範圍，是當時成都一群傾向抗日宣傳的文藝青年自發組成的文學社團，從第三期（1937 年 11 月 1 日）開始周文、陳白塵等開始在上面刊發文章，逐漸成爲成都抗戰文學的刊物之一，1938 年 1 月 15 日出版第 5 期後停刊。

綜觀《文藝》月刊，尤以譚仲超、李伏伽時期爲最，其刊物質量頗高，不論是文章質量還是編輯裝幀都很不錯，基本上體現了那一時期川大校園內文學期刊的最高水平。該刊是川大外文系同學主辦，因此在內容上就要有保障得多，因爲川大英文系在文學教育上做得比中文系及其它院系要好，這在前面論述川大文學教育時已有所述及。另外川大外文系學風也要濃得多，他們很少參加政治活動，因此外文系被川大其它院系稱作爲「瓢兒派」（「瓢兒」是英文 Pure 一詞的譯音，有「純潔」之意，此稱呼也有幾分取笑之意。）「搞政治活動，參加公開鬥爭的多爲政、經、文、法各系同學。」〔註116〕

《文藝》月刊內容所涉範圍廣，包含文藝各個方面，如對一些文藝基本問題加以關注與討論。刊物關注文學與社會問題，第一、二期連載的《社會生活與文學形態之關係》就是對該問題的探討；又如關於文學批評的問題，刊物連續三期刊載李伏伽翻譯尼采的《文學批評上的道德價值》，以及李伏伽翻譯里奇的《文學批評與批評家》。《文藝》同人試圖在觀念上對文學的一些基本問題進行探討與澄清，他們選取西方文藝經典作家的經典論文，也就是想讓讀者明白文藝研究需要注意的基本問題，從理論上有所提高。

與他們注重文藝理論與觀念相比，他們的創作更爲豐富，質量也更高。小說、詩歌、散文、戲劇，齊頭並進。而這些刊載作品，都有一個基本特徵，即這些作品極其注重對社會現實的觀察與書寫。現實生活中各種人群的遭逢與困苦成爲他們著重書寫的對象。在這方面較爲出色的是譚仲超，他既關注容易被人忽略的哨所官兵的孤寂，《在哨所》就是例證，又關注底層官員在兵匪橫行時的悲慘遭遇，如《水災》，還關注底層民眾的精神困苦，如《口袋》。廖薇戶的小說，李伏伽的散文，劉杏帆的詩歌，白李的翻譯，都很出色。整體上體現了《文藝》月刊的文學水平。

小說《口袋》〔註117〕堪稱一篇短篇佳作，即使放在現代文學史上來看，也不能掩蓋其華麗的光彩。劉德裕與劉三娘是一對貧窮的夫婦，生活極其艱難，劉三娘認爲她不幸的一生源於劉德裕這個沒用的老東西，嫁給了他讓她受了一輩子的苦。丈夫經常不回家，家裡沒有糧食，讓她忍饑挨餓。劉三娘在一次酒醉之後，她吞火柴想自殺，恰巧被她的野男人王雞販救下，兩人隨

〔註116〕閔震東：《枕濤存稿》，自印本，成都，2004 年，第 227 頁。
〔註117〕譚仲超：《口袋》，《文藝》第三期。這篇小說曾連載於《華西日報》1934 年 6 與 11、12、14、15 日，署名爲「田龍」。

之發生肉體關係。第二天早上回家的劉德裕，發現妻子痛苦不已，他不知所措，他以爲是妻子挨餓使然，遂準備從櫃子裏拿口袋去買米，不料卻從櫃子中鑽出王雞販。讓人意外的是，劉德裕對此情景並沒有立即作出反應，而是在尋思妻子的痛苦到底是眞痛苦還是假痛苦。他發現她確實是悲哀著的，「他並且還承認他的妻子是世界上最悲哀的人，因爲他相信沒有比虛僞的快樂更悲哀的悲哀。」

這個故事一波三折，既有極強的現實性，又有深刻的思想性。底層人們的生活原則就是如何生存下去，文明及其倫理在他們這裡往往沒有意義。劉三娘與王雞販的偷情就是如此。儘管小說中也寫到王雞販身體的強壯，他有力的摟抱，讓劉三娘感到沉醉，但這不是劉三娘與他偷情的主要原因，生存才是使他們走在一起的根本原因。劉德裕無法養活妻子，劉三娘要生存，總得有辦法，最直接的辦法就是找一個男人，可以讓她活下去的男人。這是底層人物的生活法則，超越了慣常的倫理束縛。小說沒有交代劉三娘與王雞販之前的通姦原因，算是留下了一個懸念。如《口袋》這樣的故事及人物在現代乃至當代很多文學作品中都能看到，比如路翎《飢餓的郭素娥》中的郭素娥，就與劉三娘相類，生存本能超越了倫理束縛，但又不僅僅停留於本能上，她們具有主體追求的高度。小說中作者對劉德裕和劉三娘的大量心理描寫，實際上就是給予了他們精神高度，使他們不僅僅是行動的動物，而且具有豐富的精神世界，劉三娘的痛苦和劉德裕的眼淚就是他們精神世界的反映。

《文藝》月刊中的大多數作品都具有難得的現實質素。《文藝》月刊刊載的作品，基本上產生於校園內，關注校園，關注老師與學生、校方與學生、學生的生活與精神苦悶。但也不局限於校園，它還關注整個社會現實，且對社會現實有深刻的認識與把握。

如果說學生創辦的《文藝》月刊是川大文學繁盛的開端，劉大杰與謝文炳等老師創辦的《前進》半月刊是川大文學繁盛的承續，那麼 1938 年先後創辦的《工作》與《半月文藝》就算是川大文學繁盛的高潮了。儘管在 1937 年川大學生們先後創辦有《大聲》、〔註 118〕《星芒》、〔註 119〕《金箭》〔註 120〕

〔註118〕《大聲》周刊，創刊於 1937 年 1 月 17 日，社長兼編輯人爲車耀先，該刊是成都民先隊（中華民族解放先鋒隊成都部隊）的機關刊物，出至第 13 期時被查封，原班人馬創辦《大生》周刊，5 期後被封；又推出《圖存》周刊，3 期後被查封；1937 年 11 月 5 日《大聲》復刊，1938 年復刊 40 號後被查封，

等報刊，但整體質量一般，除刊出 5 期的《金箭》外，另外兩者基本成了政
治宣傳物。同時，這幾種刊物雖有川大學生參與，但不屬於川大校內刊物。
到了 1938 年，由朱光潛牽頭創辦的《工作》，以及師生共辦的《半月文藝》
面世，才標誌著川大文學繁盛期的到來。

　　1937 年 9 月朱光潛應四川大學代理校長張頤之邀，到成都擔任川大文學
院院長兼英文系主任，同時還兼任川大出版編審委員會主任委員，主持出版
《國立四川大學學報》。身兼數職的朱光潛確實想為川大的發展出一份力，他
在四川大學總理紀念周會演講中就說：「我很愛清淨，對於行政事務沒有濃厚
的興趣，所以我在北京大學的時候，當局屢次要我任西洋文學系主任，我都
沒有答應。本來在我們現在這樣環境底下，應當犧牲個人興趣來幹公家的事
的。我這次冒然答應文學院的事，也是因為這點責任心。」〔註 121〕「這點責
任心」既是對張頤盛邀的回報，同時也是基於現實環境使然。從北京到成都
的見聞觸發了朱光潛救國救民的熱忱，川大現狀也促使他不得不為之。在任
鴻雋的改革下，雖然川大整體面貌已得到極大改善，但仍然存在諸多弊端，
張頤希望繼續任鴻雋的改革，推進川大更快發展。朱光潛支持張頤的想法，
非常熱情地投入改進川大現狀的工作中。他「首先就是加強文學院的師資力
量，敦促張頤已經聯繫的清華大學心理學教授葉麐應聘教育系，另外聘請了
他的朋友語言、歷史學家徐中舒到歷史系任教授，『讀詩會』中的常客羅念
生、周熙良、卞之琳等和顧綏昌到外文系任副教授或講師，大大增強了川大
文學院的力量。」〔註 122〕其次肩挑多門課程提高教學質量，他在川大主要講

　　　未再出版。《大聲》本不在川大校園內創辦，但《大聲》一些成員是川大學生，
　　　如胡績偉等，甚至車耀先也一度是川大老師，川大校史在統計學校所辦刊物
　　　時也把《大聲》算作本校所創辦刊物。
〔註 119〕《星芒》周報，1937 年 9 月 18 日創刊，周報，也是由成都民先隊所創辦，
　　　主編胡績偉，該刊出至 1938 年 8 月 12 日第 39 期時停刊。
〔註 120〕《金箭》月刊，該刊原是《四川日報》上的《金箭周刊》，1937 年 8 月 15 日
　　　改為月刊出版，是成都文藝工作者協會創辦的文藝刊物，川大文學院學生陳思
　　　苓主編，撰稿者多為川大學生，第三期後擴大稿源，周文、陳白塵等在該刊刊
　　　發文章，宣傳抗戰日趨明顯，1938 年 1 月 15 日出版第 5 期後被勒令停刊。
〔註 121〕朱光潛：《在四川大學總理紀念周上的講演》，《國立四川大學周刊》第 6 卷第
　　　2 期，1937 年 9 月。後收入《朱光潛全集》（第 8 卷），合肥：安徽教育出版
　　　社，1993 年 2 月，第 566～567 頁。
〔註 122〕王攸欣：《朱光潛傳》，北京：人民出版社，2011 年 9 月，第 218 頁。

授的是莎士比亞文學和 19 世紀英國散文。〔註123〕另外朱光潛還積極配合學校書籍出版及學術建設。

對於川大新文學建設來說，朱光潛牽頭創辦的《工作》貢獻更大。《工作》的創辦原因，是有感於當時成都文學氛圍淡薄，「在成都，朱光潛和應他之邀也去了四川大學教書的卞之琳等人，深感當地抗戰氣氛和新文化氣氛都非常薄弱，內心十分苦悶，於是在 1938 年 3 月，約同川大同事謝文炳、羅念生、何其芳、方敬等，合力籌辦了一個名爲《工作》的半月刊。」〔註124〕其宗旨是「宣傳抗日戰爭，支持社會主義，揭露大後方陰暗側影，抨擊時政弊端，一般登載散文，有短論、雜感、隨筆、通訊報導，偶有短小的小說，個別詩。」〔註125〕此時就「支持社會主義」顯然有些誇張，多爲事後附會之說，「揭露大後方陰暗側影，抨擊時政弊端」倒不虛，這在其後刊物內容上可以證實。刊物名稱是誰命名已難以弄清楚，「我現在記不得在何其芳、方敬和我三個人當中究竟是誰首先想出這個刊名的。我想即使我首先提出，那也是完全根據其芳的一貫精神，而方敬又喜歡這個名字，他後來在桂林主辦過一個小小的出版社也就叫『工作社』。」〔註126〕而何其芳在第一期上發表《論工作》，可見「工作」這一命名與他有關，查何其芳在 1940 年 5 月 8 日爲《中國青年》寫的《一個平常的故事》中雖談到在成都辦刊物的事，卻並沒有談得很具體，更沒有說到《工作》刊名由誰所定。但是「以其芳爲主幹」，卞之琳擔任一段時間編輯工作，刊物全部工作實際上交給「何其芳、方敬和其芳的妹妹等人。」〔註127〕《工作》編刊理念及方式，模仿《語絲》、《駱駝草》的形式。爲刊物撰稿者有：朱光潛、何其芳、卞之琳、謝文炳、周熙良、顧綏昌、羅念生、方敬、陳翔鶴、周文、陳敬容、鄧均吾等。

《工作》創刊後，在成都產生不小影響，卞之琳說：「《工作》這一類刊物，在 1938 年春夏間的成都還是第一個，也是僅有的一個，所以銷路不錯，

〔註123〕宛小平編著：《欣慨交心——朱光潛》，合肥：安徽教育出版社，2009 年 12 月，第 20 頁。

〔註124〕郭因：《朱光潛》（連載三），《江淮文史》1993 年第 3 期，第 151 頁。

〔註125〕方敬：《意氣尚感抗波濤——憶朱光潛先生》，《朱光潛紀念集》，安徽教育出版社，1987 年 4 月，第 218 頁。

〔註126〕卞之琳：《何其芳與〈工作〉》，《人與詩：憶舊說新》，北京：生活‧讀書‧新知三聯書店，1984 年 11 月，第 86 頁。

〔註127〕同上，第 87 頁。

起過一定的影響，可惜我們無力多印。」〔註128〕周文在談到抗戰初期成都文壇時，首先就提到《工作》半月刊，「那在編選上是相當嚴謹的。其內容，一般的都表現著在反映現實，同時在技巧上又要相當不錯的。一些人譽爲開創了在成都的文藝刊物相當嚴整的現象。」尤其提到何其芳的文章《論工作》、《論本位文化》。同時也指出，「一般的說來，這刊物，比較的是一般性的，在技藝上，和對於現實瞭解的程度上，都應該得到較高的評價。」〔註129〕

《工作》作爲川大文學期刊，其最大影響，一是何其芳的詩歌《成都，讓我把你搖醒》的發表，二是朱光潛與何其芳關於周作人附逆問題的文章所引起的討論。

何其芳的《成都，讓我把你搖醒》，發表在《工作》第七期。這首詩被現代文學研究界認爲是何其芳「思想轉向」或者「何其芳現象」的轉捩點，即由《畫夢錄》前期轉向延安後期的代表，這首《成都，讓我把你搖醒》就是一塊「界石」。而這首詩就是寫於成都，寫於他主持《工作》時期，也就是說因其編刊關係，以及他對成都的見聞，使其對社會現實有了新的認識，於其思想來說發生了根本性的改變。在這個意義上，《工作》算是具有了文學史的見證意義。實際上《成都，讓我把你搖醒》僅僅是何其芳此段時期思想感情的集中表現而已，何的思想全貌，更多體現在他發表在《工作》的幾篇文章中，第一期的《論工作》，第二期的《論本位文化》，第三期的《萬縣見聞》（化名楊應雷〔註130〕），第四期的《論救救孩子》，第五期的《論周作人事件》，第六期的《坐人力車子有感》，第八期的《論家族主義》，看完這幾篇文章，基本就能理解何其芳寫《成都，讓我把你搖醒》的思想和情感狀況。在《論工作》中，作者說道：「依我個人的意見，假若我們有機會又有能力去做更切實，更有效，更有利於抗戰的事情，放棄文學工作並不是可惋惜的」，即使「不必放棄文學工作」，也要有「熱烈地關心著戰爭，關心著戰爭中的人群，而且盡量地爲時代盡他個人的力」的態度。〔註131〕在《論救救孩子》中提出「戰時

〔註128〕卞之琳：《何其芳與〈工作〉》，《人與詩：憶舊說新》，北京：生活・讀書・新知三聯書店，1984 年 11 月，第 89 頁。

〔註129〕周文：《最近成都的文藝活動》，《抗戰文藝》1938 年第 2 卷第 1 期，第 11 頁。

〔註130〕龔明德考證署名爲「楊應雷」的《萬縣見聞》的作者就是何其芳。參見：龔明德：《老川大的〈工作〉和〈半月文藝〉》，《現代中國文化與文學》（第 9 輯），毛迅、李怡主編，成都：巴蜀書社，2011 年 7 月，第 128 頁。

〔註131〕何其芳：《論工作》，《工作》第一期，1938 年 1 月 16 日。後收入《何其芳全

教育」的問題，希望找到一條能使後方青年們「迅速地在精神上知識上武裝起來，並直接地發揮出他們的力量以從事有利於抗戰的工作」的教育方式，反對復古與形式主義的教育。〔註132〕在《論周作人事件》中，何其芳認為周作人的落水是必然的，是「他的思想和生活環境所造成的結果」，被「時代遺棄」，而不能在「民族大抗戰」中跟上步伐。〔註133〕這三篇分章分別談了「文學與戰爭」的問題，「教育與戰爭」的問題，「個人與時代」的問題，從何其芳對這三大問題的觀點與傾向，就能看出他的立場與情感，渴望投入現實與戰爭，迫切地要跟上時代，行動和力量更為重要，個人需要匯合到大的民族力量之中，即《成都，讓我把你搖醒》中的「誰都忘記了個人的哀樂，／全國的人民連接成一條鋼的鏈鎖。」「在長長的鋼的鏈鎖間／我是極其渺小的一環，／然而我像最強頑的那樣強頑。」〔註134〕

何其芳在《工作》上發表的這些文章，是他對社會現實進行了猛烈抨擊的表現，他抨擊「濃厚的讀經空氣，歧視婦女和虐待兒童的封建思想的殘餘，暗暗地進行著的麻醉年青人的腦子的工作，知識分子的向上爬的人生觀……」〔註135〕他在找尋一個他所向往的地方，家鄉萬縣不是，他於是到成都，但成都也不是，他在成都的「工作」，他的抨擊，並沒有把沉睡的成都「搖醒」，他決定到另一個地方去，一個具有新質特徵的地方去，「我應該到另外一個地方去，我應該到前線去。」〔註136〕這個地方可以是前線，也可以是別的地方，只不過他恰好選擇去了延安。這種找尋的急切與現實環境的緊迫相互糾結，基本上呈現了何其芳此段時間的精神狀態。而《工作》上的文章及詩歌《成

集》（第二卷），藍棣之主編，石家莊：河北人民出版社，2000 年 5 月，第 7 頁。

〔註132〕 何其芳：《論救救孩子》，《工作》第 4 期，1938 年 5 月 1 日。後收入《何其芳全集》（第二卷），藍棣之主編，石家莊：河北人民出版社，2000 年 5 月，第 16～17 頁。

〔註133〕 何其芳：《論周作人事件》，《工作》第五期，1938 年 5 月 16 日。後收入《何其芳全集》（第二卷），藍棣之主編，石家莊：河北人民出版社，2000 年 5 月，第 20 頁。

〔註134〕 何其芳：《成都，讓我把你搖醒》，《工作》第七期，1938 年 6 月 1 日。後收入《何其芳全集》（第一卷），藍棣之主編，石家莊：河北人民出版社，2000 年 5 月，第 327 頁。

〔註135〕 何其芳：《一個平常的故事》，《星火集》，上海：群益出版社，1949 年 9 月，第 133 頁。

〔註136〕 同上，第 134 頁。

都，讓我把你搖醒》就是此狀態的集中體現。

另外值得注意的是，在成都時，何其芳與朱光潛等的關係問題。自何其芳與朱光潛對周作人附逆問題產生不同看法後，這個小圈子開始對何其芳有非議，「他們都說何其芳太『刻薄』、『火氣過重』，這樣一來，何其芳更加感到與周圍環境格格不入，他感到『異常寂寞』，就為他出走延安埋下了伏筆。」〔註137〕這種情況確實有可能，小圈子內的關係和諧與緊張，往往更直接影響個人行動的選擇。與何其芳相類似的是田家英離開成都去延安。田家英在成都時有一個愛好文學的朋友圈子，朋友間的友誼是田家英文學創作的動力之一，朋友間的筆戰與分裂，圈子的解散，也成為促使他離開成都，走向延安的重要因素。〔註138〕當然，何其芳離開成都去延安並不僅是與朱光潛等人關係不睦使然，同屬該圈子的卞之琳不也一起去了延安嗎，更為主要的還是何其芳這段時期思想觀念轉變的作用。

讀這些文章，結合何其芳抗戰以來的思想情感，以及在成都時的具體經歷，我們更能理解《成都，讓我把你搖醒》的內在思想基礎與情感變化過程，同時也可以為「何其芳現象」的理解作一些補充。

關於朱光潛與何其芳在《工作》上發表的關於周作人附逆問題的文章所引起的討論，焦點主要是在朱光潛一方。1938 年 5 月 8 日成都地方報紙刊出了《周作人等竟附逆》、《周作人做了漢奸》的消息，有的還在標題下加了「？」符號，表示存疑與驚駭。5 月 11 日何其芳寫成《論周作人事件》對周作人附逆行為憤怒撻伐，該文刊於《工作》第 5 期。朱光潛對於周作人附逆的消息存疑，他認為關於周作人附逆的消息不一定可靠，很可能是日本人誣陷的，加之兩位北平朋友的來信，使他更認為「周氏尚未附逆」。因之寫成《再論周作人事件》，刊於《工作》第 6 期。朱光潛一方面對何其芳這種猛烈的批判態度不贊成，另一方面憑他對周作人的瞭解認為附逆之不可能。前一點，可以討論，何其芳的文章的確火藥味太濃，有些「刻薄」與「火氣過重」；後一點，完全是朱光潛的一廂情願，他的辯解是「完全出自對周作人的崇拜，尤其崇拜周氏的『為文』。」〔註139〕以主觀想像來判斷現實怎不大謬。這也成為朱光

〔註137〕趙思運：《何其芳人格解碼》，保定：河北師範大學出版社，2010 年 8 月，第 36～37 頁。

〔註138〕袁昊：《田家英成都時期文學創作研究》，《成都大學學報（社科版）》2014 年第 5 期，第 41 頁。

〔註139〕商金林：《朱光潛與中國現代文學》，合肥：安徽教育出版社，1995 年 12 月，

潛後來備受批評的「污點」之一。

　　以朱光潛爲首的川大教師所創辦的《工作》，的確開闊了川大文學的空間與視野，立足於校園又不局限於校園，與抗戰大的時代背景緊密結合。有這些老師的導引，學生們自然踊躍跟進。《半月文藝》就是在老師與學生的共同合力下得以創辦。

　　《半月文藝》是川大「文學研究會」的會刊，創刊於 1939 年 4 月 21 日。川大「文學研究會」是川大學生自發組成的文學團體，其前身爲《文藝》月刊社，在 1938 年 2 月進行了重組，並命名爲「文學研究會」，受到川大老師們的直接指導，如 1938 年 2 月召開的首次「文研座談會」，議題爲「抗戰後中國文藝的動向」，到會的指導老師有朱光潛、羅念生、葉麐，到會的同學有李永和、羅幼卿、蔡天心、陳思苓、方敬等六七人。〔註 140〕可見「文學研究會」是師生共同創建的「文學社團」。〔註 141〕雖然研究會及刊物是抗戰後產生，會員中也有一些偏左的學生，如蔡天心等，但它的確是「一個由青年大學生自由組合而成的文藝團體。」從 10 期 9 本刊物內容上來看，「基本上還算是較爲純粹的文學刊物」。〔註 142〕《半月文藝》隊伍強大，主要成員有：李岳南、林棲、歌帆、李永和、羅幼卿、蔡天心、陳思苓、方敬、羊角（張宣）、菲於（蒲孝榮）、卓耕（卓庚）、丙生（袁珂）、章旻等，擔任過指導的老師有：朱光潛、謝文炳、羅念生、卞之琳、葉麐、顧綬昌、饒孟侃、周熙良、劉盛亞等。〔註 143〕《半月文藝》雖然標明是半月刊，然則「名不符實地成了《半年文藝》」，〔註 144〕總共出版了 10 期 9 冊，1942 年 9 月 15 日出完第10 期後停刊。

　　《半月文藝》是川大文藝研究會的會刊，是文藝研究會諸多文藝活動之一種。川大文藝研究會同時還出版會報（壁報），舉辦讀書會等文藝活動。僅就會刊與會報，其成績就相當可觀，到 1942 年 9 月已出版十期會刊，一百多

　　　　第 205 頁。

〔註 140〕林棲：《五年來的文藝研究會》，《半月文藝》第 10 期，1942 年 9 月 15 日，第 5 頁。

〔註 141〕龔明德：《老川大的〈工作〉和〈半月文藝〉》，《現代中國文化與文學》（第 9 輯），毛迅、李怡主編，成都：巴蜀書社，2011 年 7 月，第 133 頁。

〔註 142〕同上，第 133～134 頁。

〔註 143〕同上，第 133 頁。

〔註 144〕落磊：《工作・學習・進步──爲本刊十期及會報百期紀念》，《半月文藝》第 10 期，1942 年 9 月 15 日，第 3 頁。

期會報，累計有「幾百首詩，幾百篇散文，幾十篇小說」，出過多種特輯，「有《民歌特輯》、《我與文學特輯》、《我們在峨眉特輯》、《教授特輯》，還有仿《世界的一日》的《伏虎寺一日特輯》；最近的則有《翻譯特輯》、《詩特輯》、《小說特輯》、《風謠特輯》、《生活的一葉的特輯》、《我理想的……特輯》、《讀物評價特輯》、《五四特輯》、《報告文學特輯》、《抗戰中我們的經歷特輯》等總共十種以上。」〔註145〕讀書會專門研讀過的書目有「《紅樓夢》、《我怎樣閱讀文藝作品》、《新劇與舊劇》、《雨》、《原野》、《雷雨》、《日出》、《科爾沁旗草原》、《北京人》。」〔註146〕讀書會甚至對當時的文藝熱點問題及時組織大家進行討論，「前年文化界正熱烈地討論這民族形式問題的時候，文研會也舉行過一次由徐行主持的民族形式問題座談會。」〔註147〕

由上述可見川大文藝研究會的成績，同時也可窺見當時川大文藝活動之盛況。川大文研會在學校及整個成都都起到重要的作用，「在腐朽古老的成都文化界，樹起了一面鮮明奪目的旗幟。」「是中國文壇的一根小柱子，也是社會裏的一座小磐石。」〔註148〕

《半月文藝》刊載文章體裁多樣，質量也較高。老師們在刊物上發表的文章並不多，總共只有 17 篇，而這 17 篇中，羅念生一人就刊發了 6 篇，足見他對刊物的大力支持。羅念生發表文章不僅數量多，而且質量也較高。他的理論文章《談新詩》刊於創刊號，這篇文章富有意義。文章所討論的問題是「戰爭時期的詩歌問題」。面對戰爭這一大的現實環境，詩人們該如何把詩歌與現實結合起來。羅念生認爲抗戰以來的詩歌創作並不成功，沒有多少讓人驚豔的作品。造成此現象的原因很多，羅念生沒有一一羅列，他所要強調的是詩的「文字與形式等等的問題」，主張首先釐定一些公用術語，然後加以學理化的討論及創作，對泛濫的「自由體」也頗有微詞，否定「朗誦詩」的

〔註145〕落磊《工作·學習·進步——爲本刊十期及會報百期紀念》和《袁珂自述》中都有關於壁報的記述，此處結合兩處說法加以整理。參見：落磊：《工作·學習·進步——爲本刊十期及會報百期紀念》，《半月文藝》第 10 期，1942年 9 月 15 日，第 3 頁；袁珂：《袁珂自述》，《世紀學人自述》（第五卷），高增德、丁東編，北京：十月文藝出版社，2000 年 1 月，第 233 頁。

〔註146〕落磊：《工作·學習·進步——爲本刊十期及會報百期紀念》，《半月文藝》第 10 期，1942 年 9 月 15 日，第 4 頁。

〔註147〕同上，第 4 頁。

〔註148〕林棲：《五年來的文藝研究會》，《半月文藝》第 10 期，1942 年 9 月 15 日，第 5 頁。

價值。〔註149〕針對羅念生提出的詩歌問題，葉麐在第 3 期撰文《談朗誦詩》予以回應，葉麐並不注目於聲調、形式等問題，而是強調音節、聲調與感情的契合，感情決定音節和聲調，而不是相反。葉的文章補充了羅念生所提出的詩歌問題。接續對詩歌的討論，饒孟侃在第 9 期上發表《詩歌的基本概念》，對詩歌理論的一些基本術語，進行詳細說明，似乎是專門回應羅念生所呼籲的對詩歌術語的釐定與界說。

羅念生的理論文章對詩歌理論問題的探討提高了《半月文藝》的理論深度，同時也有利於文藝研究會同仁文學修養的培育。羅念生的散文作品也極具水準，他發表在第 8 期上的《窮》〔註150〕堪稱一篇名作。文章記述他的三位窮朋友，第一位是艾青，第二位是沈從文，第三位是朱湘，三位都窮，但三位窮的個性與風度卻全然不同，艾青既沒有錢還要花錢圖風流，發了橫財三下兩下全花光，實在沒招了，這朋友「便袖著清風往北方去了」；沈從文雖窮但從不叫窮，且拼命寫作來換錢，終於成名了，「如今便做了一個紳士，時常提攜人家，教訓人家」；只有朱湘窮了一生，但卻強硬了一生，最後窮到「竟在江心裏沉沒了生命」。文章平實蘊藉，又不無意味，是難得的好散文。

與老師們高水平的文章相比，同學們的文章就要相對拙稚一些，無論是文章材料選取剪裁還是語言形式，都有欠打磨之處。不過卻也呈現出另一種風味。

學生們的作品多對現實環境有感而發，如方敬的詩歌《疏散人口》，詩人看到敵機轟炸後成都民眾仍然悠哉悠哉地生活著，詩人感到著急，於是喊道：「別再去鬧市集中吧／別再去預科場集中吧／別再去茶館集中吧／戲院的廣告音樂隊／趁早停止你誘惑的交響」。詩人希望人們疏散，他「歌頌全市人口的安全」，「現在我要歌頌疏散／歌頌民族鳳梅而活躍的生命」，「歌頌祖國的明天」。〔註151〕這首詩純粹就是直白的吶喊，少有詩味，也欠詩藝。學生看到縣長和秘書到地方打秋風，所引起的地方上一片慌亂，寫成《騷動》加以諷刺。又如，學生到農村去做社會調查，對農村一切感到新奇，寫成《我在彭山》，等等。

《文學月刊》及川大文藝研究會開展的其它文藝活動，豐富了學生生

〔註149〕羅念生：《談新詩》，《半月文藝》創刊號，1939 年 4 月 21 日，第 5～6 頁。
〔註150〕羅念生：《窮》，《半月文藝》第 8 期，日期未標注，第 1～2 頁。
〔註151〕方敬：《疏散人口》，《半月文藝》創刊號，1939 年 4 月 21 日，第 13 頁。

活，同時也促進了川大文藝發展，尤其是在抗戰之後，文學研究會作為一個社團，凝聚了一批學生，通過文藝活動，陶冶了他們的性情，鑄煉了他們堅強的人格。文藝研究會的成員不僅用筆來書寫現實社會與人生，而且紛紛走向前線，走向戰場。文藝研究會中的羊葵、張維、天縱、星原、李岳南就應徵入伍，正如落磊所說這是「文研會的光榮」。〔註152〕

隨著抗戰的深入，北京、上海、南京等地大專院校遷到成都，一些文藝工作者進入川大等高校，校園文藝活動更加繁榮，川大的文藝社團及文學刊物的大量湧現便是例證。同處成都的華西協合大學，隨著金陵大學、金陵女子大學、齊魯大學、燕京大學的遷入，其校園文藝活動也活躍起來。僅抗戰以來華西五大學所成立的社團就有：方舟文藝社、大風詩社、黃鍾文學社、南方劇社、新地社、「未名」團契、星星團契、蓓蕾團契、牛津團契數十個社團。〔註153〕在眾多社團之外，1942年成立的「正聲詩詞社」最為特別。〔註154〕這是一群愛好古詩詞的同學在老師沈祖棻、程千帆等的指導下成立的文學社團。沈祖棻在金陵大學擔任詩詞課，所修學生較多，且有幾位特別愛好詩詞的同學，為方便彼此交流討論，遂成立了詩詞社，取名「正聲」，取李白《古風》：「大雅久不作，正聲何微茫」之意。〔註155〕正聲詩詞社的活動形式是「同作指導，定期聚會。」〔註156〕「每月開一次會，導師和社員多能準時參加。每次會請一位導師命題給社員習作，於下次會中交請平議，用以達到使社員多練筆的作用和相互切磋的目的。」〔註157〕他們把習作詩詞編訂發表，創辦《正聲》期刊，共出三期。後因沈祖棻、程千帆夫婦離開成都去武漢，正聲詩社也隨之解散。而正聲詩社的意義就在於，在抗戰時期，能掘採

〔註152〕落磊：《工作‧學習‧進步——為本刊十期及會報百期紀念》，《半月文藝》第10期，1942年9月15日，第4頁。

〔註153〕《華西壩風雲錄：紀念民主青年協會成立六十週年》，《華西壩風雲錄》編輯組編，四川大學宣傳部，2004年10月。該書中收錄了多篇回憶、紀念文章，提到的華西五大學社團數量不少，此處僅列出偏文藝性的社團。

〔註154〕徐有富：《程千帆沈祖棻年譜長編》，南京：南京大學出版社，2013年9月，第108、109、135、142頁。

〔註155〕劉邦彥：《師恩未報意如何》，《沈祖棻詩詞研究會會刊》2005年7月第7期，第24頁。

〔註156〕王淡芳：《春風化雨　永潤心田》，《程千帆沈祖棻學記》，鞏本棟編，貴陽：貴州人民出版社，1997年10月，第228頁。

〔註157〕劉邦彥：《師恩未報意如何》，《沈祖棻詩詞研究會會刊》2005年7月第7期，第26頁。

悠空，渲染一方古舊詩詞的陰涼，豐富了戰時人文的多樣面貌，也拓展了個人存在的別樣可能，更是擴大了民國成都校園文化空間內涵。

第五章　城市印象與文學再現：
李劼人的成都書寫

　　城市作為人類偉大創舉之一，是人類智慧與文明的產物與體現，集中了人類主要的物質文明與精神文明，幾乎包括了人類生活的各種內容。〔註1〕除了物質性的實體存在外，城市還有非物質性的社會文化內容，而這些社會文化內容，或以文字、圖象等形式存在，或是留存於人類代代延續的觀念之中，即城市的印象在人們的觀念中得以存留。人們獲得城市印象的途徑多種多樣，實物的感知，具體的經驗，等等。其中文學對人們城市印象的獲得作用較大，一定程度上起到了基礎性的作用，尤其是對那些處於非城市空間的人們來說，城市的文學再現，更是直接形成了他們觀念中的城市印象。

　　在城市與文學關係中，一方面城市對文學有決定性作用，沒有城市就沒有以城市為主的文學創作，從發生學角度看，城市的先決性地位明顯；另一方面，以城市為書寫對象的文學，加強了甚至擴大了城市的表意範疇，超越了本體性的實物城市，使城市成為具有審美性質的文學形象，深植於人們意識深處。理查德‧利罕在研究二者關繫時，以「雙重建構」來概括，「城市是都市生活加之於文學形式和文學形式加之於都市生活的持續不斷的雙重建構。」〔註2〕這種雙重的建構作用，非常準確地抓住了城市與文學相互作用的

〔註1〕 何一民：《中國城市史‧導論》，武漢：武漢大學出版社，2012 年 2 月，第 1 頁。
〔註2〕 〔美〕理查德‧利罕：《文學中的城市：知識與文化的歷史》，吳子楓譯，上海：上海人民出版社，2009 年 10 月，第 3 頁。

關係實質。而這種建構作用的實現，需要借助一個核心的中介去完成，這個中介就是作家。城市的樣態需要作家去觀察體認，然後進行書寫。書寫後的定型於文學作品的城市形象，或是城市本來樣態的臨摹與寫照，或是城市某一特徵的變形與誇張。就是這些定型於文學中的城市形象，超越城市這一實物空間在更廣泛的範圍得以傳播，漸次形成人們觀念中的城市。這種觀念中的城市，既形成於超地域範圍內的人們頭腦中，又形成於某一特定城市人們的頭腦中。遠距離的人們沒有親歷該城市，無法知曉該城市的樣貌；居於該城市的人們，受視域限制，也難以對身處其中的城市有意識層面的把握與瞭解，所謂「不識廬山真面目，只緣身在此山中」就是這個道理。讓城市形象得以形成並得以凸顯的是作家，是他們讓凝固的實體城市有了超越性的形象，這些文學形象使城市豐富和擴展了其存在形式，在人類歷史長河中得以永存。

作家對城市印象這種重要的建構作用，體現在他們所創作的城市文學經典中。以致當我們提及某一座城市時，我們不自覺地就想起某位作家或某部作品。這種情況古今中外概莫能外。甚至是某作家某作品使某城市生命長存，也使該城市形象得以廣大。我們提起巴黎，不得不想起巴爾扎克、左拉，以及波德萊爾；提起倫敦，一定會想到狄更斯，還有伍爾夫；提起都柏林，喬伊斯一定會浮現在腦海。甚至提到北京，我們也不得不想起老舍和蕭乾；提起上海，想起的更多，早一點的韓邦慶、李伯元、包天笑、周瘦鵑，接著的鴛鴦蝴蝶和新感覺派，稍後的張愛玲、蘇青，當代的王安憶、程乃珊、陳丹燕，包括金宇澄，他們共同構建了上海這一城市的文學形象。同樣，當我們提到成都的時候，自然會想到李劼人。正是他們的書寫使這些城市的形象得以生成與光大，他們就是這些城市形象的文學書寫者與締造者。

城市在人類生存中的地位日益重要，逐漸成為人類生存的基本境況。如何適應與提升這一生存境況成為人類面臨的問題之一。如是，城市研究顯得必要而急切。學術界已從各個角度對城市展開全面研究。然則，我們關注的是文學與文化中的城市，城市中的文學與文化，以及它們相互的關係。本書聚焦的是晚清民國成都的文學與文化，該時期成都的文學形象如何，又是怎樣生成的，我們如何獲得對成都城市形象的認識。毫無疑問，使成都城市形象得以生成與光大的是李劼人，是他創造的大河三部曲，第一次使成都的城市形象綻放光彩，讓我們獲得了對成都這一城市的基本印象。

第一節　成都面目：大河三部曲中的城市空間結構

　　成都在文學中的形象構建並不是起於李劫人，西漢揚雄的《蜀都賦》可以看作是成都城市形象構建的源頭。這篇大賦，第一次全面展現了成都的城市形象。全賦視野開闊、思運博大，從城市各個方面來寫成都之盛況。該賦前四段寫成都所在蜀郡的情況，方位、特產、山嶽、河流等，第五段到第十一段具體寫成都城市的繁盛，城市建築、交通水利、手工業產品、宗廟祭祀、節日嘉會、豪富遊獵等。其中對成都城市概貌的描寫尤為壯觀，「爾乃其都門二九，四百餘閭。兩江珥其市，九橋帶其流。武儋鎮都，刻削成藪。」
〔註3〕都門、閭弄之多，說明城市大，江流與橋梁的分佈，言及城市交通便利，武儋山矗立城中，巍峨高峻。通過對成都城市各方面的描寫鋪排，揚雄第一次以文學的形式展示了成都大都會特徵，也是成都城市形象在文學中的第一次標誌性構建。進一步對成都城市書寫的是左思《蜀都賦》。左思的這篇大賦承續揚雄的《蜀都賦》，書寫的角度及相關內容都十分接近，也是先寫成都所在蜀郡的情況，再由大到小由遠及近地書寫成都這座城市，所分列的城市各方面，也與揚雄所分列類別相似，只不過左思《蜀都賦》規模和氣勢更加宏大。單以對成都城市景觀描寫即可見一斑，「闢二九之通門，畫方軌之廣塗，營新宮於爽塏，擬承明而起廬。結陽城之延閣，飛觀榭乎雲中。開高軒以臨山，列綺窗而瞰江。內則議殿爵堂，武義虎威，宣化之闥，崇禮之闈。華闕雙邈，重門洞開，金鋪交映，玉題相暉。外則軌躅八達，里閈對出，比屋連甍，千廡萬室。」〔註4〕左思這一成都城市描寫要繁富得多，城門，道路，宮城；宮城的建築，長廊、窗戶，宮裏宮外的設置，富麗堂皇。左思的《蜀都賦》進一步加強了成都城市形象。儘管其思路和模式未有創新，基本是沿用揚雄《蜀都賦》的模式，但是這種開闊繁富的成都書寫，之前未有，之後也少見。更為主要的是這種以空間架構為模式的書寫方式，是詩詞所無法實現的，充分展現了賦這一文體的特長。左思之後，也有一些以詩詞來寫成都的作品，其效果卻遠遠不及揚、左二賦，它們或是對成都某一景觀的具體描寫，如杜甫《蜀相》僅僅是對成都的武侯祠的書寫，而且是以史寫懷，重點

〔註3〕《楊雄集校注》，張震澤校注，上海：上海古籍出版社，1993 年 10 月，第 21 頁。

〔註4〕《昭明文選譯注》（第一冊），陳宏天、趙福海、陳復興主編，長春：吉林文史出版社，1987 年 9 月，第 233 頁。

還不在武侯祠本身。同樣的還有《初夜喜雨》，寫成都獨有的一種自然現象，春夏多夜雨。即使是杜甫《成都府》，也只是概貌性寫到「曾城塡華屋，季冬樹木蒼。喧然名都會，吹簫間笙簧。」〔註5〕未能有揚、左二賦那樣的周全與崇麗。此情況一直持續到民國時期，直到李劼人的大河三部曲出現，成都這座城市才現象級地呈現在讀者面前。李劼人以小說這種長時段大規模的文體來書寫成都，超越了詩歌短小規格的局限，也超越了鋪排空洞的賦體模式。李劼人的大河三部曲對成都書寫之細緻與全面，郭沫若直稱之為「小說的近代史」，至少也是「小說的近代《華陽國志》。」〔註6〕巴金也由衷地稱讚「只有他（李劼人）才是成都的歷史家，過去的成都活在他的筆下。」〔註7〕李劼人的大河三部曲受到如此高的評價，其原因究竟何在，他是怎樣來展開成都城市書寫的呢。

一、從成都的周邊開始——天回鎮

　　李劼人的成都書寫不是直接從成都這座城市開始，而是先從成都北邊的一個小鎮——天回鎮寫起。他寫天回鎮的方式也比較獨特，從高空俯瞰的角度來寫天回鎮的空間布局。李劼人是這樣交代天回鎮的地理位置的。成都北門外四十里不到的是新都縣，連接成都與新都的是川北大道。這條大道「一直向北伸去，直達四川邊縣廣元，再過去是陝西省的寧羌州、漢中府，以前走北京首都的驛道，就是這條路。並且由廣元分道向西，是川甘大鎮碧口，再過去就是甘肅省的階州文縣，凡西北各省進出貨物，這條路是必由之道。」〔註8〕在成都與新都的川北大道中間，剛好二十里處，有一個鎮市，就是天回鎮。作者的這種描述完全是俯瞰式的「全景掃描」，像是攝影機的遠鏡頭，先從高空俯拍，標示出天回鎮所在的地理空間。當讀者的目光從高空鎖定這個小鎮後，再把視線下移，放到離小鎮不遠的川北大道上，讓讀者從遠處來看這個小鎮，「你從大道的塵幕中，遠遠的便可望見在一些黑魆魆的大樹蔭下，像岩石一樣，伏著一堆灰黑色的瓦屋；從頭一家起，直到末一家止，全是緊

〔註5〕 《杜甫全集校注》（五），蕭滌非主編，北京：人民文學出版社，2014年1月，第1892頁。
〔註6〕 郭沫若：《中國左拉之待望》，《中國文藝》1937年第1卷第2期，第265頁。
〔註7〕 謝揚青：《巴金同志的一封信》，《成都晚報》1985年5月23日。
〔註8〕 《李劼人全集・第一卷・死水微瀾》，成都：四川文藝出版社，2011年9月，第13頁。

緊接著，沒些兒空隙。在灰黑屋叢中，也像大海裏濤峰似的，高高突出幾處雄壯的建築物，雖然只看得見一些黃琉璃碧琉璃的瓦面，可是你一定猜得准，這必是關帝廟火神廟，或是什麼宮什麼觀的大殿與戲臺了。」〔註9〕作者移步換景地描述天回鎮的空間結構，像導遊一樣領著你進入這一空間之中。當你對天回鎮的地理空間及整體外觀有所瞭解後，作者再引導著你進入小鎮之中，一一向你呈現街道、人群、商鋪等等，使你對天回鎮有一個全局性的把握。

　　李劼人如此細緻地展現天回鎮的地理位置和空間布局，目的是展現其書寫的真實性和歷史性，讓讀者獲得「可感知」的閱讀效果。李劼人對天回鎮這種描寫同雷蒙・威廉斯所說的「可感知社區」（knowable communities）類似，「小說家有意向人們展示所有，它們之間的關係是可知和可溝通的。」〔註10〕在通常情況下，「在有關城市的虛構文學中，經驗和社群基本上是不透明的；而在有關鄉村的虛構文學中，則基本上是透明的。」〔註11〕李劼人通過這種長距離遠鏡頭敘述視角的變換，保證了敘述對象的高度透明性與可感性，使讀者獲得了對天回鎮可靠性認識。為了加深這一目的，李劼人還把天回鎮放回到地理志書中加以強化，「志書上，說它（天回鎮）得名的由來，遠在中唐。因唐玄宗避安祿山之亂，由長安來南京，——成都在唐時號稱南京，以其在長安之南也。——剛到這裡，便『天旋地轉回龍馭』了。皇帝在昔日自以為是天之子，天子由此回鑾，所以得了這個帶點歷史臭味的名字。」〔註12〕天回鎮的這段歷史經歷，增加了歷史厚度，加深了讀者對天回鎮的歷史觀感。

　　交代清楚天回鎮的地理位置、空間格局、整體概貌、歷史淵源，李劼人更進一步，把這種概括性的描寫，拉回到現實中，並加以細部潤飾。最能體現作者對天回鎮內部細緻勾勒的是對市場的描寫。先是寫大市，即對豬市、米市、家禽市、雜糧市、菜市等的書寫，這些描寫細緻具體，極具地方特色。

〔註9〕《李劼人全集・第一卷・死水微瀾》，成都：四川文藝出版社，2011年9月，第14頁。

〔註10〕〔英〕雷蒙・威廉斯：《城市與鄉村》，韓子滿、劉戈、徐珊珊譯，北京：商務印書館，2013年6月，第232頁。

〔註11〕同上，第232頁。

〔註12〕《李劼人全集・第一卷・死水微瀾》，成都：四川文藝出版社，2011年9月，第15頁。

再寫小市，即百貨市場。如果說大市是地方特產集中展示的話，那麼小市就是現代商品的橫向流動。各種貨物都能在這小小的天回鎮市場上買到，各色布匹，各樣帽子，男女鞋襪，等等。最爲精彩的是下面一段描寫：

> 小市攤上，也有專與婦女有關的東西。如較粗的洗臉土葛巾，時興的細洋葛巾；成都桂林軒的香肥皂，白胰子，桃圓粉，朱紅頭繩，胭脂片，以及各種各色的棉線，絲線，花線，金線，皮金紙；廖廣東的和爛招牌的剪刀、修腳刀、尺子、針、頂針。也有極惹人愛的洋線、洋針，兩者之中，洋針頂通行，雖然比土針貴，但是針鼻扁而有槽，好穿線，不過沒有頂大的，比如納鞋底，綻被蓋，這卻沒有它的位置；洋線雖然勻淨光滑，只是太硬性一點，用的人還不多。此外就是銅的、銀的、包金的、貼翠的、簪啊，釵啊，以及別樣的首飾，以及假玉的耳環，手釧。再次還有各色各樣的花瓣，繡貨，如挽袖裙幅之類；也有蘇活，廣貨，料子花，假珍珠。凡這些東西，無不帶著一種誘惑面目，放出種種光彩，把一些中年的少年的婦女，不管她們有錢沒錢，總要將她們勾在攤子前，站好些時。而一般風流自賞的少年男子，也不免目光眊眊的，想爲各自的愛人花一點錢。〔註13〕

李劼人如此事無鉅細地書寫天回鎮市場上這些零碎東西，是不是故意旁枝斜出，或者如有的研究者指出的那樣，有意填充民俗文獻等以增字數，從而賺取稿費解決經濟問題。〔註14〕然並不如此。這段對天回鎮市場商品的描寫，看似零碎鋪張，有堆砌字數之嫌，實則獨具匠心，別有深意。描寫的這些商品都是婦女日常用品，如此繁複地羅列，一方面表示此地商品發達，這樣的一個小鎮上居然有這麼多婦女日常用品，可見其商品化程度不低，另一方面顯示深處內陸的天回鎮與現代社會之間緊密的聯繫，這些東西有成都貨、蘇貨、廣貨，這些貨物的流通勾連了天回鎮與成都、上海、廣州等地之

〔註13〕《李劼人全集·第一卷·死水微瀾》，成都：四川文藝出版社，2011年9月，第50頁。

〔註14〕陳思廣在《歷史還原·文體選擇·審美接受——談李劼人〈大波〉辛亥書寫的得與失》（《當代文壇》2011年S1期）中對李劼人大河三部曲中引述過多民俗內容及歷史文獻這一現象進行分析解釋，他認爲「這與李劼人當時經濟狀況窘迫欲通過文稿改善生活條件這一種重要創作心理有關。」「李劼人之所以從事《死水微瀾》與《暴風雨前》的寫作，一個重要的原因就是希望能夠快速得到一筆錢改善生活。」見該文第45頁。

間的聯繫，使其在商業上與上述各地保持在同一社會進程。更值得注意的是當地人對這些商品的喜愛和購買力，表明當地的經濟狀況和美學風尚，有錢沒錢都喜歡在這些商品前留戀觀看。作者如此細緻地描寫，使讀者能夠鳥瞰天回鎮的商品市場，勾連起天回鎮的日常生活和鄉風民俗，獲得一種穩定真實的歷史空間在場感，〔註15〕其作用委實不小。

作者的敘事視點繼續引領著讀者熟悉天回鎮的空間布局。作者再次聚焦的是最具代表的商鋪興順號和最具代表的旅店雲集棧。

興順號就是蔡興順家所開的商鋪，實際上是商居兩用，是典型川西商鋪特色。興順號的布局，也代表了該類商鋪的共同特徵。一張 L 形櫃檯把鋪子分隔開，櫃檯內設置貨架，架子上擺放各種商品，興順號以賣酒為主，因此架上「全擺的大大小小盛著全鎮最富盛名的各種白酒，名義上標著綿竹大麴、資陽陳色、白沙燒酒。」〔註16〕在櫃檯和貨架之間有一張高腳長方木凳，這是興順號的傳家之寶，專屬掌櫃娘寶座。L 形櫃檯外，擺兩張樸素的柏木八仙桌，供顧客喝酒坐。作者依次交代鋪子的四壁裝飾，商鋪後面的內貨間，內貨間後面的空壩，空壩一側的竈房、雞圈、豬圈等。作者耐心細密地描寫興順號的空間布局，讓讀者身臨其境，感受到川西商居兩用鋪面的基本結構。與興順號川西商鋪相對的是魯迅筆下的咸亨酒店，它的空間布局又別有特點，「當街一個曲尺形的大櫃檯，櫃裏面預備著熱水，可以隨時溫酒」，顧客如「做工的人」「靠櫃外站著」或喝酒或買東西吃，「只有穿長衫的，才踱進店面隔壁的房子裏，要酒要菜，慢慢地坐著喝。」〔註17〕相同的是都有一條櫃檯，且行狀相似，L 形櫃檯與曲尺形櫃檯。除此以外就差別明顯，咸亨酒店是「當街一曲尺形大櫃檯」，首先就把顧客擋開，然後根據身份，實際上是經濟勢力，決定顧客是站著喝還是去隔壁坐著慢慢喝。咸亨酒店從設置上就存在明顯的等級差異。而興順號卻不同，店鋪內的八仙桌「預備著趕場時賣酒的座頭，閒場也偶而有幾個熟酒客來坐坐。」店主與顧客關係融洽和諧，是

〔註15〕　吳國坤：《城與小說：李劼人「大河小說」中的成都歷史記憶與想像》，《近代中國城市與大眾文化》，姜進、李德英主編，北京：新星出版社，2008 年 10月，第 130～131 頁。

〔註16〕　《李劼人全集‧第一卷‧死水微瀾》，成都：四川文藝出版社，2011 年 9 月，第 30 頁。

〔註17〕　魯迅：《孔乙己》，《魯迅全集》（第一卷），北京：人民文學出版社，2005 年11 月，第 457 頁。

川西地區富庶自足、閒適生活的生動寫照。

興順號空間設置顯示了川西商鋪的風格特徵，作者的細描，既是對川西民居風格特色的推廣，也是爲蔡大嫂和羅歪嘴故事的上演交代環境。除了興順號是蔡、羅等活動空間外，雲集棧也是天回鎮的一個重要的空間據點。而雲集棧的空間布局也別具特色。

雲集棧是飯店與旅店的混合體，前面是飯店，後面是旅店。前面的飯店是天回鎮最有名的飯館，但光顧者卻不是一般的人，「除了過路客商外，多半是一般比較有身份有錢的糧戶們，並且要帶著有幾分揮霍性才行，不然，怎敢動輒就幾錢銀子的來吃喝！」〔註18〕而羅歪嘴就長期吃住在此。飯店後院就是客棧。客棧設客房，各有等級，像羅歪嘴住的房間，設置就比較齊備甚至有些奢華，使羅歪嘴有「身在外面心在家」之感。雲集客棧也是天回鎮一個常開的賭博場合，顧天成受騙及其與羅歪嘴產生矛盾就在此發生。

李劼人通過這些描寫，勾勒了天回鎮的地理位置、市容市貌、空間布局，使讀者對天回鎮有了空間上的整體概念。然後再以時間爲軸敘述發生在這一空間格局中的故事。空間格局的整體結構保證了故事敘述的歷史感和真實感。如果說「死水微瀾」的「微瀾」是小說敘述中心的話，那麼承載「微瀾」並使其得以揚波的天回鎮空間結構就是堅固的外形框架。然而李劼人並沒有就此停留在天回鎮這一孤立的空間結構中，而是向川北大道的起點成都延伸。某種程度上，對天回鎮空間的架構，是爲了更好的結構將要展開的成都城市空間。這與巴爾扎克和左拉一樣，他們關注的中心明明是巴黎，卻都要先從外省開始。李劼人的天回鎮書寫，同樣是爲了那個中心——成都。

二、由東大街到青羊宮

對成都的書寫，李劼人不再用高空俯瞰的方式，而是直接對具體空間據點進行細部渲染。天回鎮的全局性書寫實際上已經交代了成都的地理位置，現在他只需要把讀者從天回鎮帶進成都城裏，讓讀者切身感受成都城市的規模與氣勢。

在李劼人的大河三部曲之前，已有現代作家用白話散文對成都有所書

〔註18〕《李劼人全集·第一卷·死水微瀾》，成都：四川文藝出版社，2011年9月，第51～52頁。

寫，如舒新城在《蜀遊心影》中就描述過成都的街道，成都的戲院、茶館、電影場、公園等。〔註19〕陳衡哲在《川行瑣記》中也對成都有多種描寫，成都的天氣，成都的水果、花草，吸食鴉片、納妾現象，成都的春天、飲食，等等。〔註20〕包括劉大杰的《成都的春天》，也是談成都的天氣、花草、風俗習慣、成都人悠閒性格等，結尾一句「我時常想，一個人在成都住得太久了，會變成一個懶人，一個得過且過的懶人。」〔註21〕這也與陳衡哲所談四川人意識落後問題相近。似乎成都留給這些人的印象就是天氣糟糕、花草茂盛、民眾悠閒懶惰，以及其它毛病。只有朱光潛的《花市》未談及成都社會問題，僅僅就遊覽青羊宮花市見聞進行描述，盛讚花市盛況，有「無邊光景一時新」之歎。〔註22〕也有一些成都本地文人雅士描寫過成都，如秦澤的《都市循環舞》〔註23〕對春熙路繁華熱鬧的描寫，不過該小說的成都描寫有點像速寫，喧鬧流動有餘，細部勾勒不足，以至於讀完後一片模糊，春熙路到底怎樣，是難以在秦澤這篇小說中看明白的。

　　只有到了李劼人的大河三部曲，才第一次全面展示了成都這座城市的基本面貌，其視野之開闊，觀察之仔細，運筆之流暢，情感之融合，無疑是獨運匠心、機杼天然。我們來看李劼人是如何展開他的成都城市描寫。

　　既然已經從大處結構了成都周邊小鎮天回鎮的空間地理，在描寫成都時，李劼人就沒在成都的外部輪廓上再進行過多鋪陳，而是直接進入成都的繁華地標——東大街。東大街是隨著蔡大嫂第一次進成都而緩緩展開的。蔡大嫂少女時期就在韓二奶奶的薰陶下形成了她的成都美夢，並希望實現這個夢想。當她和羅歪嘴熱戀時，這個夢想又出現了。這年春節蔡大嫂要求去成都逛逛，見見世面。羅歪嘴自然應允，帶著蔡大嫂來到成都的繁華之地東大街。這是怎樣的一條街呢。

〔註19〕　舒新城《蜀遊心影》（上海開明書店 1929 年版）第三編《錦城雜拾》專寫成　　　　都市貌見聞，如《上街去》、《電影場》、《公園》等文章就對 20 世紀 20 年代　　　　的成都有較爲眞實的描寫。

〔註20〕　衡哲：《川行瑣記》（2、3），《獨立評論》1935 年第 195 期、1936 年第 207 期。　　　　在《川行瑣記》中，陳衡哲雖然主要談的是整個四川的問題，但實際上是以　　　　成都爲中心，列舉的諸多問題也是直接以「成都」來談論的，基本上可以看　　　　作是對成都社會的描述。

〔註21〕　劉大杰：《成都的春天》，《宇宙風》1936 年第 16 期，第 205 頁。

〔註22〕　孟實：《花市》，《工作》1938 年第 1 期。

〔註23〕　秦澤：《都市循環舞》，連載於《華西日報》副刊 1934 年 8 月 20～24 日。

　　東大街是成都的首街，位於東城門內至鹽市口一段，東大街又分為上東大街、中東大街和下東大街，靠近東城門的是下東大街，往西依次是中東大街和上東大街，以後兩街最為繁華。「凡是大綢緞鋪，大匹頭鋪，大首飾鋪，大皮貨鋪，以及各字號，以及販賣蘇廣雜貨的水客，全都在東大街。」「所有各鋪戶的鋪板門枋，以及簷下卷棚，全是黑漆推光；鋪面哩，又高又大又深，並且整齊乾淨；招牌哩，全是黑漆金字，很光華，很燦爛的。」「街面也寬，據說足以並排走四乘八人大轎。街面全鋪著紅砂石板，並且沒一塊破碎了而不即更換的。兩邊的簷階也寬而平坦。」〔註 24〕就是為防止火災的防火牆與水缸也是全城最高與最大的。如此條理清楚如工筆細描的刻畫，讀者已對東大街的繁華有了深刻的印象了。

　　接著李劼人再寫春節期間這條成都首街的熱鬧。他通過三個方面的描寫來展示東大街的熱鬧，一是燈籠對聯，二是火炮，三是人群。東大街的燈籠極多且極講究，不僅各街掛牌坊燈，各家各商鋪掛燈籠，而且燈籠上的彩畫各異，「有畫《三國》的，有畫《西廂》《水滸》，或是《聊齋》《紅樓夢》的，也有畫戲景的，不一定都是匠筆，有多數出自名手，可以供雅俗之賞。」〔註 25〕春聯呢，「每家鋪面，全貼著朱紅京箋的寬大對聯，以及短春聯，差不多都是請名手撰寫，互相誇耀都是與官紳們接近的，或者當掌櫃的是士林中的人物。而門額上，則是一排五張朱紅箋鏤空花貼泥金的喜門錢。門扉上是彩畫得很講究的秦軍胡帥，或是直書『只求心中無愧，何須門上有神，』以表示達觀。並且生意越大，在門神下面，黏著的拜年的梅紅名片便越多」〔註 26〕火炮放得多少，只看門前的火炮渣子就可知道了，而東大街每家每戶門前的火炮渣子都堆到門檻沿了，足見所放火炮之多。東大街上的人流那就更多了，尤其是逛夜市的人，把一條大街擠得水泄不通，甚至小偷摘了你的帽子，偷了你懷錶、鼻煙壺、荷包等，你也自認倒楣歎息一聲了事，人太多了，小偷瞬間消失在人群難以尋覓。就是那些逛夜市的婦女被流氓們佔了便宜，也沒有奈何。〔註 27〕只有像蔡大嫂這樣有羅歪嘴這般袍哥大爺陪著的婦女，才能自在地在東大街安心逛夜市。即使如此，因蔡大嫂，還是引起了風

〔註 24〕　《李劼人全集・第一卷・死水微瀾》，成都：四川文藝出版社，2011 年 9 月，第 107～108 頁。
〔註 25〕　同上，第 107 頁。
〔註 26〕　同上，第 108 頁。
〔註 27〕　同上，第 109 頁。

波，羅歪嘴和顧天成在東大街上演了一場全武行的好戲，顧天成因此走丟了女兒招娣，更加憤恨羅歪嘴，也才有了他後來借教會勢力來報復羅歪嘴的舉動，進而改變了蔡、羅、顧三人的命運。其肇端不能不說是興起於這條成都最繁華的東大街。

　　如果說東大街代表的是成都商業繁盛結構空間的話，那麼處於城外西南角的青羊宮就算是成都最具代表的郊遊活動場所。作為成都市民遊樂活動場所的地方當然不止青羊宮一處，杜甫草堂、望江公園、少城公園，以及被舒新城所稱道的支磯石公園，都是成都有名的戶外遊玩場所。青羊宮之所以成為晚清民國時期成都人郊遊的首選之地，其一是因為青羊宮這裡有較大的市場，各種農產品聚集於此，同時還是有名的書畫文物市場；其二呢，民國後成都市政府經常把一些展覽會等活動設置於此，漸漸這裡成了一個集農工商文化等一體的大會場，且這裡有千年廟宇青羊宮，風景秀美。因之，民國以來青羊宮就成為成都郊遊的首選之地。李劼人的青羊宮書寫，一方面重點介紹青羊宮廟宇的建築崇麗恢宏，另一方面介紹青羊宮市場的熱鬧。筆者所留意的是李劼人對前一方面的描寫，即對青羊宮廟宇建築的層層細描。李劼人在展開的過程中，並不是乾枯地描寫建築結構本身，而是結合歷史文化，寫得頗有韻味。請看下面這段描寫：

　　　　青羊宮全體結構是這樣的：臨著大街，是一對石獅子。八字紅牆，山門三道。進門，一片長方空壩，走完，是二門，門基比山門高一尺多，而修得也要考校些。再進去，又是一片長方空壩，中間是一條石子甬道，兩側有些柏樹。再進去，是頭殿，殿基有三尺來高，殿是三楹，兩頭具有便門。再進去，空壩更大，樹木更多，東西俱是配殿；西配殿之西北隅，另一個大院，是當家道士的住處、客房、以及賣簽票的地方。壩子正中，是一座修造得絕精緻的八卦亭，亭基有五尺多高，四道石階上去；全亭除了瓦桶，純是石頭造成，雕工也很不錯；亭中供的是一尊坐在板角青牛背上的老子塑像，塑得很有神氣。八卦亭之北，就是正殿了，大大的五楹，建在一片六尺來高，全用石條砌就的大月臺上；殿的正中，供了三尊絕大的塑像，傳說是光緒初年，培修正殿之後，由一個姓曹的塑匠，一手造成；像是坐著的，那麼大，並不打草稿，而各部居然塑得很亭勻，確乎不大容易。據說根據的是《封神榜》，中間是通天教主，上手是

太上老君，下手是元始天尊，道士又稱之曰三清。殿中左右各擺了
一具青銅鑄的羊子，有真羊大，形態各殊，而鑄工都極精緻靈活；
道士說是神羊，原本一對，走失了一隻，有一隻是後來配的，也通
了神，設若你身上某一部份疼痛，你只須在神羊的某一部份摸一摸，
包你會好，不過要出了功才靈。但一般古董家卻說是南宋賈士道府
中的薰爐，因為有一隻羊體上有一顆紅梅閣記的印章，不過何時流
入四川而到青羊宮正殿上來冒充神羊，則無人說得出。正殿之後，
空壩不大，別有一座較小的殿，踞在較高的月臺上，那是觀音殿。
再由月臺兩畔抄進去，又是一殿，三楹有樓，樓下是斗姆殿，樓上
是玉皇閣，殿基自然更要高點。東西兩側，各有一座三丈來高，人
工造就的土臺，繚以短垣，升以石階，臺上各有小殿一楹；東曰降
生臺，西曰得道臺。穿過斗姆殿，相去一丈之遠，逼著後簷又是一
座丈許高的石臺。以地勢言，算是全廟中的最後處，也是最高處。
臺上一座高閣，祀的是唐高祖李淵的塑像，這或許是歷史所言李淵
與老聃有什麼關係罷？〔註28〕

　　看完這段描寫完全不需要去看青羊宮的旅遊手冊了，沒有比這更詳細更
豐富的景點描寫。難怪研究者在評價李劼人大河三部曲時，其中一點就是說
他小說是「成都地區的鄉土風俗畫」，〔註29〕對青羊宮的這種描寫確有民俗風
景寫照的特點。但這卻不完全如此。李劼人這種書寫，是「民俗風情」或者
「鄉土風俗」所涵蓋不了的，它具有更深廣的意義。這個意義就是對地方景
觀的空間性建構。在中國現代文學中，對時間的書寫始終佔據主流，人物、
故事，乃至現代性觀念取向，無不是以時間為軸來結構小說框架。相反對空
間的關注不夠。儘管李劼人的大河三部曲整體上仍然是以時間為主，以河流
來比喻時間的流動，其時間意識非常明顯。但是李劼人小說中的時間是極其
緩慢的時間，誠如其寓意標題一樣，「死水」，要實現這種緩慢時間書寫，除
了故事情節節奏的限制，關鍵還需要插入一些別的元素，比如對一些地方民
俗風情的插入，有意拖緩故事推進速度。可這種手段也不能經常使用，而且
還得看是如何插入民俗風情的。比如李劼人在描寫這段青羊宮的空間與歷史

〔註28〕《李劼人全集‧第一卷‧死水微瀾》，成都：四川文藝出版社，2011 年 9 月，
　　　　第 141～142 頁。
〔註29〕楊義：《中國現代小說史》（第二卷），北京：人民文學出版社，1988 年 10 月，
　　　　第 443 頁。

介紹，就很好地解決了這一難題。通常我們在介紹某一歷史名勝時，只把相關的歷史掌故簡單梳理一下為止，最多略略提及一下建築的基本結構，很少有像李劼人這樣繁複地層層疊疊描寫青羊宮的整體布局，這個介紹的過程一方面使讀者頭腦中浮現立體的建築模型，另一方面也阻遏了小說中故事的急速流動，讓讀者有所停留。雖然這與什克洛夫斯基所說的「陌生化」並不相同，但效果大致相似，即讓讀者有所停留，有所觀賞留戀，亦如閱讀的「延異」效果。米蘭・昆德拉之所以在他小說中插入許多貌似不相關的內容，其目的也與此相同，《不朽》〔註30〕是該手法運用的極限之作，他所說的「發現只有小說才能發現的，這是小說存在的唯一理由」，〔註31〕或許也包括此類技法上的創新。當然李劼人並沒有這樣的文學意識和理論修養，但他卻實現了另一種可貴的「無目的的合目的性」書寫效果。

三、古舊的革命廣場：皇城

　　列斐伏爾在研究空間問題時，提出了空間生產理論，指出空間的可生產性，在具體分析時更多地傾向於考析結構中的各種關係及相互之間的變化。〔註32〕卻對於空間實體與社會之間的關係論證不夠。而對此問題進行研究並有所貢獻的是本雅明，他專注於巴黎「拱廊」這一現代建築現象，以及在這一建築中的人群反應，進而實現他對現代性時間及美學問題的思考。〔註33〕建築物和人群的關係，在李劼人筆下也是一個關注重點，前面論述的興順號、雲集棧、東大街以及青羊宮，都涉及到建築空間和人群之間的關係，但他只是把這種關係以一種寫實對象進行描寫，對兩者的互動關係並沒有深入的思考。而這一問題卻在對皇城的書寫中有了新的展現。

　　日本學者海谷寬在評價李劼人文學特徵時，強調李劼人「紮紮實實的、穩重的寫法」，並指出這種寫法是與李劼人對歷史的由衷熱愛及與國家和民族

〔註30〕〔捷克〕米蘭・昆德拉：《不朽》，王振孫、鄭克魯譯，上海：譯文出版社，2003 年 6 月。

〔註31〕〔捷克〕米蘭・昆德拉：《小說的藝術》，孟湄譯，北京：生活・讀書・新知三聯書店，1995 年 11 月，第 4 頁。

〔註32〕〔法〕亨利・列斐伏爾：《空間：社會產物與使用價值》，王志弘譯，《現代性與空間的生產》，包亞明主編，上海：上海教育出版社，2003 年 1 月，第 47～58 頁。

〔註33〕〔德〕瓦爾特・本雅明：《巴黎，19 世紀的首都・譯者前言》，劉北成譯，上海：上海人民出版社，2006 年 5 月，第 1～3 頁。

固有形式是相聯繫的。〔註34〕海谷寬的這一觀察非常準確，抓住了李劼人小說的風格特徵，敘述的穩重。實現這一穩重紮實特徵的手段之一，就是對小說中各個空間結構的進行翔實構建，尤其是對標誌性的建築空間的書寫，李劼人做到了現代文學少有的細密。因這些空間結構的紮實穩定，其所營造的人物故事在空間結構中也就不會飄忽，沒有海谷寬所批評日本歷史小說「使人感到悠悠不明」的問題，反而是有「一種穩紮穩打的感覺」。但是強調這種穩重紮實感，並不表明李劼人小說缺乏靈動，即使在以穩定為主的空間結構書寫時，也不乏穩重與靈動雙向激蕩的精彩手筆。李劼人的成都皇城書寫就是明證。

皇城是蜀國帝王之都，第一次建都是西漢末年公孫述在成都封王稱帝所建，第二次是三國時期蜀漢劉備、劉禪父子，第三次是西晉東晉時期李氏，第四次是五代時期的王建、王衍父子。除了各稱帝時期外，其它時期皇城也是作為四川地區最高行政官署。因此在建築規模上就占得先機，修建得極為雄偉奢華，尤以五代時期的王建、王衍父子時期為最。但經明末張獻忠毀滅性的破壞之後，昔日皇城氣象早已湮滅。李劼人大河三部曲中所描寫的皇城是經清代陸續重建而成，且已改作考試用的貢院。〔註35〕可成都人仍然稱其為皇城。到晚清民國時期，此皇城已逐漸失去昔日光彩，顯得古舊，呈現白髮宮女般的滄桑感。正是這古舊的皇城卻成了保路運動的革命廣場，古舊的色彩與激進的革命氣質相互融合，濡染成一幅別樣的時代圖景。

就是在這古舊滄桑的皇城，卻將上演革命運動，場所的舊與運動的新，就這樣奇怪地糾結在一起。李劼人打量著浸透歷史印痕的皇城，不無留戀地勾勒其宏大建築結構。遠處眺望皇城，「從門口直到紅照壁，二三百丈之地，一片空曠，站在三橋上，向北望去，宮牆巍然，碧琉璃磚帶映著夕陽，卻是何等景色！宮門之上，高樓傑閣，宮門之外，復有大池兩個，小石橋跨之，御溝之水，潺潺流過。橋南大石坊一道，刻著為國求賢四個大字，東向的石坊刻著騰蛟，西向則是起鳳。」走進皇城氣象更為闊大，「迎面是一道三楹的

〔註34〕〔日〕海谷寬：《關於李劼人的文學》，程永新譯，《李劼人研究：2007》，成都市文學藝術界聯合會、李劼人研究學會編，成都：巴蜀書社，2008 年 3 月，第 463～465 頁。

〔註35〕關於成都皇城的歷史變遷及建築規模等，參見：李劼人《成都歷史沿革》和《話說成都城牆》，兩文均載《李劼人研究：2007》，成都市文學藝術界聯合會、李劼人研究學會編，成都：巴蜀書社，2008 年 3 月。

高二門。這便是考試時點名授卷的龍門。極寬廣的院子，全是絕大石板平鋪的地面。二門進去，又是一片青磚鋪地的廣場，當中巍然峙立，而氣象甚為雄壯的，是一座純然北京營造方式的六楹兩重的明遠樓。樓北，青磚廣場更大了，每當考試時，木板矮屋，編著天地元黃號頭，東西分列成若干小巷的考棚，就在這個地方。直北上去，和明遠樓遙遙相對的，是為至公堂。據說，堂基就是蜀王宮的寶殿。卻也不錯，一直到現在，那地面上尚剩有二三十枚絕大的石礎，你可以想到當十五世紀，王宮初建時，光是殿柱，便是一人合抱不了的巨材。貢院的至公堂，誠然不如當年王宮寶殿，但那營造也夠堂皇富麗了。正堂三楹之外，是彩畫的卷篷高軒，軒之外，是護有雕花石欄的露臺、臺高於考棚廣場五尺許，當中是一塊鏤刻融紋的石階，臨陛一道石坊，刻著掄才諭旨，藍底金字，頗為輝煌。東西各有石階兩道，一直通將下去，扶手石欄也是鏤有花紋的。」〔註36〕如此恢宏氣勢的皇城，隨著晚清科舉制的廢除，已漸漸落寞與衰敗，逐漸成為各學堂及貧民們聚居的地方。因其居於成都城市中心的重要位置，敗落的皇城，依然成為成都市民的市場及會場，呈現別一種喧鬧。

　　辛亥年成都獨立時成立的軍政府，恰就選在這個皇城裏。皇城成了革命總部，也成了聚集民眾的革命廣場。

　　在皇城草草成立的軍政府，其人員構成新舊混合，一派混亂。舊秩序已廢除，新秩序卻還未能建立，軍政府所在的皇城成了各種勢力投靠的中心，都想在新舊轉折之際撈上一些好處，老官僚黃瀾生、孫雅堂來了，舊軍人吳鳳梧來了，革命學生王文炳來了，都希望謀得一官半職，革命對它們來說就是改朝換代，重新撈取利益。寂靜的皇城被各色人群充塞，「皇城裏的人，全是那麼忙忙慌慌的，好像每個房間，都有許多的人走進走出，每個房間，都是人身嘈雜得像一個小小的戲場。」〔註37〕就是一般的市民也湧到皇城來看鬧熱，他們不為革命，也不為軍政府，他們跑到皇城，純粹是為好奇。他們看到皇城中的人，「把辮子剪了的，佔了多數」，「衣服穿著，也更出奇：有穿操衣褲，和藍布長衫，青寧綢窄袖馬褂的，自然是學界中的人。這般人的帽子真怪，有呢的銅盆帽，很像已不作興的燕氈大帽，只是帽檐是評的；有金

〔註36〕《李劫人全集・第三卷・大波（下）》，成都：四川文藝出版社，2011年9月，第534～535頁。
〔註37〕同上，第548頁。

瓜式,好像戲臺上的家員帽,只多了一隻帽搭;也有像軍帽一樣的遮陽帽,各式各樣的帽子都有,好像開了帽子賽會。」〔註 38〕這就是革命在廣場上的呈現。民眾在革命的廣場激動著,他們手舞足蹈、大聲談論,他們鬧鬧哄哄、大呼萬歲。革命就是稀奇和熱鬧,就是秩序破壞後的狂歡。

古舊的皇城在革命的渲染下顯得極其喧鬧,各個破舊的房間被打開,皇城內外廣場張燈結綵,似乎白頭宮女受到寵幸恢復了容顏,整個皇城一派喜慶祥和。舊建築與新革命就這樣呈現了荒誕感十足的意義。軍政府設置在皇城顯然是想借助皇城的巍峨與莊嚴增加其歷史與身份的合法性,也為他們驅除滿族政權以恢復漢族政權提供依據;民眾湧現皇城是基於一種打破舊世界之後的狂歡,各色人群都拼命向皇城奔湧,他們不是為了觀看新的都督,也不是為了新政權的成立吶喊助威,他們僅僅是想看看熱鬧,在長期的壓抑後的一種盡情釋放,但看皇城中男女老少激動與歡騰的神情,就能明白革命於他們的意義。

古舊的皇城成為革命的廣場,新與舊就在革命的聲浪中奇妙的匯合。學生們罷課奔湧到皇城,商人們關了商鋪奔湧到皇城,軍人們也奔湧向皇城,還有那些長期關在深閨中的太太小姐們也扭扭捏捏又興奮莫名地湧到皇城。皇城成了歡樂的海洋,革命的激情賦予了這海洋新的力量,促使這海洋流動旋轉。這就是「大波」的頂峰。

李劼人非常清楚革命廣場皇城的本來面目,他之所以細緻打量皇城昔日恢弘的建築結構與氣勢,實際上就是為廣場上曇花一現的革命張本。古舊蒼老的皇城再也不能重放光彩,白頭宮女的容光煥發也是目光錯置的假象。「克實說來」,「軍政府時代的皇城,一絲毫沒有皇家氣象,至公堂絕非金鑾殿之比,而比較壯觀的明遠樓,也塵封積垢到好像穿了一件腐臭的髒外套;青磚和石頭的地面,也因風雨的剝蝕,步履的磋磨,又早已失去了它的那種坦平如砥的美觀。」〔註 39〕

李劼人書寫皇城的調子是灰色與沉重的,但是那廣場上綻放的革命光芒,與湧動的革命人群,還是使這古舊的皇城具有了別樣的形態,在成都整個空間結構中形成了自身獨特的景致。

〔註 38〕《李劼人全集・第三卷・大波（下）》,成都:四川文藝出版社,2011 年 9 月,第 543～544 頁。
〔註 39〕同上,第 562 頁。

四、高門大戶與尋常人家

　　一座城市當然少不了標誌性的建築景觀，李劼人筆下的東大街、青羊宮、皇城，都是晚清民國時期成都城市空間的典型代表。但這些城市空間畢竟屬於公共空間的範圍，與民眾日常生活關係並不那麼密切。最能與民眾日常掛鈎的主要還是居住空間。在李劼人的成都城市書寫中，有兩類居住空間最具特色，其一是高門大戶的郝公館，其二則是尋常人家的下蓮池伍家。

　　公館這一建築形式，並不是近代的產物。《辭海》對「公館」的解釋為：「古代諸侯的宮室和離宮別館。《禮記‧雜記上》：『大夫次於公館以終喪。』按，謂諸侯死後大夫在諸侯宮中守喪。又：『公館者，公宮與公所也。』鄭玄注：『公所為，君所作離宮別館也。』」〔註40〕雖然此處並沒有指出公館到底出現於何時，但《禮記》中都有記載，可見其歷史之悠久了。與《辭海》偏重「公館」古義的解釋不同，《漢語大詞典》中除了有「諸侯的宮室或離宮別館」的解釋外，還增加了兩條釋義，「泛指仕宦寓所或公家所造的館舍」和「指官僚富人的住宅」。〔註41〕這兩種解釋就直白明瞭，也更加符合民眾對公館的一般認識。《漢語大詞典》後一種釋義給出的例子是沙汀《丁跛公》中一段描寫，「但那坐在公館門口的奶母告訴他說，團總已經上衙門搓麻將去了。」沙汀《丁跛公》中的「公館」正是以四川公館為原型，只不過他所說的公館已是軍閥興起後所佔或所造的了，與李劼人及巴金小說中的公館並不相同。

　　對成都公館的描寫，以巴金「激流三部曲」中「高公館」和李劼人「大河三部曲」中的「郝公館」最為著名。一是這兩大公館都是傳統舊式大家庭的代表，具有封建大家庭的典型特徵，二是兩大公館的建築設計頗具川西特色，具有建築及民俗意義。不過仔細閱讀小說，還是發現它們之中的差別，巴金筆下的高公館，舊式色彩較重，作者所注目的是封建家族制度及禮教對人的鉗制與損害，而對公館空間結構及其布局涉筆較少。相反，李劼人筆下的郝公館，既注意空間結構的描寫，器物的擺放，也注重對公館中日常生活的捕捉，因而李劼人筆下的郝公館以及黃公館，顯示出獨特的意義。

〔註40〕《辭海》（第六版彩圖本）（第 1 冊），夏徵農、陳至立主編，上海：上海辭書出版社，2009 年 9 月，第 719 頁。

〔註41〕《漢語大詞典（縮印本）》（上卷），漢語大詞典編輯委員會，上海：漢語大詞典出版社，1997 年 4 月，第 771 頁。

　　巴、李二位作家都描寫的成都公館，所描寫公館的年代也較爲相近，但是所呈現的公館樣貌卻較有差異，這與作者所持有的創作目的不同有關。巴金在談創作《家》的目的時說到：「我並不要寫我的家庭，我並不要把我所認識的人寫進我的小說裏。……我所要寫的應該是一般的封建大家庭的歷史。這裡面的主人公應該是我們在那些家庭裏常常見到的。我要寫這種家庭怎樣必然地走上崩潰的路，走到它自己親手掘成的墓穴。我要寫包含在那裡面的傾軋、鬥爭和悲劇。我要寫一些可愛的年輕的生命怎樣在那裡受苦、掙扎而終於不免滅亡。我最後還要寫一箇舊禮教的叛徒，一個幼稚然而大膽的叛徒。我要把希望寄託在他的身上，要他給我們帶著一點新鮮空氣，在那箇舊家庭裏面我們是悶得透不過氣來了。」〔註42〕讀完「激流三部曲」確有上述之感，巴金的創作目的在小說中得到非常一致的體現。在巴金這裡他注重的是對「一般的封建大家庭」的書寫，而且是對封建大家庭的消極面進行揭露與批判。因之他不可能對大家庭本身有中性客觀的描寫，情緒遮蔽了高公館的本眞面目。當高公館第一次出現時，其描寫就頗爲陰森沉鬱，他這樣寫道：

　　　　有著黑漆大門的公館靜寂地並排立在寒風裏。兩個永遠沉默的石獅子蹲在門口。門開著，好像一隻怪獸的大口。裏面是一個黑洞，這裡面有什麼東西，誰也望不見。每個公館都經過了相當長的時代，或是更換了幾個姓。每一個公館都是它自己的秘密。大門上的黑漆剝落了，又塗上新的，雖然經過了這些改變，可是它們的秘密依舊不讓外面的人知道。

　　　　走到了這條街的中段，在一所更大的公館的門前，弟兄兩個站住了。他們把皮鞋在石階上擦了幾下，抖了抖身上的雪水。門前又恢復了先前的靜寂。這所公館和別的公館一樣，門口也有一對石獅子，屋檐下也掛著一對大的紅紙燈籠，只是門前臺階上多一對長方形大石缸，門牆上掛著一副木對聯，紅漆底子上現出八個隸書黑字：「國恩家慶，人壽年豐。」兩扇大門開在裏面，門上各站了一位手持大刀的頂天立地的彩色門神。〔註43〕

────────────

〔註42〕　巴金：《關於〈家〉（十版代序）——給我的一個表哥》，《巴金全集·第一卷》，北京：人民文學出版社，1986年11月，第443～444頁。
〔註43〕　《巴金全集·第一卷·家》，北京：人民文學出版社，1986年11月，第7頁。

　　這兩段描寫決定了高公館的整個基調，寒風中的石獅子，怪獸似的黑洞，斑駁歲月的印痕，無不蕭瑟陰冷，具有極強的象徵意味，與慣常「家」的溫暖屬性形成強烈反差。而公館裏的人與事就是在這一基調下展開。因之，無論是新年佳節還是高老太爺的六十六歲大壽，高公館也極少歡快喜慶的色調。其因全在此時的高公館描寫中埋下了陰冷壓抑的種子。

　　時過境遷，巴金在晚年回憶自己的家庭時，態度與心情卻大大改變，他向他的表哥娓娓細述記憶中的家園，「你知道我們的花園裏並沒有湖水，連那個小池塘也因為我四歲時候失腳跌入的緣故，被祖父叫人填塞了。代替它的是一些方磚，上面長滿了青苔。旁邊種著桂樹和茶花。秋天，經過一夜的風雨，金沙和銀粒似的盛開的桂花鋪滿了一地。馥鬱的甜香隨著微風一股一股地撲進我們的書房。窗外便是花園。那個禿頭的教書先生像一株枯木似地沒有感覺。我們的心卻是很年輕的。我們弟兄姊妹讀完了『早書』就急急地跑進園子裏，大家撩起衣襟拾了滿衣兜的桂花帶回書房裏去。春天茶花開繁了，整朵地落在地上，我們下午放學出來就去拾它們。柔嫩的花瓣跟著手指頭一一地散落了。我們就用這些花瓣在方磚上堆砌了許多『春』字。」〔註44〕這裡的「家」春意盎然、趣味橫生，像極了《呼蘭河傳》中的張家花園與《財主底兒女們》中的蘇州蔣家花園，充滿童趣與美好，具有精神原鄉的屬性。這與《家》中高公館的描寫判若雲泥。同一個家，不一樣的樣貌，其原因全在作者的觀念與心情的不同。強烈反封建的願望，使其忽視了家園本身的面貌，只有在潮落低回時，才默默想起童年家園的美好，那個固守禮教凜然冷酷的「高老太爺」此時也成了因自己跌落池塘就叫人填塞了的慈祥祖父。《家》中的高公館是經巴金特意著色而失去本樣的成都公館，它顯示的是公館的「一般性」，實則與成都公館本真特色並無多少關係。

　　真正從文學角度較為真實地展現了成都公館特徵的是李劼人，是他筆下的郝公館以及黃公館。

　　郝公館是《死水微瀾》和《暴風雨前》中的主要場所，也是小說中人物的重要活動空間，更是小說功能結構的重要組成部分。如何描寫如此重要的郝公館呢，李劼人顯然是下了一番工夫。與巴金的寫法不同，李劼人並不是先寫郝公館的外貌特徵，並以此給予象徵意義上的價值與情感的暗示，然

〔註44〕巴金：《關於〈家〉（十版代序）——給我的一個表哥》，《巴金全集・第一卷》，北京：人民文學出版社，1986 年 11 月，第 447～448 頁。

後再延及公館中的人與事。相反李劼人是先寫郝達三這個人，交代其歷史淵源後，再來寫其居所郝公館。這實際上就是一種新歷史小說寫做法，是歷史本身決定了人、事、物，而這些人、事、物同時又與歷史相攜變化。這也就是海谷寬所說的李劼人是「把歷史作爲文學的唯一源泉來寫的」〔註45〕的意思。

郝達三祖籍揚州，祖上宦遊入川，到他已是第三代。郝達三是典型的半官半紳人物，捐有候補同知，捐官倒不在要做官，捐官的目的，僅僅是爲「在官場中走動走動，倒不一定想得差事，想拿印把子，只是能夠不失官味，可以誇耀於鄉黨，」即是爲了面子和身段，與熱心政治或者陞官發財沒有關係。郝達三財富雄厚，「成都、溫江、郫縣境內，各有若干畝良田；城內除了暑襪街本宅，與本宅兩邊共有八個雙間鋪面全佃與陝幫皮貨鋪外，總府街還有十二間鋪面出佃；此外四門當商處，還放有四千兩銀子，月收一分二釐的官利；山西幫的票號上，也間有來往。」〔註46〕如此巨大的財富，可見他算是成都頂富的人物了。名與財都不缺，當然需要把自己的居所好好裝飾一番。李劼人並沒有像巴金一樣正面描寫郝公館的外貌特徵，怎樣的雄偉高大、氣勢森然，而是著力於對郝公館內部器物陳設的描述，通過這些器物本身的特點來反襯公館的規模與氣度，同時也暗示公館中人物的觀念及日常生活。

郝公館中陳設的器物特別有講究。李劼人不關注郝公館的老式傢具，而是注目於一些「新奇東西」，如精銅架子、五色玻璃墜的大保險洋燈、五彩畫像、闔家歡照片、橡皮墊子、八音琴、留聲機、五色磨花的玻璃窗片、紫檀螺鈿座子的大穿衣鏡，以及其它小頑意，牙刷、牙膏、洋葛巾、洋胰子、花露水等日常小東西。〔註47〕這些器物無不具有現代商品色彩，其所透露的是郝公館無處不在的現代氣息。與天回鎮市場上琳琅滿目的婦女飾品一樣，這些器物都是現代商品滲透到內陸城鄉的表現。只不過天回鎮上的商品檔次低端，屬於普通大眾消費品，而此處郝公館的這些現代物品，其檔次就要高得多，顯示了作爲社會上層家庭對現代社會變遷的物質化的適應。這些現

〔註45〕 〔日〕海谷寬：《關於李劼人的文學》，程文新譯，《李劼人研究：2007》，成都市文學藝術界聯合會、李劼人研究學會編，成都：巴蜀書社，2008 年 3 月，第 463 頁。

〔註46〕 《李劼人全集・第一卷・死水微瀾》，成都：四川文藝出版社，2011 年 9 月，第 160 頁。

〔註47〕 同上，第 161～162 頁。

代器物「最爲新的知識與技術載體，給晚清社會提供了新的物品、新的工具，更帶來了新的生活方式、新的日常體驗。在社會文化心理上，它標誌著一種新的文化、新的世界。」〔註48〕這也是普列漢諾夫在談民族藝術與民族心理及生產力關繫時所說，「任何一個民族的藝術都是由它的心理所決定的；它的心理是由它的境況所造成的，而它的境況歸根到底受它的生產力和它的生產關係制約的。」〔註49〕儘管普列漢諾夫太過於強調之中的決定關係，但是他卻抓住了人類認識世界的一個基本規律，由物質開始，更多時候是與自身所在的器物開始，日常器物則更影響了對世界的認識也影響了生活方式及心理。

如此多的具有現代特徵的新奇器物雖然被陳設在郝公館內，但短時間內卻無法改變像郝達三這樣舊式人物的基本觀念，或者說他們還未能從這些器物中發現隱藏的現代社會的不斷演進，他們認爲這些僅僅是「奇技淫巧」，「非關大道」，「至於人倫之重，治國大經，他們（外國人）便說不上了。」〔註50〕但不可否認的是郝達三越來越喜歡甚至依賴這些「奇技淫巧」，這些器物漸漸成爲其生活的一部分，在無形地改變著郝達三的觀念。因此李劼人筆下的郝公館就具有了這種轉變過程類的意義。這種類與巴金筆下的高公館的一般性有同也有異。郝公館的類是從日常中演變而來，而高公館是從一種歷史傳統理念推衍而來。相同之處就是二者都代表了中國傳統家庭的一種模式。

與郝公館相類似的是黃公館，包括黃公館主人黃瀾生與郝達三也很相似，都是半官半紳的身份，頗有錢，對現代器物也很青睞。但整體規模上，黃公館要小一些，算是郝公館的縮小版，顯示的是這類半官半紳人家隨時代變化的沒落。不僅是有形的財富收入的減少，還包括這類家庭倫理秩序的崩潰，黃瀾生太太的偷情就是例證。從這一角度來看，李劼人和巴金的成都公館書寫也有些相似，即都寫出了成都公館在時代流變中的傾頹與沒落。

在注目郝公館、黃公館這樣大戶人家的同時，李劼人也沒忘記那些尋

〔註48〕 王潔群：《晚清小說中的西方器物形象‧緒論》，湘潭：湘潭大學出版社，2009年7月，第1頁。

〔註49〕 〔俄〕普列漢諾夫：《普列漢諾夫美學論文集》，曹葆華譯，北京：人民出版社，1983年10月，第353頁。

〔註50〕 《李劼人全集‧第一卷‧死水微瀾》，成都：四川文藝出版社，2011年9月，第162頁。

常人家，《暴風雨前》的上蓮池伍家，則是代表了成都貧民家庭的空間結構特徵。

晚清民初成都的上、中、下蓮池區域是成都典型的貧民區，嚴格說來還不能稱之爲「尋常人家」，但在層級對立嚴重的晚清民國時期，實際上除了爲數不多的高門大戶外，絕大多數就是爲這些服務大門大戶的尋常人家了，他們多聚居在南門外的上中下蓮池區，以及北門外的貧民區。上蓮池伍家所在的區域，就是「半瓦半草房子的社會」。在這一區域聚居著各行各業的人，環境惡劣、秩序混亂，這裡遵循著基本的生存倫理，即強力原則，誰能鬥狠使強，誰就能在弱肉強食中生存下去。李劼人非常熟悉這一社會群體的生存樣態。他不需要描寫該區域的基本環境，而是直接以伍平家爲中心來觀察這一空間內的形態。

李劼人清晰地交代了上蓮池區域內的生存權力關係。貧苦的伍家婆婆爲了改善家庭狀況，希望爲兒子娶一媳婦，以爲多一個勞力就能多掙一份錢，緩解家庭生存壓力。她左找右找，找到了同樣貧窮的龍王廟賣燒臘的王大爺的女兒王四姑，過了門的王四姑就成了伍大嫂。伍大嫂卻並不如伍家婆婆所想的那樣，她非常懶惰且脾氣暴躁，經過多番婆媳大戰後，伍家婆婆敗下陣來，伍大嫂獲取了伍家大權。但家庭生存壓力依然嚴峻。伍平偶然捲入搶劫教堂，撿到一個裝有西式餐具的小包袱。本以爲發了洋財，卻不料這只小包袱惹來官府的追捕。地頭蛇魏三爺登場了，他指使伍大嫂把伍平送到雅安兵營去，爲他佔有伍大嫂提供了機會。伍大嫂就此淪爲暗娼。更大的壓榨隨即而來，官府要修警察局，選了上蓮池一帶爲修建地址，迫使伍家等要搬家。李劼人借伍婆婆之口，表達了上蓮池貧民的憤恨，「郝少爺，你看周道臺這個人，真是沒道理，一辦警察局，就專跟我們窮人爲難。那個不曉得的，上中下三個蓮池邊，自古以來，就該我們窮人住的？」「周禿子現在，紅不說，白不說，也不管你住了多久，房子修成多少錢，也不管你有沒有錢搬家，搬到哪裏，只一張告示貼出來，要地方，限你半個月就搬。我就不信，九里三分的大城裏，別處便沒有空地，偏偏上蓮池才有！」〔註51〕官府以武力強迫伍家搬遷，伍大嫂爲了搬家，也爲了維持一家人的生存，徹底地走上暗娼之路。

〔註51〕《李劼人全集‧第二卷‧暴風雨前》，成都：四川文藝出版社，2011 年 9 月，第 105～106 頁。

殘酷的生存壓力，及層層強力機構，使上蓮池的人們變得麻木冷酷且無聊。他們平常「各人只管有各人正經事待做，但是只要一聽見某家出了一椿豆大的事，大家總必趕快把手上的事丟下，呼朋喚友，一齊跑來，一以表示他們被發往救的熱忱，一以滿足他們好奇的心腸。」〔註52〕李劼人用「看魌頭」這一四川話來描述此種現象是再形象不過。伍家婆媳大戰、伍平處理撿回來的小包袱，都使上蓮池人們興奮，圍觀、評說、感歎，他們從這些豆丁小事中獲得些微樂趣以解其無聊的生活。這就是上蓮池的基本樣態，伍家僅僅是一個小小的窗口而已。

李劼人通過對成都周邊小鎮天回鎮的書寫，成都城內東大街、青羊宮、皇城，以及上蓮池伍家的書寫，構建了一個完整的成都城市空間結構，呈現了成都城市整體面目，使讀者能夠獲得直觀的城市空間感受，一定程度上奠定了成都城市的文學認識，成都形象因此而生成。這就是李劼人大河三部曲成都空間建構的最重要歷史與文學功績。

當然李劼人的成都書寫，並不僅僅體現在對成都城市空間的建構上，還體現在對成都城市空間內的人與事的精湛書寫。如果說成都城市空間構建僅僅是成都書寫外形的話，那麼關於城市空間中的人與事就是李劼人成都書寫的內核，外形固不可少，內核也同樣重要，內外兼修方實現成都城市形象的文學建構。

第二節　城市空間中的人群與日常

一、兩個女人的成都夢

蔡大嫂是《死水微瀾》中的主要人物，形象鮮明，性格突出，是李劼人筆下最為成功的人物形象之一，具有川西女子的風采神韻。這一形象也成為現代文學中的經典人物，被許多研究者研究闡釋，〔註53〕蔡大嫂儼然成了四

〔註52〕《李劼人全集・第二卷・暴風雨前》，成都：四川文藝出版社，2011年9月，第78頁。

〔註53〕關於對蔡大嫂這一人物形象研究的論文不少，較有代表的有：李士文《一朵水靈靈的曇花——蔡大嫂——〈死水微瀾〉人物談》(《當代文壇》1984年第7期)、王錦厚《蔡大嫂和包法利夫人》(《四川師範學報（社會科學版）》1983年第2期)、李左人《論蔡大嫂的性格運動》(《李劼人作品的思想與藝術》，中國文聯出版社，1989年版）李左人《時代轉捩中的「轉捩人物」——論蔡

川女性形象的典型代表。對蔡大嫂這一人物形象，研究者有從女性個性解放角度研究，有從地域文化角度闡釋其性格特徵，也有從舊式世情小說人物來加以比較研究，以及與包法利夫人二者的比較研究。這些研究充分展示了蔡大嫂這一人物形象的豐富性與複雜性。但這些研究文章有一個共同特徵，就是較為注重已經定型化的蔡大嫂，而忽視了這一人物形象生成的原因與經過，也就是說太過注重蔡大嫂的象徵意義，而對該形象生成過程研究不足，這導致了對蔡大嫂乃至對小說《死水微瀾》研究的言不及義與誤讀。

蔡大嫂人物性格特徵的生成有一個非常鮮明的過程，這一過程如李左人所整理呈現的那樣，經由了從「小家碧玉鄧麼姑」到「興順號掌櫃娘蔡大嫂」，再到「袍哥羅歪嘴的情人蔡大嫂」，最後是「大戶人家太太顧三奶奶」。〔註54〕促成這一過程的內在原因或者動力是什麼呢，李左人沒有提及，他只梳理了蔡大嫂人物形象上述的演變過程，基本上是定型化之後過程連綴。實際上，小說從一開始就交代的很清楚，就是那個「成都夢」促使了蔡大嫂一系列的人生選擇與走向，即「成都夢」是蔡大嫂人物形象生成的根本原因與內在動力。

蔡大嫂的「成都夢」是在韓二奶奶的引導下形成的，沒有韓二奶奶就不會有「成都夢」，也不會有蔡大嫂之後的命運遭際。儘管蔡大嫂，此時還是鄧麼姑，本身天生就不安分，她不甘心一輩子就呆在鄉下，她拼命纏腳，想擁有城裏女人一樣的小腳，她母親心疼她不讓她纏，她自己偏要纏，氣呼呼地說：「為啥子鄉下人的腳，就不該纏小？我偏要纏，偏要纏，偏要纏！痛死了是我嘛！」〔註55〕三個「偏要纏」形象地寫出了鄧麼姑倔強的個性。但鄧麼姑這時所說的「城裏」完全是一個虛幻的概念，使這一虛幻概念坐實成形源於韓二奶奶的講述。她喜歡聽韓二奶奶講成都，講成都的房屋，講成都的廟宇花園，講成都的小飲食，講成都一年四季都有新嘗的小菜，講成都一般大戶人家的生活，講成都婦女們爭奇鬥豔的打扮。這些都令鄧麼姑神往。從韓

大嫂黃太太與婦女個性解放》（《李劼人的人品與文品》李劼人研究學會編，四川大學出版社，2001 年 6 月）、朱立立《論蔡大嫂的「個性行為」特點》（《中國現代文學研究叢刊》1990 年第 1 期）。

〔註54〕 李左人：《論蔡大嫂的性格運動》，《李劼人作品的思想與藝術》，成都市文聯編研室編，北京：中國文聯出版公司，1989 年 9 月，第 190～214 頁。

〔註55〕 《李劼人全集·第一卷·死水微瀾》，成都：四川文藝出版社，2011 年 9 月，第 20 頁。

二奶奶口中，她熟悉了成都方方面面。那個無形虛幻的成都變得有輪有廓，成了她念念不忘的迷夢，其效果有類於榮格所說「情結」，支配了鄧麼姑的心裏空間和行動指向。「成都」在鄧麼姑這裡成了一副清晰可見的圖景，「她知道成都有東南西北四道城門，城牆有好高，有好厚；城門洞中間，來往的人如何擁擠。她知道由北門至南門有九里三分之長；西門這面別有一個滿城，裏面住的全是滿吧兒，與我們漢人很不對的。她知道北門方面有個很大的廟宇，叫文殊院；吃飯的和向日常是三四百人，煮飯的鍋，大得可以煮一隻牛，鍋巴有兩個銅錢厚。她知道有很多大會館，每個會館裏，但是戲臺，就有六七處，都是金碧輝煌的；江南館頂闊綽了，一年要唱五六百本整本大戲，一天總是兩三個戲臺的唱。她知道許多熱鬧大街的名字：東大街，總府街，湖廣館；湖廣館是頂好買菜的地方，凡是新出的菜蔬野味，這裡全有；並且有一個卓家大醬園，是做過宰相的卓秉恬家開的，豆腐乳要算第一。她知道點心做得頂好的是淡香齋，桃圓粉香肥皂做得頂好的是桂林軒，賣肉包子的是都益處，過了中午就買不著了，賣水餃子的是亢餃子，此外還有便宜坊，三錢銀子可以配一個宵夜攢盒，一兩二錢子可以吃一隻塡燒鴨，就中頂著名的，是青石橋的溫鴨子。她知道制臺、將軍、藩臺、臬臺，出來多大威風，全街沒有一點人聲，只要聽見導鑼一響，鋪子裏鋪子外，凡坐著的人，都該站起來，頭上包有白帕子，戴有草帽子的，都該立刻揭下；成都華陽稱爲兩首縣，出來就不同了，拱杆四轎拱得有房簷高，八九個轎夫抬起飛跑，有句俗話說：『要吃飯，吃兩縣，要睡覺，抬司道。』她知道大戶人家是多麼講究，房子是如何的高大，傢具是如何的齊整，差不多家家都有一個花園。她更知道當太太的、奶奶的、少奶奶的、小姐的、姑娘的、姨太太的、是多麼舒服安適，日常睡得晏晏的起來，梳頭打扮，空閒哩，做做針線，打打牌，到各會館女看臺去看看戲，吃得好，穿得好，又有老婆子丫頭等服侍；竈房裏有伙房有廚子，打掃跑街的有跟班有打雜，自己從沒有動手做過飯掃過地；一句話說完，大戶人家，不但太太小姐們，不做這些粗事，就是上等丫頭，又何嘗摸過鍋鏟，提過掃把？那個手，不是又白又嫩，長長的指甲，不是鳳仙花染紅的？」〔註56〕

　　鄧麼姑頭腦中的「成都」完全是一個浮華享樂的世界，她被這個世界所

<hr />

〔註56〕《李劼人全集·第一卷·死水微瀾》，成都：四川文藝出版社，2011年9月，第21～22頁。

吸引所迷醉。她母親生在成都嫁在成都，給她說成都與她所想像的完全是兩樣，可鄧麼姑不相信她母親所講的成都，而堅信韓二奶奶所講的成都，「總想將來到成都去住，並在大戶人家去住，嘗嘗韓二奶奶所描畫的滋味，也不算枉生一世。」因此當韓二奶奶給講她三兄弟的婚事，她非常興奮，以為可以嫁到成都去了。當她聽到韓二奶奶三兄弟要求門當戶對後，很是失望。雖韓二奶奶又向她介紹五十多歲的陸親翁，陸要討個姨娘，鄧麼姑也欣然接受，然而韓二奶奶死了，且鄧麼姑父母回絕了韓大奶奶的提親，斷了鄧麼姑嫁到成都去的夢想。鄧麼姑的「成都夢」在此受到阻礙。作者似乎故意如此設置，讓這「成都夢」不要輕易的實現，如同那位遲遲無法回到故鄉的英雄奧德修斯一樣，荷馬故意延拖他目的實現。此處鄧麼姑的「成都夢」也受到阻礙，韓二奶奶去世了，父母又回絕了給陸親翁當小老婆的婚事。鄧麼姑不得不妥協，接受了嫁給天回鎮掌櫃蔡興順的事實，「成都夢」沉入心靈深處，暫時擱置。

天回鎮比起鄧家所在的鄉下，已是很大的不同，條件要好許多，成為興順號掌櫃娘的蔡大嫂不愁吃穿，日子過得波瀾不驚。但是蔡大嫂仍然不滿足，她不滿足丈夫蔡興順長相醜陋，又木木呆呆，除了算賬就是吃飯睡覺，和她沒心靈的溝通。換句話說，蔡大嫂「成都夢」雖擱置了，但是她對美好生活的追求卻並沒有停止，即她的精神要求反而增強，此時轉化到對丈夫蔡興順不滿上，且漸漸對大老表羅歪嘴產生好感，羅歪嘴成了蔡大嫂夢想男人的代表，代替了「成都夢」，實際上卻成了另一意義上的「成都夢」。在這一轉化的過程中，促使蔡大嫂對羅歪嘴產生好感的也是一個夢，即羅歪嘴所講的打洋教堂的故事，正是這個故事及羅歪嘴的講述，讓蔡大嫂感受到羅歪嘴的男子漢氣概以及羅歪嘴身上的英雄俠義精神，這都讓她著迷。這一點尤其值得注意，通常研究者都強調蔡大嫂與羅歪嘴的情愛是基於蔡的原始情慾本能，[註57] 而忽視蔡對羅產生好感的這一關鍵性環節。我們通常會發現民族國家女性捲入民族革命的一個不可忽視的因素就是女性被男性氣質所迷醉，

〔註57〕李左人在分析伍大嫂、蔡大嫂、黃太太三人時，就認為前兩者多為本能性行為，而後者具有較自覺的意識。見李左人《〈大波〉裏一朵驚世駭俗的浪花──論叛逆女性形象黃太太》（《李劼人小說的史詩追求》，成都：成都出版社，1992 年 12 月）另外朱立立《論蔡大嫂的「個性行為」特點》（《中國現代文學研究叢刊》1990 年第 1 期。）也認為蔡大嫂的行為屬於形而下的本能衝動，而不是理性範疇的個性意識。

因迷戀這種氣質進而投身民族與國家革命運動之中，泰戈爾小說《家庭與世界》〔註58〕中的碧莫拉就是這樣，她因對松迪博的男性氣質所迷戀而投入孟加拉民族獨立運動之中。當然這裡的羅歪嘴並不是松迪博，他還未參與到民族革命之中，但是他的袍哥事業、打教堂的壯舉，對蔡大嫂來說，已經具有光輝偉大的感召力。在與羅歪嘴的交往中，蔡大嫂對羅歪嘴所從事的事業充滿興趣，她對朝廷的懦弱憤憤不滿，鼓勵羅歪嘴他們攻打成都洋教士；在青羊宮幾個流氓調戲郝香芸，蔡大嫂出頭讓羅歪嘴等擺平，這都顯示了蔡大嫂對自身價值的欣喜與迷醉，其源頭就在於具有男性偉力的羅歪嘴。蔡大嫂的這一美好感覺促進了她主體意義的覺醒與認同，同時也更加驅使她構築各種各樣的迷夢。後來羅歪嘴要逃走時，蔡大嫂拼死想和他一起離開，她知道羅歪嘴離開意味著她的價值與意義會瞬間消失，只有和這個男人在一起她才能獲得存在的意義，這不單單是愛情或者情慾所帶來的滿足，主要還是她對男性氣質所連帶的其它社會價值的依戀，即有一個夢。正如被松迪博帶入民族革命運動的碧莫拉，她也有一個「蜂蜜女王」和「民族國家之母」的夢，這個夢讓她發現其人生存在的意義，她感到「我身上蘊藏著一種神聖的力量」，「我生來就具有智慧和威力，只是我自己長期以來沒能發現而已。」〔註59〕在松迪博那裡，碧莫拉發現了其人生存在的意義，這一點在其缺乏男性氣質的丈夫那裡是沒有的。蔡大嫂與碧莫拉相同，她們都陷入被男性氣質所幻化的夢境裏。對蔡大嫂來說，羅歪嘴是她的另一個夢，是她「成都夢」的即時轉化。

然而羅歪嘴並不是松迪博，他沒有把蔡大嫂帶入民族國家運動之中，他本身都還在民族國家之外徘徊，他並不想參與打洋教運動之中，成都教案與他無關。他甚至沒有讓蔡大嫂參與袍哥事業之中，讓她當個碼頭壓寨夫人什麼的，蔡大嫂始終被固定在情人這一角色內。儘管蔡大嫂有成為碧莫拉的可能，但是囿於羅歪嘴身份與意識，蔡大嫂也歡喜她的情人角色，全情投入到這一角色中，她瘋狂地愛著羅歪嘴，「蔡大嫂好像著了魔似的，偏偏要在人跟前格外表示出來。於是他們兩個的勾扯，在不久之間，已是盡人皆知。蔡大嫂自然更無顧忌，她竟敢於當著張占魁等人於羅歪嘴打情罵俏，甚至坐在他

〔註58〕〔印度〕泰戈爾：《家庭與世界》，董友忱譯，濟南：山東文藝出版社，1987年10月。
〔註59〕同上，第50頁。

的懷中。」〔註60〕羅歪嘴也在蔡大嫂狂熱的情愛中感受到他從未獲得的女人的好處，「他竟老實承認他愛蔡大嫂；並且甚為得意的說，枉自嫖了二十年，到如今，才算真正嘗著了婦人的情愛。」羅歪嘴滿足了蔡大嫂對男人的幻想，蔡大嫂也給了羅歪嘴無盡的愛，兩人愛得很「釅」。這個四川話的「釅」，非常傳神地寫出了二人如膠似漆的狀態。

即使蔡大嫂迷醉在羅歪嘴所給予她的男性迷夢中，但她仍沒有忘記她的「成都夢」，所以在她與羅歪嘴熱戀時，她要求去成都看一看。羅歪嘴帶她去了成都的東大街與青羊宮，讓她感受到了成都繁華，一定程度上滿足了她的「成都夢」。這兩次遊逛成都，實際上只是僅僅印證了韓二奶奶所說的成都之繁華外貌，「駐進大戶人家，嘗嘗韓二奶奶所描畫的滋味」的夢想終還未實現。

讓蔡大嫂「成都夢」得以實現的是顧天成。成都教案發生後，顧天成嫁禍羅歪嘴，官府派兵捉拿羅歪嘴，羅逃跑，蔡興順被逮捕，蔡大嫂也被打傷，興順號遭到摧毀。躲到鄉下娘家養傷的蔡大嫂身心憔悴、心灰意冷，她摯愛的羅歪嘴沒了蹤影，老實憨厚的丈夫關進大牢，自己如花的容顏也被摧殘凋零，此可謂是蔡大嫂人生低谷期。就是在此時，顧天成三番五次地跑到鄉下去看望她，蔡大嫂也漸漸康復過來。當她知道顧天成是奉了洋教，且是陷害羅歪嘴之人時，短時間的憤恨排斥後，也隨之接受了顧天成的求婚要求。蔡大嫂如此決定，讓她父母感到不解，她是這樣勸駁她父母的：「你兩位老人家真老糊塗了！難道你們願意眼睜睜的看著蔡傻子著官刑拷打死嗎？難道願意你們的女兒受窮受困，拖衣落薄嗎？難道願意你們的外孫兒一輩子當放牛娃兒，當長年嗎？放著一個大糧戶，又是吃教的，有錢有勢的人，為啥子不嫁？」「只要我顧三奶奶有錢！……怕那個？」〔註61〕蔡大嫂給的理由是，為丈夫蔡傻子、為自己衣食著落、為兒子，也為顧天成的有錢有勢。她就如此現實地答應了顧天成的求婚。她父母聽完後，只是說到「世道不同了」，發一番感歎而已，算是默認。

小說也就此結束。讀者也會覺得蔡大嫂嫁給顧天成確實是現實的考量，甚至眾多研究者也是這樣的觀點。蔡大嫂嫁給顧天成確實有現實考量的成

〔註60〕《李劼人全集‧第一卷‧死水微瀾》，成都：四川文藝出版社，2011年9月，第105頁。

〔註61〕同上，第207頁。

分，而且是占相當大比重，環境決定人物選擇，情勢使然。但蔡大嫂的選擇有更深層的必然性。其必然性表現在兩個方面：一是蔡大嫂對權勢迷戀的內在衝動。這種心理衝動，或者說是基本觀念，是她在與羅歪嘴的交往中所形成的，羅歪嘴的袍哥身份及其強力讓她深味權勢所帶來的迷醉感覺，在天回鎮人人都要仰視敬畏羅歪嘴，相應也要仰視敬畏蔡大嫂，就是在成都，經東大街與青羊宮的初露風頭，蔡大嫂這種對權勢的迷醉更是無以復加。羅歪嘴的消失意味著這種權勢的消失，而顧天成的洋教身份與財力又適時補充了消失了的權勢。儘管顧天成像蔡傻子一樣無趣，也沒有羅歪嘴那樣的男性魅力，但蔡大嫂所看重的已不是這些，她在乎的是顧天成所帶來的權勢，所以她才會自豪地說「只要我顧三奶奶有錢！……怕那個？」二是她內在「情結」的本能驅使，即「成都夢」的作用。這也不難理解。嫁給有錢有權的顧天成後，顧更有機會使她走進成都，住進大戶人家，品嘗韓二奶奶所描畫的各種滋味，真正實現蔡大嫂少女時代所形成的「成都夢」。乍看起來，蔡大嫂最後選擇嫁給顧天成有些突兀，似乎與她性格不符，她是如此愛著羅歪嘴，怎能轉眼之間就嫁給顧天成呢。上面兩點就回答了這個問題，蔡大嫂的選擇有其必然性，這也是托爾斯泰所說人物性格發展的內在邏輯，人物（比如安娜）「常常變得完全不像他自己，同時卻又始終是他自己。」蔡大嫂始終像她自己的表現就是她那作為情結的、具有本能功效的「成都夢」。

　　蔡大嫂的性格特徵及行為舉措，當然有著具體歷史環境，但這個「成都夢」依然是極其重要的因素，正是有這一重要因素的驅使，蔡大嫂才具有了形而上的高度，而不是僅僅淪為形而下的生理欲望本能衝動的人物符號。夢想即是理想，具有超越性的屬性，這種屬性使個體能突破人的生物屬性，為個體價值的實現提供了可能。包法利夫人就是在教會學校中看了許多浪漫派書籍，而形成美好生活的夢想，她因夢想而不斷找尋不斷嘗試，儘管最後她不得不自殺而終止，但是她追逐夢想的願望與勇氣卻激蕩了眾多讀者的心靈。福樓拜本是想藉此批判浪漫主義，卻不想反而成就了包法利夫人這一人物形象，甚至激起人們對她的傚仿，急切地找尋自己生存的價值與意義。這不得不歸因於包法利夫人少女時形成的那個夢想，如蔡大嫂這一人物形象要歸因於她的「成都夢」一樣。

　　蔡大嫂被「成都夢」所激蕩所湧動，原因之一是她遠離成都，這種距離感增加了「成都夢」的迷人色彩。而對於身處成都的黃瀾生太太來說，沒有

這種距離感輔助，她在成都卻有另一番的人生景象。

黃太太是土生土長的成都人，與少女鄧麼姑一樣，她從小也形成有自己的夢想，這個夢想已不是對成都的嚮往，而是對一種生活方式的憧憬。當然鄧麼姑的「成都夢」本質上也是一種生活方式，但鄧麼姑更多還是對物質享受的迷戀，而對黃太太來說，吃穿住行皆不是她所向往的內容，她追求的是男女在情愛上的平等，甚至要女人超過男人，實現女性在兩性地位上的絕對反轉。

黃太太這一夢想的生成也是有一個過程，與她的經歷有關。黃太太在十五六歲時就懂得了兩性性愛，十七歲和她姐夫孫雅堂發生關係。但她並沒有沉迷於性欲的快樂中，而是發現了男女在性愛權利上的嚴重不平等，她對這一不平等現象提出追問，「爲啥子那些書上總是把一個男的寫得像天神一樣？啥子都行，個個女子見了都愛他，都要嫁給他，將就他，只和他一個人睡；還任憑他高興，要咋個就咋個，從沒有寫出一個女的來要一眾男子。更可恨的，男子隨便耍好多女的，就叫作風流才子，女的一偷了男子，就叫不貞節，就叫淫婦。說報應哩，也是我不淫人婦，誰敢淫我妻。爲啥子男子的報應，要算在女人身上？又爲啥子大家都是人，男的一輩子就該耍上多少女的，女的耍上兩個男子，就該犯罪，該挨罵？」〔註62〕此等詰問已不限於她自己的性權利問題，而是上升到一個社會倫理秩序高度，是對既有不平等制度的發難。

鄧麼姑的「成都夢」還停留在對基本物質的享受層面，此處黃太太追問已深入到社會制度層面，她把對此問題的追問轉化成自我實現的夢想，即在現實生活中實現這種男女兩性關係的反轉，並使之成爲自己日常的生活方式。這既是曾蘭所提出的男女平等權利問題的延續，又是一種切實的深入，曾蘭雖然意識到男女權利的不對等，也試圖尋找方法，但是她始終未能超越自身的生存處境，其結果也就僅僅成了號召吶喊。〔註63〕而此處的黃太太卻身體力行，親自踐行男女在性愛權利上的角色反調。她少女時代就開始初嘗性事，與大姐夫偷情，且不滿足於對象的單一與固定，又與表哥陶剛主、妹夫徐獨清偷情。結婚之後也與他們保持偷情關係，甚至與小自己十二歲的侄

〔註62〕《李劼人全集・第三卷・大波》，成都：四川文藝出版社，2011年9月，第264頁。

〔註63〕見本書第三章第二節「《娛閒錄》：成都新文學的先聲」中關於曾蘭文章與小說的論述。

兒楚子材偷情。她不怕人知道，也不怕人恥笑，她甚至讓她的情人們和平共處，當她發現楚子材過分吃醋時，嚴加呵斥，她反對任何人把她作為自己的專屬，這些男人只能專屬於她，而不是她專屬於男人，她的基本原則是博而不專，享受駕馭男人的快樂。

黃太太徹底打破傳統禮法對男女兩性的偏見，激烈地反向行之，甚至為其偷情提供理論支撐，「婦女家真值不得，偷了人就要著人恥笑，說是失了節。膽小的只好忍耐到害幹病死，發狂。我就膽大了，可是也只好偷偷摸摸，敢同男人家一樣：只要有錢，三妻四妾，通房丫頭，不說了，還能在外面隨便嫖，嫖女的，嫖男的？大家還湊合他們風流。會做詩的，還要古古怪怪做些詩來跟人家看，叫做啥子情詩豔體。我不信男女既都是一樣的人，為啥女子的就該守節？人人都不明白這道理。一般婦女更可恨，她們一說到那個女人失了節，偷了人，都擺出一派鄙薄的樣子來，好像自己才正經，別的人就不尊貴了。其實，我看得透，鄙薄別人的只由於嫉妒。嫉妒別人有本事偷人。正經女人多半是沒膽子沒本事的。」〔註 64〕偷情反而成了有本事有能力的體現。值得注意的是黃太太的偷情濫情的叛逆行為，並不是她對肉欲的沉迷，她看重的是對男性的支配，本質上享受的是權力所帶給她的快樂，「她覺得凡與她接近的男性，都應該愛她，都應該被她顛倒，供她玩弄，不許背叛她，不許分心向第二個女人，不許批評她一個字的不然。她看見一些公然被她放在手指上顛來顛去，或是不高興時叱之去，高興時喚之來，而皆俯首聽命，馴得像狗的男子們，她真得意！同時也養成了一種即在日常生活中，也得有一個憨癡著迷的男子，常常在她眼中混著的需要。」〔註 65〕

在現代文學中少有女性像黃太太這樣激烈的追求男女平等、追求女性權利，而且是這樣具有非常明確的自覺意識。沙汀在《為川西壩人民立傳的李劼老》中就指出黃太太的這一特點，「黃家表嬸追求個性解放，在性愛問題上要求男女平等，卻帶有自覺性。她明確向人宣稱，你男人可以有三妻四妾，女人為啥不可以多有幾個相好的？！」〔註 66〕黃太太自覺地追求男女平等，且是從男女性平等的角度，這在現代文學中並不多見。現代文學中追求男女

〔註64〕《李劼人全集・第三卷・大波》，成都：四川文藝出版社，2011 年 9 月，第95 頁。

〔註65〕同上，第 191 頁。

〔註66〕沙汀：《為川西壩人民立傳的李劼老》，《李劼人作品的思想與藝術・序》，成都市文聯編研室編，北京：中國文聯出版公司，1989 年 9 月，第 2 頁。

平的女性形象很多，但大多局限在戀愛婚姻問題上，如《終身大事》中的田亞梅，《隔絕》中的維乃華、《隔絕之後》中的雋華，《玉君》中的玉君，《傷逝》中的子君，她們多是反對封建婚姻、爭取戀愛自由、追求個性解放，並沒有涉及男女兩性的性平等問題。即使《莎菲女士的日記》中的莎菲，《追求》中的章秋柳，《雷雨》中的陳白露，她們雖有對女性性愛權利的追求，但也僅僅停留在男女平等的一般層面上，有些情不得已有些隨波逐流與頹喪，「我的生命真是我自己的玩品」的莎菲，「我要人養活」的陳白露，沉迷肉體享受的章秋柳，她們實際上都沒有真正從性愛角度來抗爭與追求，沒有黃太太這樣自覺與毅然決然，也沒有這樣徹底，更沒有像她這樣走向反向的女性強權，乃至女性霸權。這就是黃太太這一人物形象在現代文學中的典型意義，「填補了五四以來婦女個性解放運動典型藝術形象的空白。」〔註67〕

　　黃太太的夢想如果僅僅就停留在「從性愛角度追求男女權利平等」上，其內涵就顯得較為淺薄單一，無法支撐起《大波》中心人物這一形象。這一形象有變化與豐富。隨著保路運動的發展，黃家越來越被捲入其中，一心專營男女情事的黃太太也不得不對社會政治事件有所瞭解，不自覺地參與其中。參與保路運動的黃太太依然顯示出她的精明與強勢，當身邊的一群男人被變化不定的局勢搞得暈頭轉向時，她果敢聰明地趁勢把這幫男人全都降服自己鼓掌之下，確立自己的統治地位。她看準軍人出身的吳鳳梧，並獻計吳鳳梧投靠軍政府，使吳鳳梧攀上軍政府都督尹昌衡，當了標統。當吳鳳梧需要銀兩招兵買馬時，她當機立斷為其籌得四五千兩銀子，把吳鳳梧「扶持起來」，使其坐穩標統位置。實際上，如她丈夫黃瀾生所說「標統是太太你的」。掌握權力的黃太太為她身邊的男人們分配職位，孫雅堂任標統書記官，黃瀾生任標統軍需官，等等。黃太太的視野從男女情愛範圍擴大到政治經濟社會，從「在性愛問題上要求男女平等」上升到政治經濟上的男女平等，實現了人物形象的昇華，使黃太太這一人物形象更為豐富，也更具價值。

　　值得注意的是，就在功成之時，黃太太卻非常想念跑回新津老家的楚子材，「楚子材這個人，誠然百無一取，尤其使人生恨的，就是毫無一點男兒漢的膽量，動輒便朝家中跑。但是他那馴柔的性情，不把自己看成一個了不起的男子的性情，業已足令一個中年而又剛強的女人，愜心稱意的了，更加他

〔註67〕 李左人：《〈大波〉裏一朵驚世駭俗的浪花——論叛逆女性形象黃太太》，《李劼人小說的史詩追求》，成都：成都出版社，1992年12月，第194頁。

那在無人時，比火還要熱的情愛，眞夠以使人通身爲之熔化，嘗味著一種永不能夠饜足的滋味。這滋味之可珍貴，是無價的，是要以光陰去易取的。」〔註 68〕政治經濟上的權力，並沒有抵消或者替換掉黃太太對男女情愛的迷戀與嚮往，這是讓她最爲心醉神迷的「夢想」，正如她不稀罕金錢物質一樣，她也不留戀到手的政治經濟權力。不變的依然是那個夢想，如同縈繞蔡大嫂心中的「成都夢」一樣，顯示了其原發性的功能力量。

成都城市空間中的這兩個女人，因其各自懷有的夢想，而綻放出絢麗的光芒，她們或爲進入成都而奔走，或在成都公館中左右逢源，但都留下了她們特有的印痕，生成各自的意義之域。同樣活動在成都這一城市空間內，李劼人筆下還有一群人，他們並不像蔡大嫂與黃太太那樣性格鮮明、個性突出，而是面目模糊，消消閒閒，呈現另一樣態的人物氣韻。

二、一群消消閒閒的青年人

李劼人大河三部曲的基本寫法就是以日常生活風俗民情來寫政治經濟歷史，成都民眾的日常生活與世故人情是主線，而保路運動等政治事件則成爲背景。〔註 69〕這種寫法就需要對筆下的人、事、物採用同等的客觀態度，精細而準確的加以描寫，讓所寫對象自然呈現意義，而不是作者的強加。〔註 70〕上面分析蔡大嫂與黃太太這兩個人物形象，就可看出，作者並沒有對人物的行爲作過多評判，他只把二者完整呈現出來而已，讓人物自身產生意義。即使是那些遊逛在城裏的消消閒閒的青年人，李劼人也毫不省略地呈現他們活動的瞬間，刻畫每一個細節，讓讀者自己去概括評價這些人物形象的價值與意義。

1、兩個「無用之人」

《暴風雨前》中的郝又三與《大波》中的楚子材，相比較個性鮮明又不斷追求的蔡大嫂與黃太太，就要顯得柔弱、頹喪，似乎讓人看不出他們存在的意義與價值。他們既不熱心社會政治，也不積極面對生活，懶懶散散，消

〔註 68〕《李劼人全集・第三卷・大波》，成都：四川文藝出版社，2011 年 9 月，第 635 頁。
〔註 69〕李怡：《歷史如何「小說」——再論李劼人〈大波〉兼及魏建新〈辛亥風雲路〉》，《當代文壇》2011 年 S1 期，第 67 頁。
〔註 70〕〔日〕海谷寬：《關於李劼人的文學》，程文新譯，《李劼人研究：2007》，成都市文學藝術界聯合會、李劼人研究學會編，2008 年 3 月，第 466 頁。

消閒閒，於社會陡轉的大時代而言，他們不可不謂是「無用之人」。

家境富裕，性格柔弱，膽小怕事，隨波逐流，是郝又三與楚子材的共同特徵。郝又三是郝達三唯一的兒子，從小嬌生慣養，雖讀得一些四書五經，到二十三四歲了仍沒有進過正經學堂，受鬧新學的蘇星煌的邀請，加入「文明合行社」，和這般朋友倒也學了一些新名詞，當朋友們都要留洋深造時，郝又三也想出去，但經母親的反對也就不了了之。「文明合行社」解散了，郝又三無所事事，繼續做他父母的好兒子，結了一個無可無不可的婚，「娶了親後，雖不十分感覺夫婦間有好大的樂趣，但有一個年輕女人朝夕陪在身邊，而所談說的多不是平常自己想得到的話，卻也與平常起居有點兩樣。不過他心裏有時總不免要懷疑唐人詩：『水晶簾下看梳頭』，龔定庵詩：『甘隸妝臺伺眼波』，到底有什麼了不起的意味，而如此吟詠？」婚姻生活到底有什麼不同，他只覺得「有個女人伴睡，睡得不很著罷了！」而他妻子表妹葉文婉也是同樣沒有什麼感覺，她說「並不覺得有啥子大不同的地方，只不過把稱呼改了，有點不方便。這事自然大不同，卻也沒好大的趣味！」〔註71〕夫婦兩人都是迷迷瞪瞪，感覺不到婚姻生活的樂趣與意義。但生活瑣碎卻不斷增加，加之郝家內部關係的複雜，郝又三覺得生活極其無趣。為了擺脫這一處境，郝又三報考了高等學堂普通班，並考中，住進學堂，暫時擺脫了家庭煩惱。郝又三進高等學堂本就不是為了求學上進，也就沒有花多大精力在讀書上，得過且過而已。這顯示了大家子弟共同的特點。楚子材的情況也與其很相像，雖然楚子材家不在成都，在成都郊縣新津，但是其家境也非常優越，是新津有名的大戶，有錢有勢，才能把楚子材送到成都來讀中學堂，後升至高等學堂。楚子材也對學習不上心，喜歡坐最後一排，一來可以避免先生的提問，二來可以隨意看閒書小說，躲避監學的察看。〔註72〕

對讀書正事了無興趣的這兩位公子哥兒，卻都對女人很是熱心。郝又三對婚姻生活感覺不到趣味，卻漸漸染上嫖的惡習，他在第一次去伍大嫂家時，心理還有一番搏鬥，「想著自己老婆那樣又死板又冷淡的無味，遂動了心，姑且嫖一下試試，看這個女人又是啥子味道，只要別的人不曉得，也沒有好大的障礙。再一橫心，『就著人曉得，又怕啥子？嫖個把女人，也是男子

〔註71〕《李劼人全集·第二卷·暴風雨前》，成都：四川文藝出版社，2011 年 9 月，第 42 頁。

〔註72〕《李劼人全集·第三卷·大波》，成都：四川文藝出版社，2011 年 9 月，第 18～19 頁。

的本等，又不是偷別人的老婆，還說有傷品行！並且聽母親說，爹爹少年時不時嫖過來的？』」〔註73〕與伍大嫂發生關係後，他覺得確實比他老婆有趣，且把伍大嫂對他的奉承視為一種愛，不可自拔地沉浸其中。對伍大嫂的暗娼身份他這樣寬解，「心裏忽然想到尤鐵民那天在望江樓所論的：曾經與多數男子處過的女人，才能自主的愛人，而這愛也才是真的。」〔註74〕儼然伍大嫂成了郝又三的最愛，也成了他生活的中心，甚至是精神支撐，他在學校參加運動會，也是在伍大嫂的鼓勵下參加的，正是因伍大嫂的到場觀看才刺激他跑出了超常的成績。楚子材也是這樣，他與黃表嬸偷情使他得以初嘗女人滋味，他的全部身心也就圍繞著他的黃表嬸，對身邊發生的任何事情都不感興趣。同學們熱心保路運動，他不感興趣，偶然參加了保路同志會，被委任到新津去發動民眾，也是懶懶散散，整天腦子中只有他的黃表嬸，還害起了相思病。楚子材對女人這種迷戀與幻想，同他腦子中構建的女人形象之間不無關係，「他從中國舊小說和淫書上，知道了一點女人。一個絕對站在正面上的：美貌，年輕，窈窕，溫柔，會作詩，會作賦，會傷春，會悲秋，愛情極專極摯。這樣的女人，所愛的大抵是風流才子，如像《牡丹亭》上的杜麗娘，《紅樓夢》上的林黛玉。……一個是絕對站在負面上的：也美貌，……盛年，婀娜，剛健，詩詞歌賦只管不行，但是極其聰明，極其能幹；於人情是熟透了；而性情又極高抗，她愛的男子，不是軟弱的病夫，而是有豪氣的勇士，然而同時又喜歡帶有女性，工於內媚，足以攻其頑弄的聰明虛偽的男性。這比如是《紅樓夢》上的王熙鳳，《金瓶梅》上的潘金蓮。」〔註75〕當他和黃表嬸偷情後，他發現黃表嬸與這兩類女人都不相同，他過去的書本經驗完全無用，超出他的理解與把握範圍。雖然他對這種不倫關係有過內心掙扎，既擔心破壞女人的貞節，有損陰德，又擔心自己長得難看，黃表嬸看不上自己。但是他還是無法自拔地陷入對黃表嬸的迷戀之中，即使他知道黃表嬸天生風流，同時有幾個情人，也僅僅吃吃乾醋，還得涎著臉乞求黃表嬸給他一杯愛的殘羹。楚子材完全迷失在情慾中，沈沈浮浮，沒有理想也沒有追求。

〔註73〕《李劼人全集・第二卷・暴風雨前》，成都：四川文藝出版社，2011 年 9 月，第 107 頁。

〔註74〕同上，第 195 頁。

〔註75〕《李劼人全集・第三卷・大波》，成都：四川文藝出版社，2011 年 9 月，第 235～236 頁。

　　郝又三與楚子材是典型的「無用之人」，他們沒有理想，也沒有追求，甚至連痛苦也沒有。伍大嫂的離開郝又三也僅僅是惋惜，卻也能接受，「畢竟別人是夫妻」。黃表嫂穿梭於各個男人之間，楚子材雖也吃醋，但經黃表嫂嚴屬制止之後，也就默默接受。他們連對他們沉迷的女人都沒有表現出徹底的愛與痛，女人在他們這裡實際上僅僅是玩物而已，伍大嫂離開了，郝又三可能會看上別的什麼大嫂；楚子材迷戀黃表嫂那是因為他沒有機會接觸別的女人，倘若他嘗到了別的女人的好處，他也不會如此沉迷於黃表嫂。他們對女人沒有真正的愛。對他們來說壓根兒就不知道何為愛。他們沉迷女人，只不過是打發無聊生活的一種形式罷了，正如郝又三參加「文明合行社」、楚子材參加保路運動會，都是偶然的無可無不可的行為，與他們的意志毫無關係，他們沒有覺醒也沒有意志，是實實在在的「空心人」。這與郁達夫筆下的「零餘者」還不同，零餘者是被社會壓迫而無力把握命運的小人物，他們有苦悶有彷徨，也有反抗，儘管反抗的形式多為變態行為，但其中也不乏精神的高度。這與屠格列夫筆下的「多餘的人」也有異，多餘的人大多是貴族出身，他們有豐富的知識和良好的修養，只是在驟變的社會秩序中找不到實際的行動方向，顯得「多餘」。甚至與《家》中覺新、《財主底兒女們》中的蔣慰祖也有較大差異，覺新與蔣慰祖也是舊式大家庭的產兒，有著這樣那樣的性格缺陷，但是他們有痛苦有掙扎，儘管都失敗，其意義卻猶存。而郝又三與楚子材既沒有「零餘者」那樣的生存痛苦，也沒有「多餘的人」那樣的精神痛苦，他們生長於舊式大家庭卵翼下，既失去原始生命強力，又沒有現代文明精神人格，是典型的「無用之人」。李劼人非常準確地抓住了晚清民初游蕩在成都這座城市裏的這群無用的青年人，極其細密地加以呈現。

　　在郝又三、楚子材身邊還有一些青年，他們與郝、楚二人似是相異，實則相同，有著共同的精神樣貌與行為特徵。

2、亦步亦趨的革命者

　　郝又三參加「文明合行社」是緣於蘇星煌的介紹，蘇本是郝家座上賓葛寰中給郝香芸介紹的對象，經蘇在郝家一番高談闊論後，郝又三被他滿嘴的新名詞所吸引，一邀其入社，就馬上加入。「文明合行社」是成都幾個維新青年創辦的社團，有蘇星煌、尤鐵民、周宏道、田志士等，他們平時讀書看報演講，主張維新變革，如《申報》、《滬報》等時新報刊是他們常看讀物。但是這群趨新的年輕人對社會並未有多少認識，其精神氣質仍極為守舊，這通

過他們這群人觀看廖觀音被活剮的反應就能體現出來。

　　紅燈教領袖廖觀音被活捉，要活剮示眾，消息傳來，「文明合行社」成員對其是否該活剮及他們是否應去觀看活剮發生爭論。田志士認為可以剮但可能不會被活剮而是死剮；周宏道認為對男人活剮可以，不能施之女人；尤鐵民認為可以殺頭，反對剮人；蘇星煌反對殺人本身，更別論要剮人了；郝又三沒有主意感到惶惑。尤鐵民在蘇星煌的批評下，更進一步，提出廖觀音被殺的原因何為，進而提出排滿的革命主張。當他們為是否要去看廖觀音被活剮爭論時，各人觀點又不相同，蘇星煌認為不應去看，尤鐵民認為不可不看，「一則看看這千古難逢的野蠻刑法，將來好作我們攻打滿朝的資料。二則也練練膽，我們將來說不定也要做點流血的舉動的。」周宏道贊成尤鐵民的觀點，田老兄只想看看廖觀音的肉身，不想看她流血，郝又三沒有說什麼，心裏與田老兄的觀點一樣，結果是大家都去看了。〔註76〕

　　這群「文明合行社」的青年人加入到觀看廖觀音被活剮的大戲，成為看客的一部分。與魯迅寫看客不一樣的是，李劼人注意到看客的具體表情與心理反應。在魯迅筆下，看客大多是麻木無知冷酷的形象，而且以群體進行描述，「觀者的五官表情、聲線大小和精神面貌都一一失落。」〔註77〕李劼人在寫這場觀看廖觀音活剮的大戲時，既有群體反應的描寫，也有個體反應的描寫，群體的反應與魯迅筆下看客相類，愚昧、麻木，把殺人當做他們看女人身體的狂歡節日；李劼人又注意到個體的反應，即郝又三的觀感，「郝又三簡直把眼睛閉得緊緊的。只恨耳朵還明明白白聽見觀眾在歡呼，大概那顆遠看來彷彿不錯的少女的頭，已著戴領爺的刀鋒切落在地了。虧得人眾擠得甚緊，郝又三兩腿只管軟，還不會倒下來。」〔註78〕郝又三因此還嚇得生了病，臥床三天。李劼人讓這個「無用之人」的郝又三充當看客，以他的反應來還原看客的主體性地位，而不至於淪為啟蒙立場的純粹背景。

　　這群趨新的青年人，通過這場廖觀音活剮大戲，實際上已經暴露了他們革命崇高性與神聖性的荒誕。在之後的現實中，更顯示出他們對革命的亦步

〔註76〕《李劼人全集‧第二卷‧暴風雨前》，成都：四川文藝出版社，2011 年 9 月，第 22〜26 頁。

〔註77〕吳國坤：《大鳥吃小蠅——地方記憶及對李劼人〈暴風雨前〉的另類讀法》，《現代中文學刊》2015 年第 1 期，第 83 頁。

〔註78〕《李劼人全集‧第二卷‧暴風雨前》，成都：四川文藝出版社，2011 年 9 月，第 27 頁。

亦趨、可有可無的態度。廖觀音活剮大戲之後，蘇星煌、尤鐵民、周宏道先後出國留學。幾年後回到成都，尤鐵民已經成為革命黨，蘇星煌成了立憲黨，周宏道卻成了夂瓜黨（兩面滾）。最為堅決的革命者尤鐵民，也顯得裝模作樣，對革命到底何為並不了然，他主張「革命之後，第一要緊事就該變服，把那頂不好的胡服毀了，全換洋裝。」〔註79〕樣樣表現出一副日本人的派頭，高論國家愈文明，生活程度愈高，東西愈貴。當他策動的革命活動失敗後，藏到郝公館，他發現了郝香芸好勝爭虛榮的弱點，並巧妙加以利用，郝香芸遂成了他的玩物。尤鐵民「滿口在恭維女性，尊重女性，其實他對於女性，只是看作一種玩具，看作一種男子應該拿來滿足肉欲，活動腦經的工具。他的名言：『女子根本就說不上，只是重感情，少理知，又無見識，又無氣魄的一種柔弱動物。假使男子不為女子的顏色狐媚所迷，只是用一派連自己聽了都要肉麻的鬼話去恭維她，而後再裝作懇切樣子，加以殷勤，則女子未有不落到你手上來的。』」〔註80〕革命在尤鐵民這裡就是一種可資利用的名號，借助這個名號，他可以獲得身份、稱譽、金錢、女色，革命高漲時他就是革命者，革命低落時他就消隱，亦步亦趨是他的典型特徵。

　　如果說尤鐵民和蘇星煌還有一些革命的願望與實踐的話，那麼王文炳、吳鳳梧、彭家麒等完全是革命的鑽營者。亦步亦趨已不能用來定性他們，見風使舵、追名逐利才是他們的本質。

　　王文炳、彭家麒都是楚子材在高等學堂的同學。王文炳熱心革命，凡在他碰著不如意的時候，都要來一句，「非革命不可！」〔註81〕學校監督按學校規則管理學生，他也覺得沒道理，要革命要反對；平日不專心學習，每到考試，乾脆把別人的卷子拿過來抄，誰也不敢反對，他是學生中的霸王。鐵路風潮興起後，王文炳最為積極，整日奔走於蒲殿俊、羅綸等組織的保路同志會，又在學校發起成立會團擁護保路同志會。相較於楚子材對保路運動的漫不經心，王文炳就積極得多，他清楚這是亂世出英雄的絕好時機。他也最終在尹昌衡成立的軍政府中謀得新津縣縣長的職務，真正借革命升了官。

〔註79〕《李劼人全集・第二卷・暴風雨前》，成都：四川文藝出版社，2011年9月，第145頁。

〔註80〕同上，第165頁。

〔註81〕《李劼人全集・第三卷・大波》，成都：四川文藝出版社，2011年9月，第22頁。

　　借革命獲得好處的還有吳鳳梧，他本是雅安邊防軍的一軍人，被開除之後，回到成都，受到黃瀾生的接濟。偶然間加入了保路同志會，他本對保路運動完全不瞭解，一次和楚子材上茶館，剛好經過保路同志會總部，在楚子材的陪同下到鐵路總公司去聽了一番演講，稀裏糊塗地簽了名，參加了同志會，後來幾經折騰，借保路運動亂事最終卻謀得了新軍標統的職位。因他的得道昇天，經常光顧黃家的一干人都獲得了好處，黃瀾生當了軍需官，孫雅堂當了書記官，彭家麒當了管帶，保路運動成果成了他們瓜分的宴席。

　　這些舊貌換新顏的青年人，他們到底換不了他們舊的本性，即消閒、慵懶，若有若無、無可無不可，他們不在乎政治經濟社會，他們只在乎他們日常的生活，生活得逍逍遙遙、舒舒服服才是他們的中心。剛當上標統的吳鳳梧又急急忙忙地去找男子王念玉；王文炳、孫雅堂等也像模像樣地做起了官老爺，他們依然活得鬆鬆散散、波瀾不驚，保路運動似乎從沒有發生過一樣。

　　青年成都人如此，老一輩的成都人更是如此，郝公館裏的郝達三，郝的世交葛寰中，黃公館裏的黃瀾生，親戚孫雅堂，他們無一不是這樣活得漫不經心。悠悠緩緩，這似乎了成了李劼人筆下成都這座城市人的一種基本特徵。郝達三對新奇物品及新鮮事物短暫熱情後，就對諸事提不上熱情，太太死後，更是深居簡出，「平生除了鴉片煙外，別的事總是懶懶的。」他認為「動不如靜，多一事真不如少一事！再一推究，惡因不可種，善因又何嘗可種呢？種了因，必收果，因果循環，自然就有事了，欲圖清靜，只好無為。」〔註82〕黃瀾生一開始就以自己是客籍而對鐵路事件不上心，只因波及到自己的財產安全，他才左右逢源、東奔西走，骨子裏他是個不想多事的人，只想混混官場、和小姨子偷偷情，舒舒服服過活就是了，沒有別的企圖。孫雅堂、徐獨清等人也都如此。包括黃太太不也是這樣嗎，當革命落定，身邊男人在她的掌控下也各得其所，她仍然不滿足，對突然而至的政治經濟權力她並沒有多少熱情，反而她想念那位「百無一取」的楚子材，想念那種消消閒閒的世俗生活。城市社會學芝加哥學派領袖帕克的一個基本命題是「城市是一種心態。」李劼人筆下的成都人就是對帕克這觀點的最好詮釋。

〔註82〕《李劼人全集・第二卷・暴風雨前》，成都：四川文藝出版社，2011 年 9 月，第 26～27 頁。

三、客廳中的政治與社會

李劼人的成都書寫既有「極濃的地域色彩」,「又不違時代性」,〔註83〕民間日常與社會政治相互交融,具有宏偉的史詩品質。他的大河三部曲被稱為「現代歷史小說的完成者」。〔註84〕把政治經濟歷史等重大問題融進日常生活中加以書寫,是李劼人大河三部曲的重要特色,顯示了其文學價值。而李劼人筆下的日常生活也豐富多彩,包括各個方面,人的吃穿住行、愛戀生死等,都極為細緻地加以呈現,因此郭沫若稱讚其小說如「四川大綱」。

李劼人的日常書寫需要在日常場景中去展現,這些日常場景囊括了城市空間的各個領域,公共領域與私人領域並存,公共領域如茶館、公園、戲院、學校、廣場、旅館等,私人領域主要是家宅。在李劼人筆下所涉及的任何一處場景,他都寫得極為細緻周翔,盡量展示日常形態,揭示他所追求的歷史本質。在這些日常場景中,李劼人筆下人物出現最多的是家宅,如《死水微瀾》中的蔡大嫂家、郝家,《暴風雨前》的郝家、伍家,《大波》中的黃家、龍家,都是非常典型的日常空間。在這些空間中,李劼人不僅僅展示日常器物與人情世態,而且以這些空間來寫政治社會,如郝家與黃家的客廳,就是晚清民初成都社會政治變化的晴雨錶。

李劼人把社會政治引進客廳的方式是讓人物自己言說,在他們的日常閒談聊天中展現言談背後的心態、意識與情感,「透過他們的言談,把讀者引導注意角色對本土議題的狹窄視野和孤陋寡聞上,他們各人只按偏頗和利己的觀點,來解讀複雜的歷史世界。」〔註85〕

最為典型的就是《暴風雨前》開篇郝家對紅燈教的閒談。先是廚房中的下人們談紅燈教,有打雜的老龍、廚子駱司、跟班高升、伺候姨太太的李嫂,他們聽到紅燈教將要撲城,非常興奮,各自言說他們自己對紅燈教的認

〔註83〕 李劼人:《致舒新城》,《李劼人全集·第十卷·書信》,成都:四川文藝出版社,2011 年 9 月,第 41 頁。

〔註84〕 楊聯芬:《五四至晚清:中國文學現代性的發生》,北京:北京大學出版社,2003 年 11 月。該書第七章第三節主要論述了李劼人小說的主要貢獻,在中國現代歷史小說傳統中闡發李劼人歷史小說的價值,並評價為李劼人的歷史小說是「現代歷史小說的完成」。見該書第 279～294 頁。實際上這一論點並不是楊聯芬首創,在她之前有此觀點的研究者如曹聚仁、海谷寬、司馬長風等人。

〔註85〕 吳國坤:《大鳥吃小蠅——地方記憶及對李劼人〈暴風雨前〉的另類讀法》,《現代中文學刊》2015 年第 1 期,第 82 頁。

識與理解。實際上他們所談內容本身與事實相差甚遠，但他們的言談表達卻表現了他們的情感與願望，老龍眼裏的紅燈教是個個武藝高強，將要大開紅山，「先殺洋人，後殺官，殺到收租吃飯的紳糧！」「剩下的都是窮人，窮人便翻了身了……窮人們都做官！」〔註86〕跟班高升關心的是傳說中的廖觀音是否長得好看，李嫂因與丫環春秀有矛盾，她「倒望紅燈教殺進城來，把這一起忘恩負義的東西，千刀萬剮的鳩到注！」〔註87〕

　　廚房中下人們在談論紅燈教，郝家客廳中的人也在談論著紅燈教，維新人士蘇星煌認爲是紅燈教邪教，民眾迷信的使然，不足爲慮。而當郝家聽到紅燈教撲城的消息時，卻陷入一片恐慌。雖然葛寰中及時來到郝家客廳，詳詳細細地講述了這一場紅燈教撲城的虛驚原委，但是郝家對紅燈教的恐怖已溢於言表。李劼人選擇郝家廚房及客廳中眾人的言談來敘述紅燈教，並不在意歷史事實本身，而是關注政治社會事件在普通人家中所激起的反應，一方面展現出了舊式大家庭如郝家，在時代大變局中的風雨飄搖、無力應對，另一方面展現的是社會底層民眾與官紳之間的激烈衝突，這才是社會將要變化最重要信號，老龍對紅燈教的講述，就是講述的他們這些下層人的願望，一旦社會有變，他們最先要反抗的就是郝達三這樣的官紳。所以，當郝太太主張懲辦亂說亂動的下人老龍時，郝達三謹慎地按住未辦，他非常清楚這些下人們的破壞力量。

　　郝家客廳中的一番言談就折射出如此豐富的內容，足見李劼人思運之深廣，社會大事盡在客廳言談中掌握。把客廳這一日常空間功能展現得最爲充分的要數他筆下的黃公館，《大波》中的諸多政治社會事件都是在黃公館展開的，而實現這一功能的基本手段是「道聽途說」，即讓客廳中的人物講述相關的政治社會事件，這些事件或與他們相關，或與他們無關，但卻整體上呈現了四川保路運動的過程，同時也推進了小說的進展，具有功能上的重要作用。

　　黃公館主人黃瀾生本是不想生事的富裕官紳，有官位有財富，懶懶散散、悠悠閒閒，不想他卻被捲入保路運動之中，黃公館也成了保路運動的風向標。黃瀾生被捲入保路運動也是起於吳鳳梧在他家客廳上的一番言談。吳鳳梧與

〔註86〕《李劼人全集‧第二卷‧暴風雨前》，成都：四川文藝出版社，2011 年 9 月，第 2 頁。

〔註87〕同上，第 4 頁。

楚子材偶然加入保路同志會之後，同志會就給二人分派任務，讓二人到新津縣去策動民眾支持並參加保路運動。吳鳳梧回到成都，到黃公館，向黃瀾生講述新津保路同志會的事。吳鳳梧還講述他們在新津爲了發動群眾而採取的一些非常手段，故意誇大事實，煽起民眾情緒。他說這一手段是王文炳所傳授的，王又是與保路運動會幾位核心成員中學來的。這樣層層言說，實際上揭示的是保路運動發起的非正義性。黃瀾生對他們的這一做法感到疑慮擔心，「放火容易救火難。像你們這樣鬧法，萬一鬧大了，下不了臺，後患不堪設想哩！」〔註88〕吳鳳梧很是沉著地道出了他對成都形勢的觀察，官的失勢，紳民力量的增強，官府無法鎮壓他們。吳鳳梧又把全國的形勢向黃瀾生細說一番，同時也是向讀者交代大的時代背景，而黃瀾生從吳鳳梧的一番言談中知道了形勢的變化，他的悠閒自保心態發生了轉變，開始爲他自身的利益擔心。〔註89〕

　　自此黃瀾生的生活將發生改變，這種改變就是從青萍之末的客廳閒談中產生。儘管整體性的社會政治事件對歷史進展及個人有決定性的影響，這也是通常歷史書寫的基本模式，甚至傳統歷史小說也是如此，帝王將相、軍事政治大事往往佔據絕對性地位，而普通民眾個體僅僅是它們的被主宰對象，不值一書。李劼人對其卻有自己的主張，他堅信歷史的全面性與眞實性往往深植於日常之中，所以他選擇以日常寫歷史政治的表現手法。黃瀾生的人生變化就是在方寸之間的客廳中漸漸生成，吳鳳梧的這次言談使他開始關注時事，這種關注是基於現實考慮，這也是日常生活的特徵之一，個體在日常生活中基於一種生活慣性對自身安全與利益常常持有實用主義的態度，〔註90〕黃瀾生由凡事不關心轉向對時事的關注，就是這一特徵的體現。

　　黃瀾生注意每一位來客的消息，耐心傾聽他們的長篇囉嗦，這些信息並不像沙龍中的講演具有條理性，而是斷斷續續若有若無，藏在日常閒聊中。「李劼人似乎主張運用對話來向讀者表情達意，及讓他們『認識』一眾角色。他容許這些對話愈編愈長，不是因爲這會叫讀者知道角色所思所感，或者他們何以如此行，而是這些長篇囉嗦，眞正傳達了，當坊眾都手足無措地面對

〔註88〕《李劼人全集・第三卷・大波》，成都：四川文藝出版社，2011 年 9 月，第132 頁。

〔註89〕同上，第 128～137 頁。

〔註90〕〔匈牙利〕阿格妮絲・赫勒：《日常生活》，衣俊卿譯，哈爾濱：黑龍江大學出版社，2010 年 4 月，第 160～162 頁。

歷史轉折時，理解他們的世界和思想是如何困難艱澀。」〔註91〕隨著形勢的變化，罷課罷市不可控制，保路同志會主要成員蒲殿俊等人被趙爾豐逮捕，成都民眾陷入混亂之中，各種消息在黃家客廳中流傳，黃瀾生、王文炳、孫雅堂、吳鳳梧等人手足無措，不知在此事變中如何自處，黃瀾生老想著搬家，這些在事變之後的一般官紳，大有驚弓之鳥的窘態。而李劼人並沒有對他們的選擇作評價，對於瞬息變化的局勢，大部分民眾只可能是這般狀態，他非常細緻地呈現社會政治事變中的中層家庭的基本樣貌。

這種以日常空間來書寫社會形態的模式並不是李劼人獨創，巴爾扎克的《高老頭》中運用了此方法，小說以兩個固定空間，巴黎的下等公寓——伏蓋公寓和巴黎的上流社會沙龍——特·鮑賽昂子爵夫人的府第為中心，寫在這兩空間的各色人物及他們的行為，進而揭示社會現實，對其加以批判。巴爾扎克目的是對資本主義社會諸問題的批判，在空間設置及人物設置時，乃至事件的選取等，都有極強的戲劇性，生活日常感不強，而且缺乏流動性。李劼人的三部曲中的黃公館、郝公館，卻沒有這樣的鑿痕，極具生活化、日常化，就是平常官宦人家的交往與日常瑣碎，黃公館的所有閒談，要麼是在飯桌上進行的，要麼是麻將桌上，或者是喝茶時，少有正經刻板的講述，絮絮叨叨、囉囉嗦嗦是其特徵。

對於空間的流動性，李劼人也處理得極有章法，黃公館客廳是被鑲嵌在整個成都社會政治變化之中，客廳中的人、事在像大河一樣瞬息變化的保路風潮中相應起伏升沉。當革命黨尤鐵民在成都勢力壯大時，黃瀾生馬上投靠吳鳳梧，為其出好幾百兩銀子，為的是能通過吳鳳梧搭上革命黨這條大船，以保全身家性命。〔註92〕可革命黨暴動之事被趙爾豐提前發現，逮捕了革命黨首領並控制了由其策動的新軍，吳鳳梧把此消息告訴黃瀾生時，黃瀾生頓時方寸大亂，連連悔恨自己的失策。黃家客廳中的幾位男人，孫雅堂、黃瀾生、吳鳳梧、楚子材，皆毫無辦法，此時黃太太卻站了出來，她鎮定且果敢地安排對策，顯示了在事變中的臨危不懼的膽識。〔註93〕隨著事態的發展，黃家客廳時時有「道聽途說」的新聞，也就有相應的行動舉措。黃家就如大

〔註91〕吳國坤：《大鳥吃小蠅——地方記憶及對李劼人〈暴風雨前〉的另類讀法》，《現代中文學刊》2015年第1期，第82頁。
〔註92〕《李劼人全集·第三卷·大波》，成都：四川文藝出版社，2011年9月，第446～449頁。
〔註93〕同上，第510～512頁。

河中的一艘木船，隨著大河水流漲落低回。整體上黃家的客廳較巴爾扎克筆下的特·鮑賽昂夫人府第更具有流動感，也更加日常化，具有晚清民初成都官宦世家典型的地域美學的風格。

　　有論者指出李劼人在《大波》中家庭日常與歷史政治事件結合得不太和諧，「家庭生活與整個歷史事件也略成游離態勢，情節聯結也不像《死水微瀾》那樣精巧合宜，正面描寫的歷史事件和人物的長篇大論使人有冗贅之感，《大波》呈現了認識價值高於審美價值的態勢，爲歷史立言的趨向大於小說美學的要求。」〔註 94〕持此觀點的研究者甚眾，即認爲大河三部曲存在一個非常突出的矛盾，「詩史式的宏大構想與市民文化趣味的藝術處理之間的矛盾」，〔註 95〕而之中又以《大波》中的問題爲最。客觀地講《大波》在史料的運用上確實有些粗率，不夠精細，消化運用不是很得體，有「湊字數賺稿費」的嫌疑。但是作爲一種新的小說體式，「現代歷史小說」，如何處理日常生活與歷史政治之間的關係始終是一個難題，儘管楊聯芬稱李劼人的大河三部曲是「現代歷史小說的完成者」，但實際上仍然是探索的產物。李劼人本人對法國大河小說有很深的研究，知其利弊，因此他的大河三部曲基本上是自創一格，他「對西方自然主義文學知之甚深，但我們卻很難從他的小說創作裏找到自然主義世界觀的深刻影響，自然主義寫實技巧對於李劼人來說也僅僅是『技巧』而已。」〔註 96〕李劼人是開拓一種全新的歷史小說模式，在《死水微瀾》與《暴風雨前》中基本上是成功了，而在《大波》中卻受到了挑戰，如何處理政治歷史事件，正面描寫顯然他不認同，但是這些事件又繞不過去，因此他選擇了讓小說中人物自己講述，人物的講述也不是正說春秋，而是「道聽塗說」，《大波》中出入黃家客廳的各色人物，幾乎沒有一個是事件當事人，都是從別處聽來的，然後再轉述，李劼人恰恰看重的就是這種轉述，轉述包含了轉述人的感情、願望等，他們對消息刪選、切割，只講述他們感興趣的，如郝公館廚房中的下人們講述紅燈教一樣，帶有鮮明的底層色彩。黃公館客廳中的道聽途說也是如此，黃瀾生之所以左右搖擺、惶惶不可終日，

〔註 94〕閻冰、羅中男：《歷史與小說中的頡頏與衝突——李劼人的「大河小說」思想藝術成敗論》，《遼寧教育學院學報》2002 年 1 月，第 81 頁。

〔註 95〕李傑：《論李劼人長篇歷史小說的內在矛盾》，《李劼人小說的史詩追求》，成都：成都出版社，1992 年 12 月，第 56 頁。

〔註 96〕李怡：《巴蜀文化的二十世紀體驗者——關於郭沫若和其它幾位四川作家的讀書札記》，《郭沫若學刊》1996 年第 1 期，第 26 頁。

一半在於這些官紳在社會突變的本能反應，一半即在所得消息的錯誤，顯示了絕大多數處於政治事件外圍的民眾本然樣態，「道聽途說」與盲從是他們最本色的特徵。從這個角度上來說，大河三部曲的開拓意義不容忽視，至少突破了現代小說深陷啓蒙模式的窠臼，使新歷史小說寫作有出現新的可能。另外李傑等人的批評，其基本思維還是盧卡奇的「小說整體論」觀，這是十八世紀以來受科學現實主義觀念影響的體現，追求「全景式」和「整體性」，這一模式後來受到現代小說的有力衝擊，該觀念基本上不再作為評價小說的唯一原則。李劼人的小說中「道聽途說」，以及一些「閒筆」的運用，實際上具有現代先鋒小說的特點，這些新質的東西更應該闡發，而不是簡單的批評。

通過黃家客廳的閒談我們既能瞭解保路運動的整個過程，也能夠看出這一運動於民眾的影響，展示了政治歷史事件與民眾日常生活之間的複雜關係，同時也讓讀者領略了成都城市居民日常生活的內容與風情，具有難得民俗美學價值。

結　語

　　面對一個客體，我們該如何去認識與把握，如何讓它成爲我們對世界理解的有機體的一部分，這是認識論上的基本問題之一，也是我們面對世界需要解決的現實問題之一。黑格爾認爲「理解一個客體也就是……通過它那明確的特徵或者間接特徵來把握它……」〔註1〕按他的意思，特徵是客體本質之表象，通過對這些特徵的進一步抽象提升，就能把握該客體的本質，進而達到對客體認識與把握的目的。黑格爾的這一認識論觀點，實際上背後隱藏著形式與本質的二分法思維，他堅持一個樂觀的基本觀念，即認爲世界是可知的並且是可以理解與把握的。能否實現這一目的主要還是看對客體特徵的把握程度如何，並不是每一認識個體都能獲得對客體事物特徵的全面把握，所以這就造成了對客體認識的個體差異。對城市這一客體的認識與理解，之所以呈現千差萬別的基本樣態，其哲學依據就在這裡。

　　城市是人類文明的產物，有其自身的發展演變歷史，也相應有對其的認識史。巴拉希根據城市演變歷史，把城市分爲古代城市、中世紀的「有機」城市、文藝復興時期的城市和現代城市。古代城市具有宗教和宇宙方面的象徵主義；中世紀「有機」城市具有更強的象徵主義色彩；文藝復興時期的城市是理想中的城市，把理性、嚴謹與現實三者結合起來；現代城市則是理想與象徵意義逐漸讓位於經濟、技術與實用。〔註2〕前三種城市都是可以認識與

〔註 1〕　〔德〕黑格爾：《精神哲學：哲學科學百科全書綱要第三部分》，韋卓民譯，
　　　　　武漢：華中師範大學出版社，2006 年 3 月，第 62～65 頁。
〔註 2〕　摩歇・巴拉希：《城市的觀念》，杜愷譯，《都市、帝國與先知》（都市文化研
　　　　　究・第二輯），孫遜、楊劍龍主編，上海：上海三聯書店，2006 年 8 月，第
　　　　　28～42 頁。

理解的，它們具有雷蒙・威廉斯所說的「透明性」特徵，城市的基本機構能夠加以把握。而現代城市則是不透明的，難以認識與把握，城市與人之間的關係相對隔膜，造成人對自身所處城市的焦慮與困惑。19 世紀以來歐洲諸多文學作品就是對現代城市這一特徵的書寫與表達。

晚清民國時期的成都，處於古典城市向現代城市轉變的過程中，半明半暗是其顯著特徵。要認識和理解晚清民國時期成都的文學與文化，既需要用黑格爾所提出的認識論方法，又需要用雷蒙・威廉斯所說的解讀不透明城市的方法，同時還需要借鑒本雅明的方法，即藝術現象包括對城市等一切現代事物，應放回到社會歷史情境中，既對其進行科學性的認識又需對其意義加以闡釋。〔註3〕因此對晚清民國時期成都的城市文學與文化的認識與把握只有回到其歷史情境之中，並結合黑格爾與雷蒙・威廉斯的方法，或許才能對其有較爲切實可靠的認識與把握。

晚清民國時期成都文學與文化之所以出現現象式的發展與繁榮，是基於康雍乾三代後出現的「四川歷史的第三次高潮」的歷史必然，社會政治經濟的整體變化，帶動作爲地區中心城市社會文化的整體改觀，即通常所說的政治經濟對社會文化決定性作用的體現。實際上更爲直接的原因卻是與晚清四川教育發展所培養的大批人才有關，簡單地說就是與尊經書院的創建關繫緊密。尊經書院的創建是四川尤其是成都官紳對晚清四川困局反應的直接結果，晚清四川社會諸矛盾凸顯，爲了應對這一困局，地方士紳基於地方感及現實考量，主動求變，其體現就是培養新式人才，尊經書院就是在這一背景下得以創建。創建的背景與目的儘管重要，但更重要的是明瞭尊經書院的具體貢獻與歷史影響。張之洞入川與王闓運主掌尊經書院，可以看作尊經書院及整個成都社會文化得以歷史性改觀的標誌。1873 至 1877 年，張之洞簡任四川學政，正是在他的決議策劃下，尊經書院才得以正式創立。張之洞對尊經書院不僅有首創之功，更爲重要的是他對尊經書院發展的運籌帷幄、定規繩範，基本上框定了尊經書院的辦學宗旨和辦學內容，他的《創建尊經書院記》既詳述了書院的創辦經過，又闡述了辦學的綱領與總則，而他所撰述的《輶軒語》和《書目問答》則是書院師生治學與教學的指南，加之他對書院學生遴選與培育，尊經書院迅速成爲成都乃至四川人才搖籃。張之洞對四川近代

〔註3〕 〔德〕瓦爾特・本雅明：《發達資本主義時代的抒情詩人・譯者前言》，王才勇譯，南京：江蘇人民出版社，2005 年 2 月，第 5 頁。

化的功用端賴於此。承接張之洞的是王闓運執掌尊經書院，王闓運 1879 年春節到成都，1886 年夏買舟東下回湘，執掌尊經書院前後八年，其作用甚巨，一方面王闓運繼續張之洞整頓書院學風士風，營造良好的讀書治學環境；另一方面他引進今文經學，注重經世致用，既使四川學術得以演進，同時又使蜀學振興，是儒學地方化的具體體現。經張之洞與王闓運籌措經營，尊經書院培養了大量人才，這些人才在四川及全國都有著傑出貢獻，他們對成都社會文化的貢獻尤大，包括政治、軍事、教育、傳媒、學術、藝術等方面，都有尊經書院學生的貢獻與影響，如被譽爲「四川睜眼看世界的第一人」的宋育仁、近代經學大師廖平、戊戌六君子之一的楊銳、四川辛亥軍政府第一任都督蒲殿俊，等等，例不細舉。

晚清民國時期成都社會文化得以改變，其原因是晚清四川政治經濟整體性變化的反應，而尊經書院人才的培育卻是成都及四川近代社會文化轉變的直接原因。這些由尊經書院所培養的近代人才，已不同於傳統教育制度訓練下的士人，他們更加注重經世致用，強調與社會之間的相互關係。而晚清以來中國社會大的變局，使這些人才更加關心時政，與社會切合程度更高。他們爲了實現他們的經世致用的理想與抱負，需要宣傳他們的主張，於是他們關注並投入對報刊傳媒的創辦，晚清民初成都報刊傳媒空間就是在這一背景下得以形成。

報刊在成都出現的時間相對較晚，在 19 世紀末期才在重慶與成都出現，即宋育仁 1897 年創辦的《渝報》和 1898 年創辦的《蜀報》，這兩份報紙是四川近代報紙的發端。雖然二者都是以書代刊的形式發售，但畢竟其內容與形式都有很大的不同，在四川官紳上層社會中產生不小影響。眞正對成都報刊文化空間建構起重要作用的是書店、報刊、出版社三者的有機結合，它們共同建構起相互聯繫又相互競爭合作的關係網絡。書店在成都新文化傳播與興起的過程中所起所用不小，如「二酉山房」和「華陽書報流通處」，它們及時從上海等地購買時新書籍，把這些書籍第一時間呈現給成都讀者，起到很好的中轉作用。同時這些書店又是重要的社交空間，讀書人常常以此爲據點，或購買、交換書籍，或文人集聚交流、相互扶持。「華陽書報流通處」在這方面作用更明顯，對吳虞的幫助就足見其價值與意義。實際上成都報刊作爲一種重要的社會力量，是形成於保路運動時期。在保路運動中，報刊參與到社會政治運動中，從初始單一的信息展播和啓蒙公眾的角色中更進一步，與政

治運動、歷史進程及民眾生活緊密相連。這一趨勢在五四運動時期達到高潮。五四運動在成都及四川的展開，主要依靠的就是報刊傳媒，李劼人主持的《川報》首先登載北京五四運動的相關情況，然後才有成都各界的跟進加入，學界、商界等聯合，顯示了報刊傳媒與社會運動之間相互影響的顯著特徵。在構成晚清民初成都報刊文化空間的整體結構中，還有基督教報刊的作用，基督教進入四川及成都的歷史不短，但其勢力及社會事功並不突出，包括文化傳播，也很一般。但即在這極為有限的基督教報刊文化中，依然能發現一些積極因素，從結構上豐富了晚清民初成都報刊文化空間。

晚清民國時期成都報刊文化空間的形成與發展，帶動了報刊文學的榮興，如中國新文學與報刊相生相息的關係一樣，成都新文學的展開與成都報刊興衰起落休戚相關。在晚清民初成都報刊新文學初興之前，有一批舊式文人創作的舊式詩詞成就不俗，顯示了這批文人在時代丕變之際，以文學來表現其時代之思與身世之感，具有末世文人的悲憫情懷。這實際上反映了新舊文學轉型期的一個基本面貌，舊詩詞的新內容。在這方面成都一批舊式詩人，如趙熙、曾孝谷、吳虞、李思純等做出了可貴的探索，其中又以吳虞與李思純的貢獻為最。吳虞注重對社會現實的關注，他詩詞中有大量新內容，但是他所使用的語言卻是極為古典甚至佶屈聱牙，他以大量用典實現對現實世界的書寫。與吳虞相對的是李思純的詩歌，他雖然採用的是古體詩詞的形式，但無論是內容還是語言都極淺近通俗，具有早期白話詩歌的特色。真正體現成都新舊文學嬗替的是《娛閒錄》雜誌，它是成都第一份高質量的文藝綜合刊物，是成都新文學先聲。這份雜誌聚集了眾多成都文人，他們寓大眾娛樂和文藝啟蒙於一體，在娛樂之中有「至不娛者」和「至不閒者」，雜誌同人們在娛樂與消閒中啟蒙大眾，同時又鎔鑄新知，其刊載的大量文學作品，兼具文藝啟蒙與文學新變的特色，曾蘭的小說就是最好的體現。報刊文化的發達，使大量文人可以聚集於報刊，他們共同吟唱、相互切磋，漸漸形成一些文藝團體，這些文藝團體進一步推進了成都新文學的展開。在眾多文藝社團中，葉伯和所創立的草堂文學社最為突出，它專注於文學創作，是純粹的文學社團，在文學內容與形式上都有貢獻，尤其是以新形式、白話語言、自由詩體、散文筆法書寫成都社會文化以及他們個體的時代焦慮，顯示了成都對新文學的深入與貢獻。在整個20年代，成都文學突飛猛進，呈現所謂的近十年的「成都文學黃金期」。這種現象主要依靠報刊業的發達，和一大批文人

立足於報刊，報刊成了各文學團體的陣地，各種文學思潮與主張相繼出現，成都文學與上海等全國文學演進歷程同步，且相互共振。因此，在成都也出現了具有新感覺特色的小說創作，秦澤的《都市循環舞》書寫內陸地區在現代化初興時，人們對新奇事物的觀感與體驗，現代性特徵與地域性色彩交相併存，顯示了成都新文學自身演變的新景象與歷史特色。

成都報刊榮興推進了新文學的發展，與成都報刊同處成都這一大的文化空間中的各學校，尤其是成都各大學，其文學教育與文學活動也有了一定的變化。與成都報刊文學文化空間的自發性形成不同的是，學校文學教育與文學活動較多受到政治及教育體制的限制。成都高校，以四川大學各沿革學校為例，如成都高師、成都大學，其文學教育，尤其是新文學教育，不但所佔課程比例較少，而且師資力量薄弱，新文學在校園內難有作為。這種情況也是全國性的普遍現象，即使新文學新文化中心的北京大學也不例外，古典文學始終牢牢控制著中文系的文學教育主導權。雖然新文學在成都高校力量弱小，但是並非沒有成績，在任鴻雋任執掌川大後，他力求把川大辦成「國際化」與「現代化」的全國性的大學，推出了一系列措施，包括師資結構的調整、課程設置的改革等，新文學新文化漸漸在川大取得了一定地位與發展。1935 年劉大杰任川大中文系主任，1937 年朱光潛任川大文學院院長，此二人的到來，較大地改善了川大校園文化氛圍，趨新意識明顯。劉大杰主持川大戲劇社，大力推進川大現代話劇發展；朱光潛領導成立《工作》文學雜誌，又支持學生們創辦《半月文藝》雜誌，帶動了川大校園文學活動的繁榮。以四川大學為主的成都高校的文學教育與文學活動，既有自己獨立發展軌跡和文學實績，同時又與整個成都新文學發展相互促進，川大的師生多為成都各報刊的撰稿者，為成都新文學發展貢獻卓著，是晚清民國成都新文學的有機組成部分。

無論是成都報刊還是成都高校，對成都新文學的發展繁榮都做出了重要貢獻，也湧現出不少優秀作家與作品。但是從城市空間與歷史地理的高度來看，對成都這座城市得以文學再現且成就斐然的無疑是李劼人，他是成都城市文學形象的締造者，是他使成都這座城市第一次以文學的形式得以光大。

李劼人的成都書寫既具有恢弘的氣勢與龐大的規模，又具有精湛的細描與瀏亮的風格，他融政治社會書寫於地域民俗風情之中，在世俗日常中燭照永恒人性。他借鑒大河小說的形式，卻獨具中國文學的氣韻特色；他仿傚自

然主義的工筆式書寫方式，卻擺脫零度情感的窠臼，而融進他對歷史的執迷與洞見。李劼人對成都的書寫之所以如此動人，成為文學城市的書寫典範，其原因多種，但其中重要的一點就是他對成都城市空間的完美構建，這既包括對成都周邊小鎮天回鎮的成功書寫，又包括對成都城市中幾個典型建築空間的精細描摹，如對東大街、青羊宮、皇城的書寫，堪稱經典。通過對這些標誌性地理空間的書寫，使成都城市形象得以建立，達到雷蒙·威廉斯所說的「透明性」城市書寫的要求。而他對成都城市空間中的人群和日常的書寫，使城市具有了殷實的內容，內外雙修，成都城市的整體形象躍然紙上。

晚清民國成都文學與文化，是成都這座城市社會空間、實體空間以及地理特徵的整體顯現，既是整個民族國家社會歷史轉變的必然結果，也是地域性社會文化特徵的即時反映。地理空間與歷史演進，共同決定了晚清民國整體的文學與文化的基本狀況。通過梳理與論述晚清民國成都文學與文化的基本面貌，我們也能夠把握成都這座城市的文化特徵，豐富我們對晚清民國文化與文學多樣性的認識。更為重要的是，指正了在民族國家現代轉型中，地方在歷史演進中的時代反應與意義表達，為像被李劼人稱為「五四運動三個中心之一」的成都這樣的城市重申與重述其歷史地位與文學價值。

參考文獻

一、報刊資料

1. 《半月文藝》
2. 《筆陣》
3. 《草堂》
4. 《成都大學校刊》
5. 《成都文史資料選輯》
6. 《川報》
7. 《大聲》
8. 《大學季報》
9. 《工作月刊》
10. 《國立成都大學五週年紀念會特刊》
11. 《國立四川大學校刊》
12. 《國立四川大學周刊》
13. 《國文學會學刊》
14. 《華大》
15. 《華西教會新聞》
16. 《華西日報》
17. 《華西協合大學校刊》
18. 《金箭》
19. 《抗敵》—《抗敵周刊》
20. 《抗戰文藝》

21. 《龍門陣》

22. 《啓蒙通俗報》

23. 《前進》

24. 《淺草》

25. 《蜀報》－《新蜀報》－《蜀風報》

26. 《蜀風月刊》

27. 《蜀學報》

28. 《四川公報》

29. 《四川文史資料選輯》

30. 《文學叢刊》

31. 《文藝》

32. 《西部文藝》

33. 《希望月刊》

34. 《新新新聞》

35. 《新藝》

36. 《娛閒錄》

37. 《正聲》

38. 《中國文化研究彙刊》

二、史料類

1. 《八年抗戰在蓉城》，中共成都市委黨史研究室編，成都：成都出版社，1994 年 4 月。

2. 《成都市志‧圖書出版志》，成都市地方志編纂委員會編，成都：四川辭書出版社，1998 年 12 月。

3. 《成都市志‧文學志》，成都地方志編輯委員會編纂，成都：四川辭書出版社，2001 年 2 月。

4. 《成都通史‧卷六‧清時期》，成都：四川人民出版社，2011 年 11 月。

5. 《成都通史‧卷七‧民國》，成都：四川人民出版社，2011 年 11 月。

6. 《成都掌故》（1～3 輯），成都市群眾藝術館編，成都：成都出版社、四川大學出版社，1996～2001 年。

7. 《成都竹枝詞》，楊燮等著，林孔翼輯錄，成都：四川人民出版社，1982 年 9 月。

8. 《大後方文學史》，吳野、文天行主編，成都：四川教育出版社，1993 年 12 月。

9. 《共和之光——辛亥秋四川保路死事百年祭》，四川博物院編，成都：四川教育出版社，2011 年 10 月。

10. 《國立四川大學一覽》，國立四川大學，1936 年。

11. 《華西壩風雲錄：紀念民主青年協會成立六十週年》，《華西壩風雲錄》編輯組編，四川大學宣傳部印，2004 年 10 月。

12. 《建立學界　陶鑄國民　四川大學校長任鴻雋》，王東傑編，濟南：山東教育出版社，2012 年。

13. 《抗戰時期的四川：檔案史料彙編》（上中下），四川省檔案局編，重慶：重慶大學出版社，2014 年 7 月。

14. 《苦境：中國文化怪傑心錄》，孫郁主編，瀋陽：遼寧人民出版社，1997 年 8 月。

15. 《李劼人的人品和文品》，李劼人研究學會編，成都：四川大學出版社，2001 年 6 月。

16. 《李劼人年譜》，李眉編，《新文學史料》1992 年第 2 期。

17. 《李劼人說成都》（修訂版），曾智中、尤德彥編，成都：四川文藝出版社，2012 年 2 月。

18. 《李劼人說成都》，曾智中、尤德彥編，成都：四川文藝出版社，2007 年 3 月。

19. 《李劼人晚年書信集》（增補本），王嘉陵主編，成都：四川大學出版社，2012 年 7 月。

20. 《李劼人晚年書信集》，王嘉陵主編，成都：四川大學出版社，2009 年 7 月。

21. 《李劼人小說的史詩追求》，成都：成都出版社，1992 年 12 月。

22. 《李劼人研究：2007》，李劼人研究學會等編，成都：巴蜀書社，2008 年 3 月。

23. 《李劼人研究：2011》，成都市文學藝術界聯合會、李劼人研究學會編，成都：四川文藝出版社，2011 年 12 月。

24. 《李劼人研究》，李劼人研究會編，成都：四川大學出版社，1996 年 11 月。

25. 《李劼人與菱窠》，嚴曉琴主編，成都：四川文藝出版社，1999 年 6 月。

26. 《李劼人作品的思想與藝術》，成都市文聯編研室編，北京：中國文聯出版公司，1989 年 9 月。

27. 《民國時期的老成都》，成都：四川文藝出版社，1999 年 12 月。

28. 《民國四川軍閥實錄》（共三輯），四川省文史研究館編，成都：四川省人民出版社，2011 年 1 月。

29. 《清王湘綺先生閭運年譜》，王代功編著，臺北：商務印書館，1978 年。

30. 《清張文襄公之洞年譜》，胡鈞編，臺北：商務印書館，1978 年 5 月。

31. 《沙汀年譜》，李生露主編，成都：四川人民出版社，1997 年 8 月。

32. 《世紀絃歌　百年傳響：四川大學校史展》，謝和平主編，成都：四川大學出版社，2007 年 10 月。

33. 《世紀學人自述》（第二、四、五卷），高增德、丁東編，北京：十月文藝出版社，2000 年 1 月。

34. 《市民記憶中的老成都》，成都：四川文藝出版社，1999 年 12 月。

35. 《四川大學：歷史‧精神‧使命》，羅中樞主編，成都：四川大學出版社，2009 年 9 月。

36. 《四川大學史稿》（全五卷），四川大學校史辦公室編，成都：四川大學出版社，2006 年 8 月。

37. 《四川大學史稿》，成都：四川大學出版社，1985 年 10 月。

38. 《四川基督教》，劉吉西、李棟等編，成都：巴蜀書社，1992 年 11 月。

39. 《四川基督教資料輯要》，秦和平、申曉虎編，成都：巴蜀書社，2008 年 10 月。

40. 《四川近代史》，成都：四川省社會科學院出版社，1985 年 11 月。

41. 《四川近代史稿》，成都：四川人民出版社，1990 年 4 月。

42. 《四川近現代人物傳》（1～6 冊），四川省地方志資料叢書，四川省社會科學院出版社，成都：四川大學出版社，1985～1990 年。

43. 《四川近現代文化人續編》，四川省政協文史資料研究委員會、四川文史館編，成都：四川人民出版社，1989 年 12 月。

44. 《四川文史資料集粹》（4），成都：四川人民出版社，1996 年 12 月。

45. 《四川現代作家研究集》，四川省社會科學院文學研究所編，成都：四川省社會科學院出版社，1984 年 12 月。

46. 《四川新文學研究》，四川省中國現當代文學研究會編，成都：四川文藝出版社，1991 年 8 月。

47. 《文化研究關鍵詞》，汪民安主編，南京：江蘇人民出版社，2007 年 1 月版。

48. 《吳虞日記》（上、下），中國革命博物館整理，榮孟源審校，成都：四川人民出版社，1984 年 5 月。

49. 《五四運動在四川》，中共四川省委黨史工作委員會主編，成都：四川大學出版社，1989 年 5 月。

50. 《現代戲劇家熊佛西》，上海戲劇學院熊佛西研究小組編，北京：中國戲劇出版社，1985 年 12 月。

51. 《湘綺樓日記》，長沙：嶽麓書社，1997 年 7 月。

52. 《張文襄公全集》（第一冊），北京：中國書店，1990 年 10 月。

53. 《張之洞年譜長編》（上下），吳劍傑編著，上海：上海交通大學出版社，2009 年 7 月。

54. 《中國西部現代文學史》，丁帆主編，北京：人民文學出版社，2004 年 10 月。

55. 《中國現代戲劇史稿》（第 2 版），陳白塵、董健主編，北京：中國戲劇出版社，2008 年 9 月。

56. 《周文自傳》，周七康整理，《新文學史料》2002 年第 2 期。

57. 《朱光潛紀念集》，合肥：安徽教育出版社，1987 年 4 月。

58. 阿英：《晚清小說史》，北京：人民文學出版社，1980 年 8 月。

59. 巴金：《回憶》，臺北：龍文出版社股份有限公司，1990 年 5 月。

60. 柏彬：《中國話劇史稿》，上海：上海翻譯出版社，1991 年 8 月。

61. 《中國現代作家傳略》（下），徐州師範學院《中國現代作家傳略》編輯組，成都：四川人民出版社，1981 年 5 月。

62. 陳尚君：《中國文學發展史》，天津：百花文藝出版社，1999 年 2 月。

63. 陳興邦：《百年華西壩》，香港：中國文化出版社，2010 年。

64. 陳允吉：《劉大杰傳略》，《中國當代社會科學家》（第五輯），北京：書目文獻出版社，1985 年 6 月。

65. 《四川保路運動史料》，戴執禮編，北京：科學出版社，1959 年 1 月。

66. 黨躍武：《川大記憶：校史文獻選輯》，成都：四川大學出版社，2010 年 5 月。

67. 鄧經武：《二十世紀巴蜀文學》，成都：電子科技大學出版社，1999 年 8 月。

68. 傅崇矩：《成都通覽》（上、下），成都：巴蜀書社，1987 年 4 月。

69. 何承樸：《四川近代報刊三十家》，成都：四川人民出版社，1989 年 6 月。

70. 何一民：《中國城市史》，武漢：武漢大學出版社，2012 年 2 月。

71. 胡績偉：《青春歲月——胡績偉自述》，鄭州：河南人民出版社，1999 年 1 月。

72. 黃思禮：《華西協合大學》，秦和平、何啟浩譯，珠海：珠海出版社，1999 年 8 月。

73. 劉文耀、楊世云：《吳玉章年譜》，成都：四川人民出版社，1998 年 12 月。

74. 齊裕焜：《中國歷史小說通史》，南京：江蘇教育出版社，2000 年 5 月版。

75. 沈文沖：《卞之琳年譜簡編》，《南通師範學院學報（哲學社會科學版）》2002 年第 1 期。

76. 孫曉芬編著：《抗日戰爭時期的四川話劇運動》，成都：四川大學出版社，1989 年 6 月。

77. 譚興國：《蜀中文章冠天下：巴蜀文學史稿》，成都：四川人民出版社，2001 年 8 月。

78. 唐正芒等：《中國西部抗戰文化史》，北京：中共黨史出版社，2004 年 11 月。

79. 王綠萍：《四川近代新聞史》，成都：四川大學出版社，2007 年 6 月。

80. 王綠萍編著：《四川報刊五十年集成（1897～1949）》，成都：四川大學出版社，2011 年 11 月。

81. 王叔岷：《慕廬憶往——王叔岷回憶錄》，北京：中華書局，2007 年 9 月。

82. 王衛國、宋寶珍、張耀傑：《中國話劇史》，北京：文化藝術出版社，1998 年 1 月。

83. 伍加倫、王錦厚：《李劼人傳略》，《新文學史料》1983 年第 1 期。

84. 謝韜：《1943 一盆紅紅的火——謝韜日記選編》，北京：中國社會科學出版社，2011 年 8 月。

85. 徐有富：《程千帆沈祖棻年譜長編》，南京：南京大學出版社，2013 年 9 月。

86. 楊森：《九十憶往》，臺北：龍文出版社股份有限公司，1990 年 5 月。

87. 楊世明：《巴蜀文學史》，成都：巴蜀書社，2003 年 9 月。

88. 楊同生：《陳衡哲年譜》，《中國文學研究》1991 年第 6 期。

89. 楊義：《中國現代小說史》（第二卷），北京：人民文學出版社，1988 年 10 月。

90. 張麗萍：《相思華西壩——華西協合大學》，石家莊：河北教育出版社，2004 年 12 月。

91. 周善培：《辛亥四川爭路親歷記》，重慶：重慶人民出版社，1957 年 9 月。

92. 周作人：《知堂回想錄》，香港：三育圖書文具公司，1971 年 1 月。

三、作品、文集類

1. 〔俄〕普列漢諾夫：《普列漢諾夫美學論文集》，曹葆華譯，北京：人民出版社，1983 年 10 月。

2. 〔印度〕泰戈爾:《家庭與世界》,董友忱譯,濟南:山東文藝出版社,1987 年 10 月。

3. 《巴金全集》(第一卷),北京:人民文學出版社,1986 年 11 月。

4. 《何其芳全集》(第一卷),藍棣之主編,石家莊:河北人民出版社,2000 年 5 月。

5. 《近代巴蜀詩鈔》(上、下),成都:巴蜀書社,2005 年 5 月。

6. 《李劼人全集》(第 1、2、3、9、10 卷),成都:四川文藝出版社,2011 年 9 月。

7. 《李思純文集》(全 4 卷),成都:巴蜀書社,2009 年 5 月。

8. 《魯迅全集》(第一卷),北京:人民文學出版社,2005 年 11 月。

9. 《歐陽予倩全集》(第二、六卷),上海:上海文藝出版社,1990 年 9 月。

10. 《清寂堂集》,劉君惠、王文才等選編,成都:巴蜀書社,1989 年 1 月。

11. 《饒孟侃詩文集》,王錦厚、陳麗莉編,成都:四川大學出版社,1997 年 1 月。

12. 《唐振常文集》(第四、五、七卷),上海:上海社會科學院出版社,2013 年 1 月。

13. 《吳芳吉全集》,傅宏星編校,上海:華東師範大學出版社,2014 年 8 月。

14. 《吳虞集》,田苗苗整理,北京:中華書局,2013 年 4 月。

15. 《吳玉章文集》(上下),重慶:重慶出版社,1987 年 10 月。

16. 《湘綺樓詩文集》(全四冊),馬積高主編,長沙:嶽麓書社,1996 年 9 月。

17. 《謝文炳選集》,伍加倫、劉傳輝、潘顯一編,成都:四川大學出版社,1994 年 7 月。

18. 《楊烈詩鈔》,上海:學林出版社,2008 年 12 月。

19. 《張之洞全集》(第一、十二冊),苑書義、孫華峰、李秉新主編,石家莊:河北人民出版社,1998 年 8 月。

20. 《趙熙集》(上中下),王仲鏞主編,杭州:浙江古籍出版社,2014 年 4 月。

21. 《周文文集》(全 4 卷),北京:作家出版社,2011 年 2 月。

22. 卞之琳:《人與詩:憶舊說新》(增訂本),安徽教育出版社,2007 年 4 月。

23. 戴碧湘:《淺水堂剩稿》,北京:民族出版社,1994 年 12 月。

24. 《茅盾全集》(第 20 卷),北京:人民文學出版社,1990 年。

25. 閔震東：《枕濤存稿》，自印本，成都，2004 年。

26. 舒新城：《蜀遊心影》，上海：中華書局，1934 年。

27. 王利器：《耐雪堂集》，北京：中國社會科學出版社，1986 年 10 月。

28. 葉伯和：《中國音樂史‧附詩文選》，臺北：貫雅文化事業有限公司，1993 年。

29. 《朱光潛全集》（第 8 卷），合肥：安徽教育出版社，1993 年 2 月。

四、論著類

1. 〔德〕費迪南‧滕尼斯：《共同體與社會——純粹社會學的基本概念》，林榮遠譯，北京：商務印書館，1999 年 2 月。

2. 〔德〕瓦爾特‧本雅明：《巴黎，19 世紀的首都》，劉北成譯，上海：上海人民出版社，2006 年 5 月。

3. 〔德〕瓦爾特‧本雅明：《發達資本主義時代的抒情詩人》，王才勇譯，江蘇人民出版社，2005 年 2 月。

4. 〔法〕雷蒙‧阿隆：《入戲的觀眾》，賴建誠譯，臺北：聯經出版事業公司，1987 年。

5. 〔法〕利類斯‧古洛東：《聖教入川記》，成都：四川人民出版社，1981 年 4 月。

6. 〔加〕查爾斯‧泰勒：《本真性的倫理》，程煉譯，上海：上海三聯書店，2012 年 2 月。

7. 〔加〕英尼斯：《傳播的偏向》，何道寬譯，北京：中國人民大學出版社，2003 年 6 月。

8. 〔美〕安東尼‧奧羅姆、陳嚮明：《城市的世界——對地點的比較分析和歷史分析》，曾茂娟、任遠譯，上海：上海人民出版社，2005 年 9 月。

9. 〔美〕白瑞華：《中國近代報刊史》，蘇世軍譯，北京：中央編譯出版社，2013 年 12 月。

10. 〔美〕本尼迪克特‧安德森：《想像的共同體：民族主義的起源與散佈》，吳叡人譯，上海：上海人民出版社，2003 年 1 月。

11. 〔美〕戴維‧斯沃茨：《文化與權力：布爾迪厄的社會學》，陶東風譯，上海：上海譯文出版社，2006 年 5 月。

12. 〔美〕吉爾茲：《地方性知識：闡釋人類學論文集》，王海龍、張家瑄譯，北京：中央編譯出版社，2000 年 3 月。

13. 〔美〕卡爾‧休斯克：《世紀末的維也納》，李鋒譯，南京：江蘇人民出版社，2007 年 5 月。

14. 〔美〕克利福德‧格爾茨：《文化的解釋》，韓莉譯，南京：譯林出版社，

1999 年 11 月。

15. 〔美〕李歐梵：《上海摩登——一種新都市文化在中國（1930～1945）》，
毛尖譯，北京：北京大學出版社，2001 年 12 月。

16. 〔美〕李普曼：《公眾輿論》，閻克文、江紅譯，上海：上海人民出版社，
2002 年 6 月。

17. 〔美〕理查德·利罕：《文學中的城市：知識與文化的歷史》，吳子楓譯，
上海：上海人民出版社，2009 年 10 月。

18. 〔美〕盧漢超：《霓虹燈外：20 世紀初日常生活中的上海》，段煉、吳敏、
子羽譯，上海：上海古籍出版社，2004 年 12 月。

19. 《中華帝國晚期的城市》，施堅雅主編，葉光庭等譯，北京：中華書局，
2000 年 12 月。

20. 〔美〕斯皮羅·科斯托夫：《城市的形成——歷史進程中的城市模式和城
市意義》，單皓譯，北京：中國建築工業出版社，2005 年 8 月。

21. 〔美〕王德威：《被壓抑的現代性——晚清小說新論》，宋偉傑譯，北京：
北京大學出版社，2005 年 5 月。

22. 〔美〕魏斐德：《中華帝國的衰落》，鄧軍譯，合肥：黃山書社，2010 年
9 月。

23. 〔美〕葉文心：《民國時期大學校園文化（1919～1937）》，馮夏根、胡少
誠、田嵩燕等譯，北京：中國人民大學出版社，2012 年 8 月。

24. 〔日〕山田賢：《移民的秩序——清代四川地域社會史研究》，曲建文譯，
卿學民、劉景文審校，北京：中央編譯出版社，2011 年 4 月。

25. 〔匈牙利〕阿格妮絲·赫勒：《日常生活》，衣俊卿譯，哈爾濱：黑龍江
大學出版社，2010 年 4 月。

26. 〔意〕貝那戴托·克羅齊：《歷史學的理論和實際》，傅任敢譯，北京：
商務印書館，1982 年 9 月。

27. 《文化研究方法論》，吉姆·麥奎根編，李朝陽譯，北京：北京大學出版
社，2011 年 5 月。

28. 〔英〕雷蒙·威廉斯：《城市與鄉村》，韓子滿、劉戈、徐珊珊譯，北京：
商務印書館，2013 年 6 月。

29. 〔英〕邁克·克朗：《文化地理學》，楊淑華、宋慧敏譯，南京：南京大
學出版社，2003 年 6 月。

30. 〔英〕以賽亞·伯林：《現實感》，潘榮榮、林茂譯，南京：譯林出版社，
2004 年 11 月。

31. 《成都城市研究》，成都市城市科學研究會編，成都：四川大學出版社，
1989 年 10 月。

32. 《城市文化讀本》，汪民安、陳永國、馬海良主編，北京：北京大學出版社，2008 年 1 月。

33. 《當代東亞城市——新的文化與意識形態》，王曉明、陳清僑編，上海：上海書店出版社，2008 年 5 月。

34. 《都市、帝國與先知》（都市文化研究・第二輯），孫遜、楊劍龍主編，上海：三聯書店，2006 年 8 月。

35. 《郭沫若與文化中國》，郭沫若紀念館、中國郭沫若研究會、四川郭沫若研究中心編，北京：中國社會科學出版社，2013 年 9 月。

36. 《基督教文字傳媒與中國近代社會》，李靈、陳建明主編，上海：上海人民出版社，2013 年 11 月。

37. 《近代中國城市與大眾文化》，姜進、李德英主編，北京：新星出版社，2008 年 10 月。

38. 《歷史記憶與近代城市社會生活》，忻平主編，上海：上海大學出版社，2012 年 10 月。

39. 《區域文化與文學》，靳明全主編，北京：中國社會科學出版社，2003 年 5 月。

40. 《文化記憶與歷史主義》（第 1 輯）陳新，彭剛主編，杭州：浙江大學出版社，2014 年 3 月。

41. 《文化研究》（第 16 輯），周憲、陶東風主編，北京：社會科學文獻出版社，2014 年 5 月。

42. 《吳芳吉評傳》，施幼貽著，重慶：重慶出版社，1988 年 7 月。

43. 《現代大學與現代中國文學》，王彬彬主編，上海：上海人民出版社，2011 年 8 月。

44. 《欣慨交心——朱光潛》，宛小平編著，合肥：安徽教育出版社，2009 年 12 月。

45. 《中國城市生活》，李孝悌編，北京：新星出版社，2006 年 10 月。

46. 《中國現代文學的巴蜀視野》，李怡、肖偉勝主編，成都：巴蜀書社，2006 年 6 月。

47. 《中文世界的文化研究》，王曉明主編，上海：上海書店出版社，2012 年 3 月。

48. 《周太玄傳》，劉恩義編，成都：四川科學技術出版社，1992 年 6 月。

49. Edwad W. Soja：《第三空間——去洛杉磯和其它真實和想像地方的旅程》，陸揚等譯，上海：上海教育出版社，2005 年 8 月。

50. Kenny Kwok Kwan Ng（吳國坤）：Monumental Fictions: Geopoetics, Li Jieren, and Historical Imagination in Twentieth-Century China, Harvard University 2004 paper of Doctor Degree.

51. Kristin Stapleton: Civilizing Chengdu: Chinese Urban reform, 1895~1937, Harvard University Press, 2000.

52. Sharon Zukin：《城市文化》，包亞明主編，張廷佺、楊東霞、談瀛洲譯，上海：上海教育出版社，2006 年 4 月。

53. 安然、劉忠權：《張瀾》，北京：臺海出版社，2005 年 4 月。

54. 陳惠芬：《想像上海的 N 種方法》，上海：上海人民出版社，2006 年 10 月。

55. 陳建明：《近代基督教在華西地區文字事工研究》，成都：巴蜀書社，2013 年 11 月。

56. 《北京：都市想像與文化記憶》，陳平原、王德威編，北京：北京大學出版社，2005 年 5 月。

57. 陳平原：《北京記憶與記憶北京》，北京：生活・讀書・新知三聯書店，2008 年 7 月。

58. 陳平原：《教育：知識生產與文學傳播》，合肥：安徽教育出版社，2007 年 6 月。

59. 陳平原：《中國大學十講》，上海：復旦大學出版社，2002 年 10 月。

60. 陳曉蘭：《文學中的巴黎與上海——以左拉和茅盾爲例》，桂林：廣西師範大學出版社，2006 年 3 月。

61. 岱峻：《風過華西壩：戰時教會五大學紀》，南京：江蘇文藝出版社，2013 年 5 月。

62. 戴維・英格利斯《文化與日常生活》，張秋月、周雷亞譯，北京：中央編譯出版社，2010 年 6 月。

63. 鄧經武：《大盆地生命的記憶——巴蜀文化與文學》，成都：電子科技大學出版社，2005 年 8 月。

64. 鄧星盈、黃開國、唐永進、李如恕：《吳虞思想研究》，成都：四川教育出版社，1996 年 10 月。

65. 方平：《晚清上海的公共領域（1895～1911）》，上海：上海人民出版社，2007 年 3 月。

66. 馮維綱：《張瀾》，成都：四川人民出版社，1991 年 6 月。

67. 戈公振：《中國報學史》，上海：上海書店出版社，2013 年 6 月。

68. 龔明德：《昨日書香》，南京：東南大學出版社，2002 年 5 月。

69. 顧衛民：《基督教與中國近代社會》，上海：上海人民出版社，2010 年 7 月。

70. 何一民：《轉型時期的社會新群體——近代知識分子與晚清四川社會研究》，成都：四川大學出版社，1992 年 12 月。

71. 《變革與發展：中國內陸城市成都現代化研究》，何一民主編，成都：四川大學出版社，2002 年 4 月。

72. 《成都學概論》，何一民主編，成都：巴蜀書社，2010 年 4 月。

73. 洪煜：《近代上海小報與市民文化研究（1897～1937）》，上海：上海書店出版社，2007 年 8 月。

74. 胡昭曦：《巴蜀歷史考察研究》，成都：巴蜀書社，2007 年 6 月。

75. 胡昭曦：《四川書院史》，成都：四川大學出版社，2006 年 4 月。

76. 黃九清：《抗戰時期四川的新聞界研究》，成都：四川大學出版社，2009 年 8 月。

77. 黃開國：《廖平評傳》，南昌：百花洲文藝出版社，2010 年 3 月。

78. 黃宗凱、劉菊素、孫山、羅毅：《宋育仁思想評傳》，成都：西南交通大學出版社，2007 年 12 月。

79. 李劍青：《北平的大學教育與文學生產：1928～1937》，北京：北京大學出版社，2011 年 3 月。

80. 蔣曉麗：《中國近代大眾傳媒與中國近代文學》，成都：巴蜀書社，2005 年 6 月。

81. 金耀基：《從傳統到現代》（補篇），北京：法律出版社，2010 年 8 月。

82. 金耀基：《從傳統到現代》，北京：法律出版社，2010 年 8 月。

83. 李朝正：《明清巴蜀文化論稿》，成都：四川大學出版社，1997 年 12 月。

84. 李赫亞：《王闓運與晚清書院教育》，北京：光明日報出版社，2007 年 7 月。

85. 李楠：《晚清、民國時期上海小報研究——一種綜合的文化、文學考察》，北京：人民文學出版社，2005 年 9 月。

86. 李歐梵、季進：《現代性的中國面孔：李歐梵、季進對談錄》，北京：人民日報出版社，2011 年 8 月。

87. 李細珠：《張之洞與清末新政研究》，上海：上海書店出版社，2003 年 10 月。

88. 李怡、王琳：《李劼人畫傳》，成都：四川人民出版社，2011 年 8 月。

89. 李怡：《現代四川文學的巴蜀文化視野》，長沙：湖南教育出版社，1995 年 8 月。

90. 《近代中國社會與民間文化》，李長莉、左玉河主編，北京：社會科學文獻出版社，2007 年 6 月。

91. 粟永清：《知識生產與學科規則：晚清以來的中國文學學科史探微》，北京：中國社會科學出版社，2012 年 4 月。

92. 梁勇：《移民、國家與地方權勢——以清代巴縣為例》，北京：中華書局，

2014 年 4 月。

93. 廖全京：《大後方戲劇論稿》，成都：四川教育出版社，1990 年 12 月。

94. 林東海：《師友風誼》，北京：人民文學出版社，2007 年 3 月。

95. 凌興珍：《清末新政與教育轉型——以清季四川師範教育爲中心的研究》，北京：人民出版社，2008 年 12 月。

96. 劉傑熙：《四川天主教》，成都：四川人民出版社，2009 年 12 月。

97. 劉納：《嬗變——辛亥革命時期至五四時期的中國文學》，北京：中國社會科學出版社，1998 年 9 月。

98. 欒梅健：《二十世紀中國文學發生論》，桂林：廣西師範大學出版社，2006 年 8 月。

99. 羅崗：《危急時刻的文化想像——文學‧文學史‧文學教育》，南昌：江西教育出版社，2005 年 12 月。

100. 羅崗：《想像城市的方式》，南京：江蘇人民出版社，2006 年 6 月。

101. 秦德君、劉淮：《火鳳凰——秦德君和她的一個世紀》，北京：中央編譯出版社，1999 年 2 月。

102. 秦林芳：《淺草－沉鐘社研究》，北京：中國社會科學出版社，2002 年 12 月。

103. 屈小強：《巴蜀文化與移民入川》，成都：巴蜀書社，2009 年 4 月。

104. 冉雲飛：《吳虞和他生活的民國時代》，濟南：山東人民出版社，2009 年 11 月。

105. 桑兵：《晚清學堂學生與社會變遷》，上海：學林出版社，1995 年 5 月。

106. 商金林：《朱光潛與中國現代文學》，合肥：安徽教育出版社，1995 年 12 月。

107. 沈衛威：《民國大學的文脈》，北京：人民文學出版社，2014 年 11 月。

108. 沈衛威：《大學之大》，北京：人民文學出版社，2007 年 12 月。

109. 孫紹誼：《想像的城市——文學、電影和視覺上海（1927～1937）》，上海：復旦大學出版社，2009 年 1 月。

110. 譚繼和：《巴蜀文化辨思集》，成都：四川人民出版社，2004 年 6 月。

111. 譚繼和：《巴蜀文脈》，成都：巴蜀書社，2006 年 9 月。

112. 譚興國等：《李劼人作品的思想與藝術》，成都市文聯編研室編，北京：中國文聯出版公司，1989 年 9 月。

113. 王笛：《街頭文化：成都公共空間、下層民眾與地方政治（1870～1930）》，李德英、謝繼華、鄧麗譯，北京：商務印書館，2013 年 3 月。

114. 王笛：《跨出封閉的世界——長江上游區域社會研究 1644～1911》，北京：中華書局，1993 年 1 月。

115. 王東傑：《國家與學術的地方互動——四川大學國立化進程（1925～1939）》，北京：生活・讀書・新知三聯書店，2005 年 1 月。

116. 王爾敏：《近代經世小儒》，桂林：廣西師範大學出版社，2008 年 4 月。

117. 王嘉陵：《李劼人圖傳》，王嘉陵、郭志強主編，成都：天地出版社，2005 年 6 月。

118. 王建輝：《出版與近代文明》，開封：河南大學出版社，2006 年 4 月。

119. 王潔群：《晚清小說中的西方器物形象》，湘潭：湘潭大學出版社，2009 年 7 月。

120. 王先明：《近代紳士——一個封建階層的歷史命運》，天津：天津人民出版社，1997 年 12 月。

121. 王毅：《艾蕪傳》，北京：十月文藝出版社，2005 年 8 月。

122. 王攸欣：《朱光潛傳》，北京：人民出版社，2011 年 9 月。

123. 隗瀛濤：《巴蜀近代史論集》，成都：四川人民出版社，2004 年 6 月。

124. 吳晗、費孝通：《皇權與紳權》，天津：天津人民出版社，1988 年 10 月。

125. 伍加倫：《四川現代作家研究》，成都：四川大學出版社，1990 年 6 月。

126. 鮮于浩、張雪永：《保路風潮——辛亥革命在四川》，成都：四川人民出版社，2011 年 7 月。

127. 《都市空間、社群與市民生活》，熊月之主編，上海：上海社會科學院出版社，2008 年 7 月。

128. 徐中舒：《論巴蜀文化》，成都：四川人民出版社，1982 年 4 月。

129. 薛元敬：《宦海沈戈》，成都：華文國際出版社，2014 年 1 月。

130. 楊洪承：《文學社群文化形態論——現代中國文學社團流派文化論》，合肥：安徽文藝出版社，1998 年 4 月。

131. 楊聯芬：《晚清至五四：中國文學現代性的發生》，北京：北京大學出版社，2003 年 11 月。

132. 楊念群：《「感覺主義」的譜系：新史學十年的反思之旅》，北京：北京大學出版社，2012 年 7 月。

133. 姚丹：《西南聯大歷史情境中的文學活動》，桂林：廣西師範大學出版社，2000 年 5 月。

134. 余科傑：《張瀾評傳》，北京：群言出版社，2002 年 4 月。

135. 袁進：《中國文學觀念的近代變革》，上海：上海社會科學院出版社，1996 年 10 月。

136. 袁庭棟：《巴蜀文化》，瀋陽：遼寧教育出版社，1991 年 7 月。

137. 張傳敏：《民國時期的大學新文學課程研究》，北京：人民出版社，2010 年 10 月。

138. 張秀熟：《二聲集》，成都：巴蜀書社，1992 年 7 月。

139. 張忠：《民國時期成都出版業研究》，成都：巴蜀書社，2011 年 6 月。

140. 趙曉蘭、吳潮：《傳教士中文報刊史》，上海：復旦大學出版社，2011 年 7 月。

141. 趙園：《北京：城與人》，上海：上海人民出版社，1991 年 8 月。

142. 趙園：《地之子》，北京：北京大學出版社，2007 年 1 月。

143. 周川、黃旭：《百年之功——中國近代大學校長的教育家精神》，福州：福建教育出版社，1994 年 4 月。

144. 周榮德：《中國社會的階層與流動——一個社區中士紳身份的研究》，上海：學林出版社，2000 年 12 月。

145. 周詢：《蜀海叢談》，成都：巴蜀書社，1986 年 8 月。

146. 朱壽桐：《中國現代社團文學史》，北京：人民文學出版社，2004 年 2 月。

147. 朱玉、孫文周：《吳虞詩詞研究與整理》，鄭州：河南文藝出版社，2013 年 11 月。

148. 莊增述：《吳虞傳》，北京：中國文化出版社，2007 年 12 月。

149. 左玉河：《從四部之學到七科之學：學術分科與近代中國知識系統之創建》，上海：上海書店出版社，2004 年 10 月。

五、期刊論文

1. 《蜀學》（第一輯），西華大學、四川省文史研究館、蜀學研究中心主辦，成都：巴蜀書社，2006 年 9 月。

2. 白浩：《「然而，事情卻有點奇怪」——李劼人小說的市民文化精神與接受之謎》，《當代文壇》2011 年第 5 期。

3. 陳方競：《北京大學「校」與「刊」的結合及其「公共空間」的開拓》，《現代中國》（第五輯），武漢：湖北教育出版社，2004 年 12 月。

4. 陳平原：《文學的都市與都市的文學——中國文學史有待彰顯的另一面相》，《社會科學論壇（學術評論卷）》2009 年第 3 期。

5. 陳平原：《文學史視野中的「報刊研究」——近二十年北大中文系有關「大眾傳媒」的博士及碩士學位論文》，《現代中國》（第十一輯），北京：北京大學出版社，2008 年 9 月。

6. 陳平原：《現代中國研究的四重視野——大學・都市・圖象・聲音》，《漢語言文學研究》2012 年第 3 卷第 1 期。

7. 陳平原：《知識、技能與情懷——新文化運動時期北大國文系的文學教育》（上），《北京大學學報（哲學社會科學版）》2009 年 11 月。

8. 陳思廣：《歷史還原‧文體選擇‧審美接受——談李劼人〈大波〉辛亥書寫的得與失》，《當代文壇》2011 年 S1 期。

9. 陳思和：《城市文化與文學功能》，《同濟大學學報（社會科學版）》2005 年 4 月。

10. 陳曉蘭：《西方城市文化視野中的文學研究述評》，《蘭州大學學報（社會科學版）》2012 年 11 月。

11. 程驥：《四川大學與中國現代文學》，《現代中國文化與文學》2008 年第 1 期。

12. 馮天瑜、陳鋒主編：《張之洞與中國近代化》，北京：中國社會科學出版社，2010 年。

13. 高小康：《第三種城市美學：異形地志學或城市之鏡》，《清華大學學報（哲學社會科學版）》2013 年第 2 期。

14. 龔明德：《老川大的〈工作〉和〈半月文藝〉》，《現代中國文化與文學》（第 9 輯），成都：巴蜀出版社，2011 年 7 月。

15. 李紅真：《小說：城市的文體》，《文藝爭鳴》2006 年第 1 期。

16. 蔣述卓、王斌：《論城市文學研究的方向》，《學術研究》2001 年第 3 期。

17. 蔣述卓：《城市文學：21 世紀文學空間的新展望》，《中國文學研究》2000 年第 4 期（總第 59 期）。

18. 黎永泰：《一九四九以前四川大學師生的報刊活動》，《四川大學學報（哲學社會科學版）》1985 年第 4 期。

19. 李潔非：《城市文學之崛起：社會與文學背景》，《當代作家評論》1998 年第 3 期。

20. 李曉宇：《王闓運受聘尊經書院史事考》，《四川大學學報（哲學社會科學版）》2008 年第 2 期。

21. 李曉宇：《尊經書院與近代蜀學的興起》，《湖南大學學報（社會科學版）》2008 年 9 月。

22. 李怡：《歷史如何「小說」——再論李劼人〈大波〉兼及魏建新〈辛亥風雲路〉》，《當代文壇》2011 年 S1 期。

23. 淩興珍：《清末民初成都中外學術文化交流》，《四川師範大學學報（社會科學版）》1999 年 4 月。

24. 龍晦：《論薛煥、王闓運創辦尊經書院》，《西華大學學報（哲學社會科學版）》2009 年 12 月。

25. 龍偉：《清末成都報刊的發展：1898～1911》，《四川大學學報（哲學社會科學版）》2004 年增刊。

26. 羅崗：《現代「文學」在中國的確立——以文學教育爲線索的考察》,《中國現代文學研究叢刊》2001 年第 1 期。

27. 施戰軍：《論中國式的城市文學的生成》,《文藝研究》2006 年第 1 期。

28. 陶德宗：《巴蜀作家與中國現代文學》,《文學評論》2008 年 06 期。

29. 萬徵：《李劫人筆下的川西鄉土空間研究——以〈死水微瀾〉中的五個典型空間爲例》,《當代文壇》2013 年第 3 期。

30. 王東傑：《地方認同與學術自覺——晚清民國的「蜀學」論》,《四川大學學報（哲學社會科學版)》2010 年第 6 期。

31. 王錦厚《蔡大嫂與包法利夫人》,《四川師範學院》1983 年第 2 期。

32. 王攸欣：《朱光潛成都經歷對其學術歷程的影響》,《中南大學學報（社會科學版)》2012 年 6 月。

33. 吳國坤：《大鳥吃小蠅——地方記憶及對李劫人〈暴風雨前〉的另類讀法》,《現代中文學刊》2015 年第 1 期。

34. 楊聯芬：《李劫人長篇小説藝術批評》,《文學評論》1990 年第 3 期。

35. 楊念群：《「地方性知識」、「地方感」與「跨區域研究」的前景》,《天津社會科學》2004 年第 6 期。

36. 楊揚：《城市化進程與文學審美方法的變化》,《文藝爭鳴》2004 年第 1 期。

37. 張鴻聲：《「文學中的城市」與「城市想像」研究》,《文學評論》2007 年第 1 期。

38. 朱竑、劉博：《地方感、地方依戀與地方認同等概念的辨析及研究啓示》,《華南師範大學學報（自然科學版)》,2011 年 2 月。

39. 朱立立：《論蔡大嫂的「個性行爲」特點》,《中國現代文學研究叢刊》1990 年第 1 期。

40. 朱壽桐：《論作爲中國現代文學中心的上海》,《學術月刊》2004 年第 6 期。

六、碩博論文

1. 高明：《歷史的「空間化」——李劫人「大河小説」的歷史書寫》,2014 年瀋陽師範大學碩士論文。

2. 高群：《清末民初教育制度的變革與現代文學的建構》,2007 年蘇州大學博士論文。

3. 何永芳：《現代作家的成都書寫》,2011 年西南大學碩士論文。

4. 雷兵：《改行的作家：市長李劫人角色認同的困境（1950～1962)》,2004 年四川大學博士論文。

5. 李先宇：《李劼人小說與「城市」書寫》，2011 年重慶師範大學碩士論文。

6. 彭超：《巴蜀作家與中國現代文學的發生》，2011 年四川大學博士論文。

7. 齊健：《民國時期成都文學的發展與城市文化的互動》，2009 年四川大學碩士論文。

8. 孫華澤：《晚清民初：現代文學教育的發生》，2014 年東北師大博士論文。

9. 王蘭：《成都抗戰時期的文學》，2009 年四川師範大學碩士論文。

10. 張金明：《以歷史為背景　言說日常生活中的世俗人生──論李劼人「三部曲」的日常生活敘事》，2007 年北京語言大學碩士論文。